Psicología
de las
Diferencias Individuales

B. ROBERTO COLOM MARAÑÓN

PROFESOR TITULAR DE PSICOLOGÍA DE LAS DIFERENCIAS INDIVIDUALES
DE LA UNIVERSIDAD AUTÓNOMA DE MADRID

Psicología de las Diferencias Individuales

Ediciones Pirámide. S. A. - Madrid

COLECCIÓN "PSICOLOGÍA"

Director:

José A. Forteza Méndez
Catedrático de Psicología Diferencial
de la Universidad Complutense de Madrid

EDICIONES PIRÁMIDE, S. A., 1994
Juan Ignacio Luca de Tena, 15. 28027 Madrid
Depósito legal: M. 37.493-1993
ISBN: 84-368-0796-0
Printed in Spain
Impreso en Lavel, S. A.
Los Llanos, nave 6. Humanes (Madrid)

No hay libro tan bueno que no necesite ninguna
corrección, ni tan malo que no agrade a alguien.

LUIS VIVES

Índice

Agradecimientos

Muchas son las personas que han estado, de una u otra forma, apoyando el trabajo invertido en esta obra. En primer lugar, la Facultad de Psicología de la Universidad Autónoma de Madrid, como institución, ha facilitado que haya podido enfrentar la tarea de escribir las líneas que siguen. Me resulta grato poder decir que los responsables del funcionamiento de esa Facultad me han apoyado, directa o indirectamente, de muchas y creativas maneras. De entre estas personas quiero hacer mención explícita a la profesora María Oliva Márquez, por su respaldo constante y por haber leído y comentado pacientemente buena parte de lo aquí escrito.

Al profesor Manuel Juan-Espinosa he de agradecer aquello que se aprende a través del contacto directo, su buen hacer y su capacidad de comprensión y paciencia. Al profesor Víctor Rubio agradezco sus comentarios sobre diversas partes de esta obra, máxime en lo referido a las estrategias para la investigación de las diferencias individuales y, por supuesto, su apoyo y ánimo. El profesor Florentino Blanco ha realizado, por su parte, sabios comentarios sobre zonas sustanciales de la presente obra y me ha aportado pistas inapreciables sobre la historia de nuestra disciplina.

Asimismo, la profesora Rocío Fernández-Ballesteros me ha apoyado en situaciones decisivas en el transcurso de estos años, depositando una confianza en mí que me ha ayudado a sobreponerme a los inevitables momentos difíciles. Quiero agradecerle esto, y su estimulante lectura y comentarios a la presente obra.

Al profesor José A. Forteza Méndez, de la Universidad Complutense de Madrid, agradezco sus apreciaciones sobre algunas de las reflexiones contenidas en esta obra, que han ayudado a corregir ciertas imprecisiones, así como que su contribución a la disciplina que nos va a preocupar aquí haya logrado mantener un interés vivo por el estudio científico de las diferencias entre las personas en nuestro país. El que haya investigadores dedicados al problema de las diferencias individuales, como es mi caso, se debe tanto a él como a los profesionales a los que él representa.

Mucho y muy bien han contribuido los alumnos de la Facultad en la que trabajo a la presunta claridad de los argumentos contenidos en esta obra. Nuestros alumnos constituyen el armazón sobre el que se sustenta lo que la Psicología ha sido, es y será, y para ellos, y con ellos nos esforzamos en clarificar los conceptos básicos de las diversas disciplinas que conforman nuestra ciencia. En fin, deseo agradecerles su resistencia a pasar por alto los desarrollos opacos en los que caemos en uno u otro momento las personas responsables, al menos en parte, de la formación de los futuros psicólogos. Los miembros del equipo de trabajo en el que día a día desarrollo mis tareas de investigación también han contribuido a esta obra a través de sus comentarios críticos y su apoyo. Me gustaría hacer mención explícita a ellos: Antonio Palacios, Eva Leo, Raúl López, Ascensión Blanco, Eva Icarán y Óscar García. A este último, que, además, firma uno de los apéndices incluidos en esta obra, deseo agradecerle su paciencia en el proceso de diseñar buena parte de las figuras recogidas en esta obra.

Paciencia también, pero distinta, la de mi esposa, Loreto Martínez, y la de mis dos hijas, Patricia y Cristina, quienes, inevitablemente, han sufrido de manera muy directa las consecuencias del tiempo de elaboración de esta obra, tiempo robado, por supuesto, al asignado a otros menesteres.

Evidentemente, ninguna de las personas a las que he hecho mención tiene responsabilidad alguna sobre las eventuales imprecisiones que puedan detectarse en esta obra, las cuales se deben únicamente a mis propias limitaciones.

Finalmente, deseo agradecer a Juan Huarte de San Juan, a José Germain y a Emilio Mira y López sus esfuerzos para dar a la psicología española los fundamentos de lo que es y de lo que, probablemente, y si todo va bien, será en el futuro que hemos de construir entre todos. A ellos va dedicada la presente obra.

Madrid, diciembre de 1993.

B. R. Colom Marañón

Introducción

La declaración «todos los hombres han sido creados iguales» es aceptada por una gran parte de la humanidad. No obstante, determinados sistemas sociales, como el de las castas hindúes, mantienen, por contra, que todos los hombres han sido creados distintos. En cualquiera de los dos casos, la sociedad se organiza según sea el modelo ideológico adoptado.

Estas dos perspectivas sociales son, por tanto, motivo de ideología, y la pregunta por cuál es más real sólo se podrá contestar cuando se logre proporcionar las mismas condiciones para todas las personas que componen la humanidad. En tanto no llegue ese momento, no se podrá saber qué diferencias individuales persistirán a pesar de todo, esto es, cuáles son las verdaderas diferencias naturales entre las personas, si las hubiese.

No obstante, afortunadamente no es éste el problema que interesa resolver a los investigadores dedicados a estudiar científicamente las diferencias entre las personas, quienes no mantienen, en ningún caso, que las personas tengan distinto valor intrínseco como seres humanos, dado que resulta incuestionable que todos los individuos son iguales a este nivel. En cualquier caso, para estos investigadores resulta necesario considerar el hecho innegable, y de marcado interés científico y práctico, de que las personas difieren en su modo de pensar, de sentir, de actuar, etc.

De esta manera, las diferencias entre las personas han de estudiarse de manera explícita de cara a: *a*) la construcción de teorías científicas sobre el comportamiento de los seres humanos (véase Underwood, 1975), y *b*) la satisfacción de ciertos fines prácticos, como la orientación de los individuos y la planificación de los grupos humanos (véase Tyler, 1965) a partir de esas teorías.

Pues bien, en esta introducción se revisarán dos cuestiones necesarias para situar convenientemente los argumentos contenidos en esta obra. En primer lugar, se planteará el problema de la situación institucional de la disciplina, y, en segundo lugar, se intentará localizar el lugar que ocupa la misma en el contexto de las ciencias en general y de la psicología en particular. En la última parte se revisará la estructura de la obra, al objeto de proporcionar un esquema previo que facilite la organización de las diversas cuestiones a tratar aquí.

La situación institucional de la psicología de las diferencias individuales

> Las teorías son redes que lanzamos para apresar aquello que llamamos el «mundo»: para racionalizarlo y dominarlo. Y tratamos de que la malla sea cada vez más fina (pág. 57).
>
> K. Popper: *La Lógica de la Investigación Científica.*

En esta obra se va a estudiar el pasado, los fundamentos y la teoría e investigación de una disciplina psicológica capacitada para responder a las demandas, por un lado, de la investigación científica del comportamiento de los seres humanos, y, por otro, de los problemas psicológicos de interés para la sociedad contemporánea.

La disciplina a la que se está haciendo referencia es, para decirlo ya de una manera explícita, la Psicología de las Diferencias Individuales. Habitualmente ha sido equiparada a la Psicología Aplicada, lo que por lo general ha llevado a su minusvaloración académica, por razones un tanto desconcertantes y probablemente relacionadas con la valencia semántica del término «aplicado»[1].

Como consecuencia de esta identificación, la Psicología de las Diferencias Individuales se ha circunscrito a una asignatura aislada entre los planes de formación institucional de los potenciales profesionales de la psicología, asumiendo un carácter completamente distinto, y siempre secundario o meramente complementario, a lo que se podría denominar psicología general, esto es, al estudio de lo que hay en común entre las distintas personas[2].

---

[1] En este sentido escribe Reuchlin: «(...) por más que la psicología diferencial tenga numerosos usuarios en algunos aspectos de la psicología aplicada, los psicólogos que piensan en dedicarse a las investigaciones objetivas se orientan hacia la psicología general, con todas sus comodidades y legitimidad indiscutible» (Reuchlin, 1969, pág. 6)

[2] Y continúa Reuchlin: «Lo que, por su parte, busca el hombre de ciencia es, en primer lugar, unas leyes absolutamente generales (...) Las diferencias observadas entre un individuo y otro, dentro del juego de dichas leyes, aparecen ante todo como componentes aleatorios del fenómeno, como simples errores» (Reuchlin, 1969, pág. 6).

Generalmente, y como consecuencia de su proscripción más o menos manifiesta en el mundo institucional de la Universidad[3], los investigadores de la Psicología de las Diferencias Individuales han trabajado bajo los planes de financiación de la investigación propuestos por diferentes instituciones no universitarias, tanto estatales como privadas. De esta manera, por ejemplo, en los Estados Unidos, los diferentes departamentos militares han financiado, con grandes sumas de dinero, la investigación en el campo de la Psicología de las Diferencias Individuales, tanto en sus vertientes más tradicionales como en las marcadas por los desarrollos de las tres últimas décadas relacionadas con estudios de carácter cognitivo, desarrollos que muchas veces han sido impulsados, *sensu estricto*, en el seno de tales instituciones.

De esta manera, por ejemplo, la Conferencia organizada por L. Resnick, publicada en 1976, supuso la inauguración oficial de la investigación exhaustiva y formal de las diferencias individuales en inteligencia desde una perspectiva cognitiva. Los trabajos presentados en esta Conferencia trataban de poner en relación la aproximación psicométrica y una perspectiva cognitiva para el estudio de las diferencias individuales en las capacidades mentales diseñada por Charles Spearman en 1923.

A partir de ahí, las reuniones científicas se han sucedido y el número de investigaciones al respecto ha aumentado en progresión geométrica. Uno de los autores que más esfuerzos han realizado en esta dirección, a saber, R. Snow, hace un ilustrativo resumen a este respecto:

> El trabajo empírico sobre los correlatos cognitivos comenzó en el laboratorio de Hunt. La aproximación de los componentes cognitivos se deriva de la invención de Sternberg (en su disertación doctoral de 1975) de una metodología para aislar experimentalmente algunos de los componentes de la ejecución en tareas similares a las de los tests.
>
> Claramente surgió una psicología diferencial cognitiva dirigida a la comprensión de las diferencias individuales a partir del procesamiento de la información. La Oficina de Investigación Naval (y en concreto los directores de su división de ciencias psicológicas, Glenn Bryan y Marshall Farr) aportó ayuda económica para este desarrollo. Desde 1975 la OIN viene financiando proyectos de Carroll, Hunt, Pellegrino y Glaser, Sternberg, Underwood, y míos, para trabajar en el análisis procesual de las capacidades y eventualmente ha creado un gran

[3] Para una muestra de esta situación bastan las siguientes palabras: «Si el psicómetra (diferencialista) y el experimentalista (generalista) están de acuerdo en algo, y esto es casi imposible, es en que el otro juega en segunda división» (Bindra y Scheier, 1954, pág. 69).

círculo de investigadores independientes, pero comunicados (Snow, 1989, págs. 28 y 29).

El interés explícito de determinados investigadores por el problema de las diferencias individuales ha sido, quizá, una de las causas de que, desde la academia, se les haya considerado los representantes más inmediatos y claros de la práctica psicológica, y de que por medio de curiosas inferencias se les haya supuesto ajenos a un interés por el estudio científico básico de los procesos que utilizan las personas para realizar, de distinta manera, una multitud de actividades relevantes en la vida cotidiana.

Quizá no resulte conveniente entrar en digresiones que traten de explicar esta situación. En cualquier caso, se podría manejar el argumento de que una cantidad significativa de los trabajos académicos conllevan la práctica de las denominadas filosofías de sillón, que, por lo general, entra en conflicto directo con las investigaciones desarrolladas en el contexto de la psicología de las diferencias individuales.

Para ilustrar esta idea, Douglas K. Detterman (1989) ha escrito que:

> Las teorías de la inteligencia humana (propuestas desde la Psicología de las Diferencias Individuales) son de las mejor desarrolladas en cualquier área de la psicología. Pero hay muchas teorías (en psicología) que limitan con la filosofía de sillón o algo peor (...) Estas teorías encuentran una gran aceptación en la prensa popular (pág. 203).

También se podría considerar la tendencia académica a producir datos psicológicos más relacionados con las *funciones* que con las *personas*.

Por otro lado, aunque resulta complejo escuchar explícitamente esta opinión, desde la academia se ha tendido a pensar que la Psicología de las Diferencias Individuales es una disciplina «muy aburrida», dado que no da excusa para escribir sobre los vericuetos epistemológicos de la psicología como disciplina científica. Veamos.

La Psicología de las Diferencias Individuales no ha sufrido crisis en el sentido habitual del término manejado en teoría de la ciencia (Caparrós, 1980). Más bien al contrario, ha seguido un programa de investigación muy concreto, trazado a finales del siglo pasado y depurado durante el presente siglo, con un sistema de referencia tan robusto que ha permitido que se constituya en uno de los pocos campos que admiten una comparación sistemática de estudios, tomando en consideración grandes periodos de tiempo, grandes muestras de personas concretas que realizan una serie de actividades mensurables, etc. Esto se demuestra mediante el hecho de que las nuevas corrientes analíticas en psicología, implicadas en el problema del meta-análisis de datos en diversos campos de interés, tienden a reparar en los resultados acumulados durante grandes períodos de tiempo por los investigadores de la Psicología de las Diferencias Individuales (Juan Botella, *Comunicación personal*).

Este programa de investigación tiene por fundamento la *medida científica* del comportamiento de las personas y el análisis matemático del mismo, para extraer consecuencias sobre qué organización mental caracteriza las diferencias comportamentales que entre las personas existen *de facto*, en el sentido de su posible medida, teniendo presente que estas diferencias son *algo real* y sobre ellas ha de versar una ciencia entregada al estudio científico del comportamiento de una variedad de seres humanos concretos.

En este sentido, Joaquín Carreras y Artáu (1929) escribió hace muchos años unas palabras que nos pueden ayudar a definir el objetivo del programa de investigación de la Psicología de las Diferencias Individuales.

> La psicología individual (diferencial) apela a métodos experimentales; el principal entre éstos estriba en crear más o menos artificialmente situaciones a las que varios individuos, puestos en el mismo trance, reaccionarán de un modo igual o diferente (método de las pruebas o tests) (...); el hallazgo de las disposiciones peculiares de cada persona hace viable la descripción cualitativa y cuantitativa de la individualidad como tal (...); en cada individuo las disposiciones aparecen entretejidas unas con otras combinadas en estructuras más o menos complejas. So pena de diluir la personalidad en la incoherencia de sus varias cualidades, no hay más remedio que esforzarse en descubrir la existencia de correlaciones entre ellas. El procedimiento marca el camino para un estudio sintético de la individualidad (...); el cultivo de la psicología individual ofrece un mayor interés, no sólo por haber ayudado a labrar los conceptos de individualidad y de persona, sino también por haber robustecido la idea de la unidad psico-orgánica y de la íntima compenetración entre el espíritu y la materia, borrando las últimas huellas de un paralelismo caduco e impotente para toda explicación psicológica (págs. 183, 189 y 190).

Por tanto, son las diferencias entre las personas algo real, como lo es el que las manzanas caen de los árboles. Y, en cualquiera de los dos casos, como científicos conviene tratar de aislar las leyes responsables de esas diferencias individuales y de esa caída de manzanas.

En este sentido, se puede intentar estudiar qué hay de común entre la variedad de estrategias que utilizan las personas concretas para afrontar la resolución de una diversidad de tareas de interés, para llegar a la conclusión de que las personas memorizan listas de palabras relacionadas extrayendo una serie de características típicas que permiten organizar el material a memorizar.

No obstante, los investigadores interesados en las diferencias entre personas reales, más que en las funciones *per se* (que, en este caso, se toman como constructos matemáticos) tratarán de averiguar cuáles son las estrategias que se utilizan de hecho, estudiando, por tanto, no la memoria, sino las diversas estrategias mnémicas que utilizan esas personas para memorizar el material de interés. En una palabra, no interesa tanto la memoria cuanto la manera peculiar en que las personas ponen en marcha los mecanismos asociados al comportamiento concreto de memorizar una lista de palabras relacionadas.

Por alguna razón, esta última perspectiva permite realizar *predicciones* sobre el comportamiento de las personas en la vida diaria, del mismo talante que las predicciones sobre el comportamiento de los cuerpos en un determinado campo gravitatorio (la caída de las manzanas), mientras que la perspectiva dirigida al análisis de las funciones construye una variedad de modelos, que van caducando año tras año con una celeridad preocupante (véase Vega, 1984) sobre cómo se comporta la memoria, sin atender a las diferentes maneras de memorizar una determinada información, características de determinadas personas y no de otras[4].

No obstante, de alguna manera, los planes de investigación de una gran parte de las universidades de nuestro entorno están empezando a cambiar de perspectiva, impelidos por la urgencia social de atender a las consecuencias de los constantes cambios en las condiciones de vida y a la previsión que desde la ciencia psicológica debe hacerse a este respecto.

---

[4] Una posible respuesta a esta situación podría encontrarse en las siguiente palabras de Cohen (1977): «El requisito de universalidad implica que, a pesar de que el contenido del sistema podría variar, las memorias semánticas de todos los individuos deberían tener la misma estructura básica y funcionar de acuerdo con los mismos principios generales. Pero una estricta adherencia a este criterio puede llevar a la trivialidad. Cuando desmontamos nuestro modelo (...) librándolo de todas las diferencias que existen entre los miembros de diferentes culturas, entre la infancia y la senectud, entre el estúpido y el inteligente, el ignorante y el culto, y abstraemos aquello que es común a todos, corremos el riesgo de acabar casi con las manos vacías. Un modelo universal sobre los sistemas de biblioteca puede decirnos sólo que los libros se encuentran ordenados en estanterías, y la más estricta adscripción al principio de universalidad en la teoría lingüística termina por decirnos sólo que todos los lenguajes tienen una construcción sujeto-predicado».

Ya se ha comentado que la Psicología de las Diferencias Individuales se encuentra en una situación interesante para tratar de responder a estas cuestiones. De hecho, parece que, hasta cierto punto, tanto la sociedad como el colectivo de profesionales de la psicología, tanto en su vertiente aplicada como académica, advierten esta situación.

En este sentido, ya a mediados de la década de los ochenta pueden detectarse síntomas del resurgir de la disciplina, tras un período de letargo institucional ya referido. Véase, como ejemplo, las palabras de Reynolds y Wilson (1985):

> La Psicología diferencial, o como mejor se conoce, la Psicología de las Diferencias Individuales, es quizá la única ciencia psicológica básica que subyace a la práctica psicológica profesional. El auge del conductismo llevó a ignorar las diferencias individuales, pero en ésta década el estudio de las diferencias individuales ha salido de su relativo letargo con una nueva vitalidad, impelido por nuevos conceptos, tecnologías, métodos estadísticos y nuevas perspectivas sobre viejas ideas que tiran de nosotros hacia adelante (prefacio).

En suma, la Psicología de las Diferencias constituye una disciplina con suficiente capacidad para la construcción de teorías científicas relacionadas con el comportamiento de los seres humanos, y, además, permite sostener el desarrollo de tecnología relevante para la satisfacción de las demandas sociales que se puedan plantear.

Psicología y ciencia

> No es exagerado afirmar que la cultura clásica de Tlön comprende una sola disciplina: la psicología. Las otras están subordinadas a ella. He dicho que los hombres de este planeta conciben el universo como una serie de procesos mentales, que no se desenvuelven en el espacio, sino de modo sucesivo en el tiempo.
>
> J. L. Borges: *Tlön, Uqbar, Orbis Tertius.*

La psicología contemporánea es resultado del intento de realizar una lectura sobre el hombre desde una perspectiva naturalista, cualitativamente distinta de la perspectiva filosófica al respecto.

En cualquier caso, si se revisan las consideraciones finales del primer capítulo de esta obra, se comprobará que en el siglo XVI, una serie de autores españoles, entre los que se cuenta muy especialmente el doctor Juan Huarte de San Juan, enfocaban el estudio psicológico desde una perspectiva naturalista. Además, esos autores partían de una serie de supuestos que en el siglo XIX encontraremos en F. Galton, considerado habitualmente como el padre de la Psicología de las Diferencias Individuales contemporánea.

De esta manera, y después de revisar el excelente libro de Iriarte (1938), algunos autores han mantenido que Huarte de San Juan es el verdadero padre de la Psicología de las Diferencias Individuales (véase Vleeschauwer, 1938) con lo que se situaría en el siglo XVI el origen de la disciplina que nos ocupa, como enfoque naturalista para el estudio del hombre. Más adelante tendremos oportunidad de hablar extensamente de estas cuestiones.

En fin, según las historias al uso (vg. oficiales), los primeros científicos de la mente trataron de ajustarse a los dictados de la perspectiva positivista decimonónica. Por su parte, el conductismo clásico, la psicología diferencial, el psicoanálisis, etc. resultan ser disciplinas deudoras de las escuelas positivistas iniciales de Mach, etc. Las teorías neoconductistas (véase C. Hull, los desarrollos de la psicología diferencial, etc.) dependen más estrechamente de la Escuela de Viena y de sus desarrollos posteriores operacionalistas y fisicalistas. Por último, los investigadores más actuales están más ligados al pensamiento popperiano y a la nueva teoría de la ciencia, aunque también podría enumerarse un número amplio de autores todavía deudores del positivismo lógico (véase Montserrat, 1987, para una brillante revisión de las diversas escuelas epistemológicas a las que sólo se hace alusión nominal aquí), autores que suelen sostener las posturas más extremas respecto a los grados posibles de libertad teórica en psicología.

M. Cruz Hernández (1982) hace un apresurado resumen a este respecto:

> La psicología empezó siendo la ciencia del alma, estructurada de acuerdo con un modelo principalista, principio motor de las acciones peculiarmente humanas. Más tarde se convirtió en la ciencia de la mente, término este último que releva al de alma, pero no al semema principalista. Finalmente, la psicología acabará siendo la ciencia de la conducta, con una matización sectorial arborescente sobre cuya frondosidad no es preciso insistir (pág. 97).

De esta manera, a quien se acerque a la psicología se le impondrá la evidencia de que la psicología incluye en su seno una amplia gama de perspectivas de trabajo. Por este motivo, no sería vano intentar delimitar las dimensiones sobre las que se mueve la psicología como disciplina

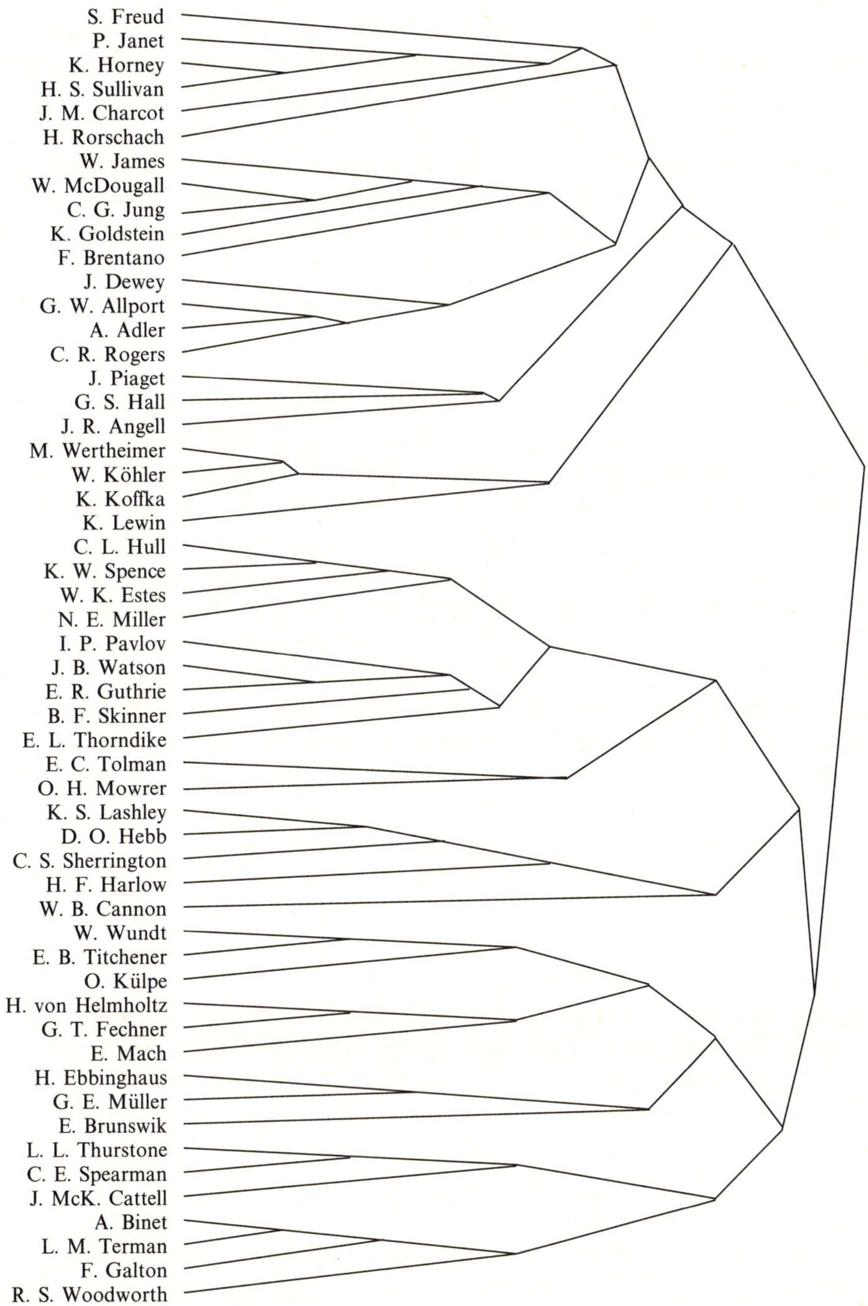

Figura I.1.—Agrupamiento de los autores eminentes de la psicología derivado del análisis *cluster* realizado en el estudio de R. Coan (1968).

científica, dimensiones que, combinadas de determinada manera, darían lugar, en su caso, a las diversas perspectivas psicológicas. Además, la localización de las dimensiones básicas que definen qué es y qué no es psicología permitiría eventualmente organizar dichas perspectivas.

Es precisamente en esta dirección en la que va el trabajo realizado por R. Coan (1968), quien trató de aislar las dimensiones teóricas de la psicología mediante un estudio empírico. Utilizó una serie de técnicas de análisis matemático, por ejemplo, el análisis factorial y el análisis *cluster* (véase el apéndice 1) para aislar y organizar tales dimensiones de la manera más objetiva posible.

De esta manera, Coan intenta ir más allá de los análisis racionales de una serie de autores que habían tratado previamente la misma cuestión (véanse Allport, 1955; Rogers, 1961; Murray, 1938; Brunswik, 1952) utilizando técnicas objetivas para analizar los juicios aportados por 232 investigadores sobre una muestra de 54 autores eminentes de la psicología (Fig. I.1) y 34 variables pertenecientes a 4 categorías, a saber: contenido (aprendizaje, motivación, procesos conscientes, etc.) metodología (introspección, análisis estadístico, etc.) supuestos básicos (voluntarismo, mecanicismo, etc.) y modo de conceptualización (definición operativa de conceptos, aproximación nomotética, etc.).

Los investigadores encuestados asignaban valores en una escala de 5 puntos, dependiendo del grado de caracterización de una variable respecto a un determinado autor. Los análisis realizados por Coan llevaron al aislamiento de seis factores o dimensiones: subjetivo *versus* objetivo; holista *versus* elementarista; transpersonal —nomotético— *versus* personal; cuantitativo *versus* cualitativo; dinámico *versus* estático, y endógeno —biológico— *versus* exógeno —ambiental.

Dado que estos factores estaban relacionados matemáticamente, Coan realizó un nuevo análisis, y obtuvo dos factores de segundo orden más generales. El primer factor o dimensión general se denominó sintético *versus* analítico (tendencia subjetivista, holista, y cualitativa *versus* objetivista, elementarista y cuantitativa) y el segundo fue denominado funcional *versus* estructural (aproximación personal dinámica y biológica *versus* aproximación transpersonal estática).

Para clarificar la situación sobre los autores considerados en la realización de los juicios, Coan realizó un análisis *cluster* o de agrupamientos. El resultado no produjo una organización de autores correspondiente con las escuelas tradicionalmente consideradas en la psicología, pero, en cualquier caso, resultó ser significativamente informativa (Figura I.1). Así, por ejemplo, el grupo formado por los primeros 6 autores de la figura I.1 se describe por las características personal, cualitativo, moderadamente subjetivo y dinámico; los siguientes 5 autores se caracterizan por el holismo y el subjetivismo; por último, el grupo formado por los primeros 22 autores se puede describir por la característica «sintético».

Para Coan:

> Este tipo de análisis puede clarificar los patrones de influencia y las interacciones entre las diversas tradiciones teóricas (pág. 721).

Por su parte, K. Richardson (1988) ha realizado recientemente un análisis sobre las escuelas psicológicas, tomando como marco de referencia genérico la nueva teoría de la ciencia. No obstante, este autor no ha realizado ningún análisis cuantitativo del talante del abordado por Coan.

Richardson parte de la siguiente declaración:

> Comprender cualquier ciencia es comprender sus presuposiciones (...); el rasgo distintivo de la psicología como ciencia es que genera teorías sobre las propias personas, y estas teorías se basan en presuposiciones que surgen de la experiencia ordinaria de la gente (págs. 25 y 27).

Este autor trata de articular la amplia gama de perspectivas psicológicas en un sistema tridimensional definido por los ejes racionalismo, asociacionismo y constructivismo. En cualquier caso, se trata de una dimensionalización racional, no de un estudio empírico sobre el problema. Veamos cómo utiliza Richardson estas dimensiones.

En primer lugar, el *racionalismo* se expresa en la teoría del instinto, las teorías de la personalidad, el lenguaje y la cognición, las restricciones en el aprendizaje, y, por último, los estudios sobre maduración y desarrollo. Por su parte, el *asociacionismo* se expresa en la teoría de la memoria asociativa. Por último, el *constructivismo* se expresa en la psicología de la Gestalt, en la perspectiva de F. Bartlett y en la teoría de esquemas, las teorías del esquema motor, las teorías evolutivas y los mapas, planos, modelos, etc.

De alguna manera, para semejante viaje quizá no fuesen precisas tantas alforjas, dado que la perspectiva mantenida por Richardson ya fue demarcada en el siglo XVII por Francis Bacon en su obra *Novum Organum*, sin que quede claro, por tanto, qué aporta ese sistema tridimensional a la organización objetiva del campo psicológico. Veamos lo que escribe Bacon:

> Las ciencias han sido tratadas o por los empíricos o por los dogmáticos. Los empíricos, semejantes a las hormigas, sólo saben recoger y gastar; los racionalistas, semejantes a las arañas, forman telas que sacan de sí mismos; el procedimiento de la abeja ocupa el término medio entre los dos; la abeja recoge sus materiales en las flores de los jardines y los campos, pero los transforma y los destila por una virtud que le es propia. Esta es la imagen del verdadero trabajo en la filosofía, que no se fía exclusivamente de las fuerzas de la humana inteligencia y ni siquiera hace de ella su principal apoyo; que no se contenta tampoco con depositar en la memoria, sin cambiarlos, los materiales recogidos en la historia natural y en las artes mecánicas, sino que los lleva hasta la inteligencia modificados y transformados. Por todo esto debe esperarse una alianza íntima y sagrada de esas dos facultades experimental y racional, alianza que aún no se ha verificado (págs. 89 y 90).

En fin, quizá no fuese inconveniente tratar de organizar la diversidad de perspectivas o intentos de descripción dimensional de la psicología. En este sentido, A. Fierro (1982) intenta localizar una dimensión común a las diversas perspectivas psicológicas, escribiendo que:

> En psicología hay un sólo *explicandum*, fenómeno o conjunto de fenómenos por explicar, a saber, el comportamiento, mientras que diferentes estrategias proponen alternativos *explicantia* o instancias explicativas, desde las que, por consiguiente, se delinean distintos órdenes racionales entre los hechos, diferentes géneros de respuesta al «por qué» de la conducta, dispares modos de explicación científica (pág. 109) (...). El concepto capaz de abarcar esta pluralidad de explicaciones es el de sobredeterminación. Los fenómenos de conducta se hallan sobredeterminados, o múltiplemente determinados (pág. 123).

Por tanto, de cara a la articulación no meramente descriptiva de un nivel de discurso peculiarmente psicológico, como las descritas en el caso de Coan o Richardson, no sería insensato mantener que la psicología tiene por objeto el comportamiento de los seres humanos, en tanto en cuanto necesariamente este comportamiento está relacionado con la actividad de la mente, la cual también podría concebirse virtualmente como un modo de comportamiento. Veamos:

> ¿Qué es entonces lo que podríamos entender por «fenómenos de conducta humana»? (...). La actividad humana en toda su amplitud: el pensamiento y la reflexión interior, los sentimientos y afectaciones vitales, la actividad externa, el trabajo, el lenguaje, la intercomunicación humana, las relaciones interpersonales, etc. (Montserrat, 1987, pág. 442).

En este sentido, y después de realizar un análisis sobre la definición de la psicología, M. Cruz Hernández (1982) aporta, por su parte, la siguiente:

> La psicología científica es la ciencia de los principios, estructuras y funciones de la formalización conductual de la interrelación respectiva del hombre y su medio natural y social (pág. 105).

En consecuencia, se podría mantener que el comportamiento humano observable adquiere sentido para la psicología en la medida en que se encuentra vinculado a la actividad de la mente no-observable (mi imagen de la persona que tengo delante no es susceptible de observación, pero es especialmente relevante para desplegar determinados modos de comportamiento en esa situación). Y dado que la actividad de la mente no es directamente observable, tiene sentido admitir que el comportamiento humano observable permite realizar inferencias sobre la actividad de la mente, en la medida en que se supone una continuidad entre ellos, y, en definitiva, constituyen los elementos de una definición comprehensiva del comportamiento de los seres humanos (los modos de comportamiento que despliego ante la persona permiten esbozar un retrato sobre la imagen que yo tengo de esa persona).

Desde esta perspectiva, la psicología estará comprometida con la descripción y predicción de ese comportamiento, en sentido amplio. Además, la psicología como disciplina científica ha de utilizar un método científico para cumplir su compromiso, esto es, ha de realizar predicciones empíricamente contrastables (es posible estudiar científicamente mis modos comportamentales para describir y predecir mi comportamiento ante la persona que tengo delante).

Esta idea permite realizar una breve revisión del desarrollo de la psicología, al hilo de los argumentos mantenidos hasta el momento, tanto por lo que se refiere a la búsqueda de las dimensiones de la psicología, como respecto al intento de aislar una dimensión articulatoria que intente ordenar no sólo descriptivamente la investigación psicológica.

Así pues, una de las primeras versiones de la psicología científica contemporánea se centró en el análisis de los *contenidos de la conciencia.* A pesar de estudiar estos fenómenos en condiciones de laboratorio, no utilizó un método que se pueda etiquetar de científico (el método introspectivo). Ésta es la perspectiva que se podría denominar wundtiana.

La reacción al uso del método introspectivo vino del conductismo clásico, cuyo documento fundacional es *La psicología tal y como la ve el conductista*, escrito por J. B. Watson (1913). Éstas fueron algunas de las elocuentes palabras de Watson:

> La psicología, tal y como la ve el conductista, es una rama experimental puramente objetiva de la ciencia natural. Su meta teórica es la predicción y control de la conducta. La introspección no forma parte esencial de sus métodos, ni el valor científico de sus datos depende de la facilidad con que se presten a una interpretación en términos de conciencia (pág. 400). La psicología que yo intentaría elaborar tomaría como punto de partida, en primer lugar, el hecho observable de que los organismos, tanto humanos como animales, se adaptan al medio gracias a sus dotaciones de la herencia y del hábito (...) y, en segundo lugar, el hecho de que ciertos estímulos llevan a los organismos a dar determinadas respuestas (...), dada la respuesta, pueden predecirse los estímulos; y dados los estímulos, es posible predecir la respuesta (págs. 406 y 407).

Las tesis conductistas permitieron la inclusión definitiva de la psicología en el mundo de la ciencia (Skinner, 1959) adoptando radicalmente la perspectiva del *positivismo lógico* a la que ya nos hemos referido.

Por su parte, la Psicología de las Diferencias Individuales contemporánea, inaugurada por F. Galton, trataba de estudiar científicamente la organización y naturaleza de una serie de constructos internos no-observables (esto es, los rasgos) a través del análisis objetivo del comportamiento de las personas ante situaciones estandarizadas, a saber: los *tests mentales*. Conviene resaltar que esta perspectiva galtoniana constituye una versión alternativa a la wundtiana para el estudio científico del comportamiento de los seres humanos (García-Yagüe, 1980).

Los autores de la psicología diferencial criticaron sistemáticamente el método introspectivo y propusieron un sistema para el análisis objetivo de la actividad mental (véanse Cattell, 1890; Spearman, 1904) hoy existente. El método utilizado para estudiar el comportamiento de los seres humanos, así como la manera de operativizar la actividad mental, se mostraron inatacables por las tesis conductistas. Sin embargo, la tradición de la Psicología de las Diferencias Individuales, por alguna razón, no se impuso académicamente.

En cualquiera de los casos, derivadas del conductismo, en su estado más watsoniano, pronto aparecieron corrientes neoconductistas que trataron de incorporar la actividad psíquica a la práctica científica.

En este sentido, M. Cruz Hernández (1982) escribe:

> La crítica a los anteriores principios epistemológicos (conductistas) constituye la casi totalidad de la historia de la psicología de los últimos sesenta años. El análisis crítico del conductismo ha representado un papel decisivo en el desarrollo y evolución de la psicología actual (pág. 100).

El porqué el conductismo, en su sentido más watsoniano, fue superado tempranamente es explicado por M. Bunge (1980a). Para Bunge (1980b) la pregunta por la actividad mental es perfectamente científica. De esta manera, no resulta pertinente excluir un ámbito de estudio por el hecho de que no se ajuste a una filosofía empirista ampliamente superada por las ciencias naturales.

Desde esta perspectiva, J. L. Zaccagnini (1988) ha estudiado el problema de la restricción positivista de la psicología contemporánea concluyendo que la psicología puede ser caracterizada como una *ciencia hiper-positivista* anclada en un dogmatismo metodológico improcedente en el contexto de la ciencia natural contemporánea.

De esta manera, un problema que la psicología como ciencia podría abordar legítimamente, sería el análisis de la actividad mental entendida como las relaciones establecidas entre la actividad del sistema nervioso, del organismo total en el que ese sistema opera y del ambiente en el que se comporta y por el que se ve afectado (activa y/o pasivamente). Desde esta perspectiva, *el objeto de la Psicología sería el estudio científico de las relaciones entre la actividad mental, el comportamiento del individuo y el tipo de estímulos que éste recibe o busca activamente.* Hasta cierto punto, lo que le confiere a la Psicología el estatus de ciencia es el método que utiliza para estudiar ese objeto, y no el que la actividad mental sea o no observable, lo que quizá no fuese apreciado por Watson, pero sí por la Psicología de las Diferencias Individuales.

Este tipo de consideraciones produjo que el estudio de las denominadas «variables intermedias» fuera dando paso paulatinamente a la sustitución académica explícita de la perspectiva conductista por una perspectiva más cognitiva centrada en los procesos de la actividad mental (Rivière, 1986, 1987). En este sentido, suele hacerse referencia al advenimiento del paradigma cognitivo, el cual plantea que el sujeto no se limita a responder a los estímulos, sino que los busca activamente (Delclaux, 1982; lo cual, si se revisan los tópicos de investigación al uso, no deja de ser una mera declaración de principios; véase Arnau, 1982). Además, las respuestas son resultado de un procesamiento interno del estímulo que, a partir de entonces, pasa a ser estudiado siguiendo un *criterio de reducción operacional* (por ejemplo, manipulando variables independientes y analizando qué efectos producen en variables dependientes, para reforzar o refutar teorías sobre los procesos mentales no-observables; véase Rivière, 1986).

En fin, se puede decir que la psicología es en la actualidad ciencia por derecho propio: su objeto es perfectamente susceptible de ser estudiado a través de un método científico. No obstante, tal y como ha mantenido Zaccagnini (1988), la psicología como disciplina científica corre el riesgo de quedar asfixiada por un excesivo rigor metodológico que dificulte la construcción de teorías sobre la actividad mental que, en principio, no sean automáticamente contrastables, como es el caso de las grandes teorías de la ciencia natural.

En este sentido, Bunge (1980b) escribe ilustrativamente:

> Lamentablemente, en psicología no existen más que unas pocas teorías bien construidas y bien corroboradas. Las que están construidas correctamente y contrastadas satisfactoriamente son frecuentemente superficiales: difícilmente llegan al sistema nervioso; y las que son profundas frecuentemente están poco desarrolladas (...). Necesitamos muchas más teorías psicológicas, y que sean mejores, si pretendemos conseguir una mejor comprensión de la conducta (...). Y como todos los esfuerzos tendentes a la construcción de teorías están estimulados o inhibidos por alguna filosofía, debiéramos ocuparnos de las filosofías de la mente que subyacen a las diversas teorías psicológicas (pág. 223).

Un indicador de que esto pudiera ser así es la tendencia a generar micro-modelos susceptibles de ser contrastados y las dificultades manifiestas para establecer teorías complejas. No obstante, es probable que la tendencia a generar micro-modelos no sea la más adecuada para llegar a una teoría relativamente comprehensiva sobre el comportamiento humano, que, además, facilite la incomunicación entre los investigadores, y, finalmente, que aumente el riesgo de caer en lo que A. Newell (1973) ha denominado el juego de las veinte preguntas, el cual, a pesar de ser el más frecuente en la psicología contemporánea, no parece muy conveniente para lograr una teoría psicológica adecuada.

Dicho esto, y antes de revisar el plan de esta obra, puede ser interesante cerrar este apartado con unas palabras de Royce y Powell (1981) que manifiestan la necesidad ineludible de estudiar científicamente las diferencias individuales, de cara a la construcción de teorías sobre el comportamiento de los seres humanos, tomados como individuos diferenciados y no como los elementos que albergan algunas de las funciones mentales por las que nos interesamos habitualmente en psicología. Veamos:

> El estudio de las diferencias individuales viene a ser un enigma en la historia de la psicología moderna. De un lado, este ámbito de investigación es uno de los más antiguos en psicología científica (...) y le facilita el soporte científico a la psicología contemporánea aplicada. De otro lado, los laboratorios de psicología se muestran unánimes en su insistencia de que las diferencias individuales sean relegadas al rincón de las «variables incordiantes» y que su contribución a la medición en el laboratorio sean considerados como «errores de azar» en la medida. A pesar de ello, entendemos que el estudio de las diferencias humanas puede aportar una rica fuente de información respecto a la naturaleza general de los acontecimientos psicológicos. De la misma manera que el físico o el astrónomo han enriquecido sus conocimientos en torno a la naturaleza de la evolución de las estrellas estudiando las diferencias entre éstas, pensamos que los psicólogos pueden aprender bastante respecto a la naturaleza del funcionamiento psicológico integrado estudiando las diferencias psicológicas que se dan entre los organismos individuales. En lo que concierne a esto hay muy pocos motivos para esperar que la psicología difiera tan drásticamente de las restantes ciencias modernas como para permitirse pasar por alto las diferencias individuales que existen en las manifestaciones individuales de fenómenos de interés (págs. 77 y 78).

Plan de la obra

Esta obra trata de condensar los resultados de una amplia investigación sobre la Psicología de las Diferencias Individuales. Para ello, la disciplina se organiza a una una serie de niveles, que se utilizan posteriormente para exponer los desarrollos teóricos y los resultados de la investigación sobre las diferencias individuales, desde los más clásicos a los más recientes.

De esta manera, en el primer capítulo se argumentan los conceptos fundamentales que sostienen a la Psicología de las Diferencias Individuales, a partir del análisis de su desarrollo histórico. Esto nos ha llevado a cuestionar una serie de tesis, sobre esta disciplina psicológica habitualmente manejadas en la literatura.

Los argumentos que se han utilizado a este respecto, no están basados en opiniones, sino en las fuentes documentales de primera mano que se han consultado, siendo este el motivo de que abunden en esta obra las citas de autores eminentes de la psicología.

De alguna manera, el resultado de esta investigación sobre la historia de la Psicología de las Diferencias Individuales podría expresarse utilizando las palabras de Iriarte (1936) en el prólogo a su obra sobre la figura del doctor Huarte de San Juan:

> Nunca imaginé yo mismo, al emprender mi trabajo, que la figura del Dr. Huarte iba a aparecérsenos con tal relieve (...). No somos nosotros quienes le elevamos. Las 70 ediciones de su libro en diversos idiomas, y las numerosas publicaciones subsiguientes que acusan su herencia, forman un pedestal bastante alto, para que su imagen preclara sea vista por quien tenga ojos (págs. 15 y 16).

Por su parte, en el segundo capítulo se analizan los fundamentos teóricos de la disciplina, tomando como referencia inicial los conceptos resultantes del estudio de la historia de la Psicología de las Diferencias Individuales. Muchas veces se ha escrito que esta disciplina carece de fundamentos teóricos, argumentando su interés por el caso individual, idiográfico, y, por tanto, acientífico y meramente tecnológico. No obstante, un análisis de los argumentos mantenidos en el segundo capítulo mostrará que esa tesis no se puede sostener en ninguno de los casos.

En este segundo capítulo, se dedica una breve parte inicial a establecer una serie de contrastes entre la Psicología de las Diferencias Individuales, interesada en estudiar las diversas estrategias que utilizan las personas para resolver una serie de tareas de indudable interés psicológico, y la psicología general, comprometida en el aislamiento de las leyes que subyacen a una serie de funciones aparentemente psicológicas. En el primer caso, por tanto, interesa estudiar, por ejemplo, el comportamiento inteligente de una variedad de personas concretas y tratar de organizar ese comportamiento inteligente a partir de una serie de dimensiones, mientras que, en el segundo caso, interesa la inteligencia (esto es, la función en sí).

Aquí se recogen las líneas de opinión más extremas al respecto, según las cuales *las dos disciplinas de la psicología científica (diferencial y general) no tienen posibilidad de unificación.* Esto es, las dos disciplinas constituyen dos maneras *incompatibles* de abordar el estudio científico del comportamiento de los seres humanos (véase Jensen, 1985)[5]. Habrá que tener en cuenta, no obstante, que este hecho no impide que las dos

[5] En este sentido, no se suscribe la tesis mantenida por L. Cronbach en su celebérrima disertación ante la APA, basada en discrepancias a nivel metodológico entre las dos disciplinas.

disciplinas intercambien los conocimientos oportunos derivados de la aplicación de sus respectivas perspectivas de análisis, cual es el caso de la perspectiva psicométrica y cognitiva para el estudio de las diferencias individuales en inteligencia.

En el tercero y último capítulo, sin duda el más largo de la obra, se desarrolla, en primer término, una organización teórica y metodológica para el estudio de las diferencias individuales. Para ello se reúne una serie de recientes concepciones sobre el comportamiento de los seres humanos, tales como la teoría del acoplamiento estructural, propuesta por H. Maturana y F. Varela (1990) y la de la psicología de la evolución (Buss, 1991), concepciones que, por otra parte, se adecuan muy bien a los supuestos teóricos de la Psicología de las Diferencias Individuales.

El resultado derivado es el denominado *marco de los niveles de análisis*, en el que se consideran cinco niveles para el estudio científico de las dimensiones de las diferencias individuales, a saber: el nivel de rasgo, el nivel cognitivo, el nivel orgánico y, finalmente, los niveles genético y ambiental.

En cuanto a las estrategias para la investigación científica de estos niveles de análisis, se ha considerado oportuno incluir unos apéndices que permitan complementar lo escrito a este respecto en el tercer capítulo, habida cuenta de la preocupación sistemática por el desarrollo metodológico de parte de los investigadores de las diferencias individuales.

Una vez establecido el marco teórico y metodológico para el estudio de las diferencias individuales, se analiza la teoría y los resultados de la investigación sobre las áreas genéricas en las que las personas suelen diferir habitualmente, esto es, la inteligencia y la personalidad. En este sentido, se podrá apreciar que el marco de los niveles de análisis se aplica por igual a las dos áreas. Además, se mostrará que, actualmente, los investigadores de las diferencias individuales han llegado a una serie de acuerdos en las dos áreas, sobre los que conviene reparar de manera explícita en una obra integradora como la que aquí estamos presentando.

El capítulo tercero se cierra con la obra en sí, realizando una serie de consideraciones sobre la disciplina que sirven tanto de recapitulación general como de marcadores de directrices para la investigación de las diferencias individuales en los próximos años, estos es, en el futuro que tendremos que construir entre todos.

1

El pasado de la Psicología de las Diferencias Individuales

No deberíamos esperar encontrar en la Historia una justificación o una explicación de nuestros propios pensamientos y acciones, salvo en la medida en que heredamos una compleja masa de aptitudes mentales sencillas, que se remonta no sólo hasta Grecia y Roma, no sólo hasta Ur y Menfis, sino más allá, hasta los cazadores y pescadores de las épocas glaciales (pág. 33).

Stuart Piggott: *El despertar de la civilización.*

1. Cuestiones preliminares

Yo considero las diferencias individuales de la mayor importancia (...). Todas las partes del organismo y todos los instintos ofrecen diferencias por lo menos individuales (...). La psicología se basará, seguramente, sobre los cimientos, bien echados ya por Herbert Spencer, de la necesaria adquisición gradual de cada una de las facultades y aptitudes mentales. Se proyectará mucha luz sobre el origen del hombre y sobre su historia (págs. 101, 635 y 669).

Charles Darwin: *El origen de las especies.*

A la antigua ciencia de la astrología se remontan los primeros intentos asistemáticos de elaborar unos principios que permitiesen clasificar y organizar racionalmente las diferencias entre las personas. De esta manera, en el capítulo XIII del *Tetrabiblos*, Ptolomeo intenta relacionar los signos del zodíaco y los rasgos psicológicos implicados en cada uno de ellos.

Este procedimiento genérico de analizar las diferencias individuales, presente también, de alguna manera, en la cultura china[1], y, con ciertas modificaciones, identificable en algunos trabajos contemporáneos, pretende aislar una serie de categorías taxonómicas de referencia para clasificar a los individuos, y, a partir de aquí, intentar predecir su comportamiento.

Pero, realmente, y como en casi todos los dominios del conocimiento humano, es en la Grecia Clásica donde comienzan a realizarse reflexiones sistemáticas sobre las diferencias individuales. Los documentos disponibles nos muestran una preocupación por clasificar a los individuos a partir de las teorías dominantes sobre la naturaleza.

---

[1] Así, aproximadamente en el siglo II a. de C., se establecían pruebas de rendimiento para descubrir los sujetos más aptos entre los candidatos a altos cargos de la administración estatal; véase Dubois, 1966. Las tareas constaban de muestras de conducta pertenecientes a cinco artes: música, disparo con arco, equitación, escritura y cálculo.

En esta dirección, Teofrasto (372-288 a. de C.) en su libro *Los Caracteres Morales*, describe 30 tipos diferenciales (adulador, oficioso, grosero, charlatán, etc.) utilizando una variedad de muestras de comportamientos concretos. El siguiente es un ejemplo del tipo de descripciones comportamentales desarrolladas por Teofrasto:

> Y el avaro un hombre tal como para, cuando da un banquete, no servir bastante pan; y pedir un préstamo al forastero que se alberga en su casa; ... y si vende vino, vendérselo aguado al amigo; e ir al teatro, llevando a sus hijos, precisamente cuando los empresarios dejan entrar de balde; ... y cuando se ungen en los baños decir: «me compraste aceite rancio» y ungirse con el ajeno. Y es amigo de reclamar su porción de la calderilla encontrada en las calles por sus esclavos diciendo que es un hallazgo colectivo; ... Y cosas como éstas: medir él mismo, rasando muy bien, los víveres para los de casa y eso con una medida fidónea de culo bollado; si un amigo cree que ha comprado algo barato comprárselo a su vez y revenderlo con ganancia; ... y si sus hijos no van a la escuela por enfermedad, descontar una parte proporcional de los honorarios... (citado en García-Yagüe, 1980).

En cualquier caso, habría que decir que Teofrasto no proporciona ninguna explicación sobre las causas de los comportamientos que *describe* minuciosamente.

Por otro lado, la doctrina clásica de los humores y los temperamentos de Galeno e Hipócrates de Cos pone en relación la experiencia médica de los griegos y la búsqueda del *arké* (elemento primordial) con los postulados de los filósofos presocráticos, fundamentalmente la teoría tetraelemental de Empédocles (aire, agua, fuego y tierra). Esto permite obtener un marco explicativo para el estudio de las diferencias individuales, las cuales se agruparían en *formas tipológicas*.

Las historias habituales mantienen que es Platón en su obra *La República* quien reconoce explícitamente las diferencias individuales (véanse, por ejemplo, Eysenck, 1979; Amelang y Bartussek, 1981) y trata de utilizar esas diferencias en beneficio de la república. Mantiene Platón que uno de sus objetivos es la asignación de los individuos a las tareas especiales para las que están dotados de manera natural. Esto le lleva a idear la famosa fábula de los metales, al hilo de la cual Platón propone que se realice una serie de acciones para poder seleccionar a los soldados, por ejemplo, partiendo de su aptitud militar. Por tanto, a la vista de esto, da la impresión de que Platón constituye un antecedente claro de la teoría del rasgo (véase Eysenck, 1979).

No obstante, si se revisa detenidamente la fábula de los metales se encontrará que Platón parte de un supuesto que, finalmente, dificulta justificar su atribución como antecedente de la Psicología de las Diferencias Individuales, dado que su objetivo es forzar una determinada organización social basándose en una idea ficticia de diferencias entre las personas (véanse también Kamin, 1990, pág. 244; Gould, 1981, para apoyar esta idea). El diálogo que mantienen Sócrates y Glaucón en *La República* habla por sí mismo:

—Sócrates: ¿De qué manera nos gobernaremos ahora para inventar para los magistrados o, por lo menos, para los demás ciudadanos, una mentira del género de aquellas que, según hemos dicho, son de grande utilidad?

—Glaucón: ¿Cuál es ese género de mentira?

—S: No es nuevo; tiene su origen en Fenicia; y dicen poetas, que al parecer hablan con convicciones, es un hecho real que se ha verificado en muchos puntos. Pero en nuestros días no ha tenido lugar, ni sé que pueda tenerlo en lo sucesivo. No es poco si se consigue el hacerlo creer.

—G: ¡Qué! ¿Tienes dificultad en decírnoslo?

—S: Cuando lo hayas oído verás que no me falta razón para ello.

—G: Habla y no temas nada.

—S: Voy a decirlo; pero en verdad no sé a dónde acudir, para cobrar ánimo y encontrar las expresiones que necesito para convencer a los magistrados y a los guerreros, y después al resto de los ciudadanos, de que la educación que les hemos dado no es más que un sueño; que donde han sido efectivamente educados y formados ha sido en el seno de la tierra, así ellos como sus almas, como todo lo que les pertenece; que después de haberles formado la tierra, su madre, les ha dado a luz; y que, por tanto, deben considerar la tierra en que habitan como su madre y su nodriza, defenderla contra todo el que intente atacarla, y tratar a los demás ciudadanos como hermanos salidos del mismo seno.

—G: No sin razón dudabas, al pronto, en contarnos esta fábula.

—S: Convengo en ello. Pero ya que he comenzado, escucha lo demás. Vosotros que sois parte del Estado, vosotros, les diré continuando la ficción, sois hermanos; pero el dios que nos ha formado ha hecho entrar el oro... ¿Sabes algún medio para hacerles creer esta fábula? (págs. 121-122).

En suma:

Para Platón, las diferencias entre los hombres no dependen de las almas, puesto que todas son perfectísimas, por ser espirituales, sino del cuerpo (Moya y García Vega, 1990, pág. 126).

Por su parte, para santo Tomás, las diferencias individuales también son debidas al cuerpo. Lo que sucede es que, a diferencia de Platón, una vez el alma informa al cuerpo, la misma alma puede ser origen de diferencias individuales, tesis que le valió a santo Tomás el chaparrón de Duns Escoto.

Los autores y tradiciones de pensamiento referidas hasta el momento pueden considerarse antecedentes informales de la Psicología de las Diferencias Individuales. No obstante, habrá que esperar hasta el siglo XVI para que el doctor Juan Huarte de San Juan (1529-1588) construya un marco para el análisis científico naturalista de las diferencias individuales, tal y como anunciamos en la introducción.

Para ello toma como referencia, por un lado, la doctrina hipocrático-galénica (véase cualidades, elementos, humores, latitudes geográficas, etc.), y, por otro, una teoría de las facultades (véase imaginativa, entendimiento y memoria). Este estudio se materializa en su obra clásica *Examen de Ingenios para las Ciencias*, muy leída y traducida en su momento en diversos países de Europa[2].

Uno de los problemas fundamentales que aborda el Dr. Huarte es el de la clasificación y sistematización de las diferencias individuales, lo que se puede atribuir en buena medida a la tradición enciclopedista de su tiempo (véase la figura del valenciano L. Vives). El objetivo de Huarte es sistematizar las habilidades naturales y el ingenio ajustándose a una doctrina científica[3]. Por tanto, Huarte parece ser un claro precedente sistemático de la Psicología de las Diferencia Individuales, en sentido estricto. Veamos:

El *Examen de Ingenios* consta de tres partes (Moya y García Vega, 1990). En primer lugar, se estudian teóricamente los distintos ingenios, sus variedades y diferencias, su relación con la constitución de los temperamentos, la teoría de los humores y el cerebro, como fundamento de las aptitudes para las profesiones y la actividad intelectual. En segundo lugar, se aborda una serie de cuestiones prácticas. Se analizan las relaciones entre las profesiones y las personas que las cubren. Finalmente, se trata de orientar el logro de ingenios adecuados, a partir de la mejora en la constitución biológica de las personas.

---

[2] *El Examen* conoce 18 ediciones en castellano, 8 francesas, 6 italianas, 6 inglesas y 2 alemanas (Sanz, 1930).

[3] Así, escribe Huarte que su objetivo es: «Saber distinguir y conocer estas diferencias naturales del ingenio humano, y aplicar con arte a cada uno la ciencia en que más ha de aprovechar» (*Examen de Ingenios*; segundo premio al lector).

Huarte se hace una serie de preguntas de marcado interés, a saber (Moya y García Vega, 1990): ¿Cómo es posible que, si todos los hombres pertenecen a una misma especie indivisible y si todas las potencias del alma racional (memoria, entendimiento y voluntad) son de igual perfección en todos, cada hombre tenga diferente ingenio? ¿Por qué los hijos de unos mismos padres son distintos? ¿Por qué un buen perro siendo mozo es un gran cazador y al envejecer no tiene tanta habilidad, aunque gana en astucia y maña?

Para Huarte, las diferencias en los entendimientos se deben a que éstos requieren la ayuda de otras potencias orgánicas (memoria e imaginativa) del alma racional. Aunque el entendimiento no depende de manera directa del órgano corporal, sí al menos indirectamente. Cuando el cerebro está excesivamente húmedo, aumenta la capacidad de retención y aprehensión de la memoria, y disminuye la representación de los fantasmas, la que mejora con la sequedad. De esta forma, el entendimiento comete errores. Por contraste, las personas con el cerebro seco tienen problemas de retención y aprehensión mnémica, pero son muy buenas en la representación de figuras.

En fin, si en el cerebro predomina la humedad y es de gruesa sustancia, la facultad mnémica es la mejor desarrollada. Si en el cerebro predomina el calor prevalecerá la imaginación. Si predomina la sequedad y el cerebro está compuesto de partes sutiles y delicadas, el entendimiento será preponderante. De esta manera, no hay en el hombre más que tres diferencias genéricas de ingenio, porque no hay más que tres cualidades de donde pueden provenir. No obstante, por debajo de estas tres diferencias universales se pueden encontrar muchas diferencias particulares a partir del grado de intensión que pueda llegar a tener el calor, la humedad y la sequedad.

Huarte entiende que hay que realizar una selección científica de los padres. Por otro lado, tanto el medio ambiente como la alimentación se dejarán sentir en el feto; esto es, para Huarte, el medio ambiente influye de manera decisiva en las diferencias de ingenio.

Por tanto:

> Juan Huarte de San Juan (...) fue uno de los primeros en plantearse desde una perspectiva científica —filosofía natural— el tema de las diferencias individuales, su génesis y clasificación, por lo que es considerado, con justicia, precursor de la psicología diferencial (...) comienza una vía importante para la psicología, abriendo camino en la investigación de las diferencias humanas. La psicología española encuentra en él un impulsor de la investigación científica en el campo

psicológico y un precursor de la psicología diferencial (Moya y García Vega, 1990, págs. 124 y 143).

Por su parte, D. K. Detterman (1982) escribe sobre Huarte lo siguiente:

> Gran parte de los argumentos mantenidos por Huarte suenan a rabiante actualidad. Su teoría incluye muchos aspectos de las actuales teorías multifactoriales. Aunque muchos autores entiendan que el debate entre modelos uni- y multi-factoriales es reciente, las ideas básicas inherentes a este debate se postulaban hace ya mucho tiempo (pág. 101).

Más adelante recuperaremos la figura de Huarte cuando hablemos de la escuela española.

Por otro lado, F. J. Gall (1758-1828) constituye otro claro antecedente, más reciente, de la Psicología de las Diferencias Individuales como disciplina científica. Gall rechaza los métodos introspectivos, dado que considera que constituyen un método subsidiario de la filosofía, y, por tanto, a superar por una posible psicología científica. También desecha la teoría clásica de las facultades, dada su excesiva globalidad y su escasa posibilidad de dar respuesta a la complejidad y diversidad del comportamiento de los seres humanos.

Gall escribe lo siguiente en su obra *Sobre las funciones del cerebro*:

> Cómo vamos a explicar, por la sensación en general, por la atención, etc., el origen y ejercicio de propagación, el del amor a la prole, el del instinto de apego? (véase documento 1.1) ¿Cómo explicar por todas estas generalidades los talentos para la música, la mecánica, el sentido de las relaciones espaciales, la pintura, la poesía, etc.? Las facultades de los filósofos existen, pero no son aplicables al estudio detallado de una especie o de un individuo. Todo hombre, excepto un idiota, disfruta de todas estas facultades. Pero todos los hombres no tienen el mismo carácter individual o moral. Tenemos necesidad de facultades cuya diferente distribución determine las diferentes especies de animales, y cuyas diferentes proporciones expliquen las diferencias entre los individuos» (citado en Leahey, 1982).

La craneometría de Gall prevé varios tópicos de la Psicología de las Diferencias Individuales, tales como: las técnicas de medida de las capacidades, de cuantificación estadística, de comparación entre sexos, de clase social, de raza, etc. (véase Andrés Pueyo, 1989b).

De alguna manera, podría mantenerse que Gall establece la primera psicología objetiva de las diferencias individuales contemporánea, dado que rechaza el estudio de la mente adulta general y trata de analizar cómo difieren de hecho las personas (véase Leahey, 1980).

El ecsaminado pagó por este Reconocimiento. ... 50 R.s v.n   Fecha. Alicante 6 Julio 1849

CARÁCTER I TALENTOS DE D. Ramon Simarro segun se deducen del ecsámen frenolójico de su temperamento i organismo cefálico o de la cabeza.

POR D. MARIANO CUBÍ I SOLER,

Propagador de la Frenolojia en España.

Jamás debe perderse de vista que la Frenolojia solo habla de *inclinaciones*, i de ninguna manera en casos normales, de *necesidades*. Asi que en este ecsámen o reconocimiento frenolójico se espresan las *tendencias* reprimibles, dirijibles, educables i mejorables del individuo ecsaminado: pero no, las *acciones* que haya cometido o cometa, porque estas están fuera del dominio de la Frenolojia.

Para tener una idea cabal i completa de las facultadas mentales i los órganos que las manifiestan, refiero el ecsaminado a mis *Elementos de Frenolojia, Fisonomia i Magnetismo Humano*, un tomo en 8.° mayor de 200 pájs., letra clara, pero metida i compacta, el cual se vende a 10 reales ejemplar. À los suscritores a LA ANTORCHA, (semanario enciclopédico de ciencias, bello-secso, artes, in[illegible] descubrimientos, comercio, hechos diversos etc., que se públíca bajo mi direccion todos los sábados en Barcelona, a 12 [illegible] tre alli, i 13 fuera de allí, si la suscripcion se hace por libranza sobre correos a favor del administrador de la ANTORCHA [illegible] venden a 4 reales, aun cuando el abono se haga no mas que por tres meses.

☞ *La curva o linea inclinada que tienen algunos* O *en el* Tamaño de los Órganos, *indica que el órgano del ecsaminado es grande, pequeño o mediano, pero que participa algo del volúmen que espresa la columna hácia donde el O se dirije.*

GRADUACION ANALÍTICA DE LOS ÓRGANOS DEL ECSAMINADO.

ANÁLISIS.

NOMBRES DE LAS FACULTADES MENTALES I ÓRGANOS QUE LAS MANIFIESTAN.	USO, ABUSO E INACTIVIDAD DE LAS FACULTADES.	Tamaño de los órganos del ecsaminado. Grande (4)	Med.° (5)	Peq.° (6)
	AFECTOS.			
1. AMATIVIDAD. E. p. 58. S. 1, p. 143 (7).	Su uso, (1) amor de propagacion, cariño entre los secsos.	.....	0	.....
	Su abuso, (2) fornicacion ilejítima, prácticas soezes.			
	Su inactividad, (3) continencia estremada.			
2. FILOJENITURA. E. p. 61. S. 1, p. 151.	Uso, amor de prole: afecto paternal.	.....	0	
	Abuso, echa a perder a los hijos por un mimo estremado: no puede consolarse de su pérdida.			
	Inactividad, descuida o abandona a los hijos.			
3. HABITATIVIDAD. E. p. 63. S. 1, p. 159.	Uso, deseo de vivir en sitios determinados.		0	
4. CONCENTRATIVIDAD. E. p. 64. S. 1, p. 163.	Uso, fijarse i concentrarse en lo que se piensa i siente.	.....	0	.....
	Abuso, mórbida fijacion del alma en algunas ideas o sentimientos internos con la esclusion de impresiones esternas.			
	Inactividad, falta de fijacion en lo que se siente, se piensa o pasa.			
5. ADHESIVIDAD. E. p. 65. S. 1, p. 167.	Uso, apego i afecto especial a los objetos que nos rodean: instinto de cariño, de amistad, de sociabilidad.	0	.....	.....
	Abuso, dolor inconsolable por la pérdida de algun amigo, amistades para objetos criminales.			
	Inactividad, descuido de los demás, poco amigable, carece de afecto.			
6. ACOMETIVIDAD. E. p. 67. S. 1, p. 171.	Uso, hacer resistencia a la oposicion; espíritu de vencer dificultades, intrepidez, elemento de valor.	0	.....	.....
	Abuso, riñas, pendencias, ilejítimo ataque, agresion, espíritu disputador.			
	Incactividad, timidez, falta de ímpetu.			
7. DESTRUCTIVIDAD. E. p. 68. S. 1, p. 174.	Uso, útil i lejítima destruccion en jeneral, muerte de animales para nuestro sustento.	0	.....	.....
	Abuso, asesinato, crueldad, venganza, ferocidad, ira.			
	Inactividad, tendencia a mirar con aversion el inferir dolor, el causar pena, el producir destruccion, el castigar, etc., por necesario que todo esto sea.			
8. ALIMENTIVIDAD. E. p. 71. S. 1, p. 195.	Uso, instinto de alimentarse, apetito.	0	.....	.....
	Abuso, glotoneria, borrachera, sobrado amor de golosinas.			
	Inactividad, indiferencia a la cualidad o cantidad de los alimentos en jeneral.			

(1) Por el *uso, buen uso*, o sea *objeto* de una facultad mental, se entiende su accion útil i lejítima. En este caso se halla cuando el órgano que la manifiesta es mediano o grande i está bien dirijido por las otras facultades.

(2) Por el *abuso* de una facultad se entiende cuando el órgano que la manifiesta tiene un desarrollo escesivo, o no se reprime i dirije por otras facultades; esto es, por la Relijion i la sana filosofía.

(3) Es *inactiva* una facultad, cuando el órgano que la manifiesta es pequeño; u otras facultades i circunstancias esternas no la activan i escitan.

(4) *Grandes*, son los órganos que naturalmente se hallan mas activos, que con mayor facilidad pueden cultivarse, i que mas necesidad tienen por su mucho desarrollo de represion.

(5) *Medianos*, son los órganos que con facilidad se activan i desarrollan con el ejercicio.

(6) *Pequeños*, son los órganos que por su poco desarollo natural son mas débiles i que mas deben ejercitarse i activarse.

(7) E. páj. 58. Esto significa mis *Elementos*, pájina 58.—S. 1, páj. 143, significa mi *Sistema Completo de Frenolojia*, 3.ª edicion, tom. 1. páj. 143. He juzgado a propósito referir el ecsaminado a mis obras, a fin de ahorrarle tiempo i trabajo caso de quererse imponer [illegible]mente de las facultades mentales i sus órganos que mas muevan por el momento su curiosidad. El Sistema Completo consta de [illegible] mayor i un cuaderno de documentos i se vende a 48 reales ejemplar. Esta obra no solo es la mas estensa que se conoce en [illegible]ana, sino la mas completa que ecsiste respecto a las aplicaciones o parte aplicativa de la Frenolojia.

Documento 1.1.—Un ejemplo del tipo de registros frenológicos usados por el doctor Mariano Cubí i Soler a mediados del siglo pasado (1849). (Por gentileza del doctor Blanco Trejo.)

H. Spencer (1820-1903), por su parte, prepara el camino para el desarrollo de una Psicología de las Diferencias Individuales contemporánea plenamente científica.

Spencer mantiene que el modo de entender la mente tendría que consistir en la observación de cómo evoluciona desde una masa indiferenciada hasta un organismo heterogéneo e integrado (vg. *principio de diferenciación*). En sus *Principios de Psicología* (1855) integra el asociacionismo y la fisiología sensomotriz con la teoría de la evolución lamarckiana.

Para Spencer, el desarrollo de la mente consiste en un ajuste adaptativo a las condiciones ambientales en el que el cerebro acumula experiencias a lo largo de la evolución de la serie de organismos a través de la que ha quedado constituido. Esta tesis permite que las ideas innatas no resulten finalmente incompatibles con los supuestos empiristas dominantes en la filosofía anglosajona que rodeaba a Spencer.

No obstante, cuando los psicólogos alemanes adoptan la filosofía asociacionista de los ingleses, no advierten, por una u otra razón, que los psicólogos británicos habían refundido ya esta filosofía con la teoría de la evolución (mediatizados por la figura clave de H. Spencer, como acabamos de ver), esto es, habían asimilado la idea de que el que la psicología se independizase de la filosofía pasaba por, o implicaba, el estudio de las variaciones individuales desde una perspectiva naturalista. De tal manera que para los herederos del asociacionismo británico, el individuo resultaba ser una suerte de combinación entre el organismo físico y la actividad mental[4]. Para los segundos, resulta que se puede aceptar la variabilidad física, pero no la mental, dado que la actividad mental es única y se basa en leyes universales, lo que recuerda la perspectiva platónica vista más arriba. Precisamente esta es la tesis que se abandona en Inglaterra y Francia gracias a la intervención directa de la teoría de la evolución, pero se mantiene en Alemania, y, en general, en el entorno de los psicólogos experimentales (véase Andrés Pueyo, 1989b).

En cualquier caso, los verdaderos baluartes del inicio del estudio científico contemporáneo de las diferencias individuales son, por un lado, Charles Darwin y Francis Galton (historia interna, en términos de Lakatos, o espacio conceptual, en término de Zaccagnini, 1989b) y, por otro, el protestantismo y el capitalismo como entorno socio-cultural

---

[4] Sahakian comenta en este sentido que la concepción cuantitativa del funcionamiento mental asociativo contribuye en gran medida al desarrollo de los tests de inteligencia (Sahakian, 1975).

propicio para un estudio en expansión de esas diferencias individuales (historia externa, en términos de Lakatos, o espacio cultural, en palabras de Zaccagnini, 1989b).

De esta forma, el protestantismo y el capitalismo rompen el sentido universal de hombre como individuo inseparable de su grupo de pertenencia (véase Edad Media) y se aproximan hacia una concepción del *hombre como ser individual.* El protestantismo sitúa al hombre solo ante Dios, sin el papel intermediario de la Iglesia (medieval) y, por otro, el capitalismo, con su necesidad de especialización individual respecto a los puestos de trabajo, como base del aumento de la productividad y la eficacia administrativa, constituyen el caldo de cultivo adecuado para el desarrollo de *técnicas de medida* y *cuantificación de las diferencias individuales.* La aparición del estado capitalista moderno depende en buena parte de la división del trabajo y de la especialización ocupacional de los talentos humanos; además, la medida, cuantificación y descripción de las diferencias individuales se une a una sociedad económica que depende de la medida y cuantificación de los productos materiales. El éxito de la tecnología aplicada al terreno material prepara el camino para el estudio científico de las diferencias individuales en las características psicológicas al uso.

Por su parte, Darwin cuestiona el concepto aristotélico de especie, determinista respecto a las características esenciales del individuo y desentendida de las diferencias individuales, manteniendo que estas diferencias individuales son los elementos básicos de su sistema teórico; las variaciones individuales han de ser el punto de partida de las ciencias biológicas y antropológicas, y la clave de la interpretación científica de la naturaleza. *Las diferencias individuales constituyen un hecho universal que rompe las taxonomías clásicas e introduce plenamente en el problema de la evolución de las especies.*

Darwin estudia el problema de las diferencias individuales, en referencia al hombre, en *Los orígenes del hombre* (1871) y en *La expresión de las emociones en el hombre y los animales* (1873). Willerman (1979) considera, en este sentido, que Darwin es el verdadero padre de las diferencias individuales, aunque fue su primo Galton quien estudió con detalle teórico y empírico éstas diferencias. Darwin mantiene que para llevar a cabo la empresa del estudio científico de las diferencias individuales son necesarios métodos originales, tarea que viene a recaer en la persona que dice ser y llamarse F. Galton (1822-1911).

Dicho esto, la exposición de la historia científica de la Psicología de las Diferencias Individuales se va a estructurar alrededor de las escuelas fundamentales de la disciplina, sin pretensiones de exhaustividad o completud, a saber: la escuela británica, la escuela americana, la escuela francesa y la escuela soviética.

Esta división es meramente descriptiva, y, en ningún caso, se debería entender que se trata de algo rígido o tenga pretensiones explicativas sobre los programas de investigación desarrollados en el seno de la psicología de las diferencias individuales. Así, por ejemplo, el que aquí se hayan tratado separadamente las cuestiones relacionadas con los tests mentales, y el problema de la psicología diferencial y sus relaciones con el procesamiento de la información, son claros ejemplos de conexiones entre escuelas, dado que, en los dos casos, los desarrollos de las diversas escuelas enunciadas convergen para colaborar en los programas de investigación propios de estos dos tópicos.

Por otro lado, en las consideraciones finales se intentará aportar una serie de notas y comentarios sobre los desarrollos de la Psicología de las Diferencias Individuales en España.

2. Escuelas científicas de la Psicología de las Diferencias Individuales

Quizá la idea básica de la naciente Psicología de las Diferencias Individuales contemporánea es que una psicología científica genuina, esto es, distinta del tipo de perspectivas filosóficas sobre la psicología como la sostenida por W. Wundt, tiene que asumir de hecho la teoría de la evolución. En otras palabras, tiene que estudiar las diferencias entre los individuos de una determinada especie (en este caso, la humana) utilizando sistemas de descripción y análisis novedosos que vayan más allá del simple análisis de las funciones psicológicas que *per se* parecen albergar esos individuos de una u otra manera. O, lo que es lo mismo, la psicología tendría que estudiar cómo utilizan *de facto* una variedad de individuos, distintas estrategias de adaptación ante distintas situaciones relevantes.

Esta distinción inicial entre las dos disciplinas de la psicología científica, esto es, diferencial y general, se sigue manteniendo en la actualidad, y desde luego, la discrepancia no está basada en cuestiones de carácter metodológico, como se ha pretendido desde la disertación de L. Cronbach ante la APA en 1957, sino que tal y como ha mantenido A. Jensen (1985) las dos disciplinas, constituyen, de manera radical, dos sistemas distintos de concebir y tratar de hacer psicología científica.

Pues bien, a partir de la *tesis fundacional* basada en el estudio inexcusablemente naturalista, no filosófico, de las diferencias entre las personas, F. Galton desarrolla una serie de técnicas para someter a un análisis científico esas diferencias individuales[5], partiendo del *supuesto teórico* de que, si hay variaciones esenciales en el aspecto físico de los individuos, será necesario sostener que también se mostrarán tales variaciones individuales en las funciones psicológicas, dando de esta manera cobertura a la idea básica inicial de la disciplina y manteniendo la sustancialidad constructiva del estudio de tales variaciones. Dicho de otra manera, las diferencias entre las personas son algo real, mientras que el estudio de las funciones psicológicas *per se* implica desentenderse de manera relevante de cómo se articulan específicamente distintas estrategias utilizadas *de facto* por distintas personas.

Galton ilustra esta tesis fundacional con las siguientes palabras:

> En este libro me propongo demostrar que las habilidades naturales del hombre proceden de la herencia, y están sometidas exactamente a las mismas limitaciones que la forma y características físicas de todo el mundo orgánico; y más adelante señala Galton: si esto ocurre con la estatura (la distribución campaniforme), lo mismo tendrá que suceder con todas las demás características físicas, tales como el perímetro craneal, el tamaño del cerebro, el peso de la sustancia gris, el número de fibras nerviosas, etc.; y, por consiguiente, dando un paso que ningún filósofo dudará en dar, esto mismo ocurrirá con la capacidad mental (Galton, 1869; esto es, 10 años antes de la fundación del Laboratorio de Psicología Experimental de Wundt, págs. 44 y 57, respectivamente; edición de J. M. Gondra, 1982).

A. Anastasi (1958) ha escrito a este respecto que:

> Galton fue el primero que intentó aplicar los principios evolucionistas de la variación, selección y adaptación al estudio de los individuos humanos (...) Galton inició asimismo el uso de tests de asociación libre, técnica más tarde adoptada y desarrollada por Wundt (págs. 8-9).

[5] Formula las principales medidas de dispersión-desviación media, razón de amplitud, deciles, percentiles, unidades Q —o de covariación— regresiones, y elabora tablas de referencia para interpretar las situaciones individuales (esto es, baremos). Elabora los primeros cuadernos para el registro ponderado del desarrollo desde el nacimiento y diversos aparatos (silbato de Galton para medir las funciones auditivas, pruebas para la discriminación de la profundidad de color, agudez visual, daltonismo, etc.). Desarrolla el índice de correlación para describir la fuerza de la relación entre dos variables.

En esta dirección, L. Willerman (1979) ha mantenido que:

> Se puede considerar a Galton padre de las diferencias individuales a raíz de la publicación de su libro *El Genio Hereditario: investigación de sus leyes y consecuencias* (pág. 6).

Para Galton se puede hablar de una relación directa entre las diferencias individuales en el funcionamiento de los órganos sensomotores y las diferencias individuales en las funciones intelectivas, dado que no constituyen dos niveles de análisis disociados. Pero este planteamiento exige trascender la perspectiva filosófica y abrazar plenamente la teoría de la evolución. Reuchlin (1969) escribe que:

> Su contribución teórica (la de Galton) al estudio de las diferencias individuales en psicología humana consiste en relacionar dicho estudio con el mecanismo general de la evolución (pág. 20).

Para Galton, analizando sistemática y objetivamente el funcionamiento de los órganos sensomotores, podremos realizar inferencias robustas sobre las diferencias psicológicas entre los individuos.

En este sentido, un antecedente bastante claro de la perspectiva galtoniana parece ser A. Bain, quien en su obra *The Senses and the Intellect* (1855) escribe que:

> Existe una fuerza natural de adhesión, específica a cada constitución, y que distingue a un individuo de otro. Considero que esta propiedad, como casi todas aquellas que pueden asignarse a la naturaleza humana, está desigualmente distribuida (pág. 237; citado en A. Anastasi, 1958).

De esta manera, un autor clave en los albores del proyecto del estudio científico contemporáneo de las diferencias individuales, parte de un supuesto teórico, y, desde ahí, desarrolla una serie de instrumentos genuinos para medir las variables teóricamente relevantes y analizar originalmente los resultados logrados.

Un ejemplo de una investigación partiendo de la perspectiva de las diferencias individuales es el análisis de Galton sobre el genio hereditario. Allí, Galton parte de un supuesto sobre el genio, adoptando y ajustando un instrumento matemático para enmarcar el análisis de ese grupo especial de sujetos.

En fin, esto parece indicar que F. Galton está en el origen de la Psicología de las Diferencias Individuales contemporánea, impulsando e inspirando explícitamente los primeros pasos dados hacia el estudio

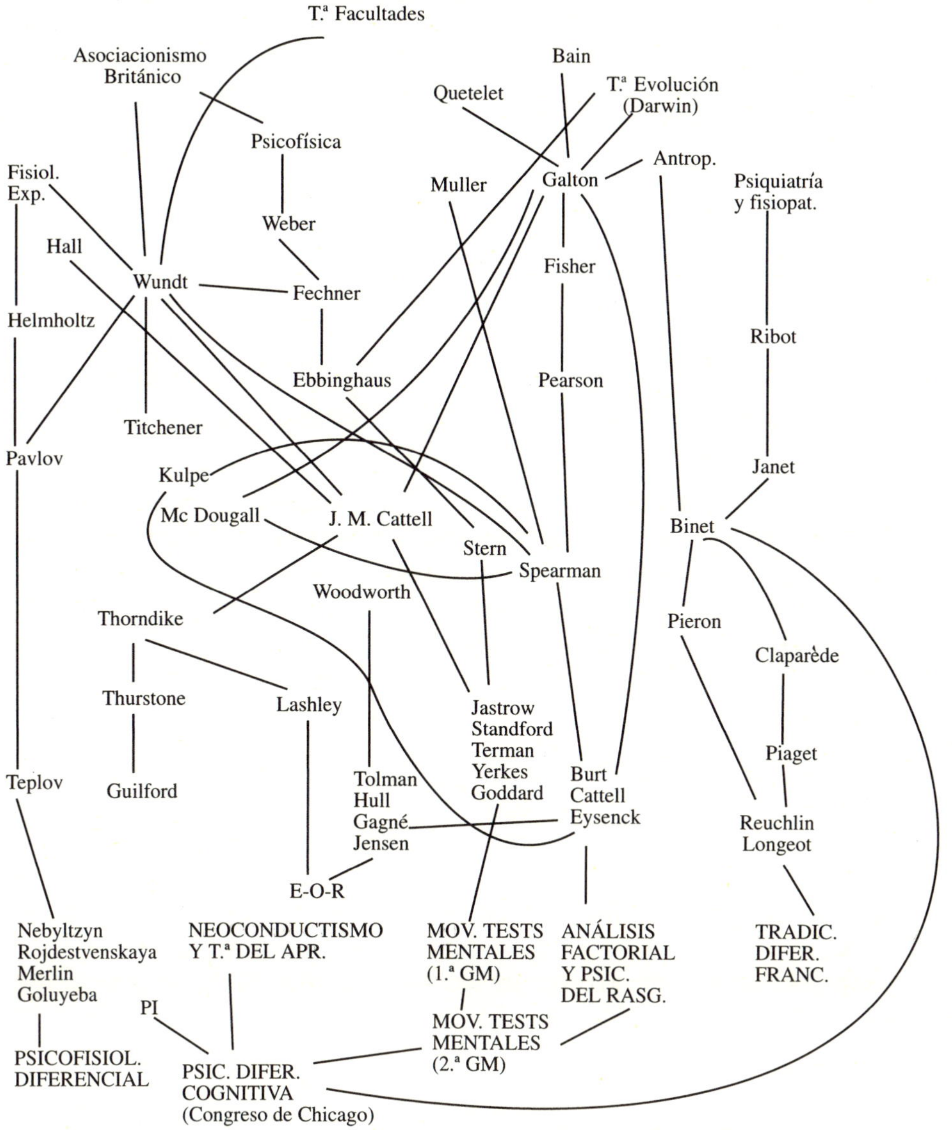

Figura 1.1.— Escuelas de la Psicología de las Diferencias Individuales y relaciones entre los autores más relevantes para la historia científica de la disciplina (adaptado de Andrés Pueyo, 1989a).

sistemático de las variaciones entre las personas. En varias ocasiones se ha cuestionado la paternidad de Galton sobre la Psicología de las Diferencias Individuales, manteniendo que nunca perteneció a ninguna institución oficial relacionada con la psicología. No obstante, en lo que sigue se aportarán datos que van en contra de esta opinión.

2.1. La escuela británica

F. Galton marcó significativamente la trayectoria de las investigaciones del (probablemente) centro más representativo del análisis científico-formal de las diferencias individuales, a saber: el University College de Londres (Fig. 1.1). En este sentido, E. G. Boring (1950) escribe:

> En cualidad, los psicólogos británicos se diferenciaron grandemente de los nuevos psicólogos alemanes (pág. 483).

En esta Universidad se instaló, por iniciativa de Sully (que fue amigo personal de A. Bain) un Laboratorio de Psicología Experimental en octubre de 1897, cuyo primer director fue Rivers que, a la sazón, se había formado con Lotze en Gotinga y con Helmholtz en Berlín[6]. McDougall (que fue discípulo de Galton) se hace cargo del Laboratorio de Psicología de 1900 a 1906. El testigo es tomado posteriormente por Charles Spearman. Este último se doctora con Wundt en Leipzig (1904) estudia con Külpe en Wurzburgo y con Müller en Gotinga. Burt sucede a Spearman en la Cátedra de Psicología del University College en 1931, estudia con Külpe en Wurzburgo, y conoce personalmente a Galton[7]. En *The Factors of the Mind* (1940) Burt introduce los factores temperamentales bipolares de los tipos experimentales extraversión-intraversión, tipología que es adoptada y desarrollada por su alumno H. J. Eysenck. Por otro lado, el otro alumno insigne de Burt, R. B. Cattell, potencia el desarrollo de la metodología multivariada (Sahakian, 1975).

---

[6] Galton proporciona un gran número de instrumentos de medida al Laboratorio de Psicología de la Universidad de Londres, aunque éste también se nutre del Laboratorio de Psicología de Friburgo, cuyo representante es Hugo Münsternberg. En cualquier caso, Galton y su discípulo Pearson marcaron la tendencia en psicometría y psicología de las diferencias individuales en Londres (véase Sahakian, 1975).

[7] Una de las tesis fundamentales de Burt fue que resultaba necesaria la experimentación para determinar si la inteligencia es una sola falcultad o es un complejo resultante de una serie de facultades que trabajan cooperativamente.

En este contexto, puede ser ilustrativo traer a colación unas palabras de la *Autobiografía* de C. Burt:

> Durante los 20 años que he ocupado la Cátedra de Psicología del University College mi propósito principal ha sido preservar sus tradiciones originales y hacer de él un foco de aquella rama de la psicología que allí fue fundada y desarrollada por Galton —psicología individual o, como Stern acostumbra a llamarla, diferencial—, el estudio de las diferencias mentales entre individuos, sexos, clases sociales y otros grupos (Burt, 1952, pág. 72)[8].

Estas palabras de Burt informan que, en sentido estricto, el origen contemporáneo de la Psicología de las Diferencias Individuales está en Galton y sus desarrollos iniciales para el estudio de las variaciones individuales.

Se argumentarán seguidamente algunas de las características más relevantes de la escuela británica, tomando como referencia las tesis de uno de los directores más importantes de la Cátedra de Psicología del University College, a saber, Charles Spearman.

Spearman en su trabajo clásico de 1904 *La inteligencia general objetivamente determinada y medida*, critica la psicología introspectiva de W. Wundt (y más exactamente de sus discípulos) y estudia las diferencias individuales utilizando los métodos empíricos de la estadística y la correlación, basándose explícitamente en la obra de Galton *Inquiries into Human Faculty* y tratando de verificar si hay correlación entre la discriminación sensorial y la inteligencia (véase Gondra, 1982). Para Spearman (1904):

> El hecho general es que la única manera de afrontar la infinita complejidad de la naturaleza con nuestros intelectos limitados es la del análisis y descomposición de la misma en sus elementos simples y carentes de estética; y más adelante: cuando decimos que la decisión de Régulo de votar en contra de la paz con Cartago no fue más que un conglomerado de sensaciones, visuales, auditivas y táctiles, de distinta intensidad y grado de asociación, entonces corremos el riesgo innega-

---

[8] Los siguientes fueron los alumnos más significativos de Burt en la Universidad de Londres: Frederick Bartlett, Peter Lovell Broadhurst, Hans Jurgen Eysenck y Raymond B. Cattell. Cattell también fue discípulo directo de Spearman. Cattell se transladó a los Estados Unidos a finales de los años treinta, y concretamente a la Universidad de Illinois (1945). Cattell es fundador de la Sociedad de Psicología Experimental Multivariada para el desarrollo de la Psicología Factorial. Por otro lado, Thurstone, descendiente intelectual de J. M. Cattell a través de Thorndike, influye en los desarrollos factoriales de R. B. Cattell; el resultado es su teoría factorial multivariada.

> ble de perder algunos elementos psíquicos preciosos (...); mientras que han investigado (los discípulos de Wundt) con gran celo y éxito los hechos psíquicos más simples del laboratorio, la identificación de éstos con los procesos más complejos de la vida ha sido realizada casi exclusivamente conforme al viejo método de la instrospección. Este derramar el vino nuevo en las botellas viejas no ha beneficiado nada, sino que ha abierto un abismo entre la ciencia y la realidad. Los resultados de todo buen trabajo experimental serán perdurables, pero hasta el momento presente, la mayoría de estos trabajos son como jeroglíficos que esperan la piedra «Rosetta» que los descifre (...); por esta razón abogamos por una psicología correlacional que determine de un modo positivo todas las tendencias psíquicas, y en particular aquellas que conectan a los llamados tests mentales con las actividades psíquicas más generales e interesantes (...); a la hora de hallar las clases y límites de estas funciones individuales, la psicología moderna parece haberse contentado fundamentalmente con las afirmaciones de la desacreditada filosofía de las facultades, las cuales ha intentado corregir y ampliar mediante una iluminación interna. Nuestro trabajo pretende seguir el procedimiento más fatigoso de producir hechos verificables (...); si este programa tan ambicioso tiene éxito, aunque sólo sea pequeño, proporcionará a la psicología experimental el eslabón que le falta en su justificación teórica, y al mismo tiempo habrá producido un fruto práctico prometedor (págs. 275, 276 y 277 de la edición de Gondra, 1982)[9].

Spearman utiliza un método contrario al utilizado por Binet o Ebbinghaus; adopta el enfoque y la instrumentación de Galton y J. M. Cattell, y trata de emplear muestras heterogéneas de sujetos (por otro lado, única manera razonable de estudiar las diferencias individuales):

> Al preparar la composición de los sujetos, en lugar de obtener un grupo lo más homogéneo posible, buscamos la mayor diversidad (página 281).

El uso de muestras heterogéneas constituye una clara reacción a los estudios de J. M. Cattell en la Universidad de Columbia, problemática

[9] Escribe Spearman: «Nuestro trabajo sigue una dirección inversa a la investigación corriente. El procedimiento ordinario consiste en determinar subjetivamente un área de investigación, por ejemplo, percepción, atención, imaginación, fatiga, etc., y a continuación medir su relación con otras neurosis o psicosis determinadas previamente. Aquí, por el contrario, aunque se ha intentado hacer que los fenómenos mentales sean lo más inequívocos y significativos posible, sin embargo, al comienzo no se adopta ninguna posición psicológica» (Spearman, 1904, pág. 286).

ANTHROPOMETRIC
LABORATORY

For the measurement in various ways of Human Form and Faculty

Entered from the Science Collection of the S. Kensington Museum.

This laboratory is established by Mr. Francis Galton for the following purposes:—

1. For the use of those who desire to be accurately measured in many ways, either to obtain timely warning of remediable faults in development, or to learn their powers.

2. For keeping a methodical register of the principal measurements of each person, of which he may at any future time obtain a copy under reasonable restrictions. His initials and date of birth will be entered in the register, but not his name. The names are indexed in a separate book.

3. For supplying information on the methods, practice, and uses of human measurement.

4. For anthropometric experiment and research, and for obtaining data for statistical discussion.

Charges for making the principal measurements:
THREEPENCE each, to those who are already on the Register.
FOURPENCE each, to those who are not:— one page of the Register will thenceforward be assigned to them, and a few extra measurements will be made, chiefly for future identification.

The Superintendent is charged with the control of the laboratory and with determining in each case, which, if any, of the extra measurements may be made, and under what conditions.

H & W. Brown, Printers, 20 Fulham Road, S.W.

Documento 1.2.—Anuncio del laboratorio antropométrico de Galton instalado en la Muestra Internacional de Salud celebrada en Londres en 1884.

que volverá a ver la luz en el debate mantenido entre Ch. Spearman y L. Thurstone sobre la estructura de las habilidades intelectuales:

> Una Universidad no es el lugar idóneo para buscar la correspondencia natural entre funciones (pág. 296).

Además de clarificar las directrices básicas de un estudio psicológico genuino, Spearman es uno de los autores que más se ha preocupado por encontrar los fundamentos de los procesos cognitivos que están a la base de las respuestas de las personas dadas a, por ejemplo, los ítems o tareas contenidas en los tests mentales. Su trabajo *La naturaleza de la inteligencia y los principios de la cognición*, publicado en 1923, constituye el primer estudio sistemático sobre los fundamentos de la cognición. Así, para Carroll (1982) esta obra:

> Puede ser considerada resultado de una desviación que lo llevó de la psicología estadística a la psicología cognitiva (...); se trata de un análisis minucioso de los procesos de razonamiento tal como son manifestados en la solución de silogismos, la obtención de inferencias a partir de proposiciones, la resolución de problemas matemáticos y otros procesos similares (Carroll, 1982, pág. 68).

A. Caparrós (1980) ha mantenido, no obstante, que a la Psicología de las Diferencias Individuales no le interesan los procesos básicos y sus bases fisiológicas. Sin embargo, una revisión de esta obra de Spearman cuestionará esta tesis.

En cualquier caso, el trabajo de Spearman pasó desapercibido en el momento de salir a la luz. En este sentido, su alumno R. B. Cattell (1947) escribe:

> Las teorías de Spearman quedaron inadvertidas a causa de la serena elegancia matemática que las revestía (...). Probablemente, el que la mayoría de los investigadores no siguieran este rastro se debió a que se interpuso casi inmediatamente el clamor y la gritería producidos por las pruebas de Binet que aparecieron al año siguiente (1905) (pág. 340).

Desafortunadamente, tuvo que esperarse hasta la década de los setenta para que R. J. Sternberg (1977) retomase explícitamente las leyes de la cognición formuladas por Spearman 45 años antes (desde una perspectiva moderna). Asimismo, recientemente S. Embretson (1991) ha realizado un estudio cognitivo sobre las diferencias individuales en el razonamiento inductivo, utilizando el marco aportado por Spearman en *La naturaleza de la inteligencia y los principios de la cognición.*

2.2. La escuela americana

James McKeen Cattell es un autor fundamental en los inicios de la Psicología de las Diferencias Individuales (Fig. 1.1). Cattell es primero alumno de S. Hall e intenta doctorarse más tarde con W. Wundt en Leipzig, pero su proyecto de tesis es rechazado por estar referido a las diferencias individuales. Posteriormente, viaja a Inglaterra y trabaja en el Laboratorio Antropométrico de Galton. Con estas dos experiencias a sus espaldas, Cattell regresa a los Estados Unidos y dedica la mayor parte de sus esfuerzos a formar a una pléyade de investigadores interesados por las diferencias individuales (Boring, 1950).

J. M. Cattell es el autor básico para entender los desarrollos de la Psicología de las Diferencias Individuales en los Estados Unidos (Fig. 1.1). En la Universidad de Columbia desarrollará sus investigaciones sobre la medida de las diferencias individuales en las funciones mentales, a través del análisis experimental de las funciones sensomotoras (véase documento 1.3). J. M. Cattell inaugura, por tanto, la tradición norteamericana de la Psicología de las Diferencias Individuales, tomando como referente la perspectiva de Galton, lo que, hasta cierto punto, permite que las tradiciones británica y norteamericana puedan ser relacionadas la mayor parte de las veces (véase, por ejemplo, la temática de los tests mentales, donde también entra en escena A. Binet, y, por ende, la primera escuela francesa).

Investigadores tan relevantes como Thorndike[10], Woodworth, Terman, Yerkes, Goddard, etc. son discípulos de J. M. Cattell. Por su parte, Thurstone, Guilford, etc. son descendientes de segunda generación de la tradición de J. M. Cattell (Figura 1.1).

Caparrós (1980) ha mantenido que, a pesar de que J. M. Cattell estudió y colaboró con Galton, el interés original de Cattell por las diferencias individuales proviene de su estancia en Leipzig con Wundt. También ha sugerido que los estudios psicométricos desarrollados en la Universidad de Columbia se realizaron en laboratorios semejantes a los de Wundt, lo que le lleva a concluir que la evolución del pensamiento de Cattell sobre las diferencias individuales es independiente de la perspectiva de Galton.

[10] Hay que decir que Thorndike se opone a los tests de inteligencia general de Binet o Spearman; concretamente sus tests buscaban la medida de una serie de aptitudes independientes acotadas empíricamente. Así, puede mantenerse que la perspectiva del análisis factorial americano procede de los trabajos de Thorndike.

No obstante, la conclusión de Caparrós no parece adecuada si atendemos a los comentarios explícitos de los autores implicados directamente en esta cuestión, así como al pensamiento de algunos historiadores de la psicología.

Es cierto que Cattell ya estaba interesado por las diferencias individuales antes de trabajar con Galton, pero es este último el que aporta el marco en el que se moverán los trabajos del primero. Es más, según Boring (1950) J. M. Cattell trata de seguir explícitamente las directrices de Galton y *rehúsa el enfoque wundtiano.* Véase, como ejemplo, las siguientes palabras del trabajo clásico de J. M. Cattell, *Mental Test and Measurement* (edición en castellano de Gondra, 1982) para advertir que Cattell trataba de seguir literalmente lo aprendido en el Laboratorio Antropométrico de F. Galton.

> El Sr. Francis Galton utiliza ya algunos de estos tests en su Laboratorio Antropométrico de South Kensington y espero que la serie aquí presentada encontrará su aprobación. Es conveniente seguir a Galton y combinar tests corporales, tales como peso, tamaño, color de los ojos, etc. con determinaciones psicofísicas y mentales (...) (Cattell, 1890, nota 1); sigo al Sr. Galton en la elección del «sentimiento de esfuerzo» o peso (*Op. cit.*, prueba V); el Sr. Galton emplea un ingenioso instrumento, que mide el tiempo mediante el movimiento de caída de un bastón, y prescinde de la electricidad (*Op. cit.*, prueba VI); (...); al igual que Galton, hago que el sujeto divida, valiéndose de una línea móvil, en dos partes iguales a una regla de ébano (*Op. cit.*, prueba VIII).

Además, en ningún momento de este trabajo se hace referencia alguna a Wundt. Anastasi (1958) escribe a este respecto que:

> Cattell compartía la opinión de Galton de que podía obtenerse una medida del funcionamiento intelectual mediante tests de discriminación sensorial y de tiempo de reacción. La preferencia de Cattell hacia éstos estaba reforzada por su creencia de que las funciones sencillas podían medirse con precisión, en contraste con aquellas más complejas cuya medida objetiva parecía una tarea casi desesperada en aquel tiempo (pág. 15).

Por otro lado, este artículo clásico de Cattell estaba acompañado de un apéndice salido de la pluma del propio Galton.

E. G. Boring (1950), por su parte, escribe:

> Cattell se negaba a seguir a Wundt (...); la psicología de Cattell es algo más que tests mentales (...); es una psicología de las capacidades

> humanas (...); busca una descripción de la naturaleza humana con respecto a su alcance y variabilidad, como hizo Galton. Desde luego que esta psicología de la capacidad es funcional, aunque posiblemente no sea del todo correcto darle a un movimiento tan poco filosófico este nombre sistemático formal (pág. 561).

Dicho esto, seguidamente se tomarán las palabras de un autor representativo de la escuela americana para tratar de establecer las directrices de la Psicología de las Diferencias Individuales en aquel país, a saber: L. L. Thurstone.

Thurstone desarrolla en 1923 una crítica a la perspectiva conductista en su trabajo teórico *The Stimulus-response Fallacy in Psychology*. Thurstone trata de sentar las bases de un modelo teórico para la Psicología de las Diferencias Individuales (y, en alguna medida, para la psicología como disciplina científica) modelo que tenía un carácter radicalmente mentalista.

Inicialmente, Thurstone sostiene que se pueden distinguir las siguientes fases de un *acto psicológico*, en contraste con la noción de conducta manejada por el conductismo:

1. La fuente de energía.
2. La reducción del umbral para el estímulo.
3. La ideación deliberada.
4. El estímulo interno.
5. La búsqueda simulada mentalmente de estímulos externos.
6. La búsqueda ostensible de estímulos externos.
7. El estímulo externo («Nosotros buscamos la mayor parte de nuestros estímulos», pág. 362).
8. El acto ostensible.
9. Las consecuencias ostensibles del acto.
10. La satisfacción del actor.

Thurstone escribe en su trabajo:

> Todo problema científico es una búsqueda de las relaciones funcionales entre dos variables. En psicología tenemos dos sistemas de variables que deben relacionarse: los motivos y las expresiones ostensibles. En lugar de seleccionar estos dos sistemas de variables tratamos de expresar la acción como una función del estímulo (pág. 363).

Laboratory of Psychology of Columbia College,

PHYSICAL AND MENTAL TESTS.

Name............ **Date of Birth**............

Birthplace............ **of father**............ **of mother**............

Class............ **Profession of father**............

Color of eyes............ **of hair**............

Perception of size............ **Memory for size**............

Height............ **Weight**............

Breathing capacity { 1............ 2............ } **Size of head**............ **Right handed?**............

Strength of hand, right { 1............ 2............ } **Left** { 1............ 2............ }

Keenness of sight, right eye............ **Left**............

Keenness of hearing, right ear............ **Left**............

Reaction-time

1	2	3	4	5	Av.

After-images............

Color vision............ **Perception of pitch**............

Perception of weight 1......2......3...... **Sensation areas** 1......2......3......4......5......

Sensitiveness to pain { **right hand**............ **left hand**............ } **Preference for color**............

1 2 3

Perception of time............

Accuracy of movement............ **Rate of perception and movement**............

Memory............

Imagery............

Are you willing to repeat these tests at the end of the Sophomore and Senior years?............ **Do you wish to have a copy of these tests sent you?**............

Date of measurement............ **Recorded by**............

Documento 1.3.—Plantilla de registro del Laboratorio de Psicología de J. M. Cattell en la Universidad de Columbia (tomado de Cattell y Farrand, 1896).

Y más adelante:

> Hemos ido demasiado lejos al afirmar que la psicología estudia la relación estímulo-respuesta, y hemos olvidado a la persona que puede o no responder. Sugiero que destronemos al estímulo. Es sólo nominalmente el legislador de la psicología. El verdadero legislador del dominio que estudia la psicología es el individuo y sus motivos, deseos, necesidades, ambiciones, etc. El estímulo es simplemente el hecho más o menos accidental del ambiente que se transforma en estímulo sólo cuando sirve como instrumento para los propósitos de alguien. Cuando no sirve como instrumento para hacer lo que queremos, ya no podemos hablar de estímulo. No es una causa. Es simplemente un medio a través del que alcanzar nuestros objetivos, no los del estímulo (pág. 364).

Thurstone presenta un modelo alternativo al utilizado por la psicología general de su tiempo (esto es, *El estímulo-El individuo-La respuesta*)[11]. El modelo de la perspectiva generalista trata al *estímulo como el dato fundamental de la investigación psicológica.* El individuo simplemente modifica la serie estímulo-respuesta. Por ejemplo, cuando se hace referencia al instinto, se piensa sobre todo en algún estímulo que pueda desencadenar la conducta instintiva, pero no en la persona.

Como contrapartida a este modelo, Thurstone plantea el siguiente: *El individuo-El estímulo-La conducta.* Aquí el individuo es el punto de partida; el estímulo se considera como una circunstancia momentánea del ambiente. Thurstone sostiene, en suma, que el individuo debe ser el punto de partida, la primera causa con la que se debe implicar la psicología científica:

> Prefiero considerar la vida mental como un proceso irreversible que empieza con el impulso vital y termina en el acto ostensible. El estímulo es un medio para especificar el acto mental aproximado. Las acciones ostensibles presentes y las acciones aproximadas que constituyen la vida mental pueden establecerse en términos de las historia estimular del individuo (pág. 368).

---

[11] Modelo que se podría atribuir sin modificaciones a la psicología general de la actualidad.

2.3. La escuela francesa

Una vez más, para Caparrós (1980) la vertiente francesa de la Psicología de las Diferencias Individuales, cuyo baluarte es Alfred Binet (Fig. 1.2) no estuvo influida por el marco de referencia y las investigaciones de Galton. No obstante, el trabajo de Binet y Henri de 1895, La *Psicología Individual*, toma como referente explícito el naciente movimiento de los tests mentales, y critica explícitamente el *elementarismo* de tales tests (o, en otras palabras, la perspectiva de Galton y Cattell). Además, el primer libro estrictamente psicológico de Binet (véase *La psicología del razonamiento*) está mediatizado por las investigaciones de Galton.

Los trabajos de Sharp (1899) y Wissler (1901), dirigido este último por Titchener, parecían mostrar que los tests de laboratorio de Cattell no tenían poder predictivo en el ámbito académico. En este sentido, el trabajo de Binet se mostró (en apariencia) especialmente acertado como sustituto del enfoque de Cattell.

No obstante, concretamente el trabajo de Wissler tiene una serie de defectos metodológicos relevantes que se deben mencionar aquí. En primer lugar, utiliza entre 3 y 5 medidas de tiempo de reacción, cuando para arrojar promedios significativos se necesitan unas 100 medidas, dada la variabilidad de las medidas del tiempo de reacción. En segundo lugar, no se utilizó ningún test de inteligencia; Wissler se limitó a correlacionar los tiempos de reacción con las notas medias, utilizando, además, sólo estudiantes universitarios; esto es, no empleó una muestra normal que incluyese individuos torpes y brillantes (Eysenck y Eysenck, 1985). Por estas razones, el estudio de Wissler, con todo su impacto de cara al tratamiento de la tradición Galton-Cattell, parece inaceptable desde una perspectiva genuinamente científica, lo que pudiera llevar a pensar en otro tipo de variables.

De esta manera, resulta difícil averiguar cuál fue el detonante del cambio de perspectiva a este nivel, descartados los motivos científicos objetivos. Veremos en el segundo capítulo que la figura de Titchener ha estado detrás de muchas de las decisiones institucionales respecto a la Psicología de las Diferencias Individuales como disciplina científica en aquel momento histórico tan importante.

Volviendo a la persona de A. Binet, y continuando el cuestionamiento de la tesis sostenida por Caparrós, Carroll (1982) escribe que:

> Tras un largo período investigando las tareas más simples que habían estudiado Galton, Cattell y otros, Binet llegó a la conclusión

> de que los tests que incluían tareas más complejas y que presentaban un mayor parecido con las actividades mentales de la vida diaria, resultaban más prometedoras (pág. 61).

Por tanto, parece que el enfoque del estudio de las diferencias individuales de Binet surge como contrapartida a ese tipo de tests elementaristas, de cara a la realización de un diagnóstico adecuado, de donde se deriva otro dato que permite resaltar nuevamente la idea de que el padre de la Psicología de las Diferencias Individuales contemporánea es, en sentido estricto, F. Galton.

Por lo general, se suele asumir que A. Binet no estaba interesado en la teoría que pudiera soportar la construcción de una escala para medir la inteligencia:

> El uso de los tests en la actualidad está muy extendido: hay autores contemporáneos que se han especializado en crear nuevos tests; los organizan en función de una teoría, sin preocuparse de verificarlos convenientemente (Binet y Simon, 1905; edición de Gondra, 1982).

Estas palabras de Binet y Simon nos permiten mantener que la tradición de construir tests mentales alejados de un enfoque científico básico y tendentes a satisfacer las demandas de la tecnología, no es caracterizadora de la investigación básica sobre tests mentales diseñados para medir las funciones mentales, por lo que puede resultar una sobresimplificación identificar a la Psicología de las Diferencias Individuales con la tecnología de tests, cuestión sobre la que se reparará más adelante.

En cualquier caso, Binet y Simon (1905) plantean en su trabajo una serie de consideraciones que, en definitiva, pudieran muy bien conformar un esbozo de teoría sobre la construcción de instrumentos para medir las funciones mentales superiores, y, en fin, unos supuestos sobre qué es la inteligencia (en consonancia con lo mantenido por L. Terman; vid. más adelante):

> La rapidez es necesaria en este tipo de exámenes. Es imposible prolongarlos más allá de 20 minutos sin fatigar al candidato (...). Los tests deben ser heterogéneos, esto es evidente, a fin de que puedan abarcar rápidamente un amplio campo de observaciones (...). Nuestro objetivo es apreciar un nivel de inteligencia. Se entiende que separamos aquí la inteligencia natural y la instrucción (...). Esta necesidad nos obliga a sacrificar muchos ejercicios de carácter verbal, literario o escolar (...). Juzgar bien, comprender correctamente, razonar bien, he aquí los resortes esenciales de la inteligencia (...); siendo la memoria un fenómeno psicológico de una importancia capital, uno se verá tentado

a convertirla en la parte más importante de una examen de la inteligencia. Pero la memoria es distinta e independiente del juicio. Uno puede tener buen juicio y, sin embargo, carecer de memoria. Lo inverso también es frecuente (págs. 305-307, de la edición en castellano de Gondra).

En esta dirección, Oleron (1957) sostiene que la *escala métrica* supone una cierta teoría de la inteligencia, aunque quizá no se pueda encontrar plena conciencia por parte de Binet. De manera que, por ejemplo, expresando sus medidas, bajo forma de una cantidad, de un resultado único expresado por una cifra, Binet presuponía que el objeto medido era único.

El trabajo de A. Binet está influido por la psiquiatría y la fisiopatología francesa y por las investigaciones antropométricas decimonónicas (Fig. 1.2; véanse Andrés Pueyo, 1989a; Reuchlin, 1980). Las investigaciones de Binet permiten responder a la demanda tecnológica (selección de deficientes, interpretación y clasificación de las anormalidades del comportamiento, predicción del éxito y ajuste personal, etc.).

En general, la aportación específica de Binet puede resumirse en tres puntos. En primer lugar, un interés *básico* por las diferencias individuales; Binet defiende estas diferencias en su trabajo *La Psicología Individual* (1895) que escribe junto con Henri. En segundo lugar, un énfasis en el estudio de las funciones superiores, de los procesos complejos del psiquismo, frente al elementarismo de la perspectiva galtoniana. Por último, su insistencia en una renovación metodológica; defiende los tests mentales y tiene una concepción práctica del examen psicológico.

El objetivo de Binet es tomar un fenómeno psicológico tal cual es, tal como se presenta, con los caracteres que posee naturalmente y con las condiciones naturales circundantes. Así, por ejemplo, para poder realizar una evaluación adecuada de la inteligencia, habrá que utilizar tareas que se parezcan lo más posible a las verdaderas tareas de interés o criterio (por ejemplo, un rendimiento óptimo en matemáticas), y esa evaluación no debe realizarse en el laboratorio, sino en los contextos naturales en los que se presentan habitualmente esas tareas criterio (por ejemplo, un instituto de enseñanza).

Para Binet, la psicología individual tiene que centrarse en el estudio de los procesos superiores y abrirse a nuevas formas de trabajo objetivo que simplifiquen las tareas de los laboratorios y los aproximen a la vida cotidiana. En este sentido, Binet concibe que uno de los métodos utilizables para cubrir esta demanda es el de los tests mentales.

Congruentemente, Binet sostiene que el pensamiento es un sistema de acciones, lo que permite solventar el problema filosófico de las relaciones entre el psiquismo y el cuerpo (Viegas, 1978).

En fin, la descendencia de Binet a través de Pieron (que sustituye a aquél en la dirección del Laboratorio de Psicología de París) y Claparède, da lugar a la aparición de una segunda *escuela francesa de la Psicología de las Diferencias Individuales*, con autores tan significativos como el discípulo de Pieron, Reuchlin, y autores como Longeot (Fig. 1.1).

Pero, además, Binet también parece penetrar en las perspectivas cognitivas de moda en la actualidad. Así, escribe Cronbach (1985):

> Para mí, la persona inteligente actua eficientemente de manera consistente. La eficiencia es propiedad de un sistema, no de esta o aquella parte (...); la perspectiva del procesamiento de la información para el estudio de la inteligencia, que domina en la actualidad, investiga precisamente este problema. Esta idea es consistente con la de Binet, para el que el rendimiento inteligente es una síntesis de percepción, conocimiento, propósito y autodisciplina. Cuando Weschler se negó a separar la aptitud de la motivación y el autocontrol, se limitaba a seguir a Binet (pág. 1).

En suma, la escuela francesa ha enfatizado las diferencias intraindividuales y el estudio de los cambios madurativos (véanse las investigaciones de Longeot sobre la teoría operatoria de la memoria). Sus temas fundamentales han sido la inteligencia, el retraso mental y las diferencias debidas a la variable edad.

M. Reuchlin (1978) ha construido, por su parte, un marco que es utilizado por una gran parte de los investigadores diferencialistas de la escuela francesa, a saber: la teoría de los procesos vicariantes[12].

2.4. La escuela soviética

A partir de la *Fisiología Experimental* de Helmholtz y de los trabajos de I. P. Pavlov sobre los estímulos condicionados, se ha venido desarro-

[12] Para la teoría de los procesos vicariantes, los organismos se caracterizan por la redundancia, en todas las modalidades de reproducción y adaptación. Cada individuo dispone de una serie de procesos vicariantes que le permiten adaptarse a la situación; algunos de estos procesos vicariantes serían más evocables en determinados individuos (véase Quiroga, 1990).

llando la *tradición de la Psicofisiología de las Diferencias Individuales soviética.*

I. P. Pavlov (1973) encontró, por su parte, que podían detectarse diferencias individuales consistentes en condicionabilidad entre los perros estudiados por él al trabajar sobre el problema de la digestión. A partir de aquí, Pavlov desarrolla una serie de explicaciones teóricas sobre las causas fisiológicas de estas diferencias individuales.

Pavlov sostuvo que la explicación de las funciones mentales reposaba en un estudio detallado y minucioso de las bases fisiológicas de las mismas. Escribió a este respecto lo siguiente:

> El artículo de E. R. Guthrie, *Conditioning as a Principle of Learning* es de un especial interés por su tendencia, a mi parecer plenamente justificada, a considerar los fenómenos de la llamada actividad psíquica como hechos fisiológicos; es decir, a fundir, a identificar lo fisiológico con los psicológico, los hechos objetivos con los subjetivos, lo que —estoy completamente convencido— constituye la labor más importante de la ciencia contemporánea (...); el fisiólogo se siente inclinado a pensar que el psicólogo —recién separado del filósofo— no ha abandonado todavía su método filosófico de deducción, su adhesión al pensamiento lógico, que no siempre confronta la correspondencia entre el pensamiento y la realidad (Pavlov, 1973, pág. 301).

Y, más adelante:

> Vemos esbozarse, realizarse, un acercamiento natural e inevitable, una fusión de lo psicológico con lo fisiológico, de lo subjetivo con lo objetivo. El problema que desde hace tantos años acompaña al pensamiento humano encontrará una solución «concreta». La misión sublime de la ciencia en un futuro muy próximo consiste en contribuir al máximo a esta fusión (pág. 333).

De esta manera, la Psicofisiología de las Diferencias Individuales trata de buscar una explicación causal de la variabilidad comportamental, basándose en el estudio de variables fisiológicas en animales inferiores, fundamentalmente.

Los autores más representativos de la continuación de los trabajos en esta dirección pavloviana son los siguientes: Teplov, Nebylitsin, Rojdestvenskaya, Merlin y Goluveba (Fig. 1.1; véanse Andrés Pueyo, 1989a; Reuchlin, 1980).

3. Los tests mentales

La investigación sobre los tests mentales se ha desarrollado ante todo en los Estados Unidos, basándose fundamentalmente en las matemáticas y en las ciencias físicas (Carroll, 1982). Por tanto, hasta cierto punto, podrían encuadrarse en la escuela americana, aunque a su desarrollo contribuyen tanto la escuela británica como la primera escuela francesa representada por A. Binet; es por esta intersección de escuelas por lo que se ha considerado que la investigación básica y el desarrollo tecnológico de los tests mentales ha constituido el ni vel *vertebrador* de la Psicología de las Diferencias Individuales, y, por tanto, es un tema que por sí mismo merece un tratamiento exclusivo.

J. B. Carroll (1982) mantiene que se pueden identificar dos períodos en la investigación de los tests mentales, a saber: el período de desarrollo y el período moderno.

El *período de desarrollo* estaría comprendido entre la publicación de la obra de Galton, *Hereditary Genius* (1869) y la fundación de la *Sociedad Psicométrica* y su revista *Psychometrika* en 1935.

Thurstone y la Universidad de Chicago fueron los baluartes de la fundación de esta sociedad y, en consecuencia, del comienzo del periodo moderno.

Respecto al período de desarrollo escribe Carroll (1982):

> Se identificaron los principales problemas en el estudio de las capacidades mentales, se desarrollaron las metodologías básicas y los tests de capacidad mental se convirtieron en objeto de una amplia utilización (pág. 59).

Dos son los pilares básicos sobre los que se asienta el desarrollo del movimiento de los tests mentales. En primer lugar, el *análisis factorial*, cuyo objetivo es identificar las dimensiones de la capacidad mental. Y, en segundo lugar, la *teoría de tests*, que trata de realizar evaluaciones fiables de las capacidades mentales.

En este período de desarrollo no se prestó una atención detenida a la cuestión de la *diferenciación* de las capacidades mentales y tampoco se planteó el problema de si los resultados de los tests mostraban sesgos debidos a factores culturales. Tuvo que esperarse al *período moderno*, comprendido entre el año 1935 y la actualidad.

Boring (1950) aporta un resumen sobre el período de desarrollo (como conocedor de primera mano del tema, como veremos más adelante). Para Boring, la década de 1880 está marcada por el trabajo de F. Galton. La década de 1890 por J. M. Cattell, y la década de 1900 por A. Binet. Los tests mentales de F. Galton, J. M. Cattell y A. Binet eran tests de aplicación individual. La década de 1910 constituye el auge y desarrollo de los tests de inteligencia. En esta década se produce la adaptación americana de la escala de Binet-Simon por parte de Goddard. Aparece el *Manual of Mental and Physical Tests* de Whipple. Stern acuña la noción de CI. Aparece el *Stanford-Binet* de Terman (1916). Se produce el diseño y aplicación de los *Army Tests*, programa dirigido por Yerkes (los tests del ejército suponen el primer intento de elaborar tests de aplicación colectiva, lo que conlleva una verdadera revolución en la testología). Las tesis sobre la evaluación se modifican sustancialmente a partir del desarrollo de tests colectivos: un test se transforma en un paquete de ítems, y el resultado se expresa a través del número de ítems realizados con éxito, y la escalaresultante se denomina *escala de puntos*[13].

Por su parte, la década de 1920 está marcada por la crisis de los tests de inteligencia, a partir de las consideraciones culturales que cuestionaban el supuesto de la heredabilidad del CI en buena medida ideológicas. En 1923 Kelley publica *Statistical Method*, obra que contribuye notablemente a la aplicación de la metodología estadística a temas psicológicos.

La década de 1930 puede considerarse como la de la expansión de la técnica del análisis factorial. Los representantes más significativos en la escuela británica son Thomson y Burt, y el representante principal de la escuela americana es Thurstone. Las obras más importantes son: *The Vectors of the Mind* (1935) y *Primary Mental Abilities* (1938) de Thurstone; *The Factorial Analysis of Human Ability* (1939) de Thomson, y *Factors of the Mind* (1940) de Burt. Por otro lado, en 1937 se produce la primera revisión del Stanford-Binet en los Estados Unidos, por parte de Terman y Merrill.

Las universidades americanas que disponían de equipos de investigación sobre los tests de capacidad mental son las siguientes: Columbia, Stanford, Harvard, Minnesota, Ohio, Iowa, California y Chicago.

La historia de los tests mentales a lo largo del período moderno puede seguirse a través de las publicaciones de un equipo formado por

---

[13] A partir de los tests del ejército se comenzaron a desarrollar ingentes cantidades de tests para dar respuesta a las demandas institucionales. Esta tendencia llevó a desarrollar tests no-verbales, tests de aptitudes específicas (espacial, verbal, etc.), tests de aptitudes especiales (mecánicas, administrativas, etc.) y tests no intelectuales (personalidad, intereses, etc.).

el matrimonio Buros, de la Universidad de Rutgers (New Jersey): los *Mental Measurement Yearbooks*. En este sentido, en 1941, 1949, 1953, 1959, 1965, 1972, etc. se han venido publicando una serie de obras con reseñas de miles de tests mentales.

Por otro lado, comisiones especiales de organizaciones profesionales, como la APA (Asociación Americana de Psicología), publicaron normas técnicas para los tests, pero no se pudo garantizar que todas las actividades del desarrollo de tests fueran las idóneas. En 1947 se funda el *Educational Testing Service* (ETS) que se convirtió en un centro fundamental para la investigación de la teoría de los tests mentales (véase Harman, Ekstrom y French, 1976, para un estudio sobre tests de factores confirmados de capacidad mental).

En el período moderno, la investigación analítico-factorial se ha desarrollado en dos líneas fundamentales. Por un lado, la mejora de la metodología en sí (por ejemplo, modelos no lineales de análisis factorial —McDonald, 1962—). Y, por otro lado, la búsqueda de nuevos factores de capacidad e interpretaciones psicológicas más ajustadas de los factores matemáticamente identificados.

Un tercer desarrollo es el análisis factorial confirmatorio (Joreskog y Lawley, 1968) el cual trata de comprobar hipótesis estadísticas sobre la estructura de los datos (véanse capítulo 3 y apéndice 1).

En lo que resta de este apartado se seguirán los argumentos de uno de los autores más representativos de la escuela americana (esto es, L. Terman) para tratar de perfilar el problema de hasta qué punto es conveniente, tanto en sentido histórico como disciplinar, *identificar* a la Psicología de las Diferencias Individuales como disciplina científica con el movimiento tecnológico de los tests mentales, y cuestionar la supuesta línea infranqueable que separa, a nivel metodológico, la tradición de investigación a través de tests mentales y la tradicionalmente denominada psicología experimental.

Pues bien, Lewis Terman en 1924 realizó un estudio sobre las supuestas diferencias radicales entre un test mental y un experimento en su disertación ante la APA, *The mental test as a psychological method*. Aparte de realizar una serie de reflexiones reveladoras sobre esta supuesta dicotomía[14], Terman hace un estudio consistente en pedirles a

[14] Merece la pena citar literalmente a Terman: «No sé si puede ser revelador observar que en la cita anterior (una cita de Dunlap, 1922) Psicología Experimental se escribe con las iniciales en mayúsculas mientras que medida mental no» (Terman, 1924, pág. 96).

los 11 anteriores presidentes de la APA[15] (desde 1910) que tratasen de redactar un listado de verdaderas diferencias entre un experimento y un test mental. Como consecuencia de ello, Terman encuentra que esos autores no son capaces de presentar ninguna diferencia de interés entre el test mental y el experimento psicológico.

Terman (1924) señala las siguientes diferencias entre un test mental y un experimento, tomando como referencia los tópicos habituales en la literatura a este respecto. En primer lugar, el test está interesado por las diferencias individuales, y no por los universales de la psicología. En segundo lugar, se aplica a un gran número de sujetos. En tercer lugar, estudia la conducta mental y no el contenido. En cuarto lugar, no utiliza aparatos. En quinto lugar, trata de ofrecer un diagnóstico rápido del sujeto. Por último, los resultados son menos precisos que los obtenidos en un experimento.

En su disertación ante la APA, Terman trata de desmontar estas supuestas diferencias, dado que para él son infundadas o constituyen prejuicios derivados de los accidentes históricos del uso de los tests por parte de determinadas personas. Terman entiende, en este sentido, que no es necesario que un investigador interesado por los tests mentales, tenga que estudiar necesariamente las diferencias individuales, rechazar la introspección, si entiende que puede ser relevante para su trabajo tener un interés práctico, o que sus resultados sean menos exactos o menos susceptibles de verificación que los resultados de un experimento.

A la pregunta *¿qué es un test mental y en qué difiere de un experimento?* 10 autores de los encuestados por Terman, contestan que los tests tratan de esclarecer las diferencias individuales; 9 autores responden que el test se caracteriza por su simplicidad o brevedad, o menor elaboración, o por el uso de papel y lápiz en lugar de aparatos. Por último, 7 autores sostienen que el test tiene un objetivo práctico, esto es, tiene más que ver con la tecnología que con la ciencia. Boring, Goddard, Thorndike, Warren, Woodworth y Watson presentaron, por su parte, argumentos explícitos respecto a la identidad metodológica entre el test y el experimento.

Boring sostuvo que un test mental es un experimento abreviado que observa la conducta de un individuo para determinar su capacidad.

---

[15] Estos autores son: Seashore, Thorndike, Warren, Woodworth, Watson, Dodge, Yerkes, Scott, Franz, Washburn y Dunlap. Además, también pasan la encuesta autores que han trabajado con los tests: Bingham, Boring, Burt, Cattell, Goddard, Kelley, Kuhlman, Pintner, Thurstone, Wells y Whipple.

Para Goddard la diferencia está en el uso de los datos. Warren entiende que el test es objetivo, frente al experimento que es introspectivo y, por tanto, subjetivo. Watson escribe que el uso de un test equivale literalmente a un experimento psicológico. Woodworth escribe que un experimento también sirve a fines prácticos, esto es, facilita el ejercicio de la psicología aplicada (esto es, en publicidad) y, además, el objetivo final del investigador que utiliza tests es resolver un problema básico de la ciencia (esto es, la heredabilidad de las funciones mentales).

Terman afirma no conocer a nadie que haya calculado un error probable sobre un informe introspectivo:

> Para los testólogos, resulta exasperante la indefinición de los informes introspectivos (pág. 103).

En respuesta a los investigadores que acusan a los testólogos de no definir lo que tratan de medir, Terman aconseja devolver el argumento y pedirles a esos mismos críticos que presenten una definición aceptable de términos simples como «sensación», «actitud», o «instinto». Para Terman esto no resuelve el problema, pero puede invitar a mantener una actitud tolerante y paciente.

Terman entiende que el método de la correlación parcial es tan analítico como cualquier técnica utilizada por el psicólogo de laboratorio; de esta manera, *el propio test puede virtualmente suministrar una definición sobre lo que se trata de medir.*

Terman escribe lo siguiente:

> Creo que cualquiera que estudie cuidadosamente la literatura sobre la psicología de los tests sacará la conclusión de que la mayor parte de los psicólogos que han trabajado con los tests han estado interesados tanto en lo teórico como en lo práctico. Por ejemplo, Binet, Cattell, Spearman, Stern y Thorndike (pág. 107).

Matizando que:

> La inclusión de Binet en la lista anterior puede cuestionarse, pero la historia de su vida y su trabajo lo justifica (pág. 107).

Y, más adelante:

> Sólo porque el test es susceptible de aplicación práctica pasamos por alto sus posibilidades en la investigación y entendemos que es un método que debe enfrentarse con los otros métodos de la investigación psicológica (...). Después de todo, ¿quién puede distinguir lo teórico de

lo práctico o quién puede trazar una línea nítida entre la ciencia aplicada y la ciencia pura? (pág. 108).

En definitiva:

> Objetivamente, el test psicológico es un método para muestrear los procesos mentales o la conducta mental, esto es, justamente lo que hace un experimento psicológico (pág. 112).

Finalmente, Terman hace una predicción para la psicología que permite introducir el siguiente apartado de este capítulo:

> Me resulta grato poder predecir que la próxima década conocerá una interacción estrecha entre la psicología de los tests mentales y la psicología experimental del pensamiento. Por un lado, la apertura del problema de las diferencias individuales a través de los tests conducirá a un estudio intenso de esas diferencias a través de los habituales métodos de laboratorio; y, por otro lado, el éxito de los tests en el diagnóstico de las capacidades con fines prácticos tendrá un efecto considerable en la técnica de la psicología experimental (pág. 113).

4. La Psicología de las Diferencias Individuales y el procesamiento de la información

> Mientras que los modelos factoriales identifican y estructuran fuentes sistemáticas de diferencias individuales a diferentes niveles de generalidad, las teorías componenciales (esto es, basadas en el análisis de las representaciones y los procesos cognitivos) versan sobre la ejecución en tareas intelectuales (...). En las teorías componenciales la jerarquía es de tareas, mientras que en la aproximación factorial la jerarquía se refiere a fuentes de varianza de las diferencias individuales. Esta distinción hace que la aproximación factorial y componencial sean complementarias, pero también implica que la aproximación componencial no puede proporcionar una teoría bajo la cual se puedan subsumir los modelos analítico-factoriales (pág. 199).
>
> J. Gustafsson (1984).

La convergencia de las tradiciones británica y americana, y los desarrollos del neoconductismo y la psicología del procesamiento de la información, han dado lugar al crecimiento y expansión de una tendencia dentro de la Psicología de las Diferencias Individuales que se podría denominar *psicología diferencial cognitiva*[16] (a partir de un Congreso organizado por Gagné en 1965; véanse Juan Espinosa y Colom, 1989; Snow, 1989; Fig. 1.1).

A este respecto, Carroll (1982) mantiene que esta tendencia trata de cubrir la necesidad de investigaciones sobre las dimensiones de las diferencias individuales en las capacidades mentales, reparando en las capacidades, habilidades y componentes que pueden analizarse en la ejecución de las habilidades cognitivas estudiadas desde una perspectiva cognitiva en relación a las medidas más tradicionales de la inteligencia.

Para Carroll, habría que calibrar la posibilidad de diseñar tests más ajustados a las habilidades intelectuales y realizar estudios de desarrollo, crecimiento e incremento, a través del proceso educativo, de las capacidades intelectuales identificadas y medidas por los tests. Por otro lado, tendría que analizarse el problema de cómo intervienen específicamente las capacidades intelectuales en el contexto escolar y profesional. Por último, habría que aventurarse a formular teorías sobre la inteligencia y las habilidades cognitivas basadas en el estudio de los determinantes del desarrollo y el aprendizaje. En resumen, para esta perspectiva es necesario un análisis de las representaciones y procesos que subyacen al rendimiento de las personas en los ítems que componen un determinado test de capacidad intelectual.

Habría que decir que el interés en la psicología actual por el estudio de las diferencias individuales en las capacidades mentales es más grande que en cualquier otro momento de la historia de la psicología. Ha aparecido, por ejemplo, una gran cantidad de textos sobre el tema. La revista fundada en 1977, *Applied Psychological Measurement*, dedica la mayor parte de sus páginas a los trabajos sobre las capacidades mentales, y ha aparecido una revista en 1977 integramente dedicada al tema, a saber, *Intelligence*.

Mehler y Bever (1973) han escrito a este respecto:

> No existe una teoría que unifique los procesos mentales superiores, de forma que al parecer los tests mentales carecen básicamente de interpretación (pág. 10).

---

[16] Algunos autores han querido ver en esta etiqueta una serie de implicaciones para la psicología diferencial como disciplina científica que, realmente, no parecen demasiado ajustadas (véase Quiroga, 1990). El objetivo de esta tendencia es, simplemente, analizar las representaciones y procesos subyacentes a la ejecución de los individuos en tareas de capacidad intelectual. No se trata de negar la relevancia de variables básicas de personalidad como la dimensión introversión/extraversión, etc., sino de centrar una serie de esfuerzos de investigación en torno al problema de las capacidades mentales desde una perspectiva cognitiva. Aunque, tal como ha sostenido la doctora Quiroga, quizá fuese más razonable hablar de Psicología Cognitiva Diferencial.

Sin embargo, ellos mismos se sorprenden:

> Por el gran interés existente en la actualidad por la investigación de las diferencias individuales entre científicos que han demostrado su seriedad en otros campos (pág. 10).

El Congreso de Chicago (editado por R. Gagne en 1.967) y las Conferencias organizadas por L. Resnick (1976) y por R. J. Sternberg y D. K. Detterman (1979) resultan de vital importancia para el desarrollo de las investigaciones sobre las diferencias individuales en inteligencia desde una perspectiva cognitiva contemporánea. Este tipo de investigaciones se constituyó en símbolo del fermento de una nueva concepción sobre las diferencias individuales en inteligencia de carácter marcadamente procesual[17].

Las estrategias de investigación de las variables cognitivas conllevan un cambio, o mejor un enriquecimiento, en los modos de investigar las diferencias individuales en inteligencia. De esta manera, el congreso celebrado en 1965 en Chicago, ofreció una serie de resultados claros. En primer lugar, interpretaciones novedosas sobre las relaciones entre las diferencias individuales y las variables de aprendizaje. En segundo lugar, formulaciones nuevas sobre el problema básico de las diferencias individuales. En tercer lugar, nuevas metodologías para investigar el problema. Por último, nuevas variedades de diferencias individuales en aprendizaje.

Recientemente, Robert Gagné (1989) ha realizado una reflexión sobre el panorama relativo a estas problemáticas 25 años después de aquel congreso. Gagné mantiene que es necesario un léxico aceptable de definiciones operativas, y técnicas fiables y válidas para medir las variables del proceso de aprendizaje. Los procesos bajo investigación (codificación, repetición, etc.) suponen oportunidades para medir las variables con implicaciones sobre las diferencias individuales en el aprendizaje y la memoria. En cualquier caso, Gagné mantiene que la búsqueda de los procesos de aprendizaje elementales y denotadores de diferencias individuales, plantea problemas no resueltos todavía. En este sentido, afirma Gagné, sería interesante aumentar las investigacio-

---

[17] Gagné (1989) ha escrito recientemente que las ideas presentadas en el Congreso de 1965 precipitaron la transición a una nueva era de investigación dominada por el paradigma del procesamiento de la información. En cualquier caso, Gagné también ha mantenido que los participantes en la conferencia no pudieron formular el problema utilizando los nuevos conceptos del procesamiento de la información, dado que el artículo fundamental de Atkinson y Shiffrin sobre la memoria humana apareció en 1968. ¿Entonces?

nes sobre la rapidez de procesamiento mental como fuente de diferencias individuales.

En fin, esta perspectiva cognitiva viene a cubrir una necesidad no satisfecha por la Psicología de las Diferencias Individuales con respecto a los requisitos de una teoría de tests, a saber: *la causa de las diferencias individuales observadas respecto a cualquier escala de competencia cognitiva identificada como tal* (véase Carroll, 1982)[18]. Esta empresa resulta básica dado que:

> La respuesta a un ítem de vocabulario de elección múltiple de un test mental comprende (entre otras cosas) leer las palabras que aparecen en el ítem, reconocer los modelos de dichas palabras en un almacén interno de memoria, recuperar la información semántica sobre estas palabras, comparar entre sí las diferentes piezas de información semántica y seleccionar una respuesta a partir de estas comparaciones de significado (Carroll, 1982, pág. 120).

Concretamente, los temas de investigación de la Psicología de las Diferencias Individuales, basada en una perspectiva cognitiva para el análisis de la ejecución ante tareas de capacidad intelectual, son los siguientes (véase Sternberg, 1985): en primer lugar, cuáles son los *procesos mentales* que constituyen el rendimiento inteligente ante diferentes tareas; en segundo lugar, cuál es la *rapidez* y *exactitud* con las que se ejecutan estos procesos; en tercer lugar, en qué estrategias se combinan estos procesos mentales para la resolución de tareas; en cuarto lugar, en qué formas de *representación mental* actúan estos procesos y estrategias, y, finalmente, cuál es la base cognitiva organizada de estas formas de representación, cómo afecta y cómo se ve afectada por los procesos, estrategias y representaciones que utilizan las personas.

Estas investigaciones sobre los componentes del procesamiento de la información, comprometidos en la resolución de tareas de capacidad intelectual, pueden permitir el diseño de nuevos procedimientos de aplicación de tests de capacidades intelectuales explotando, por ejemplo, las posibilidades de los ordenadores (véase apéndice 4). Estos tests suelen estar referidos más a criterios que a normas, de tal manera que una determinada puntuación indica los tipos y niveles de tareas intelec-

---

[18] Los otros dos son (Carroll, 1982): 1. Hasta qué punto las tareas pueden ofrecer medidas fiables de los comportamientos característicos de los individuos que las realizan (éste ha sido el objeto de trabajo de la teoría de tests, en sentido estricto). 2. Hasta qué punto la ejecución exitosa en cada tarea o tareas refleja cierto tipo particular de competencia o potencial cognitivo (esto ha sido tratado a través del análisis factorial).

tuales cuyo dominio ha alcanzado el individuo evaluado. De hecho, en los últimos años se han desarrollado varias baterías de aplicación a través del ordenador (véase apéndice 4).

En resumen, para Carroll (1982):

> Los constructores de tests tendrían que recurrir a los atributos psicológicos de los materiales de estímulo de los tests y a los componentes del proceso intelectual que son necesarios para responder a ellos de forma adecuada (págs. 143 y 144).

5. Consideraciones finales

Aquí se cierra el estudio sobre el pasado de la Psicología de las Diferencias Individuales, en el que se ha llegado hasta la delimitación de las tendencias más recientes y al establecimiento de los pilares sobre los que se sostiene la disciplina como una manera peculiar de estudiar científicamente el comportamiento de los seres humanos.

Estas consideraciones finales se referirán a dos cuestiones. La primera pretende resumir la idea de que, realmente, la Psicología de las Diferencias Individuales contemporánea contiene un programa de investigación nacido aproximadamente en el último cuarto del siglo pasado, que se ha ido perfilando y enriqueciendo en el transcurso del presente siglo. En segundo lugar, se expondrán una serie de argumentos relacionados con el problema de por qué resulta complejo referirse a una escuela española sobre el estudio de las variaciones individuales de una manera explícita y continuada, más allá del esfuerzo personal de una serie de investigadores puntuales. Es decir, ¿por qué España no parece haber contribuido al programa de investigación nacido a finales del siglo pasado? ¿realmente no ha contribuido? ¿o no se han apreciado una serie de datos inconexos, pero esenciales para cuestionar esa tesis?

Por lo que se refiere al primer punto, si se recuerdan los argumentos traídos a colación en este capítulo, se observará que en las diversas escuelas de la Psicología de las Diferencias Individuales se han venido desarrollando argumentos e investigaciones concretas que inciden explícitamente en el estudio de las variaciones individuales. Y, lo que quizá es más importante, esto se ha hecho con plena conciencia de estar potenciando una serie de líneas de investigación muy concretas y definidas.

Para mostrar esta tesis basta recordar las palabras de la autobiografía de C. Burt, traídas a colación en la revisión de la escuela británica. También se podría hacer referencia al esfuerzo explícito realizado por J. M. Cattell para extender los estudios sobre las diferencias individuales en los Estados Unidos. Y, asimismo, las tendencias derivadas de los primeros trabajos de A. Binet para medir las diferencias individuales en las funciones psicológicas de más alto nivel, etc.

En cualquiera de los casos, en las distintas escuelas, exceptuando la soviética, parece estar presente, de una u otra forma, la figura de F. Galton, en la que explícitamente se han basado los desarrollos iniciales de las distintas escuelas científicas contemporáneas de la disciplina. Por si esto no fuese suficiente para poder hablar de una disciplina con representantes concretos y escuelas que permiten coordinar esfuerzos, se puede recordar que la investigación relacionada con los tests mentales ha supuesto eventualmente la confluencia de los desarrollos realizados en distintas escuelas, lo que ha llevado a un trasvase de ideas relacionadas con la investigación de las diferencias individuales (Tyler, 1965). O, incluso, el desarrollo de las perspectivas cognitivas para el estudio de las diferencias individuales, también supone la convergencia de distintas líneas de pensamiento al objeto de estudiar científicamente las diferencias individuales a nivel cognitivo.

Hay un cita figurativa que podría ilustrar el mensaje que se quiere transmitir aquí:

> En el despacho del autor cuelgan dos cuadros, uno de un aristócrata victoriano y otro de un campesino ruso. Sir Francis Galton simboliza, mejor que nadie, la preocupación fundamental de la psicología por las diferencias individuales, por las causas genéticas del desarrollo de la personalidad y por la investigación estadística de los sistemas de clasificación. Ivan Petrovich Pavlov simboliza, mejor que nadie, la preocupación de la psicología por las leyes generales, por la modificación que ejerce el ambiente sobre la conducta y por el estudio experimental de las relaciones funcionales (Eysenck, 1967, pág. 17).

Con esto no se quiere decir que no existan problemas en el campo de estudio de las diferencias individuales, sino que no resulta legítimo continuar relegando a un segundo plano institucional los esfuerzos realizados por una serie de investigadores y escuelas científicas tendentes a desentrañar las leyes que rigen las variaciones individuales en una diversidad de campos psicológicamente relevantes. En fin, no parece razonable seguir manteniendo que las investigaciones realizadas a este nivel son desarrollos de carácter tecnológico ajenos a la investigación básica del comportamiento de los seres humanos, y, por tanto, no relevantes para la construcción científica de teorías psicológicas.

Subyaciendo a este tipo de opiniones se encuentra la cuestionable idea de que una ciencia es única y exclusivamente investigación básica, en sentido estricto. No obstante, la física y la psicología de las diferencias individuales son disciplinas que han mostrado que esto no es necesariamente así.

Para el tratamiento del segundo aspecto de estas consideraciones finales, esto es, el problema de la eventualidad de una escuela española de psicología, resulta necesario abrir un nuevo apartado.

6. La escuela española

Los historiadores de la psicología han venido manteniendo que en España no se puede hablar de escuela psicológica en el sentido estricto del término, sino que las ideas psicológicas han sido sistemáticamente importadas. De esta manera, el profesor H. Carpintero (1980) ha escrito lo siguiente:

> Al comenzar el siglo XX los españoles incorporaron una ciencia psicológica ya constituida, bien por la vía alemana, cuando domina la mentalidad que llamaré en sentido muy lato institucionista (...), bien por Lovaina, en el caso de la mentalidad escolástica (pág. 48).

En 1981, el mismo autor escribe, pero esta vez generalizando algo más, lo siguiente:

> Para muchos países, entre ellos el nuestro, el comienzo de la psicología ha sido el resultado de una importación de ideas, más que el desarrollo de unas aspiraciones originales (pág. 37).

No obstante, la idea anterior ha cristalizado quizá gracias a que los historiadores de la psicología han rastreado en España líneas de pensamiento psicológico que fuesen a la zaga de la vía de penetración derivada de Wundt y su laboratorio de Leipzig. Pero *¿qué decir de la perspectiva galtoniana? ¿y la vía de penetración médica?* Puede sostenerse que estas dos perspectivas constituyen otras tantas maneras de generar un nivel de discurso apropiado para separar de la filosofía el estudio científico del comportamiento de los seres humanos, distintas a la traída desde W. Wundt.

Por otro lado, es posible que la perspectiva wundtiana no constituya, en sentido estricto, una manera de separarse de la filosofía, del mismo calibre que la derivada de las vías galtoniana y médica. De hecho, para apoyar la viabilidad de este planteamiento, quizá haya que reparar en que el propio Wundt, una vez superada la época de los trabajos de laboratorio, entiende que la vía de desarrollo adecuado para realizar psicología es la filosófica.

Así, por ejemplo, para el padre Manuel Barbado, durante tiempo impulsor de la psicología en España, después de la guerra civil, mantiene que Wundt es básicamente un filósofo, y su filosofía es necesaria para comprender su psicología. Para Barbado, la psicología alemana entra en el laboratorio sin despojarse del manto filosófico.

De alguna manera, para mantener que es sensato seguir la pista a los derivados del laboratorio de Leipzig, el razonamiento viene a ser que si, en efecto, la psicología contemporánea nace en el laboratorio de Leipzig de Wundt, los desarrollos psicológicos tendrán que ser en esa línea o similar, sin reparar en el empeño que ha puesto en hacernos creer esto el, quizá, texto de historia de la psicología más leído, esto es, el de Boring (1950). Pero, tal y como nos ha demostrado Thomas S. Kuhn (1964) los *textos* y *manuales* simplifican la realidad en pro de una claridad dudosa[19].

No obstante, en cualquier caso, Wundt no caló en nuestro país por lo que a la psicología, en el sentido estricto del término, se refiere. El mismo Carpintero (1981) advierte esto:

> Cuando se considera globalmente la influencia de Wundt sobre la psicología española se llega a descubrir la falta de una verdadera compenetración, con ella, por nuestros autores (pág. 51).

No obstante, Carpintero no cierra su argumento con una respuesta al porqué de ésa falta de eco wundtiano en nuestro país. Desde nuestra

---

[19] Si se permite el comentario, el profesor Zaccagnini tuvo durante tiempo la costumbre de comenzar sus clases de introducción a la psicología afirmando que todo lo que iba a decir era necesariamente falso. Esto solía producir el efecto que él esperaba, es decir, que el alumno cayese en un caos de incertidumbre constructiva. Nunca he podido quitarme de la cabeza la carga de verdad que tenía esa frase.

perspectiva, quizá una razón pueda ser que, de cara al estudio científico del comportamiento humano, no era ésa, no podía ser, la perspectiva congruente en nuestro contexto cultural. Ahora bien, si esto es así *¿cuál es nuestra manera de hacer psicología científica?*

Por otro lado, cuando un historiador se interesa por un determinado psicólogo como portador de los valores precisos para fundamentar un determinado nivel de discurso psicológico, lo que suele buscar es, por ejemplo, que sea consciente de *la crisis de la psicología* a principios de este siglo, y que intente aportar soluciones, más o menos creativas, a ese problema. Tal es el caso de J. Vicente Viqueira en nuestro país, de Vygotsky en Rusia, de James en los Estados Unidos, etc.

En esta dirección, en un reciente y excelente trabajo del profesor F. Blanco Trejo, de la Universidad Autónoma de Madrid, sobre la figura de Viqueira y la psicología en España durante las dos primeras décadas de este siglo, se mantiene, aunque quizá algo veladamente, que el pensamiento de este autor podría haber dado lugar a una escuela de pensamiento psicológico genuinamente español. El argumento se basa en que Viqueira percibió claramente que la psicología estaba en crisis y en que intentó localizar un nivel de discurso que permitiese superar esa crisis. Ortega también se hace eco, por su parte, de esa supuesta crisis de la psicología en sus *investigaciones psicológicas*, interesantísimas a nivel filosófico.

Pero *¿a qué crisis se refieren Viqueira y Ortega?* Una posible respuesta puede ser que a la crisis de quienes tratan de estudiar la mente humana desde una perspectiva filosófica. Tanto Viqueira como Ortega son filosofos, en el sentido estricto del término. El hecho de que Viqueira fuese el único español de la época que realizase un experimento (véase Blanco, 1993) en el contexto de la psicología alemana, dice poco sobre su eventual rol de psicólogo. Wundt también hizo experimentos (muchos y muy interesantes) pero quizá constituyesen una mera propedéutica de la filosofía.

Cuando se revisa el devenir de cierta psicología durante este siglo, resulta difícil no ver más que crisis. En cualquier caso, puede cuestionarse la tesis de que el pensamiento de Viqueira o de Ortega tuviera relación con el estudio científico del comportamiento de los seres humanos. De esta manera, quizá no fuese baladí definir con exactitud *a qué nos refirimos con el término «psicología»*, porque es posible que la psicología que está en crisis permanente no sea realmente una disciplina cuyo objetivo sea el estudio científico-naturalista del comportamiento.

En una palabra, es posible que lo que ha estado y está en crisis permanente sea el intento de estudiar científicamente algo que sólo es susceptible de ser tratado en términos filosóficos.

Pero no es de metafísica de lo que trata el estudio científico del comportamiento de los seres humanos. Y en España ésta ha sido la opinión característica, como se podrá apreciar en lo que sigue.

El padre Manzanedo (1969) distingue una serie de épocas o periodos respecto al desarrollo del pensamiento psicológico en nuestro país en sentido muy general, a saber: hasta el siglo XVI, los siglos XVI y XVII, los siglos XVIII y XIX, y, finalmente, el siglo XX.

Hasta el siglo XVI se puede encontrar una serie de pensadores que, de una u otra forma, constituyen antecedentes de los desarrollos de un pensamiento psicológico en nuestro país, independientemente de que entre ellos haya alguna congruencia o continuismo de algún tipo. Son los siguientes: Séneca, San Isidoro de Sevilla, Avicebrón, Maimónides, Averroes, Domingo Gundisalvo, Pedro Hispano, Ramón Lull, Guillermo Rubio, Raimundo Sibiuda, Juan Luis Vives, León Hebreo, Sebastian Fox Morcillo, Gómez Pereira, Juan Huarte de San Juan, Miguel Sabuco y Francisco Vallés.

Por otro lado, durante los *siglos XVI y XVII* se puede encontrar una serie de autores escolásticos que abordan temas de marcado carácter psicológico. Manzanedo (1969) enumera los siguientes: Domingo Báñez, Francisco Zumel, Diego de Zúñiga, Francisco de Toledo, Gabriel Vázquez, Francisco Suárez, Juan de Santo Tomás, Juan Martínez de Prado, Jacinto Parra y Luis de Losada.

Todos ellos merecerían una mención particularizada, pero nos exigiría irnos mucho del tema que nos ocupa en este momento. No obstante, el *siglo XVI* merece una especial atención. Para ello se tomará como referencia, por un lado, el estudio de Manuel Iriarte (1948) sobre el doctor Huarte de San Juan, y, por otro, el análisis de Vleeschauwer (1938) sobre las actividades intelectuales desarrolladas en España en aquel siglo, contrastándolas con las del resto de Europa.

Para Vleeschauwer (1938) tres son las corrientes filosóficas dominantes en el siglo XVI español: la crítica de Vives, la metafísica de Suárez, y la psicológica de Huarte.

Escribe Vleeschauwer (1938):

> (...) bajo las coronas de Castilla y Aragón floreció en el siglo XVI una modernidad que la Europa restante no alcanzó en igual medida hasta mucho más tarde (pág. 7).

Según este autor, los profesores que tuvo Huarte (por ejemplo, doctores Mena, Vallés y Vega) iban a la cabeza del movimiento científico que España, cien años antes que en el resto de Europa, gozó en el siglo XVI[20]. De esta manera, sostiene Vleeschauwer (1938) que:

> (...) la revolución que los métodos baconianos introdujeron en el progreso científico, y que sólo en el siglo XVII iniciaron una nueva era, gracias a las magistrales correcciones y adaptaciones debidas a Kepler, Galileo y Newton, esa revolución se había operado en la ciencia española ya en el siglo XVI (pág. 8).

Para Vleeschauwer (1938) *El Examen de Ingenios* de Huarte constituye un tratado de psicología diferencial, que revisa una serie de problemas sociales y pedagógicos. Sobre la obra de Huarte escribe:

> De la mayor importancia para la historia de la filosofía moderna es la nueva clasificación de las ciencias que, en oposición a Aristóteles, y a base de la triple división de las facultades, propone Huarte, a saber, en ciencias de la memoria, de la imaginación y del entendimiento. Esta clasificación coincide totalmente con la tan conocida de Bacon, de donde surge la fundada sospecha, ya expresada por Külpe y por Sortais, de que Bacon se la debe sencillamente a Huarte (pág. 9).

Por lo que se refiere al nacimiento de la psicología diferencial, escribe lo siguiente:

> Reconozcamos, pues, que el año 1575 (data de la aparición del Examen) es en verdad la fecha del nacimiento de la psicología diferencial (...). Quien se interese por la evolución y progreso de las ideas de Europa no podrá en adelante pasar por alto el siglo XVI español ni, en particular, la figura de Huarte de San Juan (pág. 10).

En esta misma dirección, Iriarte (1948) escribe:

> La bibliografía a que aquí hemos pasado revista nos descubre que, dentro del cauce de la psicología general, y fuera de las demás corrientes tan puntualmente descritas por Dessoir, avanzaba otra corriente de psicología diferencial y caracterológica, la cual no ha sido tenida en cuenta suficientemente en la referida historia (pág. 380).

---

[20] Así, sostiene Vleeschauwer: «*¡Vuelta a la naturaleza!* Tal era la orden del día que resonaba aún al pie de ciertas cátedras, donde todavía muchos seguían entretenidos despreocupadamente con habilidades dialécticas (...) la formación científica empírica se inició en España un siglo antes que en el resto del continente» págs. 8-9).

Y más adelante:

> La psicología diferencial y la caracterología han seguido mereciendo siempre en Alemania una consideración especialísima (...); no podrá menos de computarse el tanto hereditario que estas ramas de la ciencia alemana y universal deben a la fructificación impresa en ellos por las ideas del psicólogo navarro (pág. 381).

En suma, tal y como escribe J. L. Pinillos (1976):

> Lo que hizo de Huarte un verdadero adelantado de la psicología diferencial moderna, y de la orientación profesional, fue el acierto que tuvo de poner en original relación la diferencia de habilidades que se manifiestan en los hombres, con el género de artes y letras que a cada uno corresponde en particular, y con la naturaleza que le ha tocado en suerte (...) tuvo principalmente presentes tres puntos de vista: 1) que los hombres difieren por sus habilidades (...); 2) que a cada hombre en particular le corresponde un género de artes, según sus diferentes habilidades, y también según sus ineptitudes (...); 3) que esa diferencia en habilidades se funda en las diferencias de naturaleza, entendidas éstas al modo constitucional de la época, esto es, hipocrático y sobre todo galénico (...); la biotipología de Huarte no fue meramente morfológica, sino asimismo funcional y fundada en una observación de la conducta (págs. 4-5-9).

¿Cómo es posible no advertir de manera explicita el poder constructivo de los argumentos sostenidos por Huarte en España y en el resto de Europa? ¿No es posible acaso una influencia huartiana en las vias de penetración médica de los primeros autores de la psicología moderna en Alemania? ¿No es posible que A. Bain y, por qué no, Galton, hayan bebido de manera directa o indirecta de Huarte? Quizá éste fuese un informativo objeto de estudio para la historia de la psicología.

Dando un salto, en el *siglo XIX y principios del XX* se puede destacar la figura de Ramón Turró i Darder (1854-1926).

En una de las direcciones en que estamos argumentando, Turró describe con brillantez el método de aquella disciplina que, creyendo hacer psicología, no hace sino un vano intento de estudiar científicamente problemas que competen a la filosofía:

> Letamendi cree demostrar sus asertos amontonando razonamientos sólidos, comprensivos, que quizá nadie acertaría a refutar; mas estos argumentos que convencen a la razón habituada al ejercicio especulativo dejan un cierto vacío indefinible en el espíritu avezado a la certeza del experimentalismo. Al meditar y embebernos de sus especulaciones,

> espontáneamente se escapa de los labios: si, es bello, seductor, los razonamientos están bien montados, pero no me convenzo porque se me habla de cosas que no veo con los ojos ni toco con las manos. Y es que, empapados hasta los tuétanos del método experimental, ansiamos pensar sobre hechos claros, concretos, definidos, cohibiendo a la mente y circunscribiéndola al estudio de los mismos; y de ahí el que refutemos como de seductor libertinaje ese modo de pensar puramente subjetivo e ideal, que no se calca y subordina a la experiencia inmediata de las cosas (citado en Miralles, 1980, pág. 101)[21].

Turró intenta mostrar cuál ha de ser el derrotero adecuado para el estudio científico del comportamiento de los seres humanos. El propio Turró nos presenta una teoría sobre el hombre, desde una perspectiva genuinamente científica. La pregunta que trata de responder Turró es la del *origen del conocimiento humano.*

Turró mantiene una concepción adaptativa del individuo, desde la que el individuo se puede concebir como un sistema que tiende al equilibrio, proceso en el que resulta decisivo el *medio interno.* El desequilibrio puede ser causado externa o internamente. La transformación en el medio interno es continua, y cuando se modifican sus condiciones, a través de un *empobrecimiento energético*, se produce una excitación que activa una serie de órganos que orientan su actividad para tratar de restituir los elementos necesarios para el medio interno. Esta acción nerviosa constituye lo que Turró denomina *reflejo trófico.*

El origen del movimiento, y, por tanto, la base del comportamiento, es la información sobre la necesidad de material de repuesto. Esto es lo que Turró denomina *sensibilidad trófica.*

De esta manera, la vida psíquica comienza con la sensación de *hambre.* No obstante, de aquí derivan dos problemas de fundamentación. Por un lado, en qué consiste esa vida psíquica, y, por otro, cómo estudiar el problema de la evolución desde la sensación de hambre hasta la formación de los conceptos sobre los objetos del mundo externo.

Pues bien, para Turró, entre la sensibilidad trófica y el conocimiento de los cuerpos que satisfacen la necesidad del organismo, ocurre todo un proceso en el que se va a originar el conocimiento.

La sensibilidad trófica activa unos mecanismos de acción innatos,

---

[21] No me puedo resistir a llamar la atención sobre los Letamendis internacionales de la actualidad. Como dice nuestro refranero, a buen entendedor, pocas palabras.

tales como los reflejos de presión o succión[22], que permiten al ser vivo explorar el ambiente para localizar las sustancias adecuadas para satisfacer el hambre. Las impresiones sensoriales que permiten reconocer dichas sustancias no hacen referencia al objeto que satisface una determinada necesidad, no se reconocen porque el sujeto haya elaborado un concepto a partir de la abstracción de sus propiedades, sino porque *determinadas propiedades sensoriales se asocian con efectos tróficos satisfactorios experimentados con anterioridad.*

Por tanto, en un primer momento sólo se dispone de impresiones sensoriales. Este conocimiento no conceptual constituye para Turró la *experiencia trófica*, la cual se produce por un doble juego de la sensibilidad: por un lado, la acción de la sensibilidad interna, y, por otro lado, la sensibilidad externa. Cuando se produce un acuerdo entre la deficiencia que causa la primera y la satisfacción que obtiene la presencia de un objeto que la segunda advierte, se llega a un conocimiento del mismo. Conocimiento que, realmente, es un reconocimiento derivado del conocimiento de los efectos pasados provocados por dicho objeto o conjunto de cualidades sensoriales, en ocasiones de deficiencia nutritiva.

Es sólo en una fase posterior cuando las impresiones sensoriales del efecto trófico se objetivan, convirtiéndose en imágenes y éstas en conceptos.

¿Cuál es el mecanismo que produce la coordinación entre sensibilidad interna y externa, de manera que se llegue a cierta forma de conocimiento? La sensibilidad trófica, ciega en principio, dirige la actividad del organismo hacia la adquisición de sustancias nutritivas, y esta actividad ocurre inicialmente como un tanteo, que tiene éxito cuando se encuentra la sustancia que necesita el organismo.

Por tanto, es el efecto nutritivo lo que vincula a un objeto con la actividad de un individuo, y, en consecuencia, mantiene que el organismo llegará a conocer lo que sucederá después de realizar determinadas operaciones, en la medida en que sus efectos se acusen en la conciencia. De manera que, para que se produzca reconocimiento, es preciso que se establezca una conexión central entre la deficiencia que se acusa a los

[22] No se puede dejar de mencionar aquí que esta idea en concreto, y, en general, la teoría trófica de Turró, tiene un parecido asombroso con la epistemología genética de Jean Piaget. En este punto, nos podemos preguntar, ¿y cómo vino a conocer Piaget, en su caso, la teoría trófica de Turró? Adelantemos la respuesta: Piaget visitó en varias ocasiones los Institutos de Selección y Orientación Profesional que en nuestro país funcionaban saludablemente antes de nuestra guerra civil.

centros tróficos y las imágenes que el mundo exterior provoca en los centros de la sensibilidad externa.

Se producirá conocimiento cuando haya correspondencia entre:

> Lo que se exhibe como presente ante el sentido y lo que la sensibilidad trófica acusa como ausente (Turró, 1914, pág. 143).

De forma que, en este proceso de adaptación, se puede distinguir, por un lado, un fenómeno de *aprendizaje en función del efecto*, y, por otro, un fenómeno de reconocimiento. El primero estaría guiado por las consecuencias de la acción, mientras que el segundo se encontraría regulado por los mecanismos de un reflejo condicionado. Por tanto, *Turró explica el conocimiento como un proceso de aprendizaje por condicionamiento.*

En suma, la primera fase se caracteriza por la captación de los objetos como *objetos tróficos*, mientras que su *representación*, como captación de cosas situadas en el mundo externo y definidas por unas coordenadas espacio-temporales, que les confiere una individualidad, sólo se da en una etapa más avanzada.

Pues bien, en los periodos en que la sensibilidad trófica no acusa ningún tipo de deficiencia, puede dedicarse a acciones que no están ligadas a la búsqueda e ingestión de alimentos.

Turró entiende que el conocimiento no consiste en la copia fiel del objeto, y considera que este conocimiento se alcanza a través de una *inferencia.* La experiencia trófica nos garantiza la existencia de objetos externos. Cuando captamos un conjunto de cualidades sensoriales que se repiten sistemáticamente, podemos referirlas a un efecto trófico, pero, en la medida en que la necesidad biológica queda satisfecha, pueden definirse, mediante un juicio lógico, como un determinado objeto.

Por tanto, apoyados en la sensibilidad trófica venimos a aislar las señales sensoriales de sus efectos, en primer lugar, y reunirlas a continuación en una unidad de juicio que corresponderá a un *objeto individualizado.*

Como comenta Miralles (1980) Turró va más allá de Hehmholtz, estableciendo que no es por una ley causal, anterior a toda experiencia, por lo que llegamos al conocimiento del mundo externo. Helmholtz se apoya exclusivamente en la experiencia externa, lo que le lleva a suponer esa ley causal como apoyo de la inferencia. Turró elimina todos los a priori, dado que la sensibilidad trófica puede demostrarse con experimentos bioquímicos.

De esta forma, Turró parece plantear una perspectiva de marcado carácter constructivista para la eventual explicación de los orígenes del conocimiento humano.

Pues bien, en 1912 se funda la *Sociedad de Biología de Barcelona*, y en 1920 el *Instituto de Fisiología*, en la misma ciudad. En las dos instituciones detaca un alumno de Turró, a saber, Augusto Pi Suñer (1879-1965). Pi Suñer toma como punto de partida la *teoría de la sensibilidad trófica* y de la *unidad funcional de Turró*, tratando de desarrollar una *base experimental*.

Pi Suñer es el primer presidente de la Sociedad de Biología, Turró el tercero y E. Mira y López es secretario. Esto le lleva a Miralles (1980) a mantener que se puede hablar de una *comunidad científica*, dado que estos autores pertenecen a la misma sociedad, suelen firmar trabajos conjuntos y pertenecen a una misma generación, excepto Turró, que vendría a ser el maestro.

Por su parte, Pi Suñer comienza a trabajar donde se detuvo Turró, siendo su primer objetivo el encontrar una base bioquímica para la sensibilidad trófica. No obstante, la sensibilidad trófica sólo es un aspecto de una idea más amplia mantenida por Pi Suñer, a saber: *la unificación funcional, la individuación, dentro de la que adquiere todo su sentido lo psíquico.*

El primer tipo de información recibida es de naturaleza trófica. Por aquí introduce Pi Suñer la sensibilidad trófica, la cual tiene que ver no sólo con el hambre, sino con aquellas necesidades primarias de tipo biológico que pueden inducir desequilibrios en el organismo, tales como la fatiga, el frío, el sueño, y, en general, cualquier sentimiento vegetativo que tenga un carácter químico.

La filogenia constituiría una escala en la que aumentaría la *complejidad estructural*, pero se mantendría la unidad funcional. Y, dentro de estas coordenadas evolutivas, *lo psíquico no es más que el resultado de la complejidad de esa evolución.* Todas las respuestas, desde las más automáticas y reflejas, hasta las más elaboradas, tienen algo en común, a saber: *el hecho de ser adaptadas, adecuadas a la situación que las provocó.*

Lo psíquico estaría caracterizado por la adaptabilidad de un proceso, con independencia de un sistema nervioso que no tiene otro valor que la localización de los fenómenos, y que no representa una exclusiva capacidad de realizar actos psíquicos, los cuales también pueden tener lugar en plasmas no diferenciados en tejidos y órganos.

Por tanto, *no hay oposición entre lo psíquico y lo fisiológico*, pues uno y otro ocurrirían en todos los organismos en cuanto sistemas que tienden al equilibrio. Entre lo fisiológico y lo psíquico hay un progreso en cuanto a la participación del sistema nervioso, y entre lo psíquico y lo consciente hay un nuevo paso, de manera que alcanzado un nivel de complejidad estructural y funcional en el sistema nervioso:

> «... aparece el epifenómeno de la conciencia, como complemento y continuación del fenómeno fisiológico» (Pi Suñer, 1919, pág. 281, citado en Miralles, 1980).

Por tanto, conciencia es el funcionamiento a niveles superiores en la escala filogenética del sistema nervioso, funcionamiento que no añade objetivamente nada al acto funcional y que de él depende:

> El fenómeno consciente no es paralelo al fisiológico, sino prolongación, resultado del mismo, constituyendo una unidad indisoluble. Es un sólo y mismo proceso que se manifiesta a la vez por variaciones objetivas y por estados subjetivos (Pi Suñer, 1919, pág. 283, citado en Miralles, 1980).

Según Miralles (1980):

> Al hablar Pi Suñer de lo fisiológico y lo psíquico como de un mismo fenómeno, resultado del funcionamiento del organismo, no está adoptando posturas reduccionistas al estilo de las defendidas por el conductismo absoluto de Watson o de algunos fisiólogos contemporáneos suyos que trabajan en Psicología. Esta es una forma más de proclamar la unidad funcional que va extendiendose filogenéticamente desde las correlaciones bioquímicas en los individuos más elementales. hasta las formas superiores de asociación, en las que hay integración de todos los sistemas funcionales y unidad de adaptación.
>
> La obra de Ramón Turró y Augusto Pi Suñer, en definitiva, se caracteriza por su concepción funcional y unitaria, por el estudio evolutivo de los procesos de adaptación y por la adopción de una metodología experimental. Estas mismas ideas van a estar presentes en la obra de Mira, quien insistirá especialmente en el estudio de los procesos adaptativos en su nivel de funcionamiento más complejo, psicológico (págs. 114 y 115).

Y bien *¿quién es Emilio Mira y López?* ¿Cuál es su relevancia para la psicología española?

Emilio Mira (1896-1964) desarrolla su actividad como psicólogo en el *Instituto de Orientación Profesional de Barcelona*, siendo este el primer Instituto en realizar tareas de este tipo en España y uno de los primeros de Europa. Esto sucede entre 1919 y 1939 (véase Kirchner, 1981).

Para Mira (1947), la orientación profesional es:

> Una actuación científica, compleja y persistente, destinada a conseguir que cada sujeto se dedique al tipo de trabajo profesional en el que con menor esfuerzo puede obtener mayor rendimiento, provecho y satisfacción para sí y para la sociedad (pág. 2).

Mira concebía la orientación profesional como un *proceso*, no como un consejo dado puntualmente. Enfrentándose a la opinión de psicotécnicos como Moede, Schultze, etc., mantiene la tesis de la cronicidad de la orientación en la *II Conferencia Internacional de Psicotecnia*, celebrada en Barcelona en 1921.

Para poder realizar una adecuada orientación hay que estudiar, además de al individuo, las profesiones y las cualidades necesarias en el individuo para realizarlas con éxito. De esta manera, una de las primeras tareas emprendidas por Mira fue la elaboración de sendas fichas profesiográficas. En este sentido, el objetivo era establecer *tipos de actos, no tipos de profesiones*, dado que en una misma profesión pueden realizarse trabajos que requieren distintas aptitudes. La clasificación de los trabajos que efectuó Mira se basaba en Münsterberg, tomando como referencia la inteligencia, el temperamento y el carácter.

Mira parte de dos definiciones propias de inteligencia. Por un lado, la *inteligencia conceptual* sería el conjunto de disposiciones neuropsíquicas que permiten al individuo percibir las situaciones, relacionarlas con otras semejantes ya conocidas, y adoptar la respuesta más adecuada en cada caso, siempre que estas situaciones no activen, espontáneamente o por asociación, las reacciones emocionales o afectivas del sujeto. Por otro lado, la *inteligencia afectiva* es el conjunto de disposiciones neuropsíquicas que determinan la aparición de tendencias reflexivas e inhibitorias, que neutralizan las reacciones emotivas y permiten, en todas las ocasiones, cumplir con las funciones de la inteligencia conceptual.

Según Mira, *la mente responde siempre según el pasado, nunca según el presente*. De manera que cualquier acción de la inteligencia ante una nueva situación nace de la adaptación de la reacción o reacciones que el sujeto habrá ejecutado en la situación vivida previamente, más semejante a la que se encuentra en aquel momento. Por tanto, la inteligencia percepcional nace y se desarrolla exclusivamente gracias a la experiencia interna del sujeto. Bajo este concepto se entiende, no el conjunto de situaciones por las que ha pasado el individuo, sino *las disposiciones de reacción* que dichas situaciones han determinado. De aquí nace el concepto de *multiplicidad de inteligencias* en el que se fundamentan las aptitudes profesionales.

La inteligencia general, expresada por el CI, era considerada por Mira como una abstracción estadística y las escalas métricas de inteligencia que permitían determinar el CI de los sujetos carecían del valor discriminativo o diferencial necesario para realizar una adecuada orientación. De esta forma, los psicólogos del Instituto de Barcelona optaron por determinar, de la manera más empírica posible, los valores medios de tres grupos de factores intelectuales denominados: *inteligencia verbal, inteligencia mecánica* o *espacial* e *inteligencia abstracta.*

Por lo que se refiere a la investigación del temperamento, Mira distingue temperamentos de emociones deprimentes o con tendencia a la inhibición, y temperamentos de emociones exaltantes o con tendencia a la excitación.

Para estudiar la movilidad de la atención, Mira utilizó el *taquibradiscopio* visual y auditivo, ideado y construido por él mismo. Este aparato permitía producir estímulos visuales, auditivos y táctiles de diversa intensidad y duración en distintos lugares del espacio. Los resultados de esta prueba se expresaban mediante el número total de estímulos percibidos y la proporción relativa de los mismos daba idea del tipo de atención del sujeto (visual, auditiva, táctil, etc.).

Para explicar la atención en términos psicofisiológicos, Mira partía de la existencia de una *energía psíquica.* Esta energía tendía a conservar un potencial constante en todo el cerebro, de manera que el esfuerzo excesivo en un determinado campo psíquico solía tener lugar a expensas de una disminución de energía en otros campos. Cuanto más intenso sea el trabajo, más necesario será, para conseguir la compensación, la intervención de centros psíquicos cada vez más importantes e intensos, ocasionando la inhibición en centros progresivamente más grandes del cerebro. El resultado de este hecho es el aumento de la claridad del producto elaborado, que pronto será percibido y sentido por todo el organismo. En este momento se establece el estado atento o consciente. Así, *la atención es la exageración de un fenómeno constante del cerebro.*

En la *VI Conferencia Internacional de Psicotecnia,* celebrada en Barcelona en 1930, Mira presentó un nuevo test para la exploración de la afectividad («prueba de la donación de sangre»). Antes de esta Conferencia, Mira había inventado unos tests llamados del «bombón envenenado» y de la «vacunación obligatoria».

Por otro lado, el *perceptotaquímetro* permitía averiguar la capacidad del sujeto para medir distancias y velocidades, dado que éste tenía que predecir dónde se cruzarían una serie de varillas, dónde se adelantaría una a otra, etc.

Una de las tareas más interesantes emprendidas por el Instituto de Mira fue la selección de policías. Su equipo partió de que las cualidades requeridas por un buen agente de orden público serían las siguientes: capacidad de observación y memoria inmediata; capacidad de testimonio (extensión y fidelidad); inteligencia general; capacidad de discriminación ética y capacidad de reconocimiento visual.

En su laboratorio psicométrico se acometían las siguientes acciones. En primer lugar, una investigación a nivel cualitativo y cuantitativo de las aptitudes mentales que el trabajo de cada profesión exige para ser realizado con un máximo rendimiento y un mínimo esfuerzo. En segundo lugar, una clasificación de las profesiones en función de tales aptitudes. Por último, la determinación y medida de las aptitudes psíquicas del individuo examinado, comparándolas con las que señala el tipo medio establecido para cada profesión.

Dicho esto, se reparará en la otra gran escuela psicológica en España, a saber, la *escuela madrileña*, para, posteriormente, confluir con lo ya comentado sobre la *escuela catalana.*

Pues bien, ¿qué papel tiene en el desarrollo de la psicología española la *Institución Libre de Enseñanza* (ILE) fundada por Francisco Giner de los Ríos en 1876 en Madrid? (esto es, el pensamiento institucionista al que hacía referencia el profesor Carpintero en la cita con la que se abría este apartado).

Una posible respuesta es que nada, de manera directa. Y esto por dos razones: *a*) la actividad de las personas que desarrollaban su trabajo en el seno de la ILE estaban dirigidas a la escuela, y *b*) estas personas, por dictado explícito de Giner, se alejan de la universidad. En este sentido escribe Carpintero (1980):

> La psicología (para los institucionistas) es un medio, todo lo relevante que se quiera, para ponerla al servicio de la pedagogía (pág. 46).

No obstante, Luis Simarro Lacabra (1851-1921) estrechamente relacionado con Giner, y que desde 1902 ostentó la primera cátedra de Psicología Experimental de una facultad de ciencias en todo el mundo, tuvo algunos discípulos de interés para el desarrollo de la escuela española de psicología. Entre ellos se cuentan fundamentalmente Rodrigo Lavín, que hereda la cátedra de Simarro y Gonzalo Rodríguez Lafora (1886-1971).

Encinas y Rosa (1990) escriben en este sentido:

> En Madrid existe desde principios de siglo la cátedra de Simarro con su laboratorio, en la Facultad de Ciencias; más tarde habría un segundo laboratorio en la de Filosofía y Letras creado por Gil Fagoaga, pero ninguno de los dos llegaron a formar escuela, ni a tener una producción científica influyente (pág. 109).

No obstante, un ayudante de Lafora resulta de importancia capital para el desarrollo de la escuela española: José Germain. Así, por ejemplo, M. Yela (1982) escribe:

> Por Germain ha llegado a nosotros, los psicólogos españoles del momento, la historia de la psicología española. Él ha sido el maestro y mentor de jóvenes estudiosos —Úbeda, Pinillos, Siguán, Secadas— que, con él, reanudamos el hilo de nuestra psicología, roto por la guerra civil (pág. 289).

Quizá fuese interesante estudiar y explicitar las posibles influencias que hayan podido llegar hasta Germain a través de Lafora y R. Lavín, y, por tanto, derivadas de los institucionistas. De hecho, Germain es becado en 1934 por la *Junta de Ampliación de Estudios* (subsidiaria de la ILE) para ir a estudiar con Frederick Bartlett a la Universidad de Cambridge (y, quizá, convenga recordar que Bartlett estudió en el *University College* de Londres, sede de los investigadores marcados directamente por Sir Francis Galton).

En cualquier caso, Germain va a dar al *Instituto de Orientación y Selección Profesional de Madrid*, fundado en 1925, a la zaga de la estela dejada por las actividades del *Secretariado de Aprendizaje* de Barcelona (fundado en 1914) y del *Instituto de Orientación Profesional de Barcelona* (fundado en 1917, y continuación del Secretariado).

En este sentido, Encinas y Rosa (1990) escriben:

> Sin embargo, fuera del ámbito académico, sí existe una demanda social de la psicología aplicada (...); en 1928 la publicación del estatuto de orientación y selección profesional, la primera institución estable de la psicología española que llega hasta nuestros días, que tras haber sufrido reformas importantes en 1934 y 1955 se ha transformado en los Institutos de Psicología Aplicada y Psicotecnia hoy existentes (pág. 109).[23]

---

[23] Hay que decir que ya no existen (1993).

Germain comienza a trabajar con José Mallart y Mercedes Rodrigo en el Instituto de Madrid, que en 1934 pasa a denominarse *Instituto Nacional de Psicotecnia.* José Mallart y Mercedes Rodrigo habían estudiado, por su parte, con Claparède en el *Instituto Juan Jacobo Rousseau* de Ginebra.

Mira y Germain, esto es, *la escuela catalana y madrileña,* colaboran y se relacionan estrechamente a través del desarrollo de investigaciones sobre las variables relevantes para el objeto de la orientación profesional. Uno y otro autor, como representantes de los dos institutos, pasan sistemáticamente temporadas en Madrid y Barcelona, llegando por este camino a generar un tejido de institutos provinciales dedicados a estas tareas de orientación (véase documento 1.4), amén de exportar a otros países determinadas herramientas y los resultados de las investigaciones derivadas de la actividad de los institutos.

En este sentido, y para cuestionar la idea de que los institutos constituían únicamente centros de generación de pura tecnología, Eysenck (1981) escribe lo siguiente:

> Las aplicaciones prácticas son normalmente el resultado de un trabajo teórico y experimental en la pura ciencia y la psicología no puede ser una excepción. El éxito de Germain en gran parte se debe a su reconocimiento de esa dependencia de la psicología aplicada respecto de los progresos de la ciencia pura (pág. 1069).

También resultan ilustrativas las palabras de Paul Fraisse (1981):

> La tercera viñeta es la más estereotipada. Es la del hombre (en referencia a Germain) que ha desarrollado sobre bases amplias la psicología en España, menos preocupado de su obra personal que de promover discípulos para multiplicar su acción. El centro era ese instituto de orientación profesional, cuyo campo de competencias iba mucho más allá de lo que su nombre, cambiado muchas veces, podría sugerir (pág. 1081).

El propio Germain escribe en su autobiografía (1980):

> (...) además de los trabajos con inválidos, se inició una labor investigadora que fue poco a poco dando sus frutos (...); gran estímulo para ello fue la IV Conferecia Internacional de Psicotecnia que se celebró en París en 1927 (...); este resonar de la psicología (española) en todos los paises, eco de lo que apuntó nuestro Juan Huarte, tuvo acogida feliz en los que en aquellos años nos preocupabamos algo ya por la psicología (...). (En el Instituto de Madrid) empezaron a establecerse

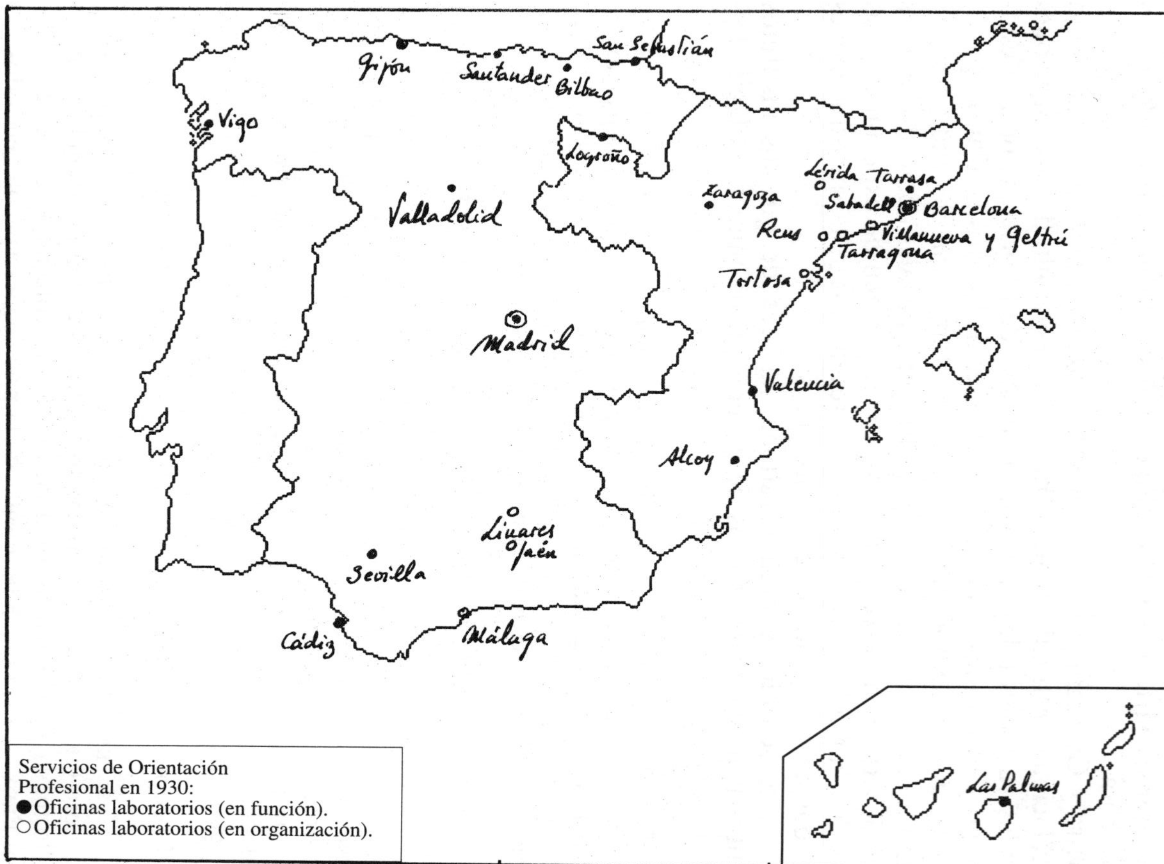

Documento 1.4.—Mapa de localización de los Institutos de Psicotecnia de España en 1930.

actividades nuevas y a organizar en años sucesivos ciclos de conferencias (...). Allí se celebró el centenario de Wundt (...); en años sucesivos, conferencias semejantes fueron señalando tanto la actividad creciente del Instituto, cuya dirección me fue ortorgada por el primer gobierno de la república, con el deseo de extender y divulgar los estudios de psicología (...); otra dimensión investigadora fue, en los años 1931-1932 y 1933, el montar en el Instituto; la mesa y material que empleó Jaensch para estudiar el eidetismo. Hicimos unos estudios comparando los resultados con el nivel de inteligencia, que luego presentamos en un trabajo al Congreso de Psicología de Estocolmo (págs. 19, 21, 25, 163).

Por su parte, Donald E. Super (1981) escribe:

Los escritos del doctor Germain mostraban un rico transfondo de conocimientos psicológicos, una amplia perspectiva sobre el tema, áreas y disciplinas relacionadas, así como el reconocimiento de la importancia de tender un puente entre la ciencia básica, la ciencia aplicada y la práctica (pág. 1148).

A la vista de estos comentarios, podría mantenerse que estos Institutos constituyen los catalizadores y portadores de los valores de la escuela española de psicología. Veamos lo que escribe J. Mallart a este respecto:

Al cumplirse el medio siglo de oficialización (escribe en 1975) de las Instituciones de Orientación y de Selección Escolar y Profesional con base psicofisiológica y metodología científica, la *Revista de Psicología Aplicada y Psicotecnia*, órgano de aquellas instituciones, dedica parte de su número 131 no sólo a recordar la efemérides legislativa que convirtió a España en adelantada de los países modernos en la materia, sino, al mismo tiempo, a presentar un poco de historia de la que se puede llamar década fundacional derivada de ella (pág. 930).

El *ambiente* que preparó la legislación aludida por Mallart, se concreta en una serie de puntos, de los que aquí se señalan algunos de ellos.

En primer lugar, la publicación y difusión en España de numerosas obras de psicología general y aplicada, traducidas de autores extranjeros. En este sentido, Siguán (1975) escribe:

En 1930 se publicó en Madrid una edición de las obras completas de Freud traducidas al castellano. En aquel año la lista de los títulos de Freud traducidas al inglés no llegaba a la media docena y las traducidas al francés eran todavía menos. También en 1930 se habían traducido ya en castellano todos los libros que había publicado Piaget, cuando no se había traducido ninguno al inglés ni a ninguna otra lengua (pág. 20).

En segundo lugar, el desarrollo de la psicología experimental y del conocimiento de lo diferencial de los individuos, permitió disponer aplicaciones tan importantes como las de la *orientación profesional.*

En tercer lugar, el redescubrimiento de las doctrinas del médico español Juan Huarte de San Juan, que, consideradas desde el siglo XX, aparecieron *centrando en la cultura española los orígenes de las ideas del guiaje y orientación que venían a sustituir las de adoctrinamiento y de moldeo de la personalidad en educación.* Al mismo tiempo, el libro de Huarte sentaba las bases de la *psicofisiología diferencial*, cuyas primeras aplicaciones podían ser las referentes a ordenación profesional y social. En este sentido, en los años veinte, Rodrigo Sanz tuvo amistad con César de Madariaga y con José Mallart, que lo animaron a terminar su edición del *Examen de Ingenios*, justo en el momento histórico de la creación de los servicios nacionales de orientación profesional.

Germain escribe a este respecto (1980):

> Este trabajo (el *Examen de Ingenios*), que fue un adelanto genial de la Psicología Diferencial, y que sentaba las bases de la Orientación Profesional, tiene también un fondo biológico, por lo que se ha dicho que fue Huarte el adelantado de la higiene mental (pág. 150).

En cuarto lugar, la cátedra de psicología experimental, creada en 1902 en la Facultad de Ciencias de la Universidad de Madrid, materia obligatoria en el doctorado de medicina, reforzaba la idea de que *la psicología era una ciencia biológica.* En quinto lugar, la influencia de médicos-psicólogos franceses del siglo XX (Binet, Piéron, Claparède). En sexto lugar, la aureola creada en España por las *actividades científicas* y prácticas del Instituto de Orientación Profesional de Barcelona, reflejadas en sus publicaciones y en diversas conferencias de las pesonas que trabajaban en él. En séptimo lugar, el eco que tenían en el extranjero las iniciativas españolas de orientación profesional psicotécnica de los minusválidos, gracias a las conferencias de César de Madariaga en el centro español de París; en la Organización Internacional del Trabajo, seguida de la visita a España de Albert Thomas, su director; en un auditorio de universitarios de Ginebra, interesados por la aplicación de la orientación profesional en problemas tan especiales y humanos como los de los deficientes físicos. Finalmente, la proyección exterior a través de la *II Conferencia Internacional de Psicotecnia* celebrada en Barcelona en 1921, del *X Congreso Internacional de protección a la infancia* de Madrid en 1925, de la participación española en el Congreso Internacional de orientación profesional femenina de Burdeos en 1926, en las reuniones de la asociación internacional para estudio y mejora de las relaciones humanas en el trabajo (fundada en 1925) en las del Comité internacional de organización científica (Praga, 1924, Bruselas, 1925, Roma, 1927) y de las asociaciones portuguesa y española para el progreso de las ciencias.

En suma, aunque tanto Emilio Mira, desde el Instituto de Orientación Profesional de Barcelona, como César de Madariaga y José Germain, desde el Instituto de Orientación y Selección Profesional de Madrid, procuraron que vinieran a España personalidades de fuera a exponer sus experiencias, *las creaciones que surgían en España resultaban ser originales.*

Esto es, los principales colaboradores del Instituto de Barcelona, lo mismo que los del naciente Instituto de Madrid, habían disfrutado de estancias en centros de Inglaterra, de Suiza o de Alemania, pero desde su nacimiento tuvieron caracterización propia, y no necesitaron colaboración directa de expertos extranjeros. *Las instituciones de orientación y selección profesional organizadas en España fueron una creación española, gestada en Cataluña y desarrollada luego en todo el territorio nacional con elementos propios.* Da fe de este hecho el siguiente acontecimiento:

> En el verano de 1920, el eminente psicólogo suizo Claparède fue a Barcelona a dar unas lecciones en el curso de verano que para los educadores organizaba entonces el consejo de pedagogía de la Mancomunidad de Cataluña, y visitó el Instituto de Orientación Profesional, que había fundado poco más de un año antes esta misma mancomunidad, con la colaboración del ayuntamiento de Barcelona. Los que le acompañamos vimos en seguida la sorpresa agradable que le producía tal visita, hasta el punto que dijo: «es la institución de orientación profesional más completa de que tengo noticia, sin duda la mejor de Europa. Aquí se atiende tanto a los factores sociales como a los psicológicos y fisiológicos del problema. Hay que hacer que se conozca. Hemos de tener aquí la segunda conferencia internacional de psicotecnia» (Mallart, 1933).

Los participantes extranjeros de la II Conferencia pudieron advertir que en España, además de ser cuna de las ideas de orientación debidas a Juan Huarte de San Juan, a Luis Vives y a Sánchez de Arévalo en el siglo XVI, se encontraban realizaciones que iban a ser básicas en el siglo XX en el campo de la psicología aplicada.

En los Institutos de Psicotecnia se realizaron, entre otras muchas cosas, estudios sobre superdotados, elaborando tests para seleccionar a este tipo de personas, se adaptó el Terman, y la escala de Binet-Simon, se desarrollaron tests de atención, memoria y aptitud mecánica, y pruebas de atención distribuida. También se construyeron aparatos como el perceptotaquímeto, al que se aludió más arriba, se realizó el denominado análisis cinemático, el psicodiagnóstico miokinético, y se diseñaron dispositivos para medir tiempos de reacción con estímulos visuales, acústicos, etc.

Exiliado Mira a Brasil (donde funda la escuela de Barcelona, esto es, donde continúa su labor emprendida en esa ciudad) y una vez terminada la guerra civil, recae sobre Germain el peso de sostener, transcurridos los años de su propio exilio, la continuidad de los Institutos[24].

Mientras Germain se encuentra exiliado, es Ricardo Ibarrola quien se hace cargo del Instituto Nacional de Psicotecnia, llegando a fundar incluso la revista *Psicotécnica* en 1939, de la que luego derivará la *Revista de Psicología General y Aplicada*, fundada en 1946 y plena de vitalidad en la actualidad.

Comenta Germain (1980):

> Durante el exilio, se celebró en París el Congreso Internacional de Psicología Científica que debía de haber tenido lugar en Madrid (...). En dicha reunión me di cuenta de la importancia de lo que habíamos hecho en España, por las atenciones y deferencias que conmigo tuvieron maestros como Michotte, Karl Bühler, D. Katz, W. Köhler y muchos otros (pág. 143).

Pero, por otro lado, escribe Carpintero (1980):

> En 1939, en España, la suerte de la psicología oficial, académica, volvió a atarse al carro filosófico escolástico y tradicional. Se había desvanecido la esperanza de un Congreso Internacional (promovido por Claparède, en 1936) se había roto una cultura, un pueblo y una porción de la tradición —la de Giner y Simarro, la de Mira o la de Lafora— quedaba negada o proscrita, relegada (pág. 5).

No obstante, J. L. Pinillos (1981) mantiene que:

> El (pronto) regreso de Germain (del exilio) supuso nada menos que

[24] Conviene comentar para completar el cuadro que, además de haber estudiado con Bartlett antes de la Guerra Civil, Germain también estudia con Köhler y Rupp en Alemania, y con Janet y Pieron en Francia.

el mantenimiento de una continuidad, cuya ruptura hubiera sido desastrosa (pág. 1116).

En fin, en 1948 se funda el *Departamento de Psicología Experimental del Centro Superior de Investigaciones Científicas*, de la mano del padre Manuel Barbado, e, inmediatamente, pasa a dirigirlo José Germain, por sugerencia del padre Gemelli. Este departamento fue, fundamentalmente, un apéndice del Instituto Nacional de Psicotécnica, de manera que su principal labor fue la adaptación y confección de tests psicológicos. Por este departamento pasaron autores tales como Piaget, Eysenck, Kelly, y un largo y relevante etcétera.

En torno a las actividades de este departamento y de la excelente actividad organizativa y gestora de Germain, se van situando una serie de investigadores que asumieron las diversas ramas del saber psicológico. De esta forma, Mariano Yela se dedicó preferentemente a la psicometría y la estadística psicológica, estudiando con Thurstone, Burt, Bartlett, Thomson, Pieron, Stephenson, Michotte, Muller, Heidegger, etcétera. José Luis Pinillos, por su parte, se dedicó a la personalidad y la psicología social, estudiando con Eysenck, Muller, Gruhle, Behn, Rothacker, etc. Por otro lado, Francisco Secadas se dedicó a la psicología educativa, Miguel Siguán a la psicología industrial, Manuel Úbeda a la psicofisiología, y Jesusa Pertejo a la psicología evolutiva.

A partir de aquí, estos investigadores comienzan a aproximarse a la universidad, en un proceso radicalmente inverso al seguido en otros países de Europa. De esta manera, en 1957, M. Yela obtiene una cátedra en la Universidad de Madrid. En 1961, Pinillos y Siguán obtienen cátedras en Valencia y Barcelona, repectivamente. Veamos las palabras de Encinas y Rosa (1990):

> En nuestro caso, al contrario de lo sucedido en Alemania o Francia, no son los universitarios los que se acercan a la psicología o las universidades quienes ofrecen puestos a los psicólogos, si no que son éstos últimos quienes tienen que conquistar la universidad (...) No es, pues, sorprendente que en nuestro país la práctica teórico-experimental no haya ofrecido productos teóricos de primera calidad (...) ni que no exista una tradición psicológica propiamente española, pues literalmente no había en donde sustentarla (Encinas y Rosa, 1980, pág. 112).

No obstante, quizá Encinas y Rosa no hayan considerado de manera explícita la infraestructura contenida en la red de institutos extendida por todo el país (documento 1.4) en la que se sostiene, desde nuestro punto de vista, la tradición psicológica española. De hecho, resulta ser la única infraestructura viable en nuestro contexto cultural, tanto respecto a tareas de formación (en los dos institutos centrales de Madrid y Barcelona; véase Germain, 1954) como en el desarrollo de tecnología psicológica.

En cualquier caso, a medida que va cristalizando la psicología en el mundo universitario, como la creación de la *Escuela de Psicología y Psicotecnia* de la Universidad de Madrid en 1954, la *Sección de Psicología* en la Universidad Complutense de Madrid en 1968 y de la *Facultad de Psicología* de esta misma Universidad en 1981, parece producirse una tendencia de rechazo hacia las actividades del Instituto Nacional de Psicotecnia, cuna de los autores representantes de la psicología en nuestro país, proyectados hacia la Universidad. Veamos, en este sentido, unas palabras de la autobiografía de Germain (1980):

> La vida ha sido larga ya para el Instituto y aunque estos últimos años no han sido muy brillantes para el centro, tanto por dificultades diversas como por falta de interés en las alturas, yo confío, confío siempre. ¿Será éste un defecto mayor al lado de tantos otros? Digo, confío que este plantel de jóvenes y prestigiosos catedráticos le presten su ayuda para sacarlo del letargo en que se encuentra (pág. 149).

En fin, quizá las palabras de Germain al inaugurar la Escuela de Psicología y Psicotecnia de la Universidad de Madrid en 1.954, resulten especialmente adecuadas para cerrar este apartado y el capítulo sobre el pasado de la psicología de las diferencias individuales:

> Todo esto viene a cuento con objeto de recordar que las magníficas realizaciones actuales tienen una base y una tradición histórica que los jóvenes no deben desconocer. Si Huarte lanzó la semilla, su germinación, aunque tardía, no deja de ser meritoria y digna del mayor respeto (pág. 638).

2

Los fundamentos de la Psicología de las Diferencias Individuales

Ayer se fue; mañana no ha llegado; hoy se está yendo sin parar un punto: soy un fue, y un será, y un es cansado.

Francisco de Quevedo: *Parnaso, 63 a.*

1. Diferencias y generalidades

> La división entre los métodos y objetivos de la Psicología de las Diferencias Individuales y Experimental ha estado presente desde los comienzos de la psicología como ciencia empírica. Las diversas líneas de descendencia, desde Galton y Wundt hasta la actualidad, han sido divergentes a lo largo de la historia de la psicología, no sólo como una división de las labores de investigación, lo que existe necesariamente en todas las ciencias, sino también como una diferencia en la actitud filosófica y la orientación teórica respecto al desarrollo de la psicología, como ciencia pura y como tecnología (pág. 51).
>
> A. Jensen (1985).

En este apartado se delimitarán las dos perspectivas fundamentales para estudiar científicamente el comportamiento de los seres humanos, a saber, la perspectiva de la psicología de las diferencias individuales y la perspectiva de la psicología general, con el ánimo de establecer el nivel de discurso de la Psicología de las Diferencias Individuales.

Habitualmente se ha venido entendiendo que estos dos enfoques entrañan el uso de distintas estrategias de investigación. Así, por ejemplo, el excelente trabajo de reflexión de L. J. Cronbach en 1957 puso sobre la mesa las diferencias entre las dos perspectivas aludidas. Cronbach mantuvo la necesidad de hacer converger las dos disciplinas de la psicología científica, de cara a la rentabilización de los esfuerzos realizados por los diversos investigadores.

No obstante, aquí se revisará este problema, de evidente interés, desde una perspectiva un tanto distinta, a partir de la cual quizá no tenga sentido orientar la discusión tomando como punto de referencia fundamental el tipo de estrategias de investigación utilizadas en el seno de las dos perspectivas. Más bien, esta otra perspectiva seguiría las pautas de la cita del profesor Arthur Jensen, con la que se ha abierto este apartado. Es decir, las dos perspectivas obedecen a dos maneras radicalmente distintas de encarar la investigación del comportamiento de los seres humanos, no sólo en el momento presente, sino desde los mismos orígenes de la psicología científica contemporánea, como se ha visto en el capítulo precedente.

Pues bien, la primera posible diferencia entre la Psicología de las Diferencias Individuales y la psicología general, es que la segunda no está interesada por las diferencias individuales, lo que resulta palpable con sólo revisar los orígenes del trabajo de W. Wundt[1].

Wundt basó su enfoque psicológico en la fisiología y en la psicofísica, por un lado, y, por otro, en la filosofía (Fig. 1.1)[2]. La perspectiva filosófica de Wundt es la de los asociacionistas ingleses. En este sentido, M. Reuchlin (1969) escribe:

> Los empiristas (...) se veían forzados a rechazar la hipótesis sobre la existencia de diferencias innatas (...). No cabe duda que es el origen de la ceguera, o, por lo menos, del desinterés mostrado por los primeros experimentalistas con respecto a las diferencias individuales» (págs. 15 y 16).

Por otro lado, la psicofísica de Weber y sobre todo de Fechner, estaba interesada en la búsqueda de leyes sobre lo psíquico, *pero no en*

---

[1] «Su espíritu filosófico impregnó su obra (...); su concepto mismo de la experimentación parece considerarla como un medio de ilustrar acerca de puntos particulares un sistema general previamente establecido, y no de poner a prueba de un modo definitivo una hipótesis bastante limitada como para que dicha prueba sea posible. Su sistema reposa en la dualidad y el paralelismo del cuerpo y el espíritu» (Reuchlin, 1980, p.22). Esta perspectiva es radicalmente diferente a la mantenida por Galton. Por otro lado, la fisiología experimental alemana a finales del XIX no atendía al problema de la variabilidad individual; afirma Andrés Pueyo (1989b): «de hecho no se interesó por los organismos vivos, sino por algunas de las funciones que se encuentran en ellos. Esta orientación se heredaría más tarde por la psicología experimental, con lo cual podemos ya adelantar que en la primera psicología experimental el individuo como totalidad y sus variaciones no tendrán la menor importancia» (pág. 83). Y más adelante: «estos fenómenos no son del individuo, sino de las funciones de los sistemas u órganos que lo componen (...); el individuo era simplemente un mero sujeto pasivo portador de unos órganos que eran realmente el objeto de estudio (pág. 85).

[2] Por cierto, el hecho de que el libro más leído sobre la historia de la psicología haya sido el de Boring *(A history of experimental psychology)* ha contribuido grandemente al sesgo histórico respecto a la otra perspectiva disciplinar de la psicología (esto es, la psicología diferencial). «En general, la psicología individual y la experimental se desarrollaron independientemente la una de la otra. Los resultados de las investigaciones de laboratorio tuvieron poco efecto sobre las investigaciones que empleaban los métodos de los tests mentales. Es por esta razón que las historias de los métodos psicofísicos y de los estadísticos han sido casi siempre independientes (...); en este libro sólo haremos mención incidental de la psicología individual y de los tests mentales. Los tests mentales son, desde luego, fundamentalmente experimentales; es un error histórico que la palabra experimental haya llegado a poseer un significado más reducido» (Boring, 1950, pág. 499). Parece claro que son variables extracientíficas las que dan lugar a este embrollo.

las psiques de los hombres en el sentido estricto del término. Con estas premisas iniciales, quedaba justificado estudiar exclusiva, aunque exhaustivamente, a unas pocas personas para encontrar, a través de ellas, *las leyes universales del funcionamiento de la mente.*

Esta perspectiva está en la línea de pensamiento de filósofos alemanes como G. Frege (1884). Veamos algunas de sus palabras para ilustrar lo que se trata de decir aquí:

> Es frecuente que sólo a través de una gran labor intelectual, que puede durar siglos enteros, se consiga conocer un concepto en su pureza, despojándola de envolturas extrañas que le escondían al ojo de la mente (...). El pensamiento es, en lo esencial, lo mismo en todas partes; no se pueden considerar distintos tipos de leyes del pensamiento según el objeto a que se refieren. Las diferencias consisten sólo en la mayor o menor pureza e independencia de influencias psicológicas y de auxiliares externos del pensamiento, como lenguaje, signos numéricos y cosas parecidas, y quizá también de la construcción de los conceptos.

Es muy probable que estas palabras de Frege resulten bastante conocidas a quienes estén familiarizados con las tesis computacionales sobre la mente, tan de moda en la actualidad.

En fin, la reacción al método utilizado por Wundt no se hizo esperar, concretamente de la mano del pensador norteamericano J. B. Watson, al que se ha hecho referencia anteriormente. Tal y como se comentó, el conductismo entendía que las leyes que regían el comportamiento no sólo eran universales para el hombre, sino que también lo eran para casi todas las especies animales. De esta manera, bastaba estudiar el comportamiento de las ratas para descubrir las leyes universales del comportamiento.

Esta perspectiva conductista ha sido heredada por la perspectiva cognitiva. Para los psicólogos cognitivos, *el sistema cognitivo* está implementado en los seres humanos, y (para satisfacción de Fechner y Frege) no importa en qué humano. Es decir, si estudiamos a treinta sujetos y encontramos que el número promedio de dígitos que pueden recordar a corto plazo es siete más o menos dos, hay legitimidad para afirmar que ésa es la capacidad de la memoria a corto plazo. A. Rivière (1990) expresa muy bien esta perspectiva de trabajo:

> Las reflexiones fundacionales de la psicología cognitiva, tales como las de Boole sobre las «leyes» formales del pensamiento, las de Frege sobre las proposiciones, las de Turing sobre autómatas formales, las

de Newell y Simon sobre cómputos sobre estructuras simbólicas, están tan lejos de la tradición darwinista de pensamiento como lo están las novelas rosas de las negras (págs. v-vi).

Por tanto, parece que *a la psicología general le interesan los contenidos mentales, las funciones de la conducta, las representaciones y procesos del sistema cognitivo, no el hecho de que es un hombre el que se comporta, el que piensa, el que memoriza, el que se representa la información, etc.*

H. Eysenck (1989) reflexiona a este respecto que, no obstante, a la psicología le concierne la conducta de los organismos, y, por definición (o lo que es lo mismo en este caso, por imperativo orgánico) los organismos son diferentes. No hay manera de abordar aisladamente el objeto de estudio de un experimento, sin tener en cuenta la naturaleza diferencial de los organismos que se están analizando. *No cabe estudiar aisladamente una cuestión concreta sea en percepción, condicionamiento, aprendizaje, memoria o en cualquiera otra área; siempre hay un organismo que percibe, aprende, está siendo condicionado o recupera información de su memoria.* Eysenck (1989) escribe a este respecto:

> Resulta del todo impermisible pasar por alto la toma en consideración de las peculiariades de los organismos en cualquier tipo de experimento en torno a las actividades de dicho organismo; obrar así indica pobreza tanto lógica como experimental y científica (pág. 202).

Para Eysenck *(Op. cit.)*:

> La psicología moderna no ha conseguido aprender la lección de la evolución darwiniana (véase Colom, 1993). Las teorías conductistas y cognitivistas no llegan a contemplar al hombre como el producto de millones de años de evolución, ni a considerar su conducta como resultado de las causas sociales vigentes, sino también de las causas específicas de la especie y genéticamente determinadas por el desarrollo que se remite a largos períodos de tiempo (...). La biología moderna ha superado desahogadamente a la psicología y propongo que solamente manteniendo el más íntimo contacto posible con los desarrollos en las creencias biológicas, incluyendo la fisiología, la bioquímica y la genética, podrá la psicología explicar de una manera científica las diferencias individuales entre las personas (pág. 165; véanse Colom, 1993; Crick, 1988).

En virtud de lo dicho podría mantenerse que la psicología general ha sido impermeable a los desarrollos teóricos de la Psicología de las Diferencias Individuales. Para comprobarlo, puede revisarse el estudio sobre los fundamentos de la cognición realizado por Ch. Spearman en

1923, el análisis teórico de la situación de la psicología en la década de los años veinte y el planteamiento de un modelo para el estudio del comportamiento realizado por L. Thurstone en 1923, el análisis crítico de L. Terman sobre la artificial distinción entre test mental y experimento en 1924, el modelo teórico sobre la estructura del intelecto de J. P. Guilford tendente a organizar las investigaciones sobre la cognición en 1956 y 1967, y un largo etcétera.

Por otro lado, a esa impermeabilidad de la psicología general hacia las teorías de la Psicología de las Diferencias Individuales, habría que añadirle la desatención, por un lado, de los historiadores de la psicología respecto al paradigma de la Psicología de las Diferencias Individuales —puede revisarse para ilustrar esta tesis, por ejemplo, Arnau y Carpintero (1989), Boring (1950), García Vega (1974), Heidbreder (1971), Leahey (1980), Neel (1977), Schultz y Schultz (1987)—, y, por otro lado, de las introducciones a la Psicología —por ejemplo, Hyland (1981) dedica media página a las diferencias individuales y afirma que el estudio de las mismas pertenece al terreno idiográfico (véase Burgaleta, 1991).

Ilustremos la situación con un caso concreto de desentendimiento histórico (que no desconocimiento) respecto a la Psicología de las Diferencias Individuales, a saber, el caso de E. G. Boring (1950).

Por un lado, Boring escribe en el prólogo a su clásica *Historia de la Psicología Experimental*, que su texto se centra fundamentalmente en las personas:

> Tal vez debo decir también por qué hay tanto material biográfico en este libro, por qué he centrado la exposición más sobre las personalidades de los hombres que sobre la génesis de los capítulos tradicionales de la psicología. La razón de ello es que me parece que la historia de la psicología experimental ha sido intensamente personal (pág. 8).

No obstante, en la página 482 escribe:

> Desde 1890 hasta 1920, cuando en Alemania y en Estados Unidos se estaban adiestrando psicólogos experimentales profesionales con laboratorios, La Gran Bretaña avanzaba en forma muy lenta en la nueva ciencia sólo a través del trabajo de unos cuantos hombres competentes.

Desafortunadamente, la penalización de Boring recae del lado de la Psicología de las Diferencias Individuales, sin aparentes argumentos que lo justifiquen, según él mismo dice, en el contexto de encarar la redacción de una historia de la psicología.

Puede ser interesante hacer notar que Boring se muestra absolutamente deudor de E. B. Titchener (y recordar las características del trabajo de Wissler revisado en el capítulo precedente):

> Al dedicar este libro a E. B. Titchener le reconozco mi mayor deuda intelectual. Cualquier mérito relacionado con el cuidado, la profundidad o la perspectiva que el libro pueda tener, deriva originalmente de él (pág. 9).

Habría que tener presente que, en primer lugar, Titchener había combatido intensamente la relevancia de las diferencias individuales (véase su polémica con Baldwin) y, en segundo lugar, que Boring había estado implicado en la que suele denominarse «negra década de la aplicación social de los tests mentales» y había razonado ideológicamente a favor de la heredabilidad del CI (Gould, 1981; lo que podría mostrar que éste ha sido en buena medida un problema de espacio cultural).

En cualquier caso, en los últimos años, hay un incremento significativo de investigadores interesados en las diferencias individuales. R. Plomin (1988) justifica este interés sosteniendo que *las diferencias individuales son reales y deben formar parte de una teoría comprehensiva sobre el comportamiento de los seres humanos.* Las diferencias entre individuos biológicos son reales, mientras que los valores promedio que se pueden calcular al comparar grupos de individuos son inferencias hechas por el hombre.

Por otro lado, las cuestiones conductuales de mayor relevancia para la sociedad son las referidas a las diferencias individuales. La sociedad está más preocupada por las diferencias individuales (por ejemplo, por qué algunos niños se retrasan en utilizar el lenguaje o al desplegar determinados patrones de interacción). El interés social en psicología proviene del estudio de cosas que producen una diferencia —esto es, la descripción y predicción de las diferencias individuales—. De tal manera que no resulta extraño que la urgencia a la que está siendo sometida la psicología en los últimos años implique el estudio inexcusable de las diferencias individuales, tanto a nivel básico como aplicado.

J. L. Zaccagnini (1989 a) ha escrito a este respecto:

> La Psicología Cognitiva Básica está tratando de desarrollar teorías capaces de dar razón de los mecanismos en que se fundamenta la capacidad humana de conocer. No se trata de describir el conocimiento humano, sino de averiguar los procedimientos mediante los que somos capaces de manipular esos conocimientos. Pues bien, cada vez

> disponemos de más datos que apuntan en el sentido de que esos mecanismos no se articulan de la misma manera en todos los seres humanos (...). En la medida en que los sujetos varían entre sí en la potencia de sus recursos, o que un mismo sujeto se ha de enfrentar a diferentes tareas, resulta adaptativo diseñar estrategias diferenciales capaces de optimizar esas condiciones diferenciales (...). No parece fácil construir un único modelo psicológico para dar razón de tan diversas actividades cognitivas (...). En el pasado inmediato una aplicación excesiva de la navaja de Occam había llevado a muchos teóricos de la psicología cognitiva a tratar de construir ese modelo único que dé razón de toda la varianza recogida por las variables dependientes (medidas) al uso. El repetido fracaso de ese intento nos ha llevado a cambiar de estrategia (pág. vi).

En consecuencia, parece que H. J. Eysenck tenía razones para escribir al final de una de sus obras que:

> Tratar a todo el mundo por igual equivale a una abdicación fundamental del principio que todo psicólogo debe adoptar: que la individualidad es algo sagrado (1965; pág. 344).

2. Caracterización de la Psicología de las Diferencias Individuales

> Los psicólogos no pueden enunciar leyes científicas sin especificar las variables, esto es, los rasgos o las dimensiones de las diferencias individuales relacionadas a través de estas leyes (...). Para el científico, las variables útiles son aquellas que proyectan el dominio por el que está interesado de manera que se pueda establecer una red nomológica de complejidad mínima. Entendemos que el objetivo propio de la Psicología de las Diferencias Individuales es la identificación, cada vez más específica, y la medida, cada vez más precisa, de esas variables (...). La conducta del individuo se puede analizar en conjuntos de respuestas que covarían, son funcionalmente equivalentes e implican la operación de algún proceso organizador. Entre los rasgos —unidades funcionales— encontraremos las variables que ha de utilizar una teoría del comportamiento, micro o molecular, para enunciar sus leyes (págs. 79 y 80).
>
> J. J. Jenkins y D. T. Lykken (1957).

En este segundo apartado se estudiarán tres cuestiones. En primer lugar, el problema de la definición de la Psicología de las Diferencias Individuales. En segundo lugar, se profundizará en las características básicas de la disciplina, esto es, la teoría del rasgo y sus fundamentos, así como el problema de las relaciones entre el organismo y el ambiente en el que despliega sus patrones comportamentales. Finalmente, se hará un mapa del tipo de diferencias humanas por las que se interesa esta disciplina, a saber, las diferencias interindividuales, las diferencias grupales y las diferencias intraindividuales.

2.1. Definición de la Psicología de las Diferencias Individuales

Para el profesor J. A. Forteza (1973) las características más esenciales de la Psicología de las Diferencias Individuales podrían ser las siguientes.

En primer lugar, *un interés explícito por los resultados*. Esto es, cuáles son los puntos fuertes y débiles que muestra un individuo, en qué y cuánto se distingue Juan de Pedro, en qué destacan o no los miembros de un determinado grupo natural o teórico. A esto podría añadirse el problema del análisis de cuáles son las causas de las diferencias entre Juan y Pedro (véanse Carroll, 1982; Juan Espinosa y Colom, 1989).

En segundo término, la disciplina se caracterizaría por el *lenguaje estadístico*. Desde este punto de vista, la práctica de la Psicología de las Diferencias Individuales se muestra como una psicometría. La Psicología de las Diferencias Individuales ha construido sus propios instrumentos de medida, sus procedimientos de tratamiento estadístico de datos y sus diseños exploratorios, así como sus conceptos y modelos teóricos. Por ejemplo, el avance en el diseño de tests o la aparición de diversos modelos de análisis factorial ha revertido en la validación de diferentes modelos estructurales del intelecto, lo que a su vez ha repercutido en la búsqueda de nuevas metodologías, etc.

En tercer lugar, la Psicología de las Diferencias Individuales tiene *un marcado carácter práctico*. De hecho, para Forteza podría afirmarse que la Psicología de las Diferencias Individuales la practican los psicólogos que actúan como profesionales de la psicología en sus variedades aplicadas. Esto produce que a los ojos académicos aparezca como carente de rigor experimental y de robustez científica, tal y como se mencionó en la introducción de esta obra.

Finalmente, a la disciplina se le puede atribuir un *carácter experimental*. Los psicólogos diferenciales han realizado un esfuerzo para formular experimentalmente la problemática de las dimensiones psicométricas de las diferencias individuales. Por ejemplo, se ha planteado la definición experimental de las dimensiones descriptivas empleadas en los modelos factoriales, y el cuidado por la selección de los sujetos que van a constituir sendos grupos experimentales y de control. Esto es, cada vez más frecuentemente se puede observar que en los estudios experimentales se utilizan sujetos clasificados y divididos en función de una serie de dimensiones relevantes de diferencias individuales.

Por su partc, para J. Sánchcz Cánovas (1983) las definiciones de la Psicología de las Diferencias Individuales aportadas por los diferentes autores[3] consideran tres puntos básicos de referencia, a saber: la teoría de la individualidad y de las diferencias individuales, la metodología y las relaciones con la psicología general.

El profesor Sánchez Cánovas (1983) presenta una serie de indicadores, que aquí se intentarán matizar en algún aspecto, para llegar a una definición comprehensiva de la Psicología de las Diferencias Individuales.

Primero, la Psicología de las Diferencias Individuales estudia las variables que caracterizan a un individuo. Estas variables producirán, de alguna manera, diferencias intra (esto es, según las situaciones) e interindividuales.

Segundo, las variables situacionales son fuente de diferencias individuales, lo que introduce la necesidad de analizar el contexto en el que se manifiestan las mismas. Aunque, en cualquier caso, la problemática aquí es tan compleja como que las herramientas disponibles para estudiar ese contexto son lo suficientemente genéricas como para no facilitar demasiado la tarea. Por ello, parece sensato suscribir los intentos llevados a cabo por la *genética comportamental* para estudiar el problema de las fuentes de diferencias individuales, no confiando demasiado en rentabilizar sin más las herramientas diseñadas en el seno de la psicología ambiental.

Tercero, aunque la conducta se individualice, hay que caracterizarla nomotéticamente. Éste es un necesario objetivo de la ciencia, cuya carencia llevaría a caer en los brazos de la pura tecnología. Un ejemplo que ilustra este particular es la tecnología de la conducta, más comúnmente denominada evaluación conductual, la cual muestra un interés material por el caso individual, y trata a cada sujeto por lo que ese sujeto es, de cara a la realización de un diagnóstico adecuado.

---

[3] Véanse Álvarez Villar, 1966; Amelang y Bartussek, 1981; Anastasi, 1958; Ancona, 1962; Beloff, 1979; Burgaleta, 1981; Buss y Poley, 1976; Fernández-Ballesteros, 1980; Forteza, 1973; Minton y Schneider, 1980; Nunaly, 1973; Pinillos, 1975; Quiroga, 1990; Reuchlin, 1969; Sánchez Cánovas, 1983; Stern, 1900; Tyler, 1965; Willerman, 1979.

Podría comentarse sobre este tercer punto que, aunque el comportamiento se caracterice nomotéticamente, pudiera ser interesante hacer un esfuerzo por profundizar en explicitar las implicaciones que esto pueda tener para la investigación de las diferencias individuales. Es decir, dentro de una caracterización nomotética, ¿es preciso cerrarlos ojos a posibles *diferencias cualitativas* entre conjuntos de individuos?

En cuarto lugar, la disciplina utiliza un enfoque metodológico correlacional y multivariado. Para Sánchez Cánovas, no se trata de manipular variables independientes para ver qué efectos se producen en las variables dependientes al uso, sino de estudiar las variaciones espontáneas que se producen en la naturaleza. No obstante, quizá en esto el profesor Sánchez Cánovas sea presa de las corrientes de opinión habituales. La experimentación se emplea y se ha empleado (véase la historia de la disciplina para confirmarlo) en la Psicología de las Diferencias Individuales, aunque se aplica sobre las dimensiones factoriales de las diferencias individuales aisladas en primer término, o no. Por otro lado, ya se comentó nuestra falta de sintonía con el uso de argumentos metodológicos para distinguir a las dos disciplinas de la psicología científica.

Quinto, el análisis factorial es una herramienta de la Psicología de las Diferencias Individuales que no permite, en sentido estricto, generar una estructura teórica por sí misma, independientemente de la experimentación. No obstante, los métodos factoriales facilitan el establecimiento de *predicciones*, lo que, en sentido estricto, constituye las señas de identidad de las teorías científicas.

Sexto, la teoría general de sistemas debe ser utilizada por la Psicología de las Diferencias Individuales (véase, por ejemplo, la teoría multifactorial sistémica de la personalidad del equipo de J. Royce, de la Universidad de Alberta). Respecto a esto, al profesor Sánchez Cánovas se le podría pedir una justificación a través de la siguiente pregunta: ¿qué puede añadir la consideración de la teoría de sistemas a la investigación sobre las diferencias individuales? Caso afirmativo, habría que hacer un esfuerzo por especificar en qué tipo de cuestiones supone qué ventajas. Una posible respuesta es que añade consistencia a la construcción teórica. Sin embargo, ¿permite realizar predicciones concretas la teoría multifactorial sistémica? ¿se puede falsear? (véase Colom, Arribas y Alfageme, 1987).

En séptimo lugar, según el profesor Sánchez Cánovas, el procesamiento de la información ha de formar parte de la investigación en Psicología de las Diferencias Individuales. Sin embargo, aquí habría que explicar qué se entiende por procesamiento de la información, y, una vez hecho esto, detallar cómo ha de formar parte de la disciplina. Sin esta tarea, declarar esa necesidad no deja de ser un mero enunciado intencional, puesto que la Psicología de las Diferencias Individuales no ha sido nunca ajena al estudio de los procesos (Carroll, 1982; Kline, 1991).

Finalmente, la disciplina ha de centrarse en el análisis de los constructos organísmicos. Esto es precisamente lo que ha hecho profusamente la disciplina en el transcurso del presente siglo.

Pues bien, la Psicología de las Diferencias Individuales estudia las diferencias humanas[4], *interindividuales*[5], *intergrupales*[6], *intraindividuales*[7] y la *individualidad*[8], las cuales se refieren directamente al comportamiento.

No obstante, habría que decir que el tratamiento metodológico de las diferencias en comportamiento sirven para inferir las diferencias en la actividad mental que están a la base de dichos comportamientos. Cabe mantener que el comportamiento ha de formar parte de las teorías sobre las diferencias individuales (Blanco y col., 1992; Colom, 1993; Colom, Blanco y Ferreirós, 1992; Colom y Juan Espinosa, 1990). En sentido estricto, para dar cobertura a la relevancia del ambiente en la generación de *estados mentales funcionales* hay que considerar que los estímulos que el individuo busca activamente, su modo de tratar esa información, y los comportamientos que realiza, han de conformar un *sistema integrado*. Este enfoque es una materializacion del modelo de L. L. Thurstone (1923) visto en el capítulo anterior: esto es, *Organismo-Estímulo-Respuesta*.

Desde esta perspectiva, el organismo parte de un determinado *estado interno* dotado con un sistema particular de rasgos y mecanismos psicológicos —que lo caracterizan como individuo y que puede compartir en mayor o menor medida con otros individuos— y va *en busca de los estímulos* pertinentes a su estado mental, y/u *opera* sobre los estímulos que llegan hasta él incidentalmente. En segundo lugar, el organismo trata de buscar un *estado de congruencia* entre su estado interno y el carácter del estímulo para, por último, producir *un comportamiento que maximice la adaptación*, en términos cuantitativos o cuali-

[4] Buss y Poley.

[5] Álvarez Villar, Amelang y Bartussek, Anastasi, Ancona, Beloff, Burgaleta, Fernández-Ballesteros, Minton y Schneider, Nunnaly, Pinillos, Quiroga, Sánchez Cánovas, Tyler, Willerman.

[6] Amelang y Bartussek, Burgaleta, Minton y Schneider, Quiroga.

[7] Álvarez Villar, Quirorga.

[8] Forteza, Reuchlin, Sánchez-Cánovas.

tativos. Desde esta perspectiva, todos estos términos han de entrar en una teoría sobre las diferencias individuales, y, en consecuencia, en una potencial definición y/o caracterización fundacional de la Psicología de las Diferencias Individuales.

Las estrategias de investigación utilizadas para estudiar las diferencias individuales están marcadas por la cuantificación. Los psicólogos diferenciales evalúan cuantitativamente las diferencias individuales y comparan grupos de personas. Por tanto, la Psicología de las Diferencias Individuales adopta una perspectiva nomotética para aislar las leyes que permiten describir, predecir, y, en su caso, modificar las dimensiones de las diferencias individuales.

Trataremos de ofrecer una caracterización integradora de la Psicología de las Diferencias Individuales. Para ello se considerarán las posibilidades de la teoría, las estrategias de investigación y la tecnología psicológica y científica en sentido amplio. Dicha caracterización incluye una vertiente conceptual y metodológica, dado que una metodología inadecuada no debe tener poder para anular una determinada perspectiva conceptual (Juan Espinosa y Colom, 1989).

En cuanto a la *caracterización conceptual*, la Psicología de las Diferencias Individuales estudia en qué, cuánto y cómo se diferencian las personas (diferencias individuales, grupales e intraindividuales) y la individualidad, a partir del modelo teórico *Organismo-Estímulo-Respuesta.* Así, las diferencias humanas pueden analizarse a diferentes niveles descriptivos, predictivos y modificadores, a saber: *constructos molares organísmicos* (rasgos tales como la capacidad para manejar relaciones espaciales, la introversión, etc.), *constructos moleculares organísmicos* (representaciones y procesos cognitivos tales como la codificación sensorial de estímulos acústicos, la proyección de la información del dominio al rango de una analogía figural, etc.), *constructos fisiobio-químicos organísmicos* (tales como la activación en el área de Wernicke al resolver ítems de un tests de rapidez perceptiva, las características del potencial provocado en el área témporo-parietal derecha en la transformación de diagramas pictóricos simples en frases, etc.), *constructos molares ambientales* (esto es, los definidos por las interacción psicosocial de alto nivel, tales como la atribución de intenciones de un sujeto experimental a un experimentador, la interpretación del mensaje de una señal de prohibido, etc.), y, por último, *constructos moleculares ambientales* (es decir, las acotadas por las variables ambientales de bajo nivel, tales como la percepción tricromática, los umbrales mínimos de detección de señales acústicas, etc.).

El componente de interacción organismo-ambiente se reduciría al individuo, en tanto en cuanto se acude a la noción de *estado mental*, y a las investigaciones en genética conductual, en la medida en que se estudian los determinantes genéticos y ambientales (compartidos y no compartidos) de las diferencias individuales fenotípicas.

En lo que se refiere a la *caracterización metodológica*, puede mantenerse que la Psicología de las Diferencias Individuales estudia cuantitativa y cualitativamente las diferencias humanas. Para el análisis cuantitativo de los constructos organísmicos y ambientales utiliza una variedad de estrategias de investigación que pueden incluir tanto la metodología multivariada como la experimentación. Para el análisis cualitativo puede utilizar estrategias de investigación basadas en la metodología multivariada, la experimentación y, el análisis de los modos diferenciales de adaptación. En cualquiera de los casos, las estrategias de investigación tendrán que responder a las necesidades del modelo teórico *Organismo-Estímulo-Respuesta*. Además, la Psicología de las Diferencias Individuales ha de seguir rentabilizando su práctica disciplinar habitual de mantener una estrecha relación entre teoría y tecnología.

Vista esta caracterización, se procederá en el siguiente apartado al análisis de los fundamentos radicales de la disciplina.

2.2. Fundamentos de la Psicología de las Diferencias Individules

> El estudio de los rasgos forma el cuerpo más sustancioso de la Psicología de las Diferencias Individuales tradicional y ha servido como impulsor decidido del acercamiento psicométrico a la inteligencia y la personalidad (pág. 99).
>
> V. Pelechano (1991).

Se considerarán en este apartado tres cuestiones fundamentales. En primer lugar, las claves de la teoría fundamental de la Psicología de las Diferencias Individuales, a saber: la teoría del rasgo. En segundo lugar, el problema de las relaciones entre la persona y las situaciones (o circunstancias) en las que se comporta. Finalmente, se revisarán las soluciones interaccionistas que se han aportado habitualmente, terminando con una perspectiva bastante novedosa para el análisis de la problemática.

2.2.1. Teoría del rasgo

En este apartado, se realizará, en primer término, un estudio de las connotaciones del constructo rasgo psicológico, a la vista de la noción de constructo en ciencia. A partir de aquí, se procederá al análisis de los fundamentos de la teoría del rasgo, sobre la que se sustenta la teoría de la Psicología de las Diferencias Individuales.

2.2.1.1. *Justificación del constructo rasgo psicológico*

Es bien sabido que la mayor parte de los conceptos científicos parten de una observación hecha en el contexto de la vida cotidiana[9] y los rasgos psicológicos no constituyen una excepción a este respecto.

De esta manera, el concepto «inteligencia» surge al observar que las personas muestran una pericia distinta al tratar de resolver una variedad de problemas. Esto es, la inteligencia es una aptitud que tiene que deducirse a partir del comportamiento, utilizando una *impedimenta* de reglas científicas.

Convendrá que se digan unas palabras sobre estos constructos o conceptos científicos, dado que autores como S. J. Gould (1981), o W. W. Tryon (1979)[10] han realizado críticas a la noción de rasgo psicológico, a nuestro entender bastante inadecuadas, pero que afectan a la raíz disciplinar de la Psicología de las Diferencias Individuales.

---

[9] De esta manera, el concepto de temperatura proviene de las diferentes sensaciones que, por ejemplo, el fuego y la luz solar, por una parte, y la nieve y el hielo, por otra, producen en los seres humanos. Así nacen los conceptos «frío y caliente».

[10] Tryon (1979) ha realizado un análisis, en un tono relativamente desenfadado, sobre lo que él denomina falacia test-rasgo: «La falacia test-rasgo empieza con el supuesto de que las puntuaciones de los tests son medidas de los rasgos. El segundo supuesto es que las medidas de rasgos son propiedades de la persona. Se concluye fácilmente que las puntuaciones de los tests constituyen indicadores de propiedades básicas de la persona. Esta secuencia convierte una variable dependiente en variable independiente» (pág. 402). En su análisis, Tryon termina por concluir que las verdaderas variables independientes, necesarias y suficientes, que causan el comportamiento son las ambientales. Este tipo de razonamientos, muy elegantemente ilustrados, tienen el mismo efecto que las críticas situacionistas a la teoría del rasgo, y, obviamente, los mismos problemas argumentales. No hay tal falacia en la investigación diferencial, dado que no hay ninguna objeción razonable al supuesto de la teoría del rasgo de que el organismo afronta las situaciones y genera estados mentales a patir de la interacción entre las disposiciones orgánicas y el estímulo situacional; son los estados los que van a producir un determinado comportamiento, y no hay error lógico argumental ni falacia en la pretensión de detectar la organización de esas disposiciones a través de una serie de instrumentos. Esto es así en tanto en cuanto a partir del análisis de estas disposiciones a través de esos instrumentos estamos capacitados para realizar predicciones comportamentales robustas.

Pues bien, el ordenador que está ante mí tiene, en principio, una existencia que no poseen los conceptos científicos (tales como temperatura, gravedad o inteligencia). Podría mantenerse que hay cosas que no se pueden preguntar acerca de los conceptos, aunque sí sobre las cosas. Por ejemplo, se puede preguntar si esto es un ordenador, pero *¿cómo se define un concepto?*

Para responder a esta pregunta hay que partir del hecho de que un concepto es, *de facto*, una abstracción: los conceptos científicos no se descubren, sino que se inventan. De tal manera que la pregunta sobre si un test de inteligencia *mide realmente* inteligencia, no tiene ni respuesta ni sentido, dado que esa pregunta presupone que la inteligencia es una cosa (véase Eysenck, 1979).

Así pues, el término inteligencia es una invención que resulta útil para organizar una serie de datos, por lo que, como científicos, sólo resta la posibilidad de definir el concepto inteligencia en función de los hechos que se conocen sobre él; y esto es lo que normalmente hace la ciencia.

También se puede utilizar una *definición operativa*, esto es, definir el concepto en función de los métodos utilizados para medirlo, lo que puede parecer arbitrario y circular, pero es lo que se hace en la ciencia[11]. De esta forma, un «buen» test de inteligencia resume hechos diferentes sobre el constructo inteligencia, de manera que definirla como lo que se mide con tests de inteligencia no es tan insensato como pudiera parecer en un principio[12].

Cuando la taza de café se nos cae de las manos, es atraída por una fuerza física que tira de ella hacia abajo. Esta fuerza resulta tan tangible que se tiende a materializarla, es decir, a considerarla como una cosa que existe por sí misma, como la taza de café y el suelo sobre el que se precipita. No obstante, esta manera de ver el problema resulta errónea. Veamos:

Al reformular Einstein el planteamiento newtoniano, encontró que no existía tal fuerza de atracción. En la teoría de la relatividad, la gravedad se trata como una ondulación del espacio-tiempo. En este caso, ¿habría que aceptar que los conceptos de Einstein son *más reales*

---

[11] En este sentido, la elección de un termómetro de mercurio para medir la temperatura supone una preferencia, más o menos accidental, frente a toda una ristra de sustancias que se dilatan con el calor y se contraen con el frío.

[12] El adjetivo «bueno», en este contexto, hace referencia a un cuerpo teórico y experimental que permite afirmar que el test en cuestión es o no bueno.

que los de Newton? La respuesta ha de ser necesariamente negativa. A las alternativas planteadas por Newton y Einstein hay que añadir la de la teoría cuántica, la cual trata de explicar la gravedad en función de una partícula elemental denominada gravitón.

Si se pidiese a un físico una definición de «gravedad», probablemente nos encontrásemos con tres posibles respuestas. En primer término, el físico se llevará las manos a la cabeza y referirá una serie de fenómenos reales, como, por ejemplo, la caída de las tazas de café. En segundo lugar, ofrecerá una explicación teórica sofisticada y en un lenguaje comprensible sólo por un físico especializado, basado en conceptos tales como gravitación, gravitón o las líneas de fuerza de un espacio-tiempo ondulado. Por último, el físico escribirá en la pizarra con ritmo frenético una fórmula mediante la cual se puede medir la fuerza de atracción que hace que nos quedemos sin el café matinal.

No obstante, muchos psicólogos se sentirían incómodos si escuchasen a un colega afirmar que para definir la inteligencia dispone de tres alternativas. Primero, enumerar las cosas que hace un individuo para manifestar su inteligencia (por ejemplo, resolver integrales con soltura, mostrar sofisticados entramados comportamentales para persuadir al jefe de que le suba el salario, etc.). Segundo, desarrollar una teoría sobre el concepto inteligencia. Y, finalmente, definir el concepto inteligencia en función de lo que miden los tests de inteligencia.

Por otro lado, si se considera el concepto temperatura, se verá que hay diferentes métodos para medirla[13]. En el estudio de la medida de la temperatura, el termómetro de aceite de linaza quedó descartado, ya que sus medidas no concordaban con las predicciones de la teoría cinética; los termómetros de alcohol y mercurio sí concordaban. Por tanto, *la selección de un determinado instrumento de medida depende en parte de su acuerdo y adaptación a la teoría*, tal y como sucede con los instrumentos diseñados para medir la inteligencia.

Dos son las teorías sobre el calor: la termodinámica y la cinética. La primera estudia conceptos cuantitativos poco accesibles fenoménicamente: por ejemplo, la temperatura medida mediante termómetros, la presión medida como la fuerza que se ejerce por cada unidad de superficie, y el volumen medido por el tamaño del recipiente. No se dice nada

---

[13] En esta misma dirección, un termómetro de mercurio en vidrio marcará 300 grados centígrados, mientras que un termómetro con resistencia de platino marcará 291 grados centígrados en el mismo tiempo y lugar; resulta obvio que preguntar cuál de estos dos valores es correcto no tiene sentido, al menos en física.

en las leyes de la termodinámica sobre la naturaleza del calor. La teoría cinética es mucho más penetrable fenoménicamente: todos los fluidos elásticos están formados por pequeñas partículas sometidas a un continuo movimiento caótico, las cuales chocan constantemente entre sí y con las paredes del recipiente en el que se hallan incluidas. Sin embargo, a pesar de la mayor accesibilidad y realidad fenoménica de esta segunda descripción, las descripciones termodinámicas soportan mejor la explicación de una ingente cantidad de datos.

De manera equivalente, *en el estudio de la inteligencia existen los estudios psicométricos y los enfoques empírico-teóricos.* Los primeros estudian los conceptos abstractos puramente cuantitativos, como la inteligencia, la dificultad de un problema, los factores y vectores, etc., mientras que los segundos se centran sobre el número de neuronas, las conexiones sinápticas, los procesos de codificación, de retención de información en la memoria de trabajo, etc. No tiene sentido preguntar cuál es el mejor enfoque, dado que ambos deben trabajarse, si se tiene intención de entender qué es la inteligencia, o cualquier otro constructo psicológico de interés (Eysenck, 1979).

Una pregunta que se puede hacer para terminar este apartado es la siguiente: ¿a qué se debe que los psicólogos se hayan mostrado tan autocríticos con la naturaleza científica del estudio de la inteligencia (y, en general, sobre cualquier otro rasgo)? Pues bien, quizá se puedan encontrar dos respuestas.

En primer lugar, la juventud de la psicología hace que los psicólogos alberguen sentimientos de inferioridad y traten de buscar la aprobación de los científicos naturales (a pesar de que éstos últimos no tienen el más mínimo interés en debatir la cientificidad de los conceptos de la psicología). Los psicólogos generan una *teoría de la mente* sobre los científicos naturales, según la cual éstos últimos operan a un nivel de precisión y rigor deductivo mucho más alto del real. A partir de esta teoría de la mente, los propios psicólogos minimizan los verdaderos y relevantes logros de su ciencia; justifican esta afirmación basándose en que su disciplina no alcanza una perfección teórica y metodológica que, *de facto*, resulta ajena a cualquier ciencia.

En segundo lugar, los usuarios de la tecnología derivada de la investigación psicológica (educadores, asistentes sociales, etc.) y, en general, cualquier persona interesada en variables psicológicas, tienen prejuicios sobre lo que debería ser la naturaleza humana. Los resultados de los tests de inteligencia, por ejemplo, contradicen frecuentemente estos prejuicios, lo que induce en estas personas una negativa a refrendar la exactitud y validez de los resultados de la investigación psicológica. Un procedimiento de desprestigio muy común consiste en establecer unos objetivos inalcanzables. No obstante, ninguna ciencia se habría convertido en algo útil para la vida humana de haber establecido unos objetivos exagerados que anulasen toda posibilidad de desarrollo.

2.2.1.2. *Fundamentos de la teoría del rasgo*

> ¿Cómo podemos afirmar que todos los individuos difieren unos de otros si no es cuantificando estas diferencias y organizándolas en términos de ciertos rasgos, aptitudes u otros conceptos similares? (pág. 21).
>
> H. J. Eysenck y M. Eysenck (1985).

La mayor parte de las veces somos nosotros los que elegimos las situaciones, de manera que éstas resultan ser una consecuencia de los sistemas ya existentes, de lo que agrada o no, de los valores, de las actitudes, etc. (véase modelo *Organismo-Estímulo-Respuesta*). Es decir, la (varianza de la) persona es esencial para explicar las diferencias individuales ante situaciones idénticas.

Por otra parte, el rasgo implica las situaciones en las que se puede manifestar y medir, lo que quiere decir que la teoría del rasgo supone una taxonomía de las situaciones. O, lo que es lo mismo, las teorías clásicas del rasgo no obvian las situaciones, sino que las suponen explícitamente. Así, por ejemplo, un cuestionario para medir «amigabilidad» recurre a las situaciones en las que se pueden manifestar los síntomas comportamentales de tal rasgo[14].

En general, hay una serie de malentendidos sobre la teoría del rasgo. Así, por ejemplo, algunos autores parecen tener problemas para ver que por el hecho de que un niño haga trampas en el colegio no debe suponerse que también robará, aunque los dos síntomas comportamentales hagan referencia al rasgo «honestidad». Este error de interpretación de la teoría del rasgo fue introducida por Hartshorne y May (1928,

[14] Así lo reconocen autores de claro talante interaccionista: «Los rasgos son los determinantes fundamentales del comportamiento y sirven como base predisposicional de las aparentes consistencias respuesta-respuesta (correlacional) de la conducta en diferentes situaciones (...); (la teoría del rasgo) reconoce el impacto de los factores situacionales, dado que no asume que los individuos se comportan de la misma forma en diferentes situaciones (...); los factores personales interactúan con los factores situacionales que el individuo afronta» (Endler y Magnusson, 1976, pág. 957).

1929) y Hartshorne y Shuttleworth (1940) —véase Eysenck y Eysenck (1985)—. Pelechano (1991) ha escrito ilustrativamente en este tono:

> El desconocimiento y/o la notable dificultad que entraña el modelo psicométrico ha llevado consigo que, en España al menos, se «pasara de oídas» por encima (mejor, al lado) de este modelo y se hayan aplicado muchos tests sin que se haya sabido muy bien ni por qué, ni para qué. Quien esto escribe se teme que la frase anterior se debe escribir, asimismo, en presente de indicativo (pág. 101).

Y, más adelante:

> Al autor de estas líneas no deja de sorprenderle que, a la vez que se critica al rasgo por su proceso de «reificación» o conversión de un patrón de covariación en un posible «agente causal», se proponga todo un universo mentalista cargado de entes no bien delimitados operativamente y «activos» a todos los niveles. Probablemente exista una razón suficiente que nada tenga que ver con la moda computacional y con la búsqueda de nuevas entelequias de metafísica idealista. En ausencia de razones convincentes quien esto escribe no acaba de asombrarse con alguna de la bibliografía psicológica más reciente (pág. 130).

En fin, las características formales más significativas de los rasgos psicológicos serían las siguientes (véanse Sandin y Chorot, 1983; Eysenck y Eysenck, 1985).

En primer término, los rasgos psicológicos constituyen *disposiciones globales* que explicarían la relativa uniformidad comportamental que se puede observar en cualquier individuo, y que, por otra parte, permiten identificarlo como tal.

En segundo lugar, los rasgos psicológicos constituyen *constructos científicos* que tratan de describir y predecir las diferencias humanas, siempre y cuando se organicen alrededor de una teoría sobre esas diferencias.

Tercero, los rasgos psicológicos permiten el establecimiento *matemático de una dimensión continua* sobre la cual se supone que los individuos se pueden distribuir normalmente.

Cuarto, las *respuestas* de un sujeto ante un instrumento diseñado y formalizado para medir los atributos o cualidades subyacentes de los individuos (test o experimento) constituyen *signos formales del rasgo* que el instrumento trata de medir.

Quinto, el tratamiento matemático de las respuestas de los sujetos ante una serie de instrumentos formales de medida, permite el refrendo o refutación de la caracterización de los rasgos psicológicos de los que se parte para el diseño de los instrumentos de medida[15], esto es, la teoría.

Sexto, los rasgos psicológicos están determinados tanto por *variables hereditarias* como por *variables ambientales.*

Finalmente, la dinámica interactiva de las disposiciones del individuo (esto es, los rasgos psicológicos) y las situaciones ambientales concretas que afronta el individuo (incidental o intencionalmente), genera condiciones internas transitorias (esto es, *los estados psicológicos*) que van a dar en el comportamiento (o a la ausencia de conducta, que también es un modo de comportamiento).

De esta forma, los rasgos psicológicos serían constructos científicos que permiten —a partir de una teoría y de la relativa uniformidad comportamental mostrada *de facto* por las personas en una diversidad de situaciones— describir y predecir las diferencias individuales comportamentales resultado de la generación de estados psicológicos diferentes, en los que participan las disposiciones y las situaciones.

De manera que las diferencias individuales pueden medirse formalmente a partir de la utilización de una serie de instrumentos de medida (test o experimento). Las respuestas, a su vez, pueden ser tratadas matemáticamente para contrastar la teoría[16]. Las diferencias individuales, por último, están determinadas por variables genéticas y ambientales.

El agrupamiento de respuestas similares bajo un concepto unitario

---

[15] Veamos este hecho en las palabras de Thurstone: «Los factores primarios que han aparecido tienen una relación general con las categorías provisionales con las que comenzamos; pero no son idénticos a dichas categorías. Postulamos un factor verbal; pero descubrimos dos factores verbales distintos en los análisis. Nos encontramos con que el factor numérico está muy restringido. Postulamos factores diferentes de razonamiento para los temas verbales, numéricos y espaciales; pero esta clasificación provisional no se vio respaldada. Las pruebas de razonamiento revelaron dos factores que denominamos "inducción" y "deducción", indicándose con menos claridad esta última que el factor inductivo. Desde el punto de vista metodológico, esos descubrimientos refuerzan los métodos factoriales, puesto que no se limitan a reproducir las clasificaciones que tomamos en consideración» (Thurstone, 1935, p.v.).

[16] El concepto de factor como categoría descriptiva aparece en los primeros escritos de una serie de analistas factoriales, tanto británicos como norteamericanos. Burt (1940) mantuvo que no se debe entender que los factores son entidades psicológicas o aptitudes, determinantes hereditarios, o causas subyacentes de la conducta, sino como principios lógicos de clasificación para describir la conducta de los individuos. Por su parte, Thurstone (1940) afirmaba que no se debe mantener que los factores son entidades psicológicas últimas, sino unidades funcionales o conjuntos de componentes más elementales.

(esto es, rasgo) hace que el estudio de las diferencias individuales sea más manejable y parsimonioso, dado que reduce el número de conceptos investigados. Si los rasgos tienen suficiente potencia para describir y predecir las respuestas sin pérdidas significativas de información, tendrán que ser considerados como dimensiones psicológicas básicas de las diferencias individuales.

Por tanto, utilizando un método nomotético se puede evaluar a un determinado individuo a partir de los rasgos compartidos por todas las personas de una determinada población, lo que deja un margen para las diferencias cuantitativas entre los individuos de esa población. La individualidad consistiría, desde esta perspectiva, en los valores de una persona en cierto número de rasgos (esto es, su perfil característico).

Por otro lado, los rasgos se pueden clasificar genéricamente en las siguientes áreas (Amelang y Bartussek, 1981; Buss y Poley, 1976): *capacidades mentales, temperamento y motivación.* La primera área correspondería a la investigación de la inteligencia humana; por su parte, las otras dos áreas harían referencia al estudio de la personalidad humana. Aunque en ocasiones se ha mantenido que la inteligencia constituye realmente una vertiente de la personalidad humana como un todo (véanse Eysenck y Eysenck, 1985; Royce y Powell, 1983) parece más ajustado a la realidad empírica tratarlas como dos áreas distintas de investigación, aunque evidentemente muy relacionadas (Digman, 1991).

Pero los rasgos, ¿son siempre iguales? Esto es, ¿acaso los humanos vienen al mundo dotados de una determinada configuración de rasgos, cuyos representantes matemáticos son los factores aislados en una serie de estudios de carácter factorial? (véase apéndice 1) La respuesta ha de ser necesariamente negativa. Las configuraciones de rasgos varían a lo largo de la ontogenia, y la Psicología de las Diferencias Individuales ha estudiado esta problemática con detenimiento, desarrollando metodologías de alto nivel para tratar el problema a través del denominado *enfoque del ciclo vital* (véase Nesselroade y Cattell, 1988).

Asimismo, las configuraciones de rasgos pueden verse modificadas cuando los sujetos usan distintas estrategias, como resultado de un proceso de aprendizaje, etc., lo que indica que los estudios factoriales son sensibles a los eventuales cambios que se pueden producir en ciertas situaciones.

De esta manera, se ha trabajado sobre las diversas posibilidades de desarrollo de las configuraciones factoriales que representan matemáticamente otras tantas constelaciones de rasgos.

En los estudios descriptivos sobre los cambios relacionados con la edad, habitualmente se distinguen *cambios cualitativos* y *cambios cuantitativos*. Los primeros conllevan una reorganización de rasgos, de manera que tanto el número de factores como su naturaleza se ve modificado. Esto es, el cambio cualitativo implica transformaciones estructurales de los factores. Los índices de los cambios cualitativos suponen cambios en las cargas factoriales y en las correlaciones entre los factores.

Por contraste, el cambio cuantitativo implica una modificación en el nivel o magnitud de un factor cuyo significado o naturaleza no varía con el tiempo; implica un aumento o disminución de los resultados factoriales en el que el significado del factor no cambia.

Los cambios cualitativos o estructurales de los rasgos se ocupan del modo en que aparecen y cómo se organizan y cambian en su significado. Los cambios cuantitativos hacen referencia a las variaciones de nivel, revelados por los resultados factoriales.

Thompson (1966) identificó cuatro mecanismos según los cuales los rasgos se pueden llegar a correlacionar en una determinada población. En primer lugar, los rasgos se correlacionan cuando están sujetos a *presiones ambientales* comunes que los afectan sistemáticamente. Segundo, debido a la *comunidad de gametos*, los rasgos se correlacionan aunque dependan originalmente de distintos genes. En tercer lugar, por la *comunidad cromosómica*, los rasgos se correlacionan dado que se ven afectados por los genes del mismo cromosoma. Finalmente, a causa de la *comunidad de genes*, los rasgos se correlacionan cuando uno o más genes son comunes a los rasgos considerados.

Por su parte, los *cambios cualitativos o estructurales* posibles son cuatro (véase Coan, 1966). Primero, la *metamorfosis factorial*, según la cual, un factor cambia gradualmente su significado o naturaleza básica. Segundo, la *convergencia factorial*, para la que dos o más factores convergen a una edad temprana hasta fundirse en uno solo. Tercero, la *divergencia factorial*, en la que un factor se divide con el tiempo en dos factores (diferenciación). El aumento de la diferenciación a lo largo del desarrollo es un fenómeno común en las ciencias biológicas (véase epigénesis). De esta manera, resulta razonable mantener que también pudiera producirse un fenómeno similar en los procesos psicológicos. *Para la teoría del rasgo, la diferenciación supone que, al aumentar la edad, habrá un incremento del número de factores necesarios para caracterizar un determinado dominio psicológico*. Los factores sufrirían transformaciones estructurales que requerirían que los factores característicos de una edad posterior tuviesen diferentes propiedades no reductibles a los factores iniciales[17]. Por último, el *intercambio de componentes factoriales* supone que los cambios en las correlaciones de los diversos componentes psicológicos que definen originalmente a un factor, dan como resultado una recombinación de las variables de definición.

Seguidamente se revisará una vieja polémica relacionada con la teoría que se ha estudiado en este apartado, lo que permitirá establecer con mayor claridad los pilares teóricos en los que se apoya la Psicología de las Diferencias Individuales, así como cuestionar algunas opiniones sobre dicha teoría, que han invitado a hacer interpretaciones no muy adecuadas sobre la disciplina.

2.2.2. La persona y su circunstancia

> Ningún teórico del rasgo ha defendido nunca que se trata de elementos inmodificables ni causativos (con causación física directa) de la acción observable (pág. 100).
>
> V. Pelechano (1991).

La obra de W. Mischel, *Personality and Assessment*, publicada en 1968, constituye el punto de partida de la controversia establecida en torno al problema de las relaciones entre la persona y las situaciones en las que se comporta, y, por ende, sobre la teoría del rasgo.

Concretamente, el problema suscitado es hasta qué punto el rasgo es real o tan sólo una ilusión (véanse Alker, 1972; Allport, 1966; Argyle y Little, 1972; Bowers, 1973; Epstein, 1977, 1979, 1980, 1983; Funder, 1983; Kenrick, 1986; Magnusson y Endler, 1977; Mischel, 1968, 1983)[18].

Obviamente, este problema no se encuentra convenientemente definido, a la vista de lo que se ha dicho en el apartado dedicado al análisis del carácter de los constructos en ciencia, y, en definitiva, sobre el constructo «rasgo».

Es decir, en sentido estricto, no resulta válido cuestionar la teoría del rasgo sobre la base de su posible realidad, dado que, como cualquier otro constructo o teoría científica, es una invención que permite hacer

[17] Los procedimientos de rotación de factores de Cattell (rotación oblicua) permiten que los factores asuman diferentes correlaciones interfactoriales, lo que resulta necesario para detectar la diferenciación.

[18] El mismo planteamiento de este problema nos hace ver hasta qué punto resulta necesario el estudio que se ha realizado páginas atrás sobre la justificación del constructo rasgo.

ciencia de una determinada manera. En cualquier caso, se revisarán las cuestiones fundamentales de la controversia para intentar extraer algunas consecuencias de interés.

Fundamentalmente, son siete los aspectos o «aperturas», en torno a las cuales se han centrado las críticas a la relevancia, o calidad científica, del constructo rasgo psicológico (Kenrick y Funder, 1988)[19]: *a*) la personalidad está en el observador; *b*) los acuerdos se producen por un proceso de generalización semántica; *c*) los acuerdos son resultado de un artefacto producido por las altas proporciones-base de los rasgos en la población; *d*) los acuerdos se producen por una serie de estereotipos basados en señales obvias, pero incorrectas; *e*) los acuerdos se producen por la discusión entre observadores; *f*) los acuerdos se deben a que la observación se produce en los mismos contextos, y, finalmente, *g*) las relaciones entre los rasgos y la conducta son demasiado pequeñas como para ser relevantes. Veamos:

Apertura n.º 1: La personalidad está en el observador

Según esto, las personas tratan erróneamente la información social, y es raro encontrar acuerdos entre diferentes personas cuando juzgan a un determinado individuo. Esto se debe a que las personas utilizan habitualmente sus teorías implícitas sobre la personalidad, y van más allá de la información de la que disponen *de facto* para realizar sus juicios.

No obstante, hay dos razones para no apoyar esta apertura. En primer término, determinados errores son resultado de las situaciones de experimentación y no del hecho de que los procesos cognitivos relacionados con los juicios estén sesgados. En segundo lugar, la existencia de sesgos no implica la presencia de errores, dado que los sesgos poco adaptativos en el laboratorio resultan muy útiles en la vida cotidiana.

Por otro lado, cuando las personas juzgadas y los jueces se conocen suficientemente bien, y cuando se utilizan escalas de atribución psicométricamente adecuadas, los juicios resultan muy semejantes.

[19] Kenrick y Funder (1988) han mantenido que la teoría del rasgo a la que se ha atacado desde la perspectiva situacionista es, en realidad, un hombre de paja. Por otro lado, Carroll (1954) afirma que «la discusión (respecto al problema de las variables situacionales) se olvida de que nadie ha esperado nunca que los rasgos de los individuos se manifiesten por sí mismos, sino en varias situaciones o constelaciones estimulares» (pág. 128).

TABLA 2.1

Correlaciones de estudios sobre el rasgo. (Adaptada de Kenrick y Funder, 1988.)

Rasgo	Kenrick y Stringfield (1980)		Funder y Dobroth (1987)
	(*n* = 71)	Obs.[a] (*n* = 34)	(*n* = 69)
Inteligencia	0,17	0,04	0,36
Simpatía	0,35	0,52	0,41
Autocontrol	0,26	0,26	0,25
Sociabilidad	0,40	0,55	0,34
Ajuste	0,23	0,43	0,23
Dominancia	0,35	0,41	0,40
M	0,29 (0,53)[c]	0,37 (0,67)[c]	0,34

Rasgo	Dantchnik (1985)		Cheek (1982)	
	(*n* = 92)	Obs.[a] (*n* = 36)	1/2/3[b] (*n* = 81)	Obs.[a] (*n* = 40)
Inteligencia	0,40	0,52		
Simpatía	0,14	0,14	0,22/0,33/0,39	0,36
Autocontrol	0,19	0,47	0,27/0,40/0,47	0,49
Sociabilidad	0,46	0,53	0,43/0,53/0,59	0,64
Ajuste	0,38	0,40	0,22/0,25/0,27	0,46
Dominancia	0,58	0,61		
M	0,37 (0,51)	0,45 (0,64)	0,29/0,38/0,44	0,50

Rasgo	McCrae (1982) (*n* = 139)	Paunonen y Jackson (1985) (*n* = 90)	Mischel y Peake (1982) (*n* = 63)
Inteligencia	0,50	0,53	
Simpatía	0,47	0,57	
Autocontrol	0,48	0,67	0,52
Sociabilidad	0,53	0,74	
Ajuste	0,58	0,48	
Dominancia	0,52	0,60	
M	0,51	0,59	0,52

Las etiquetas descriptivas se ajustan a la terminología de Hogan (1982); se han usado escalas equivalentes para los estudios que no utilizan exactamente estos términos.

[a] datos de sujetos que evalúan su conducta en función de una determinada dimensión.

[b] datos basados en 1, 2 y 3 jueces, respectivamente.

[c] los datos entre paréntesis han sido corregidos por atenuación.

En la tabla 2.1 se presentan algunos resultados de interés. Una serie de adultos realizan juicios sobre su propia personalidad, y son juzgados a su vez por varias personas que les conocen bien, en diversas situaciones. Las correlaciones representan el grado de acuerdo de los jueces. Los estudios de la parte superior de la tabla 2.1 utilizan escalas de ítems únicos; los de la parte inferior emplean escalas psicométricamente adecuadas.

Apertura n.º 2: Los acuerdos se producen por un proceso de generalización semántica

De esta manera, si se sabe que una persona es *empática*, se tendrá la expectativa de que será *altruista* y *sincera*, dado que esos conceptos se encuentran semánticamente relacionados.

No obstante, para Kenrick y Funder (1988) este proceso de generalización semántica no es suficiente para explicar convenientemente los resultados de la tabla 2.1.

Apertura n.º 3: Los acuerdos son resultado de un artefacto producido por las altas proporciones-base de los rasgos en la población

No obstante, esto no explica la capacidad de diferenciación de las características valoradas por los jueces, aunque sí puede explicar, en efecto, cómo se logran los acuerdos en sentido general. En cualquier caso, no permite dar cuenta de los resultados de la tabla 2.1 (Kenrick y Funder, 1988).

Apertura n.º 4: Los acuerdos se producen por una serie de estereotipos basados en señales obvias, pero incorrectas

Esta objeción no puede explicar las relaciones encontradas entre los juicios y las medidas conductuales objetivas tomadas de manera independiente (véase Funder, Block y Block, 1983).

La predicción sólo puede ser resultado de variables ajenas al mero uso de estereotipos. Éstos pueden ser útiles para explicar la génesis de los rasgos, pero las correlaciones entre los juicios y las evaluaciones independientes del comportamiento no apoyan la hipótesis de que los acuerdos se deban únicamente al uso de estereotipos basados en señales superficiales.

Apertura n.º 5: Los acuerdos se producen por la discusión entre observadores

No obstante, si los jueces se limitasen a reproducir lo que se podría denominar «renombre» de una persona, entonces sería tan fácil estar de acuerdo sobre los descriptores tanto de la emocionalidad como de la extraversión. Los grandes acuerdos sobre los rasgos observables sugieren que la conducta se observa de hecho y que los jueces se basan en dichas observaciones.

Cuando los autoinformes de los sujetos contradicen sus conductas no-verbales, los observadores atienden preferentemente a las conductas (véase, por ejemplo, Amabile y Kabat, 1982). Por tanto, parece que los observadores se fían más de las conductas relevantes de los rasgos que de las autodescripciones.

Apertura n.º 6: Los acuerdos se deben a que la observación se produce en los mismos contextos

No obstante, las atribuciones realizadas por padres, profesores, y amigos, dan lugar a altas correlaciones con la conducta medida en contextos significativamente diferentes a los utilizados para realizar inicialmente las atribuciones.

Así, por ejemplo, a partir de la observación del comportamiento de sus hijos en casa, los padres pueden ofrecer descripciones sobre la personalidad de aquellos, que permiten predecir la conducta medida en una determinada situación experimental (Bem y Funder, 1978). Esto se da incluso con más de doce años de separación entre los juicios y la situación experimental (véase Mischel, 1984), lo que indica que los padres se basan en la detección de una verdadera consistencia transituacional.

Apertura n.º 7: Las relaciones entre los rasgos y la conducta son demasiado pequeñas para ser relevantes

En general, las críticas de Mischel (1968) sobre la capacidad predictiva del constructo rasgo se han basado en cálculos un tanto apresurados. Mischel olvidó considerar que, en la vida cotidiana, los juicios sobre la personalidad de las personas se basan, no en conductas moleculares, sino en conjuntos molares de comportamientos.

En este sentido, Epstein y O'Brien (1985) han reanalizado una serie de estudios clásicos sobre la personalidad. En esos estudios, la conducta comportaba una especificidad situacional, y no se contemplaban conjuntos de comportamientos en distintas situaciones (como se ve, este es el mismo error metodológico del estudio realizado por Wissler (1901) para refutar la capacidad predictiva de los estudios sobre tiempos de reacción, visto en el primer capítulo). Cuando esto se hace adecuadamente, se pasa de correlaciones $r = 0{,}14$ y $r = 0{,}21$, a correlaciones de $r = 0{,}74$.

Es más, aunque se suponga que la correlación no es superior a $r = 0{,}30$, de ahí no se legitima la afirmación de que el 91 por 100 restante de la varianza tenga que atribuirse a la situación (Hogan y col., 1977)[20].

En suma, la validez predictiva requiere utilizar, primero, jueces que conozcan a la persona evaluada; segundo, varias observaciones conductuales; tercero, varios observadores; cuarto, dimensiones públicamente observables, y, finalmente, conductas relevantes para la dimensión de interés (Kenrick y Funder, 1988).

Por tanto, parece que los investigadores comienzan a tener pistas sobre cómo interaccionan las situaciones y las personas (Kenrick y Dantchik, 1983; Snyder y Ickes, 1985). De esta manera, los rasgos influyen en la conducta sólo ante situaciones relevantes. Además, los rasgos de una persona pueden modificar una determinada situación, de forma que las personas dotadas de diferentes constelaciones de rasgos tenderán a seleccionar diferentes contextos y aquellos pueden modificarse por la exposición sistemática a determinadas situaciones. Finalmente, los rasgos se expresan mejor en determinadas situaciones que en otras[21].

---

[20] Por otro lado, 1) Ozer (1985) ha señalado que la correlación *per se* se puede interpretar directamente como porcentaje de varianza explicada; así, $r = 0{,}30$ implicaría un 30 por 100 de la varianza explicada, y 2) Rosenthal y Rubin (1982) han mostrado que un predictor que correlaciona $r = 0{,}30$ con un criterio dicotómico producirá discriminaciones correctas el 65 por 100 de las veces.

[21] Hay que tener en cuenta que las situaciones de laboratorio tienden a restringir la operación de los rasgos dado que están rígidamente controladas, se le imponen arbitrariamente al sujeto, y

2.2.3. La persona en su circunstancia

> La creencia de los autores modernos de que han descubierto un compromiso entre la teoría del rasgo y el situacionismo en buscar interacciones está equivocada; ¡tal interacción siempre ha sido parte de la teoría del rasgo! (pág. 53).
>
> H. J. Eysenck y M. Eysenck (1985).

En el transcurso de los años de debate sobre el papel de los rasgos y las situaciones en la determinación de las diferencias individuales comportamentales, ha aparecido un concepto que ha tratado de encontrar zonas de gris aceptables, a saber: el concepto de interacción.

Respecto a esta cuestión, A. Buss (1979) ha realizado un análisis muy ilustrativo. La idea fundamental que maneja este autor es que el concepto de interacción se ha concebido confusamente en la literatura al uso.

El punto del que parte A. Buss (1979) es la distinción establecida por Overton y Reese (1973) entre el *modelo mecanicista* (análisis de varianza) y el *modelo orgánico* (concepción sistémica) sobre el concepto de interacción. Para Overton y Reese *(Op. cit.)* estos modelos son paradigmáticamente incompatibles.

A. Buss (1979) establece, por su parte, cuatro posturas que van a dar en los dos modelos de interacción referidos por Overton y Reese.

En primer lugar, para la *perspectiva situacionista*, la conducta es función del ambiente. Este enfoque utiliza técnicas experimentales, mantiene que la conducta de un individuo cambiará ante distintas situaciones y sostiene que las diferencias individuales que aparecen en una misma situación son simples perturbaciones (véase Bowers, 1973).

En segundo lugar, para la *perspectiva del rasgo*, la conducta es función de los rasgos que caracterizan a la persona. Dicha perspectiva utiliza técnicas correlacionales, mantiene que la conducta de un individuo es relativamente constante ante distintas situaciones y sostiene que en la misma situación se mostrarán las diferencias individuales (Bowers, 1973).

En tercer lugar, para la *perspectiva cognitiva* la situación es construi-

no son reactivas a cualquier conducta que el sujeto pueda realizar y que se salga de los márgenes de lo previsto (véase Monson y Snyder, 1977), y así se infravaloran las diferencias individuales.

da por la persona, mediante el uso de una serie de procesos cognitivos y estructuras cognitivas.

Finalmente, para la *perspectiva del aprendizaje social*, las variables diferenciales de la persona son función del ambiente.

Desde una perspectiva interaccionista de carácter mecanicista, las dos primeras posturas mantienen que el ambiente y la persona interactúan para determinar *unidireccionalmente* el comportamiento: el ambiente y la persona —variables independientes— determinan el comportamiento —variable dependiente.

Por su parte, el modelo orgánico se centra en el ambiente psicológico y en la persona. Las relaciones entre las variables del ambiente y las de la persona son *bidireccionalmente* causales.

Para Buss (1979) el trabajo clásico de Bowers (1973) produce dos respuestas incompatibles al problema interaccionista. Por un lado, parte de un modelo mecánico y parece querer llegar a un modelo orgánico, de ahí la incompatibilidad argumental.

Por su parte, Endler (1975; véase Endler y Magnusson, 1976) ha mantenido separados los dos modelos, pero se caracteriza incorrectamente al modelo orgánico.

Ekehammar (1974) también mezcla los dos modelos de interacción, de manera que el único análisis razonable para Buss (1979) es el de Mischel (1973) en la medida en que mantiene separados claramente los dos modelos de interacción en todos sus argumentos.

Buss (1979) escribe lo siguiente:

> El progreso en este área depende de la claridad con la que se formulen los conceptos básicos. Los interesados en el desarrollo de nuestro conocimiento sobre el interaccionismo tendrían que tener un criterio adecuado para hacer una distinción conceptual explícita entre los dos principales y contradictorios tipos de interaccionismo.

Por su parte, la profesora Avia (1978) ha argumentado que para que la perspectiva interaccionista pueda conducir a la obtención de resultados informativos y constructivos, se tendría que disponer de taxonomías ambientales del talante de las taxonomías sobre los constructos organísmicos, opinión que se puede suscribir en todas sus implicaciones.

Por un lado, se han aplicado sofisticadas metodologías al estudio de los constructos organísmicos (rasgos) desde la psicología de las Diferencias Individuales, pero no se ha prestado una especial atención a la dimensionalización del ambiente. Sólo en los últimos años, la psicología ambiental ha dedicado una serie de esfuerzos al análisis pormenorizado del ambiente. De manera que, en principio, sólo resta comenzar a poner en relación estrecha los dos polos postulados por la perspectiva interaccionista, tratando de explotar las ventajas de los estudios diferenciales sobre los rasgos psicológicos y los análisis de la psicología ambiental.

En cualquier caso, habría que comentar aquí que la *genética comportamental* está contribuyendo al análisis de las variables organísmicas y ambientales respecto al problema de la génesis de las diferencias individuales, con conceptos tan relevantes como el de ambiente compartido y no compartido (Plomin y Daniels, 1987). Quizá estos estudios pudiesen permitir hilar más fino que el uso común de la tecnología generada en el seno de la psicología ambiental.

Por otro lado, una cuestión de interés aquí es la tesis mantenida por la profesora M.ª Ángeles Quiroga de la Universidad Complutense de Madrid, según la cual se puede hablar de *causas próximas y causas últimas* de las diferencias individuales. Las causas próximas son aquellas «que permiten describir y explicar la variabilidad comportamental observada. Estos factores pueden ser organísmicos (intrapsíquicos), situacionales o fruto de la interacción entre variables personales y situacionales» (Quiroga, 1990, pág. 71). Por su parte, las causas últimas «permiten describir y explicar la variabilidad observada en variables intermedias o personales (inteligencia, actitudes, personalidad, motivación, intereses, etc.). Estos factores pueden ser genéticos, ambientales o fruto de la interacción entre ambos» (págs. 71-72).

Es decir, de alguna manera, las causas próximas harían referencia a los elementos que entran habitualmente en la polémica persona *versus* situación, mientras que las últimas se referirían a los elementos de la polémica herencia *versus* medio. No obstante, como la misma profesora Quiroga afirma: «ciertamente existe solapamiento entre ambos niveles de análisis» (pág. 72). Esto no tiene por qué dar lugar a problemas en una fase inicial, por lo que la profesora Quiroga no tendría por qué preocuparse por esta clasificación.

En cualquier caso, se podrían hacer algunos comentarios, con fines constructivos, a esa distinción. En primer lugar, ¿qué diferencia hay entre la persona causa próxima y la herencia causa última?, ¿qué diferencia hay entre situación causa próxima y medio causa última? Esto es, ¿por qué distinguir causa próxima y causa última? ¿qué gana con ello la investigación de las diferencias individuales? En segundo lugar, ¿qué sentido tiene hablar de causa? Ya se ha dicho que el comportamiento no tiene por qué ser efecto de ninguna causa en el sentido estricto del término. Más bien, el organismo y el medio *se entienden* de una determinada forma entre ellos, y esa forma de entenderse es el comportamiento del organismo y del medio, ¿qué es realmente la causa de qué? ¿cuál es más última, cuál es más próxima? ¿qué ventaja reporta saber si es más última que próxima? En tercer lugar, la distinción causas próximas y causas últimas llevaría a equiparar los estudios sobre genética y sobre las bases orgánicas de las diferencias individuales. No obstante, la evidencia parece indicar la pertinencia de distinguir los estudios sobre genética de la conducta, que tienen un alto nivel de generalidad (varianza poblacional, etc.) y los estudios sobre las bases orgánicas de las diferencias individuales en inteligencia fluida, que analizan específicamente la amplitud y varianza de la onda del potencial provocado en 3 sujetos normales y en 3 deficientes. En fin, las unidades de medida, por decirlo brevemente, son distintas en ambos casos. Aunque lo orgánico derive en parte de la dotación genética, también se encuentra modelado por el medio ambiente de manera muy significativa.

Todas estas puntualizaciones no llevan a sostener que el intento de la profesora Quiroga no sea interesante, sino a que quizá fuese una tarea relevante precisar algo más la propuesta.

Por otro lado, recientemente D. M. Buss (1991) ha revisado una manera de abordar el problema de la interacción basándose en la perspectiva aportada por la disciplina de la Psicología de la Evolución *(Evolutionary Psychology)*. Buss *(Op. cit.)* plantea que una serie de mecanismos, a saber, *selección, provocación y manipulación*, permiten describir los procesos interactivos que conectan las características de las personas y las de sus ambientes relevantes, para producir correspondencias persona-ambiente. Ésta es quizá una manera interesante (y realmente integradora) de tratar el problema que se ha discutido al hilo de la distinción establecida por la profesora Quiroga.

La selección, provocación y manipulación representan procesos interactivos de una variedad de dominios del funcionamiento de la personalidad, y han de conectarse a los modelos basados en la evolución, que mantienen que los mecanismos psicológicos son específicos de dominio, para aportar un marco robusto para el estudio de los procesos interactivos persona-situación.

Se recuperará esta línea de pensamiento al comenzar el capítulo tercero de esta obra. Por el momento, procedamos a caracterizar el tipo de diferencias que son de interés para la disciplina.

2.3. La clasificación de las diferencias individuales

Las diferencias individuales por las que se interesa la Psicología de las Diferencias Individuales son las que muestran una consistencia y/o estabilidad significativa transituacional y temporalmente. La primera noción supone una regularidad relativa del comportamiento en distintas situaciones, independientemente del tiempo, mientras que la segunda implica una regularidad relativa del comportamiento a través del tiempo, independientemente de las situaciones.

Desde esta perspectiva, la Psicología de las Diferencias Individuales se interesa por *leyes comportamentales de carácter nomotético*, esto es, se trata de aislar las leyes que están a la base de las diferencias individuales, hecho que evita caer en un *relativismo teórico* (Juan Espinosa y Colom, 1989) ajeno al trabajo científico.

Consideremos inicialmente tres nociones psicométricas fundamentales que permiten superar el relativismo aludido y organizar el análisis de las diferencias individuales a diversos niveles, a saber: constancia, estabilidad y coherencia.

La *constancia* es la ordenación relativa entre los individuos de una misma cohorte. En segundo lugar, la *estabilidad* es la semejanza en términos absolutos entre determinadas puntuaciones. Por último, la *coherencia* es la relación entre varias clases de consistencia.

Constancia y estabilidad harían referencia, por tanto, a los comportamientos y actividades mentales de carácter específico, mientras que la noción de coherencia tendría un carácter más genérico que la constancia y la estabilidad. Estas dos últimas nociones estarían a la base de la coherencia.

Las diferencias individuales por las que se interesa la Psicología de las Diferencias Individuales son las diferencias interindividuales, intergrupales e intraindividuales; aquí se han denominado *diferencias individuales*, *diferencias grupales* y *diferencias intraindividuales*, respectivamente, para evitar una innecesaria proliferación de prefijos. Veamos su caracterización.

Las *diferencias individuales* constituyen las diferencias entre los individuos (I1, I2, ... , In) que afrontan una misma situación (Sx). Así, ante una situación estándar (Sx), se comprueba que los individuos (I1, I2, ... , In) muestran comportamientos significativamente diferentes (C1, C2, ... ,Cn), susceptibles de ser medidos con las adecuadas garantías de fiabilidad y validez.

La medida de las diferencias individuales ha sido uno de los objetivos fundamentales de la disciplina y el punto de partida de sus investigaciones. El patrón general se ajusta al modelo *Organismo-Estímulo-Respuesta* (Thurstone, 1923) esto es, el individuo encara la situación dotado de una serie de disposiciones (rasgos) y es la interacción entre las disposiciones y la situación lo que genera un *estado mental* que va a dar en el comportamiento susceptible de medición.

El objetivo tradicional de la disciplina a este respecto ha sido la ordenación de los individuos dentro de una *dimensión continua*, que ha de ser psicológicamente relevante para que sea objeto de la Psicología de las Diferencias Individuales, con respecto a una serie de características psicológicas. La ordenación se efectúa transformando las puntuaciones de los individuos ante una serie de situaciones estándar (por ejemplo, tests de capacidad intelectual) en unas puntuaciones normalizadas que permiten expresar la posición relativa de un determinado individuo respecto a su grupo de referencia.

Una vez detectadas las dimensiones básicas de las diferencias individuales, se representa la posición de cada individuo en un espacio *n*-dimensional (esto es, *modelo estructural de los rasgos*). Aunque, en cualquier caso, hay que considerar que los individuos no sólo difieren en el nivel con el que disponen de una determinada dimensión, sino en la variabilidad particular de cada una de las dimensiones y en las relaciones entre las diversas dimensiones.

En este sentido, uno de los objetivos básicos de la Psicología de las Diferencias Individuales como disciplina científica ha sido mostrar que las dimensiones de las *diferencias individuales* tienen una plausibilidad psicológica significativa y desechar la tesis de que constituyen meros artefactos explicativos sin correspondencias con la realidad.

Por otro lado, las *diferencias grupales* conforman las diferencias comportamentales que se pueden detectar entre grupos de individuos (G1, G2, ... , Gn) al encarar una determinada situación estándar (Sx) y, por tanto, en una determinada dimensión psicológicamente relevante. Así, algunos individuos G1 = (I1, I2, I3) muestran comportamientos CG1 = (C1, C2, C3) significativamente similares entre sí, pero simultáneamente significativamente diferentes a los comportamientos CG2 = (C4, C5, C6) de otro grupo de individuos G2 = (I4, I5, I6); así, CG1 # CG2 ante Sx.

Cuando se han establecido estos grupos de individuos, es posible compararlos en otras dimensiones relevantes distintas a la utilizada para realizar las agrupaciones originales, con el objeto de averiguar si esas agrupaciones se mantienen. La desigualdad entre grupos de individuos permite realizar una *clasificación en función de una serie de tipos* (categorías excluyentes por la semejanza comportamental mostrada respecto a la norma que permite definir a los grupos de individuos considerados). Caso de que el grado de semejanza sea cuantificable, será posible distribuir a los individuos a través de un continuo que permita transformar la relación de semejanza-desemejanza en una relación de superioridad-inferioridad, con lo que se podrán establecer grupos de individuos dicotomizando o policotomizando (dependiendo del análisis específico) el continuo aludido.

En este sentido, cabría distinguir entre variables direccionales y bipolares. Las variables direccionales permiten mantener que el lugar ocupado por un determinado individuo indica la cuantía en la que ese sujeto posee la característica considerada. Aquí, independientemente de las situaciones, un mayor nivel permitirá una mejor adaptación. Por su parte, las variables bipolares permiten mantener que la posición ocupada por un determinado individuo informa de la posesión de cualidades diferentes. Aquí la adaptación dependerá de las características situacionales.

M. Reuchlin (1985), por su parte, ha marcado una distinción entre *grupos a priori* y *grupos a posteriori*. En el primer caso, los grupos se han conformado a partir de variables no manejadas previamente por el investigador, mientras que, en el segundo caso, los grupos se conforman a partir de la consideración intencional de constructos científicos (rasgos).

Reuchlin ha considerado que habría que tener en cuenta si los grupos existen realmente como tales en la naturaleza; así, se puede distinguir, a su vez, entre *grupos naturales* y *grupos teóricos*. Se hará referencia a grupos naturales cuando existiendo como tales en la naturaleza se conforman a través del uso de variables que también aparecen en la naturaleza (físicas o sociales; por ejemplo, los habitantes del País Vasco); por su parte, se entiende por grupos teóricos aquellos que no existen como tales en la naturaleza, y están formados por variables que sí existen en la naturaleza o por variables teóricas (los niños, etc.; véase Reuchlin, 1985).

Las características grupales constituyen las tendencias centrales de una serie de individuos, asumiéndose, en cualquier caso, que un determinado individuo que se incluya en un grupo dado puede alejarse significativamente de esa tendencia central. El grupo se conforma generalizando las características de los sujetos particulares, pero no siempre se puede mantener una generalización de las características del grupo a cualquier individuo que pertenezca al mismo. Este problema implica el de la generalización a partir de estudios realizados con un determinado grupo a grupos mayores (de la muestra analizada a la población de la que se ha extraído) y los individuos que conforman los grupos en los que se está interesado (diferencias intergrupales e intragrupales). En este segundo caso, sería de desear que se pudiesen construir grupos muy homogéneos en sí mismos —por ejemplo, distribuciones leptocúrticas—, pero muy diferentes entre sí —por ejemplo, sin solapamiento.

Finalmente, la noción de *diferencias intraindividuales* hace referencia a las diferencias entre las características (C1I, C2I, ... , CnI) de un determinado individuo (I). Esto es, las diferencias comportamentales de un individuo son efecto de la interacción entre las situaciones (S1, S2, ... , Sn) que ese individuo (I) encara y sus características individuales (R1, R2,... Rn).

Los individuos no disponen ni del mismo nivel de una determinada característica, ni participan de la misma relación entre características. Así, dependiendo de las características situacionales se hace posible organizar los comportamientos de un determinado individuo y establecer un perfil ajustado a sus características. Desde este punto de vista, un investigador puede estudiar el comportamiento de un determinado individuo en un momento dado ante diferentes situaciones (estudio de la *variabilidad sincrónica*) y/o estudiar el comportamiento de un determinado individuo en diferentes momentos evolutivos (estudio de la *variabilidad diacrónica*, o como también se denominan, cambios intraindividuales).

Un supuesto sobre este segundo tipo de estudios temporales —longitudinales— es que el *comportamiento del individuo no tienen por qué ser estable, pero sí que mantendrá su diferencia respecto a los individuos de su grupo de referencia, o lo que es lo mismo, los comportamientos de un determinado individuo serán consistentes*. Esto es, un alumno que en 5.º de EGB se muestre significativamente más egoísta que sus compañeros de clase no tiene por qué tener el mismo egoísmo en 8.º de EGB, pero probablemente mantendrá unos niveles de egoísmo significativamente superiores a sus compañeros de clase.

El estudio de la variabilidad diacrónica será objeto de la Psicología de las Diferencias Individuales cuando la dependencia de los comportamientos respecto a las situaciones o al tiempo, varíe entre los individuos (esto es, la consideración diacrónica de las diferencias intraindividuales será relevante cuando cause diferencias individuales respecto a la situación o al tiempo).

Vista esta caracterización de las diferencias de relevancia para la disciplina, se procederá seguidamente a la realización de un mapa topográfico sobre la Psicología de las Diferencias Individuales. Esto es, cuáles son sus tópicos fundamentales, tanto sobre la investigación de carácter básico como sobre la tecnología derivada.

3. Las áreas de investigación básica y desarrollo tecnológico de la Psicología de las Diferencias Individuales

> La observación científica es una actividad cargada de teoría (...) Aquellos números que emerjan de los esfuerzos de medida pueden ser el resultado, no de un registro simple y objetivo de datos, sino de un enmarañamiento más intrincado de la materia, la sonda y la teoría (págs. 13, 21-22).
>
> N. Russell Hanson (1958).

¿Qué es una disciplina básica? ¿Y qué una aplicada? La valencia semántica que se les ha venido dando a estos términos ha perjudicado mucho a la disciplina que nos ocupa aquí, aunque sólo en el campo universitario. Se ha supuesto que lo básico es aquello que define la búsqueda del conocimiento por sí mismo, y que lo aplicado es aquello que está interesado en resolver un problema. Sin embargo, tanto la investigación básica como la aplicada intentan dar respuesta a un problema. Se podría objetar, no obstante, que el problema de la ciencia básica no es social, mientras que el de la ciencia aplicada sí.

No obstante, quizá sea sensato concebir lo aplicado como una *prolongación* de lo básico. Desde esta perspectiva, no resultaría razonable mantener que la física como ciencia básica trabaja de espaldas a la sociedad. ¿Por qué ha de hacerlo la psicología? Veamos las aleccionadoras palabras de Cajal a este respecto: «¿Habrá alguno tan menguado de sidéresis que no repare que allí donde los principios o los hechos son descubiertos brotan también por modo inmediato las aplicaciones?» (Cajal, 1912, pág. 41).

¿Por qué la psicología tiene que ser distinta en este sentido a otras disciplinas científicas? Inicialmente no habría inconveniente en que lo fuese, pero la historia nos muestra que, al menos la psicología de las diferencias individuales, no lo es. En suma, la idea importante aquí es que la tecnología a que da lugar una determinada disciplina no debe invalidar u ocultar los resultados de la investigación básica dentro de la misma.

Pues bien, las palabras de R. L. Thorndike (1950) en la primera publicación de la revista de revisiones *Annual Review of Psychology*, bajo el tópico *Individual Differences*, denotan con claridad el carácter básico de la psicología de las diferencias individuales:

> No prestaré atención a los aspectos aplicados de las diferencias individuales, dado que éstos aparecen bajo la rúbrica de tópicos como psicología clínica, vocacional o educativa en este mismo volumen (página 87).

También son muy ilustrativas las palabras de A. Anastasi escritas unos años más tarde en la misma revista (1953):

> Aunque la estadística es un instrumento importante de los psicólogos diferenciales, se excluyen de la presente revisión las publicaciones que utilicen sólo técnicas estadísticas (...). Las técnicas proyectivas y los estudios clínicos sobre validación de tests también se excluyen (pág. 137).

E incluso las palabras del último revisor, P. H. DuBois (1960) también hacen referencia explícita a esta cuestión[22]:

> No atenderé a las discusiones profesionales, a los textos elementales y a las presentaciones populares. Me centraré en las contribuciones de importancia inmediata o eventual para la comprensión de las diferencias psicológicas entre los individuos, independientemente de que esas investigaciones sean de interés inmediato para los psicólogos aplicados (pág. 226).

Cabe esperar que estas declaraciones tengan la suficiente capacidad para sostener la tesis de que, en efecto, la disciplina que nos ocupa estudia a nivel básico el problema de las diferencias individuales. Desde esta perspectiva, cuando se encare la tarea de redactar una introducción a la psicología, no tendría por qué haber excusa razonable para pasar por alto los desarrollos teóricos de la Psicología de las Diferencias Individuales, más allá de la incompletud que se quiera brindar a esa obra[23].

---

[22] Después de 1960 y debido a la existencia de una cantidad inmanejable de investigaciones, los tópicos tratados en el capítulo dedicado a las diferencias individuales se desglosaron bajo distintas etiquetas representantes del estudio de las diferencias individuales.

[23] Y se puede hacer referencia aquí a introducciones con pretensiones como la de Hyland (1981).

Pero, además, ha sido una práctica habitual en la Psicología de las Diferencias Individuales el interés por lo aplicado, como se ha visto más arriba, manifestando una tendencia similar a otras disciplinas científicas como la física, la química, la biología, etc., esto es, manteniendo un estrecho vínculo entre la investigación básica y las derivaciones prácticas del conocimiento obtenido en el trabajo básico basado en el control y tratamiento matemático de una serie de variables, y la generación de situaciones en miniatura, el establecimiento de predicciones robustas, etc. En este sentido, Forteza y Prieto (1981) han escrito:

> El objeto de la Psicología de las Diferencias Individuales no ha sido nunca la conducta en abstracto, sino siempre abordada en el contexto de un marco aplicado y concreto, lo más próxima posible a sus manifestaciones en la vida real y rehuyendo, tajantemente, los estrechos márgenes de una ciencia ceñida a experimentos de laboratorio. Por ello, quienes con más frecuencia recurren a la Psicología de las Diferencias Individuales con vistas a recabar en ella un mapa de conocimientos sistemáticos, coherentes y operativos son, por contra, los psicólogos profesionales. Éstos tienen que enfrentarse al tema de la conducta humana en el contexto de problemas y circunstancias que deben ser resueltas y afrontadas funcional y eficazmente (pág. 68).

Como se ha comentado, la situación disciplinar de la Psicología de las Diferencias Individuales es semejante a la que se produce en disciplinas como la Física, en las cuales hay un cuerpo de investigación básica utilizado ampliamente en la generación de tecnología, de tal manera que hay una estrecha relación entre investigación básica y tecnología, pero, en ningún caso, una identificación.

Resulta difícil entender por qué esta relación estrecha entre la investigación básica y la tecnología en la Psicología de las Diferencias Individuales ha suscitado tantas críticas desde la psicología universitaria.

Recuperando el objetivo de este apartado, un procedimiento que puede resultar conveniente para ofrecer un panorama de las áreas de investigación básica y desarrollo tecnológico de la Psicología de las Diferencias Individuales consiste en consultar los tópicos tratados en las revisiones sobre los trabajos realizados en la disciplina —manuales, tratados, revistas, etc.

De esta manera, se puede acudir a los manuales clásicos de la Psicología de las Diferencias Individuales, a las revisiones aparecidas en la revista de revisión *Annual Review of Psychology* (desde 1950 a

1960)[24], etc. Resultado de la puesta en práctica de este procedimiento se llega a los resultados que se indican en la tabla 2.2. En cualquier caso, esta tabla no pretende ser exhaustiva, sino simplemente ofrecer un panorama general y significativamente amplio de los tópicos de investigación tratados habitualmente en la disciplina.

Las dos áreas fundamentales de investigación básica y desarrollo tecnológico que parecen emerger en la Psicología de las Diferencias Individuales son la inteligencia[25] (y las capacidades mentales) y la personalidad (temperamento y motivación). Estos tópicos se fraccionan en los subcampos de análisis indicados en la tabla 2.2.

Esta primera acotación es importante, dado que estas dos áreas se utilizarán para desarrollar la exposición sobre la teoría e investigación de las diferencias individuales en el capítulo siguiente.

No obstante, hay dos aspectos no tratados en la tabla, que, sin embargo, han caracterizado las investigaciones diferenciales. En primer lugar, el problema de la génesis de las diferencias.

Respecto a esto, se vio en la revisión histórica sobre la Psicología de las Diferencias Individuales que Woodworth había contestado a la pregunta de Terman (1924) que el objetivo final del investigador que utiliza tests es resolver el problema de la heredabilidad de las funciones mentales —un problema de la ciencia pura, según sus palabras.

En segundo lugar, el estudio de los correlatos neuropsicológicos de las dimensiones de las diferencias individuales[26]. Así, por ejemplo, Thorndike (1950), en su revisión reseña estudios sobre el análisis de las bases fisiológicas y neurológicas de las estructuras factoriales de la inteligencia; investigaciones sobre la relación entre las puntuaciones en una serie de instrumentos psicométricos de medida de la inteligencia y los daños cerebrales, y la comparación de sujetos con estos daños y sujetos sin daños (véanse también Anastasi, 1953; Cronbach, 1956; Jenkins y Likken, 1957; DuBois, 1960); análisis sobre los agentes bioquímicos —tiamina y ácido glutámico (véanse también Carroll, 1954;

---

[24] Los autores encargados de realizar estas revisiones anuales ha sido, cronológicamente, los siguientes: R. L. Thorndike, L. E. Tyler, A. Anastasi, J. B. Carroll, L. J. Cronbach, J. J. Jenkins, D. T. Lykken, C. W. Harris, C. E. Bereiter y P. H. DuBois.

[25] Jenkins y Likken (1957) afirman a este respecto: «ciertamente, el constructo más venerable en el campo de la Psicología de las Diferencias Individuales es el de la inteligencia (pág. 88).

[26] En este sentido, Tyler (1965) refiere que el mayor intento sistemático de desarrollar una teoría fisiológica de la inteligencia es el de Krech de la Universidad de California. La unidad básica de análisis es el sistema dinámico; cuanto más compleja sea la organización, mayor será la inteligencia de la persona (véase Livson y Krech, 1956).

TABLA 2.2

Mapa de tópicos de la Psicología de las Diferencias Individuales

Diferencias individuales	Diferencias grupales
Inteligencia (académica, social)	Sexuales (roles, logro, motivación, etc.)
Capacidades mentales (verbal, mecánica, numérica, razonamiento, etc.)	Edad (inteligencia, capacidades, personalidad, etc.)
Rendimiento escolar	
Talentos (musical, pintura, matemático, etc.)	Razas (inteligencia, personalidad, etc.)
Estilos cognitivos (IDC, Reflexivo/Impulsivo, etc.)	Clase social (capacidades, urbano/rural, personalidad, etc.)
Creatividad	Inadaptación social
Aprendizaje	Bilingüismo
Personalidad/Temperamento (neuroticismo, introversión/extraversión, ansiedad, rigidez, etc.)	Retraso mental (inteligencia, personalidad, etc.)
Intereses (salud, trabajo técnico, etc.), valores y actitudes	Superdotados (biografía, niños, científicos, creatividad, etc.)
Sistema afectivo-motivacional	Culturas
	Déficits sensomotores (ciegos, sordos, etc.)
	Déficits orgánicos (daño cerebral, etc.)

Jenkins y Likken, 1957)— intervinientes en la inteligencia; estudios sobre conductividad eléctrica de la piel (Harris y Beretier, 1959; DuBois, 1960) y de concentración de oxígeno en sangre (Jenkins y Likken, 1957); estudios realizados con el electroencefalograma (Tyler, 1951; Carroll, 1954; Jenkins y Likken, 1957; Harris y Bereiter, 1959; DuBois, 1960) y su relación con la inteligencia, y con los estilos de representación mental. Jenkins y Likken (1957) refieren estudios sobre metabolismo cortical y su relación con la inteligencia.

En suma, *la existencia de este tipo de trabajos cuestiona el desinterés de la Psicología de las Diferencias Individuales por las representaciones y procesos básicos, y por las bases neurofisiológicas del comportamiento, que se ha supuesto sistemática y arbitrariamente en cierta literatura de amplio alcance en el proceso de socialización de los psicólogos.*

Por otro lado, también resulta frecuente encontrar en los diferentes trabajos de los autores que han escrito en el *Annual Review of Psychology*, referencias a *estudios longitudinales* de largos períodos de tiempo (por ejemplo, Thorndike, 1950; Carroll, 1954; Cronbach, 1956; Harris y Bereiter, 1959; DuBois, 1960) y a *estudios transculturales*[27] (por ejemplo, Tyler, 1951 —Sudán—, Anastasi, 1953 —Jamaica, Nepal—; Cronbach, 1956 —Sudán—; Harris y Bereiter, 1959; DuBois, 1960 —India, Indios Otomi, Indios Navaho, Maoris de Nueva Zelanda, nativos africanos—).

Finalmente, la creatividad, los estilos cognitivos y el aprendizaje, son temas que han constituido tópicos bajo los cuales se ha generado una gran cantidad de investigación muy relevante para la Psicología de las Diferencias Individuales. En estos campos se ha revelado intensa y sistemáticamente la necesidad ineludible de trabajar sobre las diferencias individuales.

De esta manera, en la investigación de los *estilos cognitivos*, Witkin comenzó junto con Asch a trabajar sobre el tema desde una perspectiva generalista, pero pronto encontró que los individuos diferían consistentemente. A partir de aquí, Witkin ha venido trabajando sobre los estilos cognitivos desde una perspectiva diferencialista (véanse Witkin, 1949; Witkin y col., 1962).

En el campo del *aprendizaje* se ha constatado que los individuos difieren significativamente en el rendimiento que extraen de los procedi-

[27] Tyler (1951) informa del desarrollo de tests para medir, por ejemplo, la inteligencia en el Sudán, o el estudio sobre el Test de Matrices en poblaciones zulú y anglosajonas, etc.

mientos instruccionales al uso, que el tiempo de adquisición difiere significativamente de unos individuos a otros, que los individuos utilizan diferentes estrategias de aprendizaje de manera consistente, etc. (véanse Gagné, 1967; Ackerman, Sternberg y Glaser, 1989).

Clarificado y organizado de esta manera el campo de acción de la Psicología de las Diferencias Individuales, se realizará, para cerrar este capítulo, una serie de consideraciones finales.

4. Consideraciones finales

El objetivo de este capítulo consistía en estudiar los fundamentos de la disciplina que nos ocupa en esta obra, esto es, la Psicología de las Diferencias Individuales, también denominada psicología diferencial.

Para responder a este objetivo, se ha analizado el problema de la alineación de la perspectiva diferencialista frente a la perspectiva generalista. La conclusión a la que se ha llegado a este respecto es que las dos perspectivas obedecen a otros tantos planteamientos que conducen a una escasa posibilidad conciliadora. Es decir, las inquietudes sobre la separación de las dos disciplinas de la psicología científica no parecen responder a la realidad de que, en sentido estricto, constituyen dos maneras radicalmente distintas de encarar el estudio científico del comportamiento de los seres humanos.

Desde este punto de vista, no parece tener demasiado sentido preguntarse en qué puede contribuir el estudio científico de las diferencias individuales para los desarrollos dentro del estudio de la denominada psicología generalista, cuestión esta que ha preocupado a una serie de autores. Para decirlo brevemente, la *perspectiva diferencialista y generalista tienen dos programas de investigación completamente distintos*: la primera pretende aislar las leyes que subyacen a las *diferencias entre las personas*, mientras que la segunda trata de acotar las leyes de una serie de *funciones psicológicas*, independientemente de las personas. Por tanto, resulta difícil resolver el problema de cómo conciliar ambas posturas.

De esta manera, la disciplina que nos ocupa pretende estudiar científicamente las diferencias entre las personas. En este sentido, la teoría del rasgo constituye los fundamentos sobre los que se elevan los desarrollos de la disciplina. Por ello, se ha prestado especial atención a dicha teoría en el presente capítulo, considerando desde las características del constructo rasgo, dentro de la ciencia, hasta cuestiones más concretas relacionadas con el rasgo psicológico, tales como sus características operativas, su dinámica, etc.

Especial mención se ha hecho a la problemática relacionada con la supuesta capacidad de la teoría del rasgo para describir y predecir las diferencias entre las personas, de manera relativamente independiente de las situaciones en las que dichas personas se comportan. Ya se vio que este problema no estaba convenientemente planteado, dado que la teoría del rasgo se encuentra imposibilitada para trabajar sin considerar explicitamente las situaciones en las que se pueden manifestar comportamentalmente dichos rasgos, y, además, no cabe preguntar por la realidad del constructo rasgo, como se ha hecho en no pocas ocasiones.

Respecto a esta cuestión, se vio que la teoría del rasgo no había sido suficientemente asimilada en diversos sectores de la psicología, entre otras cosas, debido a la complejidad matemática que la rodea. La situación resulta ser semejante a la ocurrida a principios de este siglo, con respecto a la disyuntiva entre el uso de los tests diseñados por A. Binet y la perspectiva de trabajo propuesta por Ch. Spearman. La primera resultaba muy cómoda y fácilmente accesible para las personas interesadas en emplear propedéuticamente los resultados de la investigación psicológica, mientras que la segunda conllevaba el manejo de formalismos matemáticos no tan accesibles.

En fin, una vez revisados los tipos de diferencias relevantes para la disciplina, se presentó el panorama de la Psicología de las Diferencias Individuales. A partir de este panorama se ha sostenido que la disciplina de interés aquí, se caracteriza por una estrecha relación entre investigación básica y tecnología, lo que no podría ser de otra manera si se tiene en cuenta que, desde sus primeras fases, la investigación diferencial trata de organizar la realidad psicológica de una manera empírica, satisfaciendo criterios basados en cuestiones tales como la capacidad discriminativa de los constructos al uso, la cual, para resultar funcional, ha de estar montada sobre las diferencias reales entre las personas y ser sensible a las mismas.

En suma, la Psicología de las Diferencias Individuales tiene una teoría clara, de marcado carácter formal, esto es, la teoría del rasgo, que permite abordar organizadamente (en términos empíricos) el problema del estudio científico de las diferencias individuales. A detallar extensamente cómo se trabaja concretamente dentro de la disciplina está dedicado el siguiente capítulo.

3

Teoría e investigación en la Psicología de las Diferencias Individuales

El único medio que tenemos de interpretar la naturaleza son las ideas audaces, las anticipaciones injustificadas, y el pensamiento especulativo; son nuestro sólo *organon*, nuestro único instrumento para captarla (...); los que no están dispuestos a exponer sus ideas a la aventura de la refutación no toman parte en el juego de la ciencia (pág. 261).

K. Popper: *La Lógica de la Investigación Científica.*

1. Organización de la Psicología de las Diferencias Individuales: el marco de los niveles de análisis

El *marco de los niveles de análisis* constituye una perspectiva de referencia para organizar, en términos pragmáticos, los desarrollos teóricos y de investigación de la Psicología de las Diferencias Individuales que se van a estudiar en este capítulo.

Este marco contiene una serie de *niveles racionales de análisis*, a saber: el nivel de rasgo, el nivel cognitivo, el nivel orgánico, y, por último, el nivel genésico y ambiental. Los tres primeros niveles corresponderían al *organismo* en sentido estricto, mientras que los dos últimos se refieren a las *relaciones entre el organismo y el mundo* en el que se comporta (Fig. 3.1).

En este sentido, considerando las recientes tendencias de pensamiento asumidas en este marco de referencia, a saber, la *tesis del acoplamiento estructural* de Maturana y Varela (1990) y los *postulados de la psicología de la evolución* (Buss, 1991) la distinción organismo-ambiente pierde sentido.

Pues bien, en primer lugar, el *nivel de rasgo* (Fig. 3.1) vendría delimitado por los constructos de inteligencia y personalidad tratados, desde una perspectiva psicométrica, por los investigadores de la Psicología de las Diferencias Individuales. De esta manera, convendría recordar la teoría del rasgo estudiada en el capítulo precedente.

Para la teoría del rasgo, las *respuestas* de las personas a una serie de *instrumentos de medida* (por ejemplo, tests) se estudian a través de diversos análisis de carácter matemático que llevan, por un lado, a resolver problemas tales como la fiabilidad y validez de las medidas realizadas, y, por otro, a sostener que las personas utilizan algún tipo de competencia para responder a las tareas, etc. La primera clase de problemas se han venido estudiando mediante la *teoría de tests*, mientras que la segunda cuestión se ha investigado fundamentalmente a través de la *metodología factorial*.

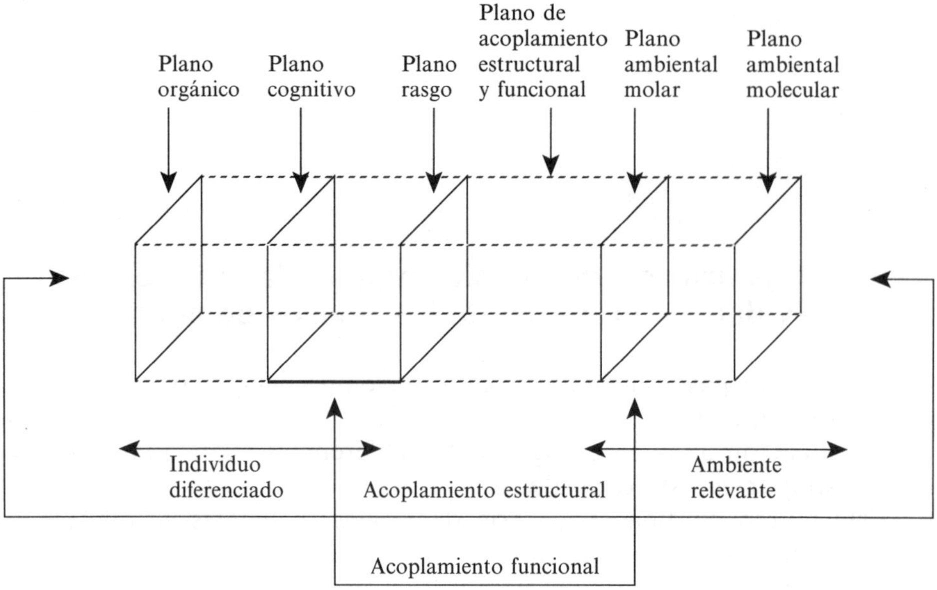

Figura 3.1.—Niveles de análisis de las dimensiones de las diferencias individuales. Por un lado, el individuo diferenciado, con tres planos: rasgo, cognitivo y orgánico. Por otro lado, el ambiente relevante para el individuo diferenciado, en sus dos vertientes: molar y molecular. La zona intermedia corresponde al plano de acoplamiento estructural y funcional entre el individuo y el ambiente, o zona de relaciones específicas. El acoplamiento estructural se realiza entre el plano orgánico del individuo y el plano ambiental molecular, mientras que el acoplamiento funcional tiene lugar entre los planos rasgo y cognitivo y el plano ambiental molar. El estudio de estas zonas de acoplamiento corresponde a la genética comportamental.

La puesta en práctica de la teoría de tests conduce a la realización de *predicciones* sobre el comportamiento de las personas que responden a los instrumentos de medida en un determinado momento temporal.

Por su parte, los resultados de la metodología factorial, esto es, los *factores*, permiten organizar las diversas competencias que las personas parecen activar para responder a las tareas contenidas en los instrumentos de medida. Es decir, los factores representan matemáticamente esas competencias, y se pueden organizar en un modelo descriptivo sobre las diferencias individuales en inteligencia y/o personalidad.

La teoría de tests y la metodología factorial permiten simplificar y organizar, de una manera empírica, el estudio de las diferencias individuales.

En suma, de alguna forma, los rasgos constituyen *resúmenes* delimitados en términos matemáticos y basados en la covariación entre una serie de comportamientos mostrados por las personas (respuestas) ante una serie de tareas estandarizadas. Precisamente sobre estos constructos se localiza la investigación a nivel de rasgo que se trata de delimitar aquí.

En segundo lugar, el *nivel cognitivo* (Fig. 3.1) contendría constructos relativos a las variables de inteligencia y personalidad tratadas en el nivel de rasgo, pero desde una perspectiva distinta. En este sentido, las variables cognitivas constituyen constructos científicos que tratan de resumir los procesos y representaciones utilizados por las personas para, por ejemplo, resolver inteligentemente las analogías verbales contenidas en un test de razonamiento inductivo. O, con otras palabras, el análisis del nivel cognitivo, tendría que permitir averiguar *qué hay detrás del uso de una determinada competencia o capacidad para responder a las tareas de un test.* Veamos.

Es posible mantener que cuando una persona trata de resolver una analogía verbal, como, por ejemplo, «*Barco es a timón (dominio)*, lo que coche es a: *a*) volante; *b*) embrague; *c*) freno, y *d*) salpicadero *(rango)*» utiliza, en primer término, una serie de procesos para *codificar* la información contenida en la analogía. Seguidamente, la persona *extrae la relación* que vincula los elementos del dominio de la analogía. En tercer lugar, *selecciona la alternativa* de respuesta que mejor satisface la relación extraída respecto al primer elemento del rango de la analogía.

Este modelo o hipótesis procesual se contrasta utilizando una serie de *variantes experimentales de la tarea* de analogías. Así, por ejemplo, se manipula la presentación de la tarea, presentando sólo el dominio de la analogía, las alternativas de respuesta, el primer elemento del rango de la analogía, etc.

Esto supone realizar una serie de minuciosos experimentos y, a su vez, analizar detalladamente las *demandas de procesamiento* de cada una de las variantes experimentales de la tarea considerada, para así poder aislar, en su caso, los procesos básicos que están detrás de la competencia necesaria para resolver, a distintos niveles, ese tipo de tareas.

En resumen, el carácter de la investigación a nivel cognitivo difiere de la realizada a nivel de rasgo, donde el interés fundamental consiste en averiguar el nivel de *covariación* entre las diversas respuestas dadas por la persona ante un test de analogías verbales, para saber si esa persona utiliza una determinada capacidad o competencia. Por tanto, no se analizan de manera exhaustiva las estrategias cognitivas utilizadas para resolver cada uno de los ítems contenidos en los tests. Esto último es el objetivo de la investigación a nivel cognitivo.

Lógicamente, tanto la perspectiva psicométrica como la cognitiva responden al objetivo de estudiar las diferencias individuales ante una serie de tareas representantes de las actividades realizadas cotidianamente por las personas. Aunque las estrategias de investigación asociadas a cada uno de los niveles sean distintas, en cualquier caso se trata de lograr información convergente sobre las diferencias individuales en las variables consideradas[1].

Un problema de la investigación de las variables cognitivas como constructos científicos es que tienen una menor capacidad predictiva que los rasgos, lo que desde una perspectiva psicométrica resulta esperable. Para comprender esta afirmación convendría recordar lo comentado en el primer capítulo sobre el estudio de Wissler, o, también, los argumentos manejados alrededor del debate rasgo *versus* situación[2].

En tercer lugar, las variables consideradas a *nivel orgánico* (Fig. 3.1) permiten estudiar el problema de la plausibilidad de los constructos considerados a nivel de rasgo y cognitivo.

Por lo que se refiere a los constructos del nivel de rasgo, el estudio desde el nivel orgánico conllevaría a analizar, por ejemplo, si las personas con altas puntuaciones en CI muestran patrones de activación eléctrica cortical significativamente distintos a las personas con bajas puntuaciones en CI. Un resultado positivo mostraría que el constructo «inteligencia», sobre el que se está trabajando a través del análisis matemático de la covariación entre las respuestas de una serie de personas a otros tantos tests, tiene un refrendo orgánico, y que, por tanto, el constructo inteligencia que se ha *inventado* se refiere a la actividad de un sistema nervioso *real*, activado de hecho ante una serie de tareas que demandan un comportamiento inteligente.

Por lo que se refiere a los constructos del nivel cognitivo, uno de los problemas que se pueden intentar resolver a través del estudio del nivel orgánico es, por ejemplo, si la secuencia de procesos que operan sobre

---

[1] Es este interés el que, finalmente, define el dominio de la Psicología de las Diferencias Individuales, y no el uso de métodos correlacionales o similar.

[2] Un investigador del Laboratorio Max Planck me contó en cierta ocasión que se había esforzado por utilizar una serie de variables cognitivas para realizar predicciones sobre una muestra de personas de la tercera edad. Las cosas no le iban muy bien siguiendo este camino. Por ejemplo, las medidas de tiempo de reacción tomadas sobre determinadas tareas no permitían predecir la evolución posterior de esas personas en situaciones cotidianas relevantes para su programa de investigación. En la desesperación, decidió seguir el consejo de un viejo psicólogo diferencial y utilizar algunos instrumentos psicométricos sobre las variables intelectuales en las que se centraba el programa de investigación. Ante su sorpresa, comenzó a encontrar lo que él dio en calificar de maravillosas regularidades, y, por supuesto, a poder realizar predicciones con una robustez con la que nunca soñó.

determinadas representaciones, contemplada en un determinado modelo cognitivo que concreta una estrategia supuestamente utilizada por una serie de personas al resolver una tarea dada, se corresponde con patrones de activación en la corteza cerebral, vinculados con zonas modulares de la misma, y responsables del procesamiento de distintos tipos de información (verbal, figural, numérica, etc.)[3].

En consecuencia, el estudio de las relaciones entre las medidas del sistema nervioso y las predicciones conductuales sobre los constructos del nivel de rasgo y cognitivo proporcionan una vía para evitar una excesiva proliferación de constructos infalsables sobre la sola base de criterios puramente conductuales (covariación entre las respuestas a un test, latencia y precisión ante variantes experimentales de los ítems o tareas concretas de un test, etc.).

Esto es, el estudio del nivel orgánico permite reducir los problemas de *indeterminación* sobre los constructos del nivel de rasgo y cognitivo, aumentando la seguridad sobre su uso, tanto en la investigación básica de las diferencias individuales como en los contextos (escolares o profesionales) en los que el psicólogo desarrolla su actividad práctica.

Por último, para estudiar el *nivel genésico y ambiental* (Fig. 3.1) es preciso reparar inicialmente en una tesis que resulta fundamental para esta organización racional en niveles, a saber: la *tesis del acoplamiento estructural* (Maturana y Varela, 1990).

El siguiente es un ejemplo que permite ilustrar la tesis del acoplamiento estructural[4].

Desde esta tesis, la experiencia del mundo cromático de los objetos en los seres humanos es independiente de las longitudes de onda procedentes de esos objetos. Así, por ejemplo, si se saca una naranja del interior de una casa a un patio al aire libre, la naranja no cambia de color, a pesar de que el interior de la casa está iluminado por luz fluorescente, que tiene una gran cantidad de onda azul, y en el patio predominan las longitudes de onda rojas, propias de la luz solar. Para Maturana y Varela *(Op. cit.) no hay manera de poner en correspondencia la estabilidad de los colores de los objetos y la luz que procede de ellos.*

Por tanto, la experiencia de un color corresponde a una configuración específica de estados de actividad en el sistema nervioso que su estructura determina. Los estados de actividad neural pueden ser acti-

[3] En este sentido, se revisarán en el apartado dedicado a las diferencias individuales en inteligencia, ejemplos que ilustran esta perspectiva de trabajo sobre el nivel orgánico.

[4] Dado que no es un objetivo aquí realizar desarrollos epistemológicos de alto nivel, véanse Colom, 1993; Colom y Juan Espinosa, 1990, para profundizar en estas cuestiones.

vados por una variedad de perturbaciones luminosas distintas y es el organismo quien correlaciona el nombre de los colores con los estados de actividad neural, *pero no con las longitudes de onda.*

De esta manera, los estados de actividad neural activados por las distintas perturbaciones vienen determinados en cada sujeto por su estructura individual, y no por las características del agente perturbador. Así, *nuestra experiencia está conectada a nuestra posibilidad estructural.* En sentido estricto, no vemos el espacio del mundo, sino que vivimos nuestro campo visual; no vemos los colores del mundo, sino que vivimos nuestro espacio cromático.

Desde esta perspectiva, *no tiene ningún sentido estudiar al organismo como algo aislado de su ambiente.* El organismo utiliza una serie de mecanismos para resolver o plantear los problemas ambientales. Estos mecanismos serán de bajo nivel cuando correspondan a respuestas ancladas filogenéticamente (nivel ambiental molecular; véase ejemplo de la naranja) y de alto nivel, cuando se refieran a las respuestas desarrolladas ontogenéticamente y relevantes para la adaptación de la persona en diversas situaciones (nivel ambiental molar, por ejemplo, las estrategias cognitivas desarrolladas por los ciegos para estimar distancias; véase Blanco y cols., 1992; Fig. 3.1).

En suma, parece necesario estudiar los mecanismos de acoplamiento estructural y funcional entre el organismo y el ambiente (Fig. 3.1). La necesidad de este tipo de investigaciones se ha materializado recientemente en el nacimiento de una nueva disciplina, a saber, la *Psicología de la Evolución*, cuyo objetivo es el análisis, desde una perspectiva evolutiva, de los *mecanismos psicológicos (específicos de dominio) responsables de las diferencias individuales* (Buss, 1991).

Si se pregunta por qué no se hace referencia explícita a las posibilidades de explotar los conocimientos de la psicología ambiental a este respecto, se responderá con los problemas sobre su utilidad en el campo de la Psicología de las Diferencias Individuales, dado que, tal y como sostiene R. Plomin (1988, 1989) después de décadas de ambientalismo radical, todavía no se dispone de medidas precisas y suficientemente fiables sobre las variables ambientales al uso.

Esto es, las medidas realizadas en el campo de la psicología ambiental resultan demasiado globales para el objetivo de estudiar las relaciones entre la persona y el ambiente en el que se comporta[5].

---

[5] Véanse, en este sentido, los argumentos mantenidos en el apartado sobre la genética comportamental (véase Plomin, 1988, 1989).

En fin, la teoría y la investigación en la Psicología de las Diferencias Individuales toma como referencia el modelo *Organismo-Estímulo-Respuesta* y no el paradigma R-R como se ha mantenido en ocasiones (véase Caparrós, 1980). Desde esta perspectiva, los organismos se encuentran dotados de una serie de *mecanismos* psicológicamente relevantes, y específicos de dominio, que permiten seleccionar, provocar y manipular las situaciones. Estos mecanismos de selección, provocación y manipulación, constituyen procesos interactivos que producen correspondencias organismo-ambiente, que conducen finalmente a las diferencias individuales tratadas por la Psicología de las Diferencias Individuales, desde los niveles de análisis contenidos en este marco de referencia.

Como se ha dicho, estos niveles de análisis se utilizarán en este capítulo para la exposición de la teoría y la investigación de las diferencias individuales en inteligencia y personalidad.

Pero *¿cómo se estudian las diferencias individuales a estos niveles de análisis?* Para responder a esta pregunta, se revisarán a continuación las estrategias de investigación que permiten obtener resultados sobre las variables tratadas a cada uno de esos niveles. La aplicación de estas estrategias de investigación a las variables que caracterizan dichos niveles tiene el objetivo de proporcionar resultados que faciliten la resolución del problema de la sobredeterminación del comportamiento de los seres humanos, anunciado en la introducción de esta obra.

2. Estrategias para la investigación de los niveles de análisis

> No es deseable especificar un método propio de la Psicología de las Diferencias Individuales. Cuando esto se hace se suele acudir al análisis factorial. No obstante, el análisis factorial no es nada más que un paso en el proceso de identificación de los rasgos; pero hay otras posibilidades. Tal y como ha mantenido la mayor parte de los analistas factoriales, el estatus de un rasgo, su utilidad científica, y su «realidad», depende de su identificación y medida en diversas situaciones a través de una variedad de técnicas (pág. 80).
>
> J. J. Jenkins y D. T. Lykken (1957).

Antes de revisar las estrategias concretas que se pueden utilizar para investigar las diferencias individuales en cada uno de los niveles de análisis delimitados en el apartado anterior, se presentará un marco general para la investigación en el ámbito de la Psicología de las Diferencias Individuales, siguiendo a un autor fundamental en la disciplina, a saber, Raymond Bernard Cattell.

Este marco general permite considerar, desde un principio, las diversas necesidades de una investigación, y, como consecuencia, organizar las etapas necesarias para responder a los problemas planteados por un determinado programa de investigación dirigido al estudio de las diferencias individuales en variables de inteligencia y/o personalidad.

Posteriormente, se revisará una serie de estrategias para el análisis de las dimensiones de las diferencias individuales en el *nivel de rasgo*. Estas estrategias se corresponden con la metodología multivariada considerada en los manuales disponibles en la literatura, que, hasta cierto punto, son resultado de los desarrollos de los herederos de F. Galton y K. Pearson.

A continuación, se analizarán las estrategias disponibles para el estudio del *nivel cognitivo*, esto es, las representaciones y los procesos cognitivos subyacentes a las capacidades o competencias mentales analizadas a nivel de covariación entre respuestas por la perspectiva psicométrica. La idea aquí consiste en proponer tareas experimentales similares a las contenidas en los tests de aptitud, para analizar minuciosamente las representaciones y procesos utilizados diferencialmente por las personas para resolver esas tareas de interés. Resultados habituales de este tipo de estrategias de investigación suelen ser diagramas de flujo en los que se detallan los procesos que hipotéticamente operan sobre determinadas representaciones, así como la secuencia concreta que va a dar en una determinada *estrategia cognitiva.*

Se reparará seguidamente en una serie de estrategias y técnicas para la investigación del *nivel orgánico*, cuyos resultados aportan plausibilidad, restringen y aseguran los constructos y modelos de los niveles de rasgo y cognitivo.

Finalmente, se presentará una teoría que trata de fundamentar el estudio del problema de la génesis de las diferencias individuales, a saber, la teoría *genética cuantitativa*, así como las estrategias de investigación asociadas a la misma.

Por tanto, todas estas estrategias permiten virtualmente la investigación de las diferencias individuales en inteligencia y personalidad, a los distintos niveles contenidos en el marco de referencia detallado anteriormente. En este sentido, la Psicología de las Diferencias Individuales ha de utilizar todas estas estrategias para la investigación de las dimensiones de las diferencias individuales, dado que el hecho de que el comportamiento de los seres humanos se encuentra sobredeterminado hace necesaria la búsqueda sistemática de validez convergente sobre los constructos científicos de interés.

En suma, *el estudio científico de las diferencias individuales requiere diversas estrategias de investigación convergentes para lograr validar las dimensiones básicas de las diferencias individuales.*

Comentar finalmente que, dado que una disciplina se desarrolla sobre los programas de investigación que la representan, se ha considerado necesario incluir unos apéndices que contuviesen una explicación más detallada de las estrategias y técnicas de investigación asociadas para el estudio científico de las diferencias individuales a los diversos niveles de análisis considerados aquí (véanse apéndices 1, 2 y 3).

2.1. La investigación de las diferencias individuales: marco general

Para R. B. Cattell (1966, 1988a) la investigación suele comenzar cuando el investigador advierte una determinada regularidad que le llama la atención, y no cuando se establecen hipótesis formales. De esta manera, Cattell (1988a) sostiene que el método hipotético-deductivo no constituye una explicitación conveniente de la investigación científica real, dado que: *a*) aísla un único enlace —por ejemplo, la contrastación de una hipótesis específica— a partir de algo que realmente es una cadena, o, más exactamente, una *espiral*, y *b*) se refiere a la hipótesis. Por tanto, el método hipotético-deductivo no advierte que la intuición del investigador se encuentra antes que la elaboración de una hipótesis formal.

Esto quiere decir que el método hipotético-deductivo sólo describe la vertiente pública de la investigación científica, dejando fuera la parte exploratoria (científicamente más creativa). De esta manera, es el proceso inductivo y no en el deductivo el que se sitúa al comienzo de la investigación científica. Y esto es precisamente lo que trata de explicitar *la espiral inductivo-hipotético-deductiva* (EIHD; Fig. 3.2) propuesta por Cattell (1966, 1988a).

En este sentido, la metodología multivariada permite advertir inductivamente los hechos relevantes de la realidad, esto es, *identificar y organizar empíricamente* una serie de dimensiones. Por tanto, en primer lugar, se produce *una observación o un experimento.* Cattell (1988a) a este respecto, escribe que un experimento es:

> Un registro de observaciones, sean estas cuantitativas o cualitativas, realizado a través de una serie de operaciones definidas y registradas, y en condiciones también definidas; a continuación se realiza un análisis matemático de los datos para encontrar las relaciones significativas (pág. 22).

Bajo esta definición de experimento cae la observación, la medida de un evento natural y las situaciones artificiales diseñadas para el trabajo en el laboratorio de experimentación. Esto quiere decir que, para Cattell (1988a), un experimento es sólo un subdiseño dentro de un diseño más amplio, a saber, la *investigación científica.*

Por su parte, la ciencia trata de establecer leyes generales que puedan contrastarse empíricamente y que permitan realizar deducciones que amplíen la comprensión teórica y el control práctico. En este sentido, el término «leyes generales» debe incluir generalizaciones sobre los *procesos* y las *estructuras* de los fenómenos relevantes que se puedan observar.

Pues bien, una vez realizada la observación o el experimento inicial, en segundo lugar *(Fase Inductiva)* se extraen por inducción regularidades que permiten, en tercer lugar *(Fase Hipotética)*, construir hipótesis. En cuarto lugar *(Fase Deductiva)* se deducen consecuencias a partir de la observación o del experimento. Esto lleva, de nuevo, a la fase de observación o experimentación, reiniciando de esta manera el ciclo, en una espiral sucesiva de inducción-construcción de hipótesis y deducción de consecuencias (Fig. 3.2).

Una consecuencia de este marco de referencia general es que, para analizar las diferencias individuales, el investigador puede utilizar tanto las estrategias correlacionales como las experimentales. No obstante, cuando un investigador estudia experimentalmente un determinado problema sobre diferencias individuales, las variables que manipula se han extraído inductivamente de un contexto relevante y no responden a sus supuestos racionales (práctica que ya Spearman denunció en 1904; véase capítulo primero de esta obra).

Desde este punto de vista, un modelo estructural (psicométrico, factorial) de la inteligencia o de la personalidad (véase más adelante) correspondería a una fase descriptiva en la que se organiza empírica-

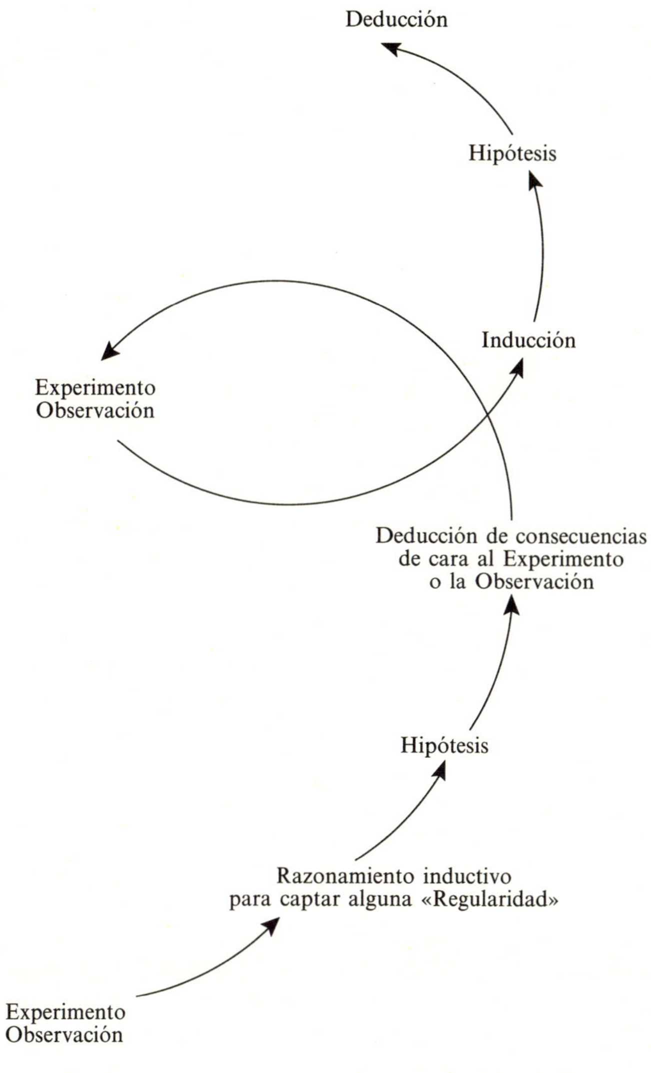

Figura 3.2.—La espiral-inductivo-hipotético deductiva de R. B. Cattell (1966) como marco genérico para los problemas de investigación.

mente un determinado ámbito de investigación[6]. Los resultados de esta fase descriptiva preceden y tienden a facilitar la investigación experimental de las diversas dimensiones descriptivas de las diferencias individuales. Además, coordina la interpretación de los resultados experimentales, al tomar como referencia una estructura teórica organizada empíricamente sobre la base de diferencias individuales reales.

Un ejemplo de proyecto como el descrito es el realizado por J. P. Guilford (1967) con su modelo estructural sobre la inteligencia (véase más adelante). A su vez, el análisis experimental de las representaciones y los procesos cognitivos subyacentes a las diferencias individuales, medidas a través de los instrumentos psicométricos al uso, también ejemplifica esta idea.

En suma, la Psicología de las Diferencias Individuales no debe identificarse, ni con las estrategias correlacionales, ni con las experimentales. Las diferencias individuales pueden y deben estudiarse mediante las estrategias experimentales disponibles[7], pero en el contexto del marco definido por un determinado programa de investigación.

Una manera de presentar un programa marco ideal más concreto para la investigación de las diferencias individuales podría ser el propuesto por Cattell (1988b; Fig. 3.3).

Este programa marco ideal comenzaría con un *tema*, esto es, alguna regularidad llamativa para el investigador. Este tema, en su caso, puede sugerir hipótesis que llevan a delimitar el tipo de relaciones a estudiar. El siguiente paso consiste en la construcción de una *taxonomía* para ilustrar y enriquecer la hipótesis inicial.

Por su parte, un *plan de investigación* tiene que contemplar cuatro fases relacionadas, a saber, *a*) la teoría o hipótesis; *b*) el sistema de relación o taxonomía; *c*) el diseño experimental, y *d*) el análisis matemático.

En este contexto, la *investigación* es la categoría más general, dado que incluye el tema y el *plan de investigación* (que requiere especificar los procedimientos que se van a utilizar para analizar los problemas teóricos de interés). Este plan de investigación incluye, como se ha dicho, *a*) el sistema de relaciones sobre el que se va a trabajar; *b*) el

[6] Aunque, en cualquier caso, también facilita el establecimiento de predicciones científicas de carácter básico y/o aplicado.

[7] El razonamiento aquí es similar al utilizado por Terman (1924). Así, igual que no tiene sentido identificar los tests mentales con el estudio de las diferencias individuales, tampoco tiene sentido identificar el experimento de laboratorio con la búsqueda de universales.

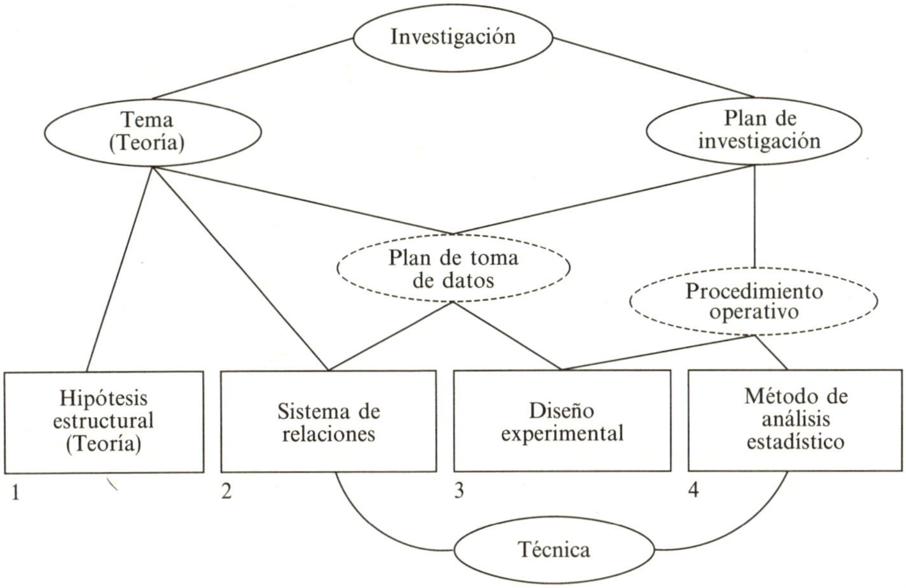

Figura 3.3.—Cuestiones a considerar explícitamente en el diseño de un programa de investigación para estudiar las dimensiones de las diferencias individuales (Cattell, 1988b) (adaptado de Cattell, 1988b).

diseño experimental para obtener datos, y *c*) el método matemático de análisis de esos datos.

Entre el tema y el plan de investigación, por un lado, y las categorías primarias, por otro, se localizan el plan de toma de datos y el procedimiento operativo.

El *sistema de relaciones* y el *diseño experimental*, por su parte, son unidades que pertenecen al plan de toma de datos, mientras que el diseño experimental y el *método de análisis* pertenecen al procedimiento operativo.

Por otro lado, la combinación del sistema de relaciones y del método de análisis constituye la *técnica*.

2.2. Las estrategias para la investigación de las diferencias individuales a nivel de rasgo

Los *métodos comparativos* se han utilizado habitualmente en la investigación psicométrica de los constructos del nivel de rasgo. La estructura de estos métodos comparativos es similar a la de los métodos experimentales y cuasi-experimentales, de manera que es necesario considerar un grupo experimental y un grupo control, pero, en este caso, el investigador no manipula, o no puede manipular, la variable independiente.

Los métodos comparativos más sencillos, esto es, la metodología uni y bivariada, se han utilizado mucho en la investigación de las diferencias individuales, pero se han ido sustituyendo progresivamente por una metodología multivariada, dada la escasa rentabilidad de la primera para describir la complejidad del comportamiento de los seres humanos.

El método comparativo[8] supone las siguientes fases (Burgaleta[9] y Fernández, 1985):

1. Identificar las poblaciones que difieren en la variable independiente de interés para la investigación.
2. Fijar el tamaño de la muestra necesario para realizar la investigación, y el procedimiento a utilizar para extraer la muestra.
3. Seleccionar muestras representativas a partir de las poblaciones de interés.
4. Seleccionar o construir los instrumentos para medir las variables dependientes de interés.
5. Determinar el procedimiento y el lugar de recopilación de datos.
6. Establecer las categorías para clasificar los datos, y seleccionar las técnicas matemáticas de análisis de datos.

Los *métodos comparativos correlaciones* se pueden clasificar, inicialmente, en bivariados o multivariados, *dependiendo del número de variables* consideradas en los diferentes modelos metodológicos. Aquí nos centraremos en la metodología multivariada, por las razones ya comentadas[10].

La metodología multivariada difiere de la univariada o bivariada en que no trata el análisis de la media y la varianza de una sola variable, o la relación entre dos variables. Así, *la metodología multivariada analiza las covarianzas o correlaciones indicadoras de la amplitud de la relación entre tres o más variables* (Dillon y Goldstein, 1984).

---

[8] Dentro de los métodos comparativos, en sentido estricto, se pueden distinguir los métodos transversales, los métodos longitudinales y los métodos retrospectivos.

[9] Me gustaría dejar constancia aquí de mi agradecimiento como investigador interesado por las diferencias individuales al recientemente fallecido profesor Burgaleta, por los esfuerzos que ha realizado en pos de la disciplina de la que se ocupa este libro y por la impronta imborrable que ha dejado en la psicología española interesada por las diferencias humanas.

[10] Para ejemplificar con claridad esta afirmación basta revisar el impresionante Manual editado por Nesselroade y Cattell en 1988.

En este sentido, Baltes y Nesselroade (1973) señalan tres supuestos que caracterizan la investigación multivariada. En primer lugar, cualquier variable dependiente (consecuente) puede ser función de múltiples determinantes (antecedentes). En segundo lugar, cualquier determinante o antecedente puede tener múltiples consecuencias. Finalmente, el estudio de las relaciones múltiples antecedente-consecuente supone un modelo útil para organizar sistemas complejos como los de la investigación psicológica. Las representaciones de explicación y causación sobre estos tres puntos suponen una gran cantidad de relaciones que han llevado a desarrollar una serie de métodos multivariados[11].

Para clasificar los diversos modelos correlacionales relevantes para la disciplina, se ha venido estableciendo una distinción entre modelos de dependencia y modelos de interdependencia (véanse Dillon y Goldstein, 1984; Sánchez Cánovas, 1983).

Por un lado, los *modelos de dependencia* «se centran en la asociación entre dos conjuntos de variables (predictoras y criterio)» (Dillon y Goldstein, 1984, pág. 19) y tratan de explicar o predecir una o más medidas criterio, basándose en una serie de variables predictoras. Los diferentes modelos de dependencia dependen de la naturaleza y el número de variables (véase la Fig. 3.4).

Por otro lado, los *modelos de interdependencia* «se centran en la asociación mutua entre las variables, sin distinguir entre tipos de variables» (Dillon y Goldstein, 1984, pág. 19) y tratan de aislar la estructura subyacente de los datos mediante la simplificación resultante de reducir los datos a un número menor de dimensiones. El modelo de interdependencia a utilizar dependerá de la naturaleza de los datos (véase la Fig. 3.4).

En cualquier caso, esta clasificación no contempla los modelos causales, que, en los últimos años, se están desarrollando exponencialmente, tanto en el campo de la investigación básica como en el terreno aplicado.

Por ello, quizá el *objetivo de la investigación* constituya un criterio más conveniente para clasificar la metodología multivariada. El resultado de aplicar este criterio da como consecuencia la distinción entre *modelos de covariación, modelos predictivos y modelos causales* (véase apéndice 1). Los modelos de covariación corresponderían a lo que

[11] Nesselroade y Cattell (1988) afirman a este respecto: «para los lectores con una gran memoria diremos que parece que, junto con el nuevo vino que se ofrece (en la metodología multivariada), se puede identificar vino viejo en las nuevas botellas» (pág. 205).

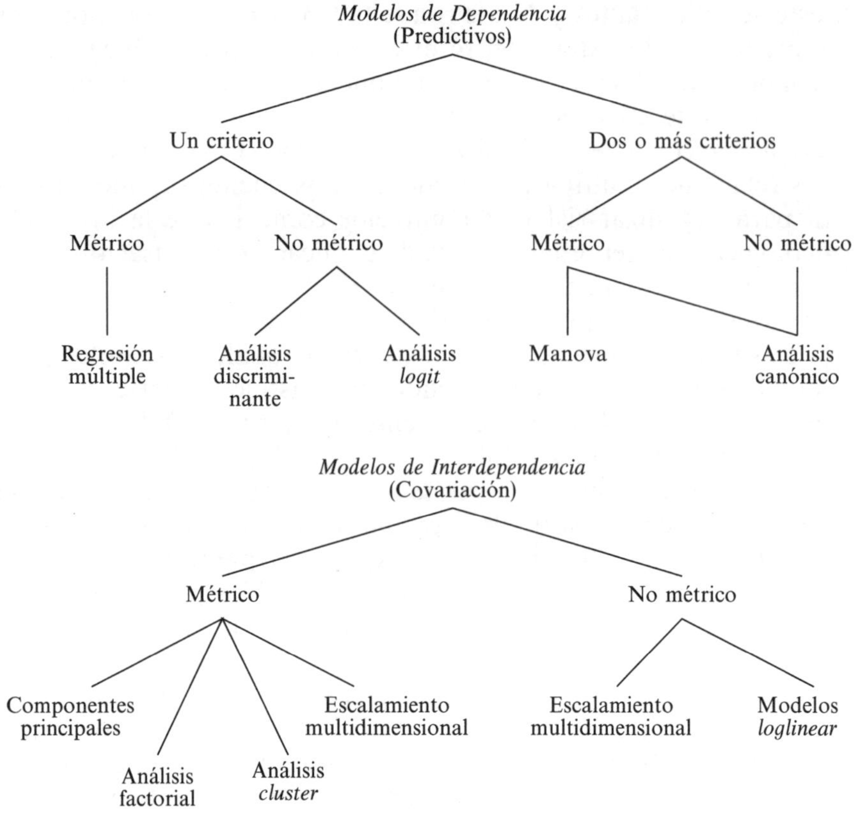

Figura 3.4.—Modelos de dependencia (predictivos) y de interdependencia (de covariación) según la clasificación de Dillon y Goldstein (adaptación de Dillon y Goldstein, 1984).

Dillon y Goldstein (1984) denominan técnicas de interdependencia, y los modelos predictivos a las técnicas de dependencia (Fig. 3.4).

De entre los diversos *modelos de covariación* destacan, el análisis factorial, el escalamiento multidimensional y el análisis *cluster* (apéndice 1).

Así, en primer lugar, el objetivo del *análisis factorial* es describir las relaciones entre las variables de una *matriz de correlaciones*, reduciéndola a una serie de dimensiones relativamente independientes y conceptualmente significativas, a saber: los *factores*.

Los pasos necesarios para realizar un análisis factorial son:

1. El cálculo de una matriz de correlaciones.
2. La extracción inicial de factores.

3. La aplicación de una serie de procedimientos de rotación de factores para ayudar a su interpretación psicológica.

El *escalamiento multidimensional*, por su parte, constituye un procedimiento para medir las relaciones entre una serie de estímulos que varían en diversas dimensiones psicológicas de relevancia.

El escalamiento se utiliza para determinar:

1. El número de dimensiones necesarias para describir los juicios de una persona sobre la similitud entre una serie de estímulos.
2. La posición (valores escalares) de los estímulos en esas dimensiones.
3. La naturaleza de las dimensiones psicológicas.

Los estímulos pueden variar en dimensiones físicas conocidas, tales como el tamaño, el color, la textura, etc. de una variedad de figuras geométricas, en cuyo caso el objetivo es averiguar *cómo utilizan las personas esas dimensiones para realizar sus juicios.* Los estímulos también pueden ser fotografías de personas o enunciados actitudinales, en cuyo caso el objetivo es identificar cuáles *son las dimensiones psicológicas que utilizan las personas para realizar sus juicios.*

Por último, el objetivo del análisis cluster es identificar los grupos de personas que realizan, de manera significativamente similar, las pruebas utilizadas en una determinada investigación, por lo que el análisis *cluster* consiste en realizar una especie de análisis factorial invertido.

El análisis *cluster* determina los perfiles de puntuaciones en varios factores para diferentes grupos *(clusters)* de *sujetos* (que puntúan parecido en una serie de pruebas) partiendo de que no hay un único perfil para todos los sujetos.

Por lo que se refiere a los *modelos predictivos* (apéndice 1) suelen ser usuales el análisis de regresión múltiple, el análisis discriminante, la correlación canónica, el análisis multivariado de varianza (manova) y el análisis multivariado de covarianza (mancova).

En primer lugar, el *análisis de regresión múltiple* estudia las relaciones entre una variable dependiente (Y) y una combinación lineal de dos o más variables independientes ($X_1, X_2, \ldots$). Esas relaciones se describen mediante una *ecuación de regresión* múltiple de la forma:

$$Y = b_0 + b_1 X_1 + b_2 X_2 + \ldots$$

Los pesos (*b*) que se atribuyen a las variables independientes se denominan *coeficientes de regresión múltiple*. Cuando se utiliza para predecir el rendimiento, la ecuación de regresión se denomina *ecuación de predicción múltiple*. La variable *Y* se denomina variable criterio y las variables *X* se denominan variables predictoras.

En segundo lugar, el *análisis discriminante múltiple* se utiliza para clasificar a una serie de personas en dos o más grupos (variable dependiente o criterio) a partir de una serie de variables independientes o predictoras. El análisis produce una o más ecuaciones (funciones discriminantes) similares a las ecuaciones de regresión. De esta forma, la función discriminante constituye una combinación ponderada de las medidas predictoras que permiten, en su caso, maximizar las diferencias en las puntuaciones de los dos grupos de sujetos.

El *análisis de correlación canónica*, en tercer lugar, permite correlacionar dos conjuntos de variables. Uno de los conjuntos, compuesto por dos o más variables *X*, contiene variables predictoras, mientras que el otro conjunto, compuesto por dos o más variables *Y*, contiene variables criterio. Los métodos de correlación canónica aíslan los pares de combinaciones lineales máximamente correlacionados de estos dos conjuntos de variables. Un par consiste en una combinación lineal de variables *X* y una combinación lineal de variables *Y*, correlacionado entre los sujetos. Cada combinación lineal se denomina variación canónica.

El *análisis multivariado de varianza (manova)* por su parte, contrasta el nivel de significación de las diferencias entre medias, estudiando el efecto de una serie de variables independientes sobre dos o más variables dependientes. El nivel alfa[12] no se altera al aumentar el número de variables dependientes, dado que los criterios de interpretación son los mismos que en el análisis de varianza, y, por tanto, se evita inflar las diferencias entre los grupos por causa de la correlación entre las variables dependientes.

Finalmente, el *análisis multivariado de covarianza (mancova)* aísla los efectos de una variable correlacionada con dos o más variables dependientes. Trata de analizar la variabilidad de las variables dependientes no explicada por las variables extrañas.

Por su parte, los representantes más significativos de los *modelos causales* son el *path analysis*, el modelo de estructura de covarianza (LISREL) y el análisis de estructura latente (apéndice 1).

---

[12] Es decir, el riesgo estadístico que se está dispuesto a correr al tomar una decisión.

Los modelos casuales tratan de contrastar teorías estructurales sobre un determinado fenómeno de interés (la capacidad verbal, la introversión, el rendimiento académico, etc.). Estas teorías estructurales suelen representar los procesos causales responsables de una serie de observables (medibles). Así, los modelos estructurales/causales:

> Hipotetizan y especifican detalladamente los procesos relativos a los efectos relacionados que operan entre las variables bajo las condiciones oportunas, y tratan de averiguar si un conjunto relevante de datos observados es consistente con los procesos hipotéticos previstos. Así, los modelos causales constituyen un método confirmatorio dirigido a la evaluación de teorías (Bentler, 1988, pág. 317).

Los modelos causales tratan de responder a preguntas sobre posibles causas. Las medidas serán resultado de una serie de fenómenos previos (causas).

Así, por ejemplo, los modelos causales permiten examinar las causas del desempleo o de la inflación, tomando posibles variables causales como los salarios y el gasto gubernamental. También permiten analizar los efectos del nivel educativo en la adolescencia, tomando como referencia los logros de los padres, el ambiente socioeconómico y las expectativas de sus compañeros sobre sus aspiraciones vocacionales. Asimismo, se puede estudiar el problema de si las puntuaciones en los tests de inteligencia están relacionadas causalmente con la raza, el sexo y/o el nivel educativo, considerando el ambiente del estudiante como una posible variable interviniente, etcétera.

Pues bien, el *path analysis* estima los parámetros de una serie de ecuaciones estructurales lineales que representan a las relaciones causales. Estas ecuaciones estructurales se tratan por separado. Por su parte, las relaciones entre las variables son aditivas y lineales, y no se trata el problema de la causación recíproca.

En segundo lugar, el modelo de estructura de covarianza coordina el análisis factorial confirmatorio (véase apéndice 1) y el modelo de ecuaciones estructurales de la econometría, con el objetivo de explicar las relaciones entre una serie de variables observadas, a partir de una serie menor de variables no observables. Las relaciones entre las primeras variables se caracterizan por sus covarianzas. Las relaciones entre las segundas se tratan a través de un modelo estructural.

LISREL, en este sentido, maneja el error de medida, los residuos y la causación recíproca. Para ello, utiliza la estimación de máxima verosimilitud, esto es, estima *simultáneamente* todos los parámetros relevantes.

Por último, el *análisis de estructura latente* se refiere a sistemas causales de factores latentes y variables manifiestas discretas (categóricas).

2.3. Las estrategias para la investigación de las diferencias individuales a nivel cognitivo[13]

En los últimos treinta años, los investigadores de las diferencias individuales han analizado, de manera sistemática, las relaciones entre las capacidades mentales estudiadas con la metodología multivariada y los resultados experimentales relacionados con dichas capacidades desde una perspectiva cognitiva[14].

---

[13] Escriben Carrol y Maxwell (1979): Los tópicos tradicionales de la Psicología de las Diferencias Individuales siguen recibiendo atención en la investigación contemporánea. Estos tópicos incluyen: la identificación y medida de las dimensiones de las diferencias individuales; modelos de las relaciones estructurales entre estas dimensiones; el origen, desarrollo y posible declive de las diferencias en capacidad intelectual en función de: 1. Los factores genéticos y madurativos. 2. Los factores ambientales como las oportunidades de aprendizaje, la práctica y el transfer; y las aplicaciones de la Psicología de las Diferencias Individuales a los problemas de la evaluación, selección, orientación y entrenamiento de los individuos. No obstante, una nueva tendencia es resultado de un noviazgo en ciernes, pero incierto y dudoso, entre dos disciplinas de la psicología tradicionalmente separadas —la psicometría, por un lado, y la psicología experimental cognitiva, por otro—. Todavía no está claro si este noviazgo terminará en matrimonio o en otro tipo de cohabitación, pero el número de investigaciones sobre las diferencias individuales en los procesos cognitivos identificados mediante experimentos de laboratorio con tareas cognitivas como la comparación de estímulos, la rotación mental de representaciones espaciales, el reconocimiento y recuerdo de series de estímulos verbales o figurales, y la comprensión de frases —en resumen, tareas muy semejantes o idénticas a las que se pueden encontrar en los tests habituales de aptitudes y capacidades— va en aumento. Parte de esta literatura está orientada hacia una mejor comprensión de la naturaleza de estas aptitudes y capacidades (...); realmente estas tendencias recientes representan una nueva aparición de tendencias ya apuntadas a finales del siglo pasado cuando J. M. Cattell, Binet, Spearman y otros autores trataron de medir la inteligencia, con poco éxito, mediante observaciones de procesos simples tales como la discriminación sensorial, el tiempo de reacción de elección y la amplitud de memoria. Lo que es realmente nuevo es una tecnología experimental más precisa y una aproximación más elaborada para el estudio de los procesos mentales (págs. 604-605).

En este trabajo para el *Annual Review of Psychology*, Carroll hace una breve reflexión de lo que ha sido de la psicología diferencial desde que realizó su anterior contribución a esta revista (véase Carroll, 1954): «un viento fresco parece venir de la psicología cognitiva; mi predicción es que esa perspectiva será capaz de reformar radicalmente la psicometría y la teoría de las diferencias individuales (...); en cualquier caso, parece claro que hay escasas posibilidades de que los instrumentos psicométricos estándar vayan a ser sustituidos por series de medidas sobre el tiempo de reacción o algo parecido. No obstante, las nuevas tendencias pueden impulsar a los teóricos de las diferencias individuales a revisar los supuestos tradicionales y a los psicómetras a reestructurar los tests y procedimientos para tratar de explicar las interacciones entre los procesos psicológicos y los contenidos mentales empleados por diferentes individuos ante diversas condiciones (Carroll y Maxwell, 1979, págs. 633-634).

A este respecto, R. J. Sternberg (1981) mantiene que «el largo noviazgo de los métodos experimentales y los métodos diferenciales terminarán finalmente en matrimonio» (pág. 1188).

[14] En cualquier caso, ya L. Thurstone (1940) se preocupó de la explicación de las capacidades mentales en los términos de una teoría procesual. Esto se refleja en sus intentos de examen causal

Metodológicamente, el análisis de las relaciones entre las capacidades mentales derivadas del estudio de la covariación entre las respuestas dadas por las personas a una serie de instrumentos de medida (nivel de rasgo) y las representaciones y los procesos cognitivos estudiados experimentalmente en el laboratorio variando las demandas de procesamiento de las tareas contenidas en los tests (nivel cognitivo), puede dividirse genéricamente en dos fases: *fase descriptiva* y *fase explicativa* (Carroll, 1982).

Por su parte, la *fase descriptiva* correspondería al estudio de las relaciones entre los factores representantes de las capacidades o competencias utilizadas por las personas para resolver las tareas contenidas en los tests de inteligencia, y las medidas de los parámetros velocidad y precisión derivados del estudio de los patrones de respuesta de las personas a una serie de variantes experimentales de las tareas de interés.

Por otro lado, la *fase explicativa* analizaría las estrategias cognitivas que utilizan las personas para resolver una serie de tareas indicadoras de conducta inteligente (por ejemplo, los ítems de un test de capacidad de razonamiento inductivo). El estudio de esas estrategias conlleva, a término, la investigación experimental de las representaciones y los procesos cognitivos concretos que las configuran.

La identificación experimental de las estrategias cognitivas, usadas eventualmente para resolver una serie de tareas, depende de la detec-

para inferir el significado psicológico de los factores identificados a través de la técnica multivariada del análisis factorial. Para ello Thurstone (1940) consideraba necesario «trabajar con experimentos de laboratorio para analizar mejor los factores primarios» (pág. 204). E incluso antes de Thurstone, Spearman (1923) había desarrollado una teoría sobre los procesos cognitivos, algo de lo que ya se ha hablado anteriormente (véase McFarland, 1928, para una revisión de los trabajos desde Galton sobre las diferencias individuales en velocidad de procesamiento). Carroll y Maxwell (1979) afirman: «los estudios sobre los tests cognitivos en la psicometría han estado siempre inspirados al menos en parte por una perspectiva procesual de la actividad mental; en realidad, Galton, Binet, Spearman y Thurstone pueden considerarse como los primeros psicólogos cognitivos. No hay nada en las teorías analítico-factoriales que exija que las variables sean las puntuaciones derivadas de los tests psicométricos de papel y lápiz; las variables pueden ser también observaciones (TRs, parámetros pendientes, etc.) hechas en el estudio de tareas de laboratorio. La utilización del análisis factorial y otras metodologías correlacionales por la actual generación de psicólogos cognitivos es realmente una continuación de una tradición previamente establecida». (pág. 607). Por su parte, R. J. Sternberg (1981) afirma: «El contenido de la mayor parte de los tests de capacidades mentales se derivan de las investigaciones de la Psicología Diferencial. Dado que la Psicología Cognitiva estudia los mismos fenómenos estudiados por la Psicología Diferencial, proporciona una serie de operaciones convergentes para la comprensión de las capacidades mentales en un marco teórico diferente al generado a partir de los tests mentales. Aunque los psicólogos cognitivos tienden a enfatizar la importancia de la variación de los estímulos y los psicólogos diferenciales tienden a acentuar la importancia de la variación individual, ambos estudian conductas similares y en algunos casos idénticas» (pág. 1181).

ción de diferencias individuales en una serie de parámetros procesuales de relevancia. En este sentido, para Carroll (1979) el hecho de que esos parámetros sean específicos de los procesos cognitivos aislados conduce a identificar una nueva serie de rasgos individuales escasamente relacionados con las capacidades mentales de los estudios psicométricos clásicos. Además, aunque se han encontrado relaciones significativas entre esos procesos cognitivos y las capacidades mentales psicométricas, el procedimiento metodológico descriptivo no permite explicar las diferencias individuales en las representaciones y los procesos cognitivos, esto es, conocer qué está detrás del uso de una determinada competencia o capacidad.

Por otro lado, en el estudio de las variables procesuales se suelen utilizar mal (o infrautilizar) los métodos habituales de la Psicometría[15]. Así, por ejemplo, en una investigación se encontraron correlaciones significativas entre medidas de CI y determinadas variables procesuales relacionadas con la memoria a corto plazo (véase Cohen y Sandberg, 1977). No obstante, la investigación se paró ahí, cuando el siguiente paso necesario hubiese sido concretar esa relación, esto es, conocer qué hay tras esa correlación.

Además, en la literatura sobre la investigación de las diferencias individuales en las variables cognitivas al uso, no se suele advertir de manera explícita que la variable tiempo de reacción, usada a discreción a este nivel, es poco fiable, muy variable, y no se distribuye normalmente (véanse Carroll, 1979; Hunt y McCleod, 1979).

Cuando los investigadores interesados por las diferencias individuales realizan estudios experimentales desde una perspectiva descriptiva, y

[15] Detterman (1989) hace una serie de consideraciones relevantes para el estudio de la inteligencia en el futuro: 1. Habrá que considerar que un *N* menor de 100 constituye una muestra relativamente pequeña para el estudio de las diferencias individuales. No obstante, una gran parte de las investigaciones sobre la inteligencia utilizan muestras muy pequeñas; 2. Habrá que utilizar sistemáticamente los procedimientos de corrección de las correlaciones: *a*) la corrección por la poca variabilidad de la muestra permite tratar el problema de trabajar sobre poblaciones muy homogéneas (por ejemplo, estudiantes universitarios); el proceso de corrección ajusta las correlaciones a aquellas que se podrían esperar si no se hubiese utilizado una población homogénea; *b*) la corrección por baja fiabilidad. Estos dos procedimientos de corrección permiten comparar los resultados de diferentes investigaciones independientemente de cómo se haya realizado el trabajo (en cuanto a las muestras), lo que parece deseable. En cualquier caso, habrá que indicar la correlación sin corregir y corregida. 3. El problema de la fiabilidad: los nuevos investigadores que estudian las diferencias individuales no caen en la cuenta de la importancia de que la medida dependiente sea fiable. No obstante, cuando se trabaja sobre las diferencias individuales, la fiabilidad es esencial. 4. las teorías formales: el problema en las ciencias sociales es que hay demasiadas teorías. 5. Por último, en la construcción de teorías y modelos habrá que considerar explícitamente la plausibilidad biológica de los mismos para restringir los grados de libertad de los teóricos.

someten sus datos a los habituales métodos factoriales, suelen cometer una serie de errores típicos (Carroll, 1979; apéndice 1): sobre los sujetos, sobre las variables, sobre los factores, sobre los niveles de capacidad, sobre el método de componentes principales, sobre los procedimientos de rotación factorial, sobre la dependencia experimental y, por último, sobre el diseño del propio análisis factorial,

1. *Los errores sobre los sujetos* consisten en utilizar un número de sujetos demasiado bajo, problema que se complica cuando se estudia un gran número de variables que, en ocasiones, puede superar el tamaño de la muestra de sujetos.
2. *Los errores sobre las variables* suelen venir del uso de pocas variables. Además, las matrices de correlación (variables × variables) suelen mostrar habitualmente un gran número de valores negativos.
3. *Los errores sobre los factores* se dan cuando aparecen en la matriz factorial demasiadas saturaciones negativas. De alguna forma, este problema se deriva del gran número de valores negativos presentes en la matriz de correlación aludido anteriormente.
4. *El cálculo de análisis factoriales distintos* para los diversos niveles de capacidad (sujetos de alta, media y baja capacidad) disminuye automáticamente el tamaño de las muestras, lo que mina la robustez estadística de los análisis.
5. *El uso del análisis de componentes principales* tiende a producir saturaciones factoriales considerablemente infladas, lo que lleva a realizar interpretaciones factoriales demasiado optimistas. Por eso, desde una perspectiva científica resulta más interesante utilizar los modelos de *factores comunes.*
6. *Los problemas sobre los distintos procedimientos de rotación factorial.* Los investigadores suelen utilizar rotaciones ortogonales (esto es, suponiendo la independencia de los factores) dada su mayor elegancia matemática y su más fácil interpretación. No obstante, desde una perspectiva científica es más razonable utilizar la rotación oblicua (esto es, no suponer la independencia o dependencia de los factores).
7. *El problema de la dependencia experimental.* Hay muchos casos en que se pueden derivar una serie de variables lógicamente independientes a partir de la misma tarea (la rapidez y precisión con que se puede realizar una determinada tarea). Pero, de

hecho, la rapidez y la precisión correlacionan de manera significativa (sea positiva o negativamente). Cuando la correlación no es muy alta y se dispone de medidas independientes para cada uno de esos dos parámetros en una variedad de tareas, disminuye el riesgo de obtener factores comunes espurios.

8. *El diseño de un análisis factorial.* Idealmente, las variables que se someten a un análisis factorial han de ajustarse a una estructura hipotética en la que cada factor se caracteriza por tres o cuatro saturaciones sobre otras tantas variables, pero, además, esas variables no deben saturar otros factores. Generalmente, no es una buena estrategia someter a análisis factorial cualquier serie arbitraria de variables, ni enmarcar un análisis factorial dentro de una pregunta como la siguiente: *¿con qué amplitud miden las mismas capacidades las variables psicométricas y las variables del procesamiento de la información?* Para responder a preguntas de este tipo existen modelos matemáticos más adecuados que el análisis factorial clásico (por ejemplo, *el análisis factorial interbaterías*; véase Tucker, 1958)[16].

Por otro lado, el *análisis de correlación* canónica también se puede utilizar para relacionar dos conjuntos de variables e identificar las fuentes de varianza común. Así, por ejemplo, se pueden aislar (véase Lunneborg, 1977) combinaciones lineales de una serie de medidas (por ejemplo, psicométricas) correlacionadas con combinaciones lineales de otro conjunto de medidas (por ejemplo, variables del procesamiento de la información)[17].

El análisis de correlación canónica requiere una rotación posterior de las variaciones canónicas y un cálculo de las correlaciones entre cada una de las variables y las variaciones canónicas. En cualquier caso, sigue siendo más interesante el análisis factorial interbaterías.

Los problemas derivados del uso de la correlación canónica también se dan al utilizar el *análisis de regresión múltiple* (véase la investiga-

[16] El uso de este método se ejemplifica en un estudio de Hundal y Horn (1977). Estos autores aplicaron una serie de tests psicométricos (batería I) y una serie de pruebas de memoria y aprendizaje (batería II) a 265 niños de 14 años (en la India). El método aludido se utilizó para determinar qué clases de varianza eran comunes a las dos baterías. Identificaron dos tipos de varianza: un factor Gf en los tests psicométricos relacionado con los aspectos del almacenamiento mnémico primario de la batería de memoria, y un factor Gc más relacionado con aquellos aspectos de la batería de memoria referidos a los procesos de adquisición secundaria.

[17] No obstante, este procedimiento no es razonable, debido a los problemas asociados de co-linealidad (Carroll, 1979).

ción de Sternberg, 1977) muy utilizado en la investigación de las representaciones y los procesos cognitivos.

En suma, los primeros intentos realizados en este campo trataban de relacionar descriptivamente las medidas psicométricas y el rendimiento en los parámetros de una serie de tareas manipuladas experimentalmente. Por tanto, el procedimiento habitual de estos primeros trabajos descriptivos consiste en:

1. Estudiar una determinada tarea cognitiva. Un resultado habitual aquí es que los individuos difieren en la precisión y rapidez con que realizan la tarea.
2. Aplicar un análisis factorial, u otra técnica multivariada, para fijar el tipo de tareas, o componentes de las tareas, en los que se observan las diferencias individuales.
3. Determinar a qué otras tareas (o componentes de tareas) se pueden generalizar las diferencias individuales.

De esta manera, *los estudios descriptivos no permiten investigar exhaustivamente las diferentes estrategias cognitivas que las personas pueden utilizar para resolver las tareas de interés, ni las representaciones y procesos cognitivos que configuran tales estrategias.*

No obstante, para investigar las representaciones y los procesos cognitivos no basta con relacionar descriptivamente las puntuaciones en una serie de tests de capacidades mentales y las medidas de los parámetros de una serie de tareas de procesamiento de la información, sino que hay que analizar experimentalmente sobre qué representaciones operan qué procesos cognitivos a la hora de configurar una serie de estrategias cognitivas.

Así, presumiblemente, las diferencias individuales relevantes a este nivel se corresponderán con las diferentes estrategias cognitivas utilizadas por las personas para resolver las tareas experimentales o los ítems de un test de capacidad mental. Una consecuencia de esto ha sido el desarrollo de estrategias de investigación que permitiesen el análisis minucioso de las diferencias individuales a nivel cognitivo.

Estas estrategias de investigación permiten concretar las etapas teóricas de procesamiento (procesos) planteando las tareas experimentales de manera que el sujeto pueda ejecutar sólo determinados procesos teóricamente relevantes e interpretables desde una teoría previa.

Por ejemplo, en el trabajo clásico de Sternberg (1977) cuando se presenta el término A de una analogía, el sujeto sólo puede realizar operaciones de *codificación*; al presentar posteriormente B y C, el sujeto puede realizar operaciones de *inferencia* y *proyección*, pero no el proceso de *aplicación*, que sólo se puede realizar al presentar las alternativas de respuesta (D). Esto permite estudiar aisladamente los diferentes procesos relevantes para el modelo procesual que se postula.

Las estrategias de investigación han de evitar aislar diferencias individuales asociadas a los procesos de una tarea concreta, tratando de postular procesos más generales, lo que se puede hacer mediante dos consideraciones básicas (Carroll, 1979).

1. Aunque las diferencias individuales se encuentren unidas a los procesos, las metodologías disponibles han de permitir aislar los procesos asociados a determinadas tareas e investigar la *generalidad de esos procesos en una amplia gama de tareas*. Esto requiere un esfuerzo sistemático para variar las tareas, de manera que se definan adecuadamente los procesos relevantes que representan las diferencias individuales, a partir de las características de las tareas.
2. Distinguir los *procesos obligatorios* y *opcionales* para realizar una determinada tarea. Carroll (1979) sostiene, en este sentido, que puede ser razonable asociar el término procesos opcionales a las estrategias y procesos obligatorios a los *procesos*, en sentido estricto. También sería relevante distinguir los contenidos de memoria sobre los que operan los procesos y las estrategias de procesamiento.

Por su parte, R. J. Sternberg (1979) propone una serie de consideraciones que han de restringir el análisis de las capacidades intelectuales a nivel cognitivo. Veamos.

En cuanto a la *validez interna*, el objetivo es mostrar que los procesos aislados en un determinado análisis son consistentes con las latencias empíricas o los datos de error. La investigación ha de estar respaldada por una teoría susceptible de modificación.

Una manera de modificar la teoría de partida es compararla con la «teoría verdadera». Evidentemente, la teoría verdadera no se conoce, pero *sí se puede saber qué cabe esperar que prediga una teoría verdadera.* Para evaluar una determinada teoría, es preciso conocer el porcentaje de varianza explicado, y responder a la pregunta de si la varianza explicada y la no-explicada son estadísticamente significativas. Estos criterios se pueden ajustar utilizando el análisis de varianza o el análisis de regresión. En este sentido, uno de los objetivos prioritarios aquí es maximizar la relación entre dos o más variables.

Por otro lado, es fundamental que una determinada teoría se contraste no sólo con la teoría verdadera, sino también con otras *teorías alternativas.* Así, aunque una teoría no se pueda rechazar al compararla con la teoría verdadera, no se podrá aceptar hasta que se haya contrastado con las teorías alternativas y comprobado su superioridad. Por último, la teoría ha de ser *generalizable* a diferentes paradigmas experimentales, contenidos y tareas.

En cuanto a la *validez externa,* la pregunta es cómo se puede saber si los procesos aislados al trabajar sobre una determinada tarea, constituyen componentes de la inteligencia o tienen algo que ver con ella. Es decir, es posible que la teoría cumpla los requisitos asociados a la validez interna, y, sin embargo, no tenga relación con la inteligencia.

Respecto a esto, y en primer lugar, hay que trabajar sobre la *validez convergente,* en el sentido de que los procesos cognitivos contemplados en la teoría han de correlacionar con los procesos o tareas que se consideran medidas de la inteligencia. En segundo lugar, hay que estudiar la *validez discriminante,* esto es, hay que averiguar si los procesos cognitivos aislados no correlacionan con los procesos usados en tareas irrelevantes.

Pues bien, a partir de estos criterios básicos, Sternberg (1979) identifica una serie de estrategias generales de trabajo, a saber, el análisis factorial confirmatorio y el análisis de estructuras de covarianza (por ejemplo, la investigación de Frederiksen, 1977, sobre la lectura) y el análisis basado en el procesamiento de la información (el análisis componencial de Sternberg, 1977, el análisis de dependencia cognitiva de Calfee, 1976, y la simulación por ordenador de Jeffries y cols., 1977). Estas estrategias combinan la perspectiva metodológica de la Psicología de las Diferencias Individuales tradicional y la perspectiva metodológica de la psicología cognitiva para el análisis de las diferencias individuales a nivel cognitivo.

En este sentido, Sternberg sostiene que no es relevante la pregunta sobre si los dos tipos de metodologías se han de combinar, sino cómo combinar esas *dos perspectivas metodológicas para la investigación de las diferencias individuales a nivel cognitivo.*

Por un lado, parece que la Psicología de las Diferencias Individuales no puede por sí misma tratar los procesos y estrategias que constituyen una gran parte de lo que se denomina inteligencia. La metodología del procesamiento de la información también resulta inadecuada *per se,* dado que no permite estudiar sistemáticamente los correlatos de las diferencias individuales en el rendimiento y resulta especialmente susceptible a la sobrevaloración de los procesos específicos de determinadas tareas experimentales. Esto es, para Sternberg (1979) las virtudes de cada metodología son los defectos de la otra, de manera que una hábil síntesis de ambas resulta ser un objetivo fundamental.

A este respecto, las dos tareas fundamentales serán, por un lado, la identificación de los procesos que están detrás de la conducta inteligente, y, por otro, el aislamiento de las relaciones entre estos procesos y otros constructos básicos (los factores psicométricos).

Uno de los requisitos esenciales a este nivel consiste en construir un *catálogo de procesos* cognitivos relevantes en el contexto de las capacidades mentales, para lo cual es necesario trabajar sobre tareas experimentales que realmente denoten conducta inteligente.

Para construir este catálogo:

1. Habría que distinguir claramente los procesos que son específicos de una determinada tarea y aquellos procesos con un mayor nivel de generalidad, como comentaba Carroll. Para Sternberg (1979) son estos últimos procesos los que habrá que incluir en una teoría general sobre la inteligencia.
2. Tendrían que incluirse en el catálogo procesos que, a ser posible, no fuesen redundantes.
3. Habría que tratar el problema de la molaridad o molecularidad de los procesos considerados en el catálogo. Sternberg (1979) mantiene que con los procesos puede suceder lo mismo que con los factores (psicométricos), esto es, se encontrarán procesos más generales (de segundo y tercer orden) y procesos más específicos (primarios). Para entender las relaciones entre los procesos y los factores, habrá que contemplar las relaciones entre los procesos, tanto a través de las tareas como de los sujetos. Así, por ejemplo, sería razonable sostener que los factores de grupo son resultado de la correlación entre procesos generales respecto a los sujetos.
4. El catálogo tendría que detallar qué componentes se encuentran asociados a qué tareas, lo que requiere una taxonomía de tareas.
5. El catálogo tendrá que contemplar las relaciones entre procesos y factores, de manera que se especifique qué procesos están detrás de qué factores.
6. Finalmente, una teoría sobre la inteligencia tendrá que considerar que los procesos no son suficientes. En este sentido, resulta

esencial advertir que gran parte de la conducta inteligente se refiere a las estrategias cognitivas utilizadas por diferentes personas para resolver las tareas relevantes.

Dicho esto, se ofrece a continuación una panorámica general de las *estrategias de investigación* utilizadas habitualmente en el *estudio de las diferencias individuales a nivel cognitivo*, para lo cual se utilizará la clasificación establecida por Juan Espinosa y Colom (1989). Veamos (para mayores detalles consultar el apéndice 2): estrategias de correlatos, estrategias heurísticas, estrategias de comparación de grupos, estrategias componenciales, estrategias para el análisis de los rasgos latentes y estrategias confirmatorias.

En primer lugar, las *estrategias de correlatos* tratan de examinar el rendimiento de los sujetos ante una serie de tareas experimentales que, en principio, miden las capacidades humanas básicas del procesamiento de la información, utilizando diseños con sujetos de alta y baja capacidad. El criterio para clasificar a los sujetos son las puntuaciones en tests psicométricos. Por último, se analizan las relaciones entre el nivel psicométrico de los sujetos en las capacidades de interés y el rendimiento en las tareas experimentales. Trabajos representativos del uso de esta estrategia de investigación son: Hunt (1978); Hunt, Frost y Lunneborg (1973); Hunt, Lunnerborg y Lewis (1975); Jensen (1979); Keating y Bobbitt (1978); Jackson y McClelland (1979).

En segundo lugar, las *estrategias heurísticas* constituyen la adopción directa de metodologías utilizadas en el paradigma del procesamiento de la información, pero aplicadas al análisis de las diferencias individuales en las representaciones y los procesos cognitivos. Las tres estrategias más representativas son el análisis racional de tareas, la simulación por ordenador y la simulación matemática. Trabajos representativos de estas estrategias son: Carroll (1976, 1983); Elshout (1978); Stankov (1980); Kjeldergaard (1967); Kotovsky y Simon (1973); Pellegrino y Glaser (1980).

En tercer lugar, las *estrategias de comparación de grupos*[18] aíslan, en primer término, una serie de grupos en función de determinados crite-

---

[18] Estas estrategias de comparación de grupos subsumirían el método del adiestramiento cognitivo y de contenidos cognitivos reseñados por Sternberg (1981, 1985 a). La diferencia entre la distinción de este autor y la aportada por Juan Espinosa y Colom (1989) es que éstos últimos autores entienden que la categoría «comparación de grupos» permite contemplar otras estrategias no consideradas por Sternberg y, sin embargo, fundamentales para el análisis de las diferencias individuales en las representaciones y los procesos cognitivos a este nivel.

rios, y, en segundo término, se procede a su comparación con diferentes objetivos. Las representaciones y los procesos cognitivos tratan de aislarse a través de la comparación del rendimiento diferencial de los grupos de sujetos considerados en el análisis, tomando como referente el tipo de tareas que esos sujetos abordan. Trabajos representativos de estas estrategias son: Baron y Treiman (1980); Cole y Means (1981); Chapman y Chapman (1985).

Las *estrategias componenciales*, por su parte, tratan de analizar el rendimiento de los sujetos en una serie de tareas experimentales que, por lo general, son variaciones de los ítems incluidos en los tests psicométricos de capacidades mentales (dado que denotan conducta inteligente). Los ítems de tales tests se «experimentalizan», a través de la progresiva descomposición de sus elementos componentes, con el objeto de llegar a los procesos más elementales responsables del rendimiento. Trabajos representativos de esta estrategia son: Sternberg (1977; 1980b); Mulholland, Pellegrino y Glaser (1980); Atwood y Polson (1976); Simon y Kotovsky (1963).

Por otra parte, las *estrategias para el análisis de los rasgos latentes* intentan, por un lado, aislar los procesos cognitivos hipotéticamente responsables de las diferencias individuales en el rendimiento ante una serie de tareas, y, por otro, estimar los parámetros que van a permitir evaluar la contribución de los constructos teóricos específicos al nivel de dificultad de la tarea. Los modelos de rasgo latente conectan la teoría psicológica y las medidas de diferencias individuales, combinando modelos matemáticos y modelos psicométricos. Trabajos representativos de esta estrategia son: Embretson (1986); Whitely (1981); Whitely y Curtright (1980); Whitely y Nieh (1981).

Finalmente, las *estrategias confirmatorias* tienen el objetivo de contrastar hipótesis sobre una serie de concepciones teóricas de la naturaleza de los constructos cognitivos y sus relaciones con las variables observadas, para especificar a priori un modelo que sea capaz de predecir la estructura factorial de un conjunto de medidas. La idea es falsear una serie de modelos generados a partir de una determinada teoría, mostrando que la matriz de correlaciones empíricas no es consistente con el modelo teórico del que se parte. Quizá el trabajo más representativo de esta estrategia sea el ya clásico de Frederiksen (1977).

2.4. Las estrategias para la investigación de las diferencias individuales a nivel orgánico

Allá por los años veinte, Ch. Spearman trató de relacionar los factores identificados a través de la metodología multivariada del análisis factorial y las bases neurofisiológicas subyacentes al rendimiento de los sujetos en los instrumentos que servían de base para la obtención de los datos tratados matemáticamente, en su trabajo clásico de 1923, titulado *La naturaleza de la «inteligencia» y los principios de la cognición.*

Concretamente, Spearman especuló sobre variables neurológicas concretas referidas al factor «*g*» (general) y a los factores «*s*» (específicos) del comportamiento inteligente. También Galton había tratado de vincular las diferencias individuales en las funciones mentales a la base orgánica para superar la perspectiva filosófica (véase el capítulo primero de esta obra).

Pues bien, a partir de esos supuestos disciplinares parece relevante mantener que la investigación de las diferencias individuales ha de contemplar estrategias para la investigación de las dimensiones de las diferencias individuales a nivel orgánico. Las ventajas del trabajo sobre este nivel pueden resumirse así: *para que los constructos manejados en la Psicología de las Diferencias Individuales (rasgos, representaciones y procesos cognitivos) puedan describir, predecir y, en su caso, modificar las diferencias individuales con garantías, han de ser plausibles en términos orgánicos.*

En este sentido, D. K. Detterman (1989) escribe ilustrativamente:

> Una de las razones por las que las teorías han sido mucho más flexibles de lo que hubiese sido de desear ha sido la ausencia de restricciones en la construcción de teorías psicológicas. En los años precedentes casi cualquier constructo imaginado resultaba aceptable como mecanismo explicativo. Algunos de los teóricos más recientes han insistido en que la teoría ha de ser consistente con lo que se sabe sobre la estructura biológica del organismo. Es necesario que la teoría sea consistente con lo que se sabe sobre el funcionamiento biológico del organismo. Hay que reconocer que no comprenderemos totalmente la inteligencia humana sin conocer algo sobre cómo trabaja el cerebro. La necesidad de que los dominios conductuales y biológicos sean consistentes reducirá los grados de libertad de los que podrá disfrutar el teórico. Esto complicará la tarea de producir teorías, pero éstas serán mejores (pág. 203).

La investigación de las diferencias individuales a nivel orgánico se realiza fundamentalmente a través de tres estrategias generales de investigación, a saber (para una explicación más detallada ver el apéndice 3): investigación de sujetos normales, de sujetos con lesiones cerebrales y de sujetos con el cerebro escindido.

En la investigación de *sujetos normales* se utilizan, por lo general, procedimientos para canalizar la información y aislar los modos de procesamiento de diferentes zonas corticales.

La investigación de *sujetos con daños cerebrales específicos* permite realizar comparaciones entre los efectos funcionales que producen diferentes lesiones locales en el cerebro. También se pueden comparar sujetos con lesiones en determinadas zonas del córtex y sujetos sin daños cerebrales aparentes.

Una precaución a la hora de realizar estudios de sujetos con lesiones es equiparar las lesiones y el tiempo transcurrido desde el momento de la lesión, dado el restablecimiento natural de funciones. Cauciones también necesarias son variables como la edad, el sexo, el CI, la dexterabilidad, la salud y la medicación. No obstante, muchas veces hay que obviar algunas de estas precauciones para no reducir drásticamente la muestra de sujetos utilizada en la investigación.

En cuanto a la recuperación natural de funciones, no está nada claro hasta qué punto las áreas cerebrales no dañadas asumen la función perdida por el daño o hasta qué punto el restablecimiento puede explicarse a través de estrategias compensatorias. Un dato muy interesante es que diferentes individuos parecen tener diferentes poderes de recuperación (Cohen, 1976). Los efectos de las lesiones unilaterales son diferentes para los zurdos y los diestros. En suma, *hay diferencias individuales en la dirección y en el grado de lateralización de la función cerebral.*

Por último, en la *investigación de sujetos con el cerebro escindido*, la cuestión básica es que los dos hemisferios cerebrales se encuentran casi incomunicados (dado que el cuerpo calloso ha sido seccionado) excepto en lo que se refiere a las regiones profundas del cerebro medio.

Los problemas metodológicos que pueden aparecer al estudiar sujetos con el cerebro escindido son los siguientes (Cohen, 1976):

1. Los pacientes con comisurotomía han sufrido de epilepsia desde mucho antes de la operación, lo que podría haber causado una reorganización anormal de sus cerebros. Así, cabe sospechar que el funcionamiento de los hemisferios desconectados no es representativo de la especialización hemisférica normal.

2. Es posible que se transmita alguna información de un hemisferio a otro a través de las vías del cerebro medio intactas.
3. Dado que los hemisferios desconectados no están sujetos a la facilitación e inhibición que se produce en el cerebro normal, su funcionamiento tiene que diferir casi obligatoriamente.
4. Estos pacientes terminan por ser muy hábiles para cruzar indicios entre los hemisferios, circunvalando el cuerpo calloso, y transmitiendo información mediante gestos corporales y respuestas orientativas, esto es, a través de indicadores contextuales.

Para cubrir estas tres estrategias generales de investigación se utilizan diversas técnicas específicas, siendo las más relevantes el electroencefalograma (EEG), los potenciales provocados, el flujo sanguíneo, la exploración metabólica y la resonacia nuclear magnética (véanse Cohen, 1976; Hartlage y Telzrow, 1985; Springer y Deutsch, 1985).

Pues bien, el *electroencefalograma* (EEG) se define como la cantidad de energía eléctrica producida por unidad de tiempo en el córtex. El ritmo alfa es cíclico y ocurre de 8 a 12 veces por segundo. Predomina cuando el sujeto está en posición de descanso con los ojos cerrados; la regla aquí es que, a mayor implicación en una determinada tarea, menor actividad alfa.

Una hipótesis que se trabaja para explotar esta regla es que el hemisferio izquierdo tendría que mostrar menos actividad alfa al realizar tareas de carácter lingüístico, mientras que el hemisferio derecho mostraría menor actividad alfa al realizar tareas viso/espaciales.

El EEG permite tomar registros de actividad eléctrica cerebral mientras el sujeto realiza tareas complejas y/o de duración media. Pero esto produce la desventaja de que los cambios en el EEG no se relacionan directamente con la aparición de hechos estimulares concretos. En suma, lo que se refleja es el nivel general de activación del cerebro.

En segundo lugar, el análisis de los *potenciales provocados.* El análisis exploratorio del EEG revela los cambios específicos que se producen como respuesta a la presentación de estímulos concretos (por ejemplo, un click). Estos cambios se solapan con la actividad total del cerebro.

Para visualizar el cambio producido por la respuesta al estímulo concreto, se suele utilizar un ordenador que promedia los registros de ondas que siguen a presentaciones repetidas del mismo estímulo. La actividad eléctrica no relacionada con la presentación del estímulo tenderá a anularse, mientras que la actividad eléctrica que aparezca en un tiempo prefijado en relación con el estímulo emergerá como potencial provocado por él.

El potencial provocado consiste en una secuencia de cambios positivos y negativos con respecto a una línea base y suele terminar aproximadamente 500 milisegundos después de finalizado el estímulo. Cada potencial puede analizarse en función de componentes tales como la *amplitud* y la *latencia*.

Los potenciales provocados acústicos difieren de los visuales, los que a su vez difieren de los táctiles. La región de cada hemisferio que genera la máxima actividad es distinta para cada tipo de estimulación. Dos preguntas relevantes aquí son: ¿existen diferencias entre los hemisferios en cuanto a la actividad eléctrica provocada por estímulos diversos?, y, si aparecen estas diferencias, ¿nos informan sobre los papeles de los dos hemisferios en sujetos normales?

En la técnica del *potencial provocado de prueba* el experimentador plantea al sujeto una tarea de cierta complejidad, durante la cual se introduce repetidamente algún estímulo de prueba irrelevante (un destello, etc.). Lo que se trata de detectar es si el potencial provocado normal de ese estímulo se suprime por una actividad o tarea que el sujeto esté realizando. La hipótesis es que, a mayor complejidad de la tarea, mayor reducción de la respuesta normal del cerebro a cualquier estímulo intermitente de prueba. Los potenciales provocados de prueba pueden registrarse simultáneamente en diferentes regiones del cerebro durante la ejecución de la tarea. Mediante el análisis de qué región o regiones se ven afectadas por la respuesta al estímulo de prueba, puede inferirse qué áreas están implicadas en la realización de la tarea.

En tercer lugar, nos encontramos las investigaciones sobre el *flujo sanguíneo*. Lassen e Ingvar (1972) pusieron a punto una técnica para medir el flujo sanguíneo en humanos en estado de vigilia realizando alguna tarea. El procedimiento genérico consiste en inyectar un isótopo radiactivo (xenon 133) en una arteria que lo conduce al cerebro. El flujo sanguíneo se controla con una batería de detectores situada en la superficie de la cabeza.

En cuarto lugar, se dispone de las técnicas de *exploración metabólica*. El metabolismo cerebral puede controlarse microscópicamente midiendo el grado en que la glucosa marcada radiactivamente, u otros nutrientes, son utilizados por distintas regiones del cerebro. La tasa metabólica dentro de pequeñas regiones del cerebro varía en función de un patrón consistente durante la actividad conductual específica (véase Plum y cols., 1976).

El procedimiento es el siguiente: unos detectores de rotación especiales recogen la radiación emitida por los indicadores radiactivos en la cabeza, y mediante programas de ordenador se calcula su distribución. La reconstrucción computadorizada resultante forma una imagen de la tasa metabólica en cualquier sección del cerebro. Los indicadores más empleados se denominan isótopos de emisión de positrones; estos positrones se dividen al instante en dos fotones que viajan en direcciones opuestas. Esta emisión simultánea permite a un anillo de detectores localizar fácilmente de dónde provienen, y, en consecuencia, conocer cómo se han distribuido los indicadores en el cerebro. Esta técnica se denomina genéricamente *tomografía de emisión de positrones* (TEP) y los indicadores se administran a través de una inyección intravenosa.

Por último, la *resonancia nuclear magnética* permite generar imágenes de finas secciones del cerebro sin utilizar radiaciones penetrantes. Utiliza una combinación de ondas de radio y un fuerte campo magnético (generado por un electroimán) para detectar la distribución de moléculas en el tejido vivo; los átomos de hidrógeno del agua resuenan por los efectos combinados de las ondas de radio y el campo magnético. Así, se pueden calcular las densidades del tejido cerebral, dado que el ordenador genera una imagen precisa. La ventaja de este método es que proporciona información tridimensional sobre los cambios metabólicos al realizar funciones psicológicas de interés.

2.5. Las estrategias para la investigación de las relaciones entre la persona y su circunstancia: genética comportamental

Hay una serie de consideraciones fundamentales a tener en cuenta a la hora de definir el problema de la determinación genética —*nature*— o ambiental —*nurture* (esto es, la génesis)— de las diferencias individuales (véanse Buss y Poley, 1976; Sánchez López, 1990):

1. No es correcto mantener que la herencia pese exclusivamente antes del nacimiento y el ambiente lo haga después.
2. La herencia no implica inexorablemente parecido entre padres e hijos, y, además, no es cierto que este parecido se deba exclusivamente a la herencia compartida.
3. No es correcto mantener que la herencia implique inmutabilidad y que el ambiente permita cualquier cambio en el individuo.

4. Hay que distinguir diferencias hereditarias, innatas y congénitas. Las tres constituyen la dotación biológica de la que forman parte determinados factores ambientales.
5. Es necesario distinguir diferencias individuales y diferencias grupales. Las conclusiones extraídas sobre el estudio de las diferencias individuales no pueden extenderse sin más al terreno de las diferencias grupales.
6. Por último, es un error oponer herencia a aprendizaje; las diferencias individuales se pueden aprender, al igual que se pueden determinar genéticamente.

El patrimonio genético de cada individuo está formado por la información localizada en la doble serie de cromosomas[19], esto es, *el genotipo*. En este sentido, sería erróneo considerar la información del genotipo como una magnitud fija e independiente de cualquier influencia ambiental, dado que la información genotípica sólo puede ser eficaz mediante la estimulación medio ambiental. La inversa también es correcta, esto es, las influencias ambientales no se pueden concebir como una magnitud en sí.

Las influencias ambientales se pueden expresar en términos físicos, pero su interacción con el genotipo no se corresponde con la cantidad de estímulo, dado que el organismo decide en parte lo que se presenta como estimulación; tanto a un nivel bajo —orgánico (véase Maturana y Varela, 1990)— como a alto nivel el individuo puede modificar, seleccionar, etc., un determinado ambiente, esto es, *el individuo es activo y no un ente pasivo ante la estimulación ambiental*[20]. De esta manera, el organismo y el medio ambiente se necesitan recíprocamente; ninguno es funcionalmente eficiente en ausencia del complementario.

[19] Sobre esto afirman Plomin y Rende: «Nuestra predicción es que en menos de 10 años (...) las técnicas de la genética molecular habrán revolucionado la genética conductual. Hace sólo 10 años que las técnicas actualmente estándar de la "nueva genética" del ADN recombinatorio se empleó para identificar los genes responsables de determinados desórdenes (...); el Proyecto Genoma Humano (...) conducirá a la identificación de muchos marcadores genéticos, y fomentará la tecnología necesaria para la aplicación de las técnicas de la genética molecular a la investigación de características complejas (por ejemplo, el comportamiento humano)» (Plomin y Rende, 1991, página 176).

[20] Muchas veces al revisar los trabajos sobre el problema *nature-nurture* durante la época ambientalista, salta a la vista el supuesto de que las modificaciones ambientales son capaces de modelar a su antojo al individuo, dado que este, a fin de cuentas, es una *tabula rasa* que podemos rellenar con lo que más nos plazca. Frente a este tipo de supuestos, perfectamente poco razonables, podemos decir, parafraseando a Leibniz, que «todo lo que está en nuestro organismo ha estado antes en el ambiente, excepto nuestro organismo con toda su carga filogenética».

La investigación en el ámbito de la genética conductual trata el problema de los orígenes de las diferencias individuales en una determinada población. El objetivo es dividir la *varianza* observada para una determinada medida en componentes genéticos y no genéticos.

En este sentido, la genética conductual tiene poco que decir sobre las causas de las diferencias grupales promedio, y no tiene nada que decir sobre las características normativas y universales del desarrollo.

La descripción y explicación de las diferencias grupales no tiene necesariamente relación con la descripción y explicación de las diferencias individuales. Así, por ejemplo, las diferencias individuales en extraversión pueden ser debidas a las diferencias genéticas entre individuos, y, sin embargo, la diferencia entre hombres y mujeres, a este respecto, puede ser completamente ambiental.

Un ejemplo muy conocido, en este sentido, es el erróneo argumento de que la influencia genética sobre la inteligencia en un determinado grupo étnico implica que las diferencias promedio entre diferentes grupos étnicos también son debidas a factores genéticos.

La investigación en genética conductual no estudia *un* organismo o *el* organismo; se centra en la varianza, en las diferencias entre los individuos de una determinada población (Plomin, 1988). Cabe evaluar la amplitud con la que la varianza observada para una determinada característica se debe al ambiente, y, por otro lado, también se puede estimar la contribución de las diferencias genéticas entre individuos.

La distinción entre diferencias individuales y diferencias grupales es importante en el área de la inteligencia humana, dado que gran parte de la investigación cognitiva, fundamentalmente en el procesamiento de la información y en la perspectiva piagetiana, tienen un carácter normativo. *La investigación desde la perspectiva de la genética conductual no es relevante para estos enfoques normativos.*

Por contraste, la genética conductual constituye un primer paso en la comprensión de la etiología de las diferencias individuales, a través del análisis de hasta qué punto las diferencias observadas son efecto de las diferencias genéticas o de las diferencias experienciales.

Los *diseños* fundamentales de la genética conductual son los *familiares, de adopción y de gemelos.* El uso de estos diseños está respaldado por una teoría robusta, a saber: *la teoría genética cuantitativa.*

Esta teoría permite organizar un gran número de datos sobre las diferencias individuales de manera que se va más allá de la habitual visión de estas diferencias como las imperfecciones de una determinada especie o como los errores inevitables al realizar un análisis de varianza.

Las *diferencias individuales constituyen para la genética conductual la esencia de la evolución*, lo que hace necesaria su investigación exhaustiva. La varianza genética es el material básico sin el cual no se podría producir la evolución, como dejó bien claro Charles Darwin a mediados del siglo pasado.

El postulado fundamental de la teoría genética cuantitativa es que la mecánica mendeliana de la herencia discreta también se aplica a las características complejas que se distribuyen normalmente. Para ello hay que partir del supuesto de que los efectos de muchos genes se suman para producir diferencias observables entre los individuos de una determinada población *(supuesto de aditividad)*. Además, cada uno de estos genes contribuye individualmente al efecto total.

La descripción y predicción del comportamiento requiere una *aproximación poligenética*. Así, por ejemplo, no se ha podido detectar ningún gen responsable de las diferencias individuales en el CI. La teoría genética cuantitativa trata de informar sobre los componentes genéticos y ambientales de la varianza.

En este sentido, quizá la investigación en genética conductual haya contribuido con más intensidad al análisis de los componentes ambientales que al estudio de los componentes genéticos.

Por otro lado, aunque la teoría genética cuantitativa se basa en la proposición de que la variación en el ADN produce una variación en el fenotipo, no trata de especificar qué genes o qué factores ambientales son responsables de la varianza fenotípica; es decir, hasta cierto punto, constituye una teoría de alto nivel.

La robustez descriptiva, predictiva y explicativa de la teoría genética cuantitativa puede resumirse en 10 puntos básicos (Plomin, 1988):

1. Las diferencias genéticas entre los individuos pueden producir las diferencias individuales fenotípicas.
2. En tanto en cuanto la herencia es importante, la similitud fenotípica esperada entre parientes será función de su grado de similitud genética.
3. Las diferencias ambientales entre los individuos pueden producir las diferencias individuales fenotípicas.
4. El componente ambiental de la varianza para determinado rasgo se puede descomponer en dos subcomponentes, uno compartido por los miembros de la familia y el otro no compartido.
5. Los parámetros básicos contemplados por la genética cuantitativa pueden cambiar al verse modificadas las fuentes de varianza genéticas y ambientales.

6. La herencia puede mediar las relaciones entre las medidas ambientales y las medidas conductuales.
7. Además de a los efectos principales, tanto genéticos como ambientales, la varianza fenotípica puede ser debida a la interacción genotipo-ambiente.
8. La varianza fenotípica puede ser debida también a la correlación genotipo-ambiente.
9. Las correlaciones entre rasgos pueden estar mediadas genética y ambientalmente.
10. Por último, los factores genéticos y ambientales pueden producir, durante el desarrollo, tanto cambios como continuidad.

Pues bien, detallado el marco de los niveles de análisis y revisadas sucintamente las estrategias para la investigación de esos niveles, se aplicará el esquema básico a las áreas en las que se investigan las diferencias individuales, esto es, la inteligencia y la personalidad.

3. Teoría e investigación de las diferencias individuales en inteligencia

Nuestra preocupación por la inteligencia es nuestra (pág. 45).

R. J. Sternberg y W. Salter (1982).

La investigación de las actividades que requieren un comportamiento inteligente ha sido un tema particularmente relevante en el desarrollo de teorías y en los programas de investigación característicos de la psicología de las diferencias individuales.

Por otro lado, dado que la sociedad es especialmente sensible al problema de la inteligencia, se han planteado preguntas como ¿por qué Juanito tiene dificultades para resolver problemas de álgebra?, ¿qué nivel de competencia o capacidad espacial tiene que tener una persona para satisfacer los requisitos de un determinado puesto de trabajo?, ¿cuán susceptible es la capacidad verbal al entrenamiento?, ¿cómo predecir los eventuales problemas que pueden aparecer en el proceso de adquisición de conocimientos que supone la educación?, etc.

Por su parte, la psicología de las diferencias individuales ha tratado de responder, de una u otra forma, a interrogantes de este tipo, para lo cual se han desarrollado distintas perspectivas para la investigación científica y el desarrollo tecnológico sobre las que se reparará en este apartado.

De esta manera, para el análisis de la teoría e investigación de las diferencias individuales en inteligencia contenido en este apartado, se va a considerar una serie de cuestiones.

En primer lugar, se estudiará la lógica de las investigaciones sobre las diferencias individuales en inteligencia desde el enfoque psicométrico, lo que se correspondería con la teoría e investigación delimitada a *nivel de rasgo.*

En segundo lugar, se revisará la perspectiva cognitiva para el análisis de las diferencias individuales en inteligencia, como resultante de las teorías y los programas de investigación a *nivel cognitivo.*

En tercer lugar, se realizará una serie de consideraciones sobre las relaciones entre la perspectiva psicométrica y cognitiva para la investigación de las diferencias individuales en inteligencia, preguntando hasta qué punto proporcionan datos convergentes.

En cuarto lugar, se abordará el análisis de las *bases orgánicas* de los constructos intelectuales considerados a nivel de rasgo y a nivel cognitivo, realizando una serie de consideraciones iniciales sobre la filogenia de la mecánica de la inteligencia, para sostener la idea de que los constructos utilizados para describir y predecir el comportamiento de los seres humanos han de pasar por su refrendo o refutación orgánica, con el objeto de reducir la excesiva permisividad en el desarrollo de teorías sobre las diferencias individuales en inteligencia. En cualquier caso, se considera que la estructura orgánica tiene que restringir, pero en ningún caso especificar, las teorías sobre las diferencias individuales.

Finalmente, se expondrá una serie de resultados sobre la investigación del problema de la *génesis de las diferencias individuales en inteligencia.*

En suma, como se ve, se analiza la teoría y la investigación de las diferencias individuales en inteligencia, tomando como referencia el marco de los niveles de análisis, siendo el objetivo desarrollar un mapa topográfico comprehensivo sobre cómo las distintas personas responden a tareas que demandan un comportamiento inteligente, desde la perspectiva de la disciplina.

3.1. Las diferencias individuales en inteligencia a nivel de rasgo

La investigación psicométrica de las diferencias individuales en inteligencia se ha sustentado en dos pilares básicos. En primer término, el diseño sistemático de instrumentos para medir el constructo inteligencia *(teoría de tests)* y, en segundo lugar, la metodología multivariada, especialmente el análisis factorial (véase apéndice 1).

En este sentido, aunque no es el objetivo de este apartado, conviene recordar sumariamente las características básicas de la *teoría de tests*. Son éstas (véase Lumsden, 1976):

1. Las puntuaciones obtenidas al aplicar una serie de tests, esto es, a partir de las respuestas de las personas a las tareas (ítems) contenidas en dichos tests, han de descomponerse en *componentes verdaderos y componentes de error.*
2. Hay que considerar que el análisis psicométrico de las respuestas dadas por las personas a las tareas contenidas en los tests, opera fundamentalmente con la noción de unidimensionalidad.
3. La validez del test se concibe como una equivalencia teórica (validez de constructo).
4. Finalmente, la teoría de tests tiene que explicitar las ideas de *escalamiento*, derivadas de diversos modelos curvos y de las características de los ítems contenidos en los tests.

No obstante, aunque la teoría de tests ha contribuido de manera significativa al establecimiento de una teoría sobre las puntuaciones de los tests, no ha resultado relevante para el desarrollo de teorías sobre las diferencias individuales en inteligencia. Pues bien, la estrategia que ha llevado al desarrollo de una serie de modelos estructurales sobre la inteligencia, para organizar de una manera empírica este amplio campo de estudio, ha sido la metodología multivariada del análisis factorial (véase apéndice 1).

En este sentido, algunos de los modelos estructurales de la inteligencia desarrollados hasta finales de los años 60, postulaban un factor general «*g*» de inteligencia (Spearman, 1904; Burt, 1949; Vernon, 1950) mientras que otros modelos no sostenían la tesis del factor general (Cattell, 1971; Guilford, 1967; Horn y Cattell, 1966; Thurstone, 1938).

Otra cuestión que ha distinguido a los modelos estructurales de la inteligencia ha sido la dimensión jerárquicos *versus* no-jerárquicos. Los modelos no-jerárquicos mantienen, por su parte, que las dimensiones de la inteligencia tienen una generalidad similar (Guilford, 1967; Thurstone, 1938), mientras que los modelos jerárquicos sostienen que hay una serie de aptitudes específicas contenidas en aptitudes más generales o de orden superior (Burt, 1949; Horn y Cattell, 1966; Vernon, 1950).

Desde que L. L. Thurstone (1938, 1947) ideó *el análisis factorial múltiple* ha venido siendo el procedimiento fundamental en la investigación factorial de la escuela americana. El análisis factorial múltiple tiende a soportar los modelos no-jerárquicos de la inteligencia, y a generar una amplia variedad de aptitudes. En cualquier caso, habría que considerar que estos resultados se sustentan en la homogeneidad de las muestras de personas utilizadas en las distintas investigaciones (por ejemplo, estudiantes universitarios, oficiales del ejército, etc.).

En este sentido, el primer estudio compilatorio de los resultados del análisis factorial en los Estados Unidos realizado por French en 1951, contenía 60 factores aptitudinales. Revisiones posteriores han eliminado algunos de estos factores, pero han añadido otros (Ekstrom, French y Harman, 1976; Guilford y Hoepfner, 1971). Uno de los últimos intentos integradores realizado por J. B. Carroll (véase 1983) mantiene una concordancia de factores en los diferentes sistemas de clasificación: el resultado de su trabajo contempla 50 factores aptitudinales.

No obstante, para J. E. Gustafsson (1988) esta multiplicidad de factores complica la composición de una batería de tests manejable para cualquier aplicación práctica. Además, en términos científicos, dificulta el resumen de los resultados analítico factoriales para tratar de comprender la organización de las aptitudes. Esto es, las listas de aptitudes proporcionadas por los investigadores de la escuela americana suponen simples compilaciones de resultados empíricos de bajo nivel, no habiendo una estructura teórica que ayude a los análisis y a la interpretación.

En este sentido, los modelos jerárquicos permiten superar dos problemas fundamentales:

1. La escasa viabilidad práctica.
2. La ausencia de una reducción científica que permita extraer factores de orden superior para disminuir el «animalario» de factores o aptitudes de orden inferior.

En este sentido, los modelos jerárquicos incluyen dimensiones aptitudinales de diferentes niveles de generalidad, y resultan más útiles para medir y entender las diferencias individuales en inteligencia.

Los modelos jerárquicos han sido soportados principalmente por la escuela británica, pero también por algunos investigadores de la escuela americana. La primera ha estado representada por Ch. Spearman, C. Burt y Ph. Vernon; la segunda ha sido liderada por R. B. Cattell y J. Horn[21].

Expondremos a continuación las teorías factoriales más importantes, con el objetivo de llegar al modelo factorial que en la actualidad parece representar los mayores acuerdos al respecto, esto es, *el modelo de la escuela sueca*, muy semejante, por otro lado, al modelo de Vernon.

Pues bien, *Vernon* (Fig. 3.5) propuso un modelo en 1950 que ha venido caracterizando a la escuela psicométrica británica. Su objetivo fue integrar los resultados de la mayor parte de las investigaciones factoriales[22].

En este modelo, el factor «*g*» (general) está en la cima del modelo. Por debajo de «*g*» se encuentran dos grandes factores de grupo, a saber, verbal-numérico-educativo (v:ed) y espacial-práctico-mecánico-físico (k:m).

El factor *v:ed* se divide a su vez en factores de grupo, tales como los factores verbal, numérico, lectura, deletreo, lingüístico, fluencia y pensamiento divergente.

El factor k:m se divide en factores perceptivos, físicos, psicomotores, espaciales y mecánicos.

Una particularidad del modelo es su flexibilidad, dado que los factores pueden subdividirse todavía más en función de la profundidad del análisis que se realice.

La validez biológica de los factores k:m y v:ed está respaldada por el estudio de las anomalías cromosómicas. Veamos: el Síndrome de Turner presente en algunas mujeres (45X) y consistente en la carencia de un cromosoma X, produce una disminución en una desviación típica por debajo de la media en las pruebas representantes del factor k:m, pero el

[21] Conviene recordar que R. B. Cattell fue discípulo de Charles Spearman en el University College de Londres.

[22] Vernon (1969) realiza una distinción relevante de cara a la investigación de las diferencias individuales en inteligencia: «En primer lugar, "inteligencia" lleva implícito el significado de capacidad innata, algo que el niño hereda de sus antepasados a través de los genes y que determina el desarrollo mental de que va a ser capaz. Se trata de sus posibilidades para aprender en cuanto distintas de los conocimientos adquiridos o destrezas. Pero, en segundo lugar, el vocablo inteligencia también se utiliza para referirse a un niño o a un adulto que es listo, rápido para captar, que comprende o razona bien, que es mentalmente eficaz. Un tercer significado de inteligencia es el de edad mental o puntuación en CI obtenida en cualquiera de los tests de inteligencia ampliamente utilizados. Cada uno de estos tres conceptos es extraordinariamente complejo; pero se ahorraría mucha confusión si llegásemos al acuerdo de denominarlos, respectivamente, inteligencia A, B, y C» (pág. 29).

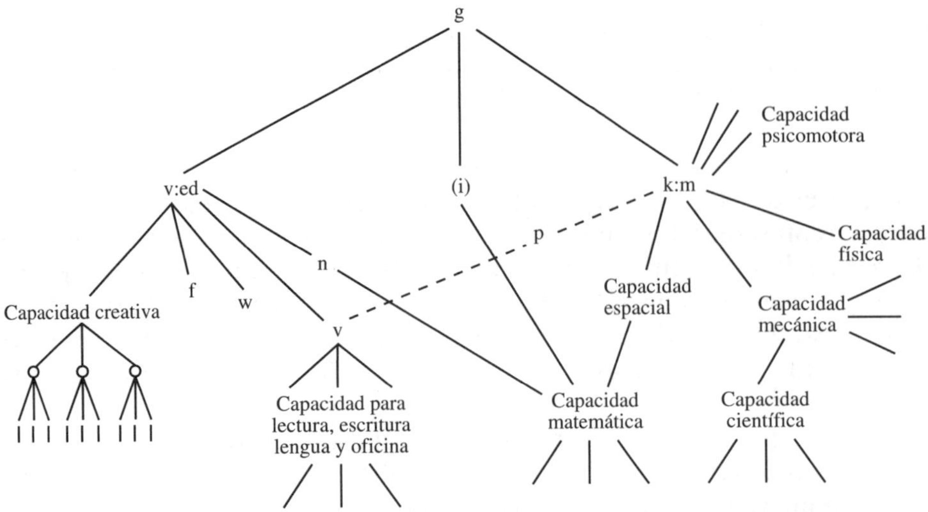

Figura 3.5.—Modelo estructural de la inteligencia de Vernon. (Adaptación de Amelang y Bartussek, 1981.)

rendimiento en las pruebas representativas del factor v:ed no se ve afectado.

El patrón de resultados inverso se produce en los hombres con un cromosoma X extra (47XXY); las puntuaciones se sitúan en una desviación típica por debajo de la media en el factor v:ed, pero su rendimiento en el factor k:m no se encuentra afectado.

Por tanto, las alteraciones cromosómicas parecen tener efectos independientes en los dos componentes fundamentales de la inteligencia (véase Loehlin, Willerman y Horn, 1988) postulados por el modelo de Vernon.

Por su parte, R. B. Cattell (1941, 1943) propuso que era posible identificar más de un factor de segundo orden, pero no lo demostró empíricamente hasta bastante más tarde (Cattell, 1963; Horn, 1965; Horn y Cattell, 1966). Factorializando tests o factores representantes de las aptitudes primarias, Cattell y Horn identificaron varios factores de segundo orden o aptitudes comprehensivas.

Las dos dimensiones centrales en la formulación de Cattell y J. Horn son *inteligencia fluida* (Gf) e *inteligencia cristalizada* (Gc) por lo que a esta teoría se la conoce genericamente como teoría Gf-Gc (Fig. 3.6).

Inteligencia fluida e inteligencia cristalizada reflejan la capacidad de abstracción, formación de conceptos y percepción y educción de relaciones.

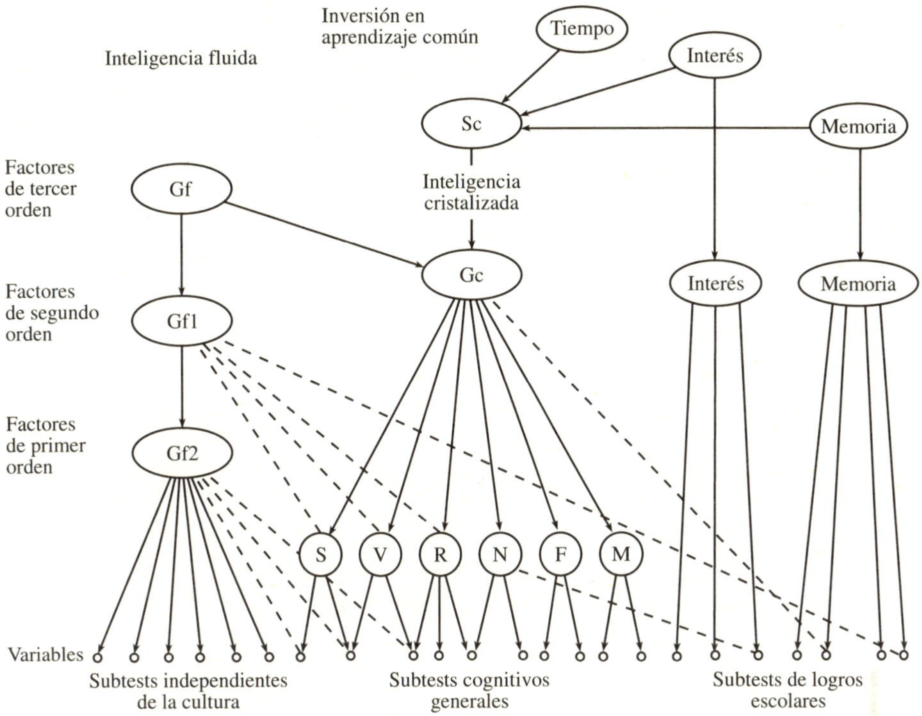

Figura 3.6.—Modelo estructural de inteligencia de Cattell.

Gc refleja las diferencias individuales asociadas con la influencia debida a la aculturalización, y es central en las tareas de naturaleza verbal-conceptual. Aptitudes primarias como Comprensión Verbal y Cognición de Relaciones Semánticas, saturan en Gc.

Por su parte, Gf refleja el efecto de los factores biológicos y neurológicos, y factores como el aprendizaje incidental (no intencional). Es central en tareas nuevas o muy familiares. Las aptitudes primarias, Inducción, Razonamiento General y Cognición de Relaciones Figurales, son ejemplos de factores que saturan Gf.

En la primera formulación de la teoría Gf-Gc, Horn y Cattell (1966) identificaron tres factores adicionales de segundo orden:

Visualización General (Gv), saturado por las primarias Visualización (Vz), Orientación Espacial (S), y Flexibilidad de Clausura (Cf).

Velocidad General (Gs), saturado por Facilidad Numérica (N) y Velocidad Perceptiva (P).

Fluidez General (Gr), saturado por Fluidez Verbal (Fw), Fluidez Ideativa (Fi) y Fluidez Asociativa (Fa).

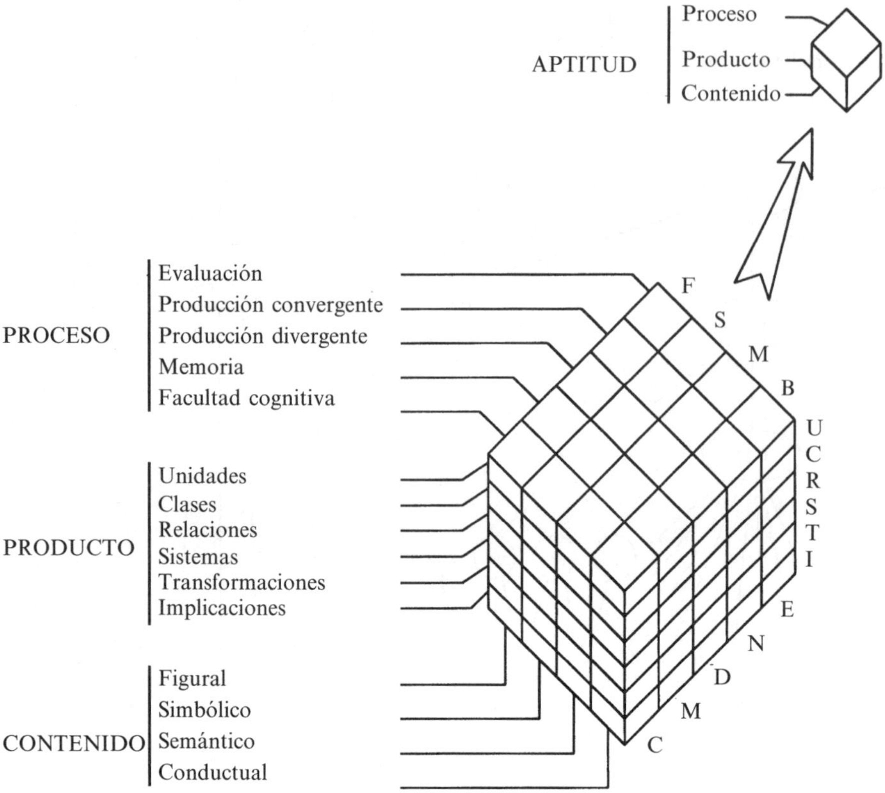

Figura 3.7.—Modelo estructural de la inteligencia de Guilford. (Adaptación de Guilford y Hoepfner, 1976.)

Posteriormente, las investigaciones de Horn (1978, 1980, 1986; Horn y Stankov, 1982) llevaron a ampliar la lista y a postular un modelo jerárquico basado en una serie de niveles funcionales.

El modelo de Horn (1986) organiza las aptitudes en una jerarquía de procesamiento de la información con los niveles recepción sensorial, procesamiento asociativo, organización perceptiva y educción de relaciones. Los factores Gf y Gc se localizan a nivel de educción de relaciones.

El nivel de organización perceptiva proporciona *inputs* a los procesos de Gf-Gc, e incluye el factor general visual y el factor general acústico. Este nivel también incluye la dimensión Velocidad.

El nivel de procesamiento asociativo incluye dos dimensiones que representan capacidades de memoria; el primero (adquisición y recuperación a corto término) refleja la capacidad para almacenar y recuperar información en períodos de tiempo breves (un minuto o dos); el segundo (almacenamiento y recuperación a largo término) representa la aptitud para recuperar información almacenada mucho antes de realizar la medida.

Al más bajo nivel —recepción sensorial— se encuentran dos factores: agudeza de los detectores visuales y agudeza de los detectores acústicos.

Este modelo integrado no se ha contrastado empíricamente en su totalidad. No obstante, las aptitudes comprehensivas propuestas por Cattell y Horn se han replicado en otras investigaciones.

Por último, Guilford ha propuesto un modelo no jerárquico de la inteligencia (modelo SI, *Structure of Intellect*), partiendo de dos supuestos:

1. Los factores del modelo son ortogonales (independientes).
2. Una de las formas de diferenciar las aptitudes es el tipo de información (lo que implica la utilización del enfoque del procesamiento de la información-PI).

Para Guilford, no hay confirmación empírica real que avale la concepción jerárquica de la inteligencia. Desde su punto de vista, el hecho de que una serie de aptitudes independientes actúen conjuntamente para realizar una serie de actividades, no supone que haya una aptitud general de carácter ejecutivo.

Guilford mantiene que los modelos estructurales han de sustentar a los modelos del procesamiento de la información. De esta manera, su modelo estructural trata de proporcionar una taxonomía adecuada para la investigación de las diferencias individuales en inteligencia desde una perspectiva cognitiva.

Para Guilford, el intelecto tiene tres facetas y dentro de cada una de ellas se distingue una serie de categorías (Fig. 3.7):

Operaciones o proceso: cognición, memoria, producción convergente, producción divergente y evaluación.

Contenidos: figurativo, simbólico, semántico y comportamental.

Productos: unidades, clases, relaciones, sistemas, transformaciones e implicaciones.

El modelo cúbico de Guilford incluye 120 celdillas (Fig. 3.7) cada una de las cuales corresponde a una aptitud única compuesta por operaciones, contenidos y productos. El modelo SI se ha comparado a la Tabla de Elementos de Mendeleiev, dado que ha facilitado el aislamiento de nuevos factores representantes de los rasgos de la inteligencia[23].

Una vez revisados los modelos factoriales de la inteligencia, un mínimo meta-análisis de los mismos llevará a mantener que la teoría Gf-Gc carece de un factor «*g*»[24]. Éste, por contraste, tiene una importancia fundamental en el modelo de Vernon. Sólo hay dos factores comprehensivos en el modelo de Vernon, mientras que son varias las aptitudes comprehensivas de la teoría Gf-Gc (concretamente 5).

Cattell (1963) y Horn (1968) han comparado su modelo con el de Vernon. Horn asume que k:m es una mezcla de Gf y Gc. Sternberg (1980 a), por otro lado, mantiene que Gf corresponde a k:m. Por su parte, Humphreys (1967) afirma que la respuesta a la pregunta de si Gf y Gv (visualización general) son distintos, determinaría qué modelo debería adoptarse, si el de Vernon o la teoría Gf-Gc. Por su parte, Vernon (1969) no acepta que Gf pueda igualarse a k:m, y considera que Gf es prácticamente equivalente a «*g*», más algún ingrediente de aptitud espacial.

Un punto de vista alternativo sobre las relaciones entre los dos modelos es que *Gc puede corresponder a v:ed, Gv a k:m y Gf a «g»* (véase Gustafsson, 1988). Si Gf resulta ser idéntico a «*g*», se podría explicar queno haya ningún factor de grupo correspondiente a Gf en el modelo de Vernon.

En este sentido, en el método factorial utilizado por Vernon se extrae «*g*» en primer término, de manera que se puede extraer mucha varianza de los tests de Gf, lo que impide definir un factor de grupo. Supuesto que este razonamiento sea adecuado, entonces si se define un factor de tercer orden entre los factores de segundo orden de la teoría Gf-Gc, Gf tendrá un peso de prácticamente la unidad en este

---

[23] En la década de 1950, las investigaciones del Laboratorio de Guilford eran las más importantes respecto al análisis factorial de la estructura de la inteligencia humana (véase Jenkins y Likken, 1957). Guilford (1979) define inteligencia como «un conjunto sistemático de aptitudes o funciones para procesar diferentes clases de información de modos diversos» (pág. XI). El modelo de Guilford ha recibido una serie de críticas: *a*) las correlaciones entre los tests tienen significación positiva, lo que cuestiona la independencia de los factores, y *b*) los factores no se han replicado sistemáticamente (Brody y Brody, 1976).

[24] Horn (1985) ha escrito lo siguiente en torno al problema de «*g*»: «Sugiero que a pesar de la prevalencia de la creencia en la noción de inteligencia general, a pesar de la intensidad emotiva con la que se mantiene esta creencia, y a pesar del hecho de que esta creencia es proclamada como verdad por alguno de los altos sacerdotes de nuestra ciencia, la creencia debería desecharse (...). La evidencia acerca de la naturaleza de las capacidades humanas proporciona escasa base para esta creencia. Indica, por el contrario, que distintas funciones están implicadas en las ejecuciones que se clasifican habitualmente bajo el título inteligencia» (pág. 273).

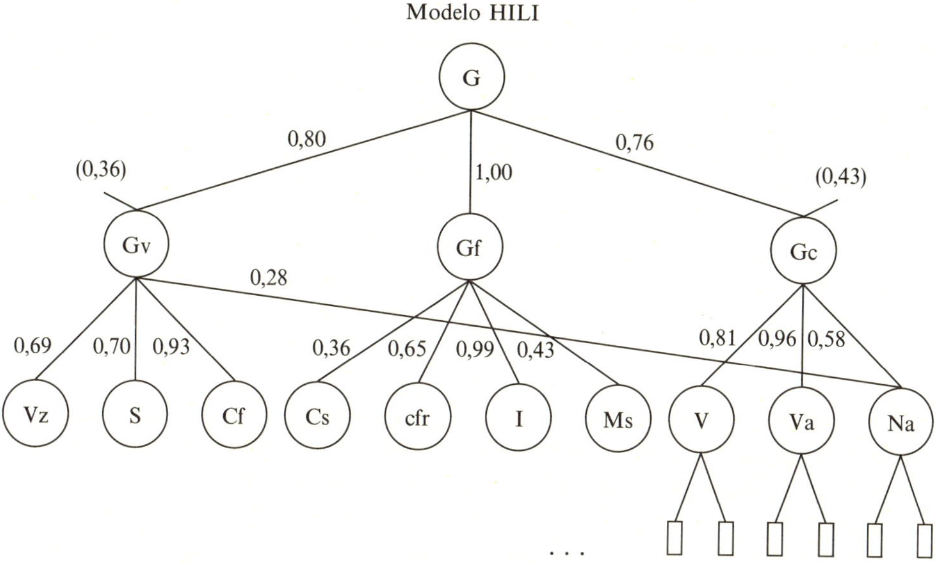

Figura 3.8.—Modelo Estructural de la Inteligencia. Hierarchical Lisrel. (Adaptación de Gustafsson, 1984.)

factor. Además, la idea de que Gf es igual a «*g*» es apoyada por algunas investigaciones (Cronbach, 1984; Gustafsson, 1980; Undheim, 1981a y b).

En suma, la relación entre Gf y «*g*» parece ser muy estrecha. Tanto en la teoría como en la práctica, estos factores pueden considerarse equivalentes. Además, el hecho de que Gf resulte idéntico a «*g*» cerraría el conflicto entre los modelos jerárquicos propuestos por Vernon y por Cattell-Horn. De esta forma, Gf debe subir en la jerarquía, y de los restantes factores comprehensivos identificados por Cattell y Horn debe parcializarse la varianza propia de «*g*». Esto producirá un residuo de Gc (Gc») que será más o menos idéntico a v:ed, y otro residuo de Gv (Gv») el cual será similar a k:m.

Gustafsson (1984, 1988), como representante de la escuela sueca, ha propuesto un modelo jerárquico que incluye las primarias identificadas por Thurstone. De esta manera, hasta cierto punto, logra unificar varios modelos previos aparentemente incompatibles. Este modelo se denomina HILI *(HIerarchical LIsrel)*, y, como ya se ha comentado, es bastante semejante al modelo de Vernon.

En el modelo HILI (construido utilizando los modelos causales de la metodología multivariada, véase apéndice 1), además de Gc y Gv, también se identifican por debajo de «*g*» los factores Gs (velocidad general) y Gr (fluidez general).

Tal y como se aprecia en la figura 3.8, el primer nivel incluye los factores de la tradición Thurstone-Guilford. En el segundo nivel, se encuentran dos factores comprehensivos relativos al rendimiento en tareas verbales y figurales. El tercer nivel corresponde a «*g*».

Los factores de más bajo nivel incluyen la varianza específica, después de eliminar la varianza explicada por los factores de orden superior. El apóstrofe permite diferenciar los factores del modelo HILI de los de los modelos precedentes. Los tests utilizados se presentan en cuadrados y los factores en círculos. Las líneas rectas indican la dirección de la influencia, y las estimaciones paramétricas han de interpretarse como saturaciones factoriales estandarizadas. Las líneas curvas bi-direccionales indican correlación, sin asunciones causales. En la figura 3.8 también se muestran las estimaciones paramétricas; los números entre paréntesis expresan estimaciones de varianza residual. Una característica fundamental del modelo HILI es que el número de niveles de la jerarquía puede variar dependiendo de las tareas utilizadas.

En resumen, los estudios psicométricos sobre la inteligencia se han basado en lo que podría denominarse un *modelo geográfico*, dado que el objetivo de las investigaciones ha sido desarrollar un mapa sobre la inteligencia. Varios han sido los mapas que se han propuesto para acotar el dominio de las aptitudes intelectuales humanas; los debates entre los diferentes grupos de cartógrafos sobre qué mapa constituye la mejor representación de la realidad han sido intensos. Se ha discutido mucho si un mapa a gran escala es mejor que otro a pequeña escala, si un mapa muy detallado es mejor que otro más general, y, también, se ha discutido qué partes de la realidad deben incluirse en el mapa. En este sentido, la experiencia que se tiene sobre los mapas físicos informa que es esencial reconocer los diferentes usos que puede cubrir. Lo que hay que tener claro es la conexión entre el mapa y lo que el usuario trata de hacer. De esta manera, por ejemplo, un mapa que refleje las principales ciudades de España resulta útil para planificar un viaje general por el país, pero no resulta útil para encontrar una calle de Segovia. En este último caso, resultará más útil un callejero de tal ciudad; disponer de los callejeros de las ciudades de España no servirá, en cambio, para trazar una ruta entre diversas ciudades españolas.

Por tanto, *el resultado de la aproximación jerárquica a la estructura de las aptitudes mentales es una serie de mapas, a diferentes escalas, y a diferentes niveles de detalle, de la estructura de las diferencias individuales en diferentes áreas intelectivas.* Estos mapas conforman un todo integrado capaz de satisfacer las diversas necesidades mostradas por los investigadores de las diferencias individuales en las capacidades intelectuales.

En este sentido, resulta muy sugerente la *teoría del continuo heterogéneo* de M. Yela. Yela (1982) parte de que la escuela inglesa ha defendido una jerarquía ortogonal, mientras que la americana ha hecho otro tanto respecto a una jerarquía oblicua, lo que, en su parecer, ha dado lugar a un «desencanto» entre los investigadores al no saber a qué atenerse. No obstante, cree Yela que no hay razón para tal desencanto, dado que hay bases empíricas para admitir esta multiplicidad. Escribe Yela (1982) gráficamente:

> Si los naturalistas han podido distinguir un millón de especies animales y unas trescientas mil vegetales ¿serían menos ricas, como se preguntaba Ortega, la fauna y flora psicológicas? (pág. 297).

Por otro lado, no todos los factores que se encuentran en la investigación tienen la misma importancia, lo que depende de la varianza que explica cada uno de ellos, validez y coherencia teórica y práctica.

Aunque la *inteligencia general* es la única general, en efecto, no es, por contra, la única común. De esta forma, hay otras dimensiones comunes a ciertos tipos de tareas, aunque no a todas las posibles tareas denotadoras de conducta inteligente. Estas dimensiones corresponden a las *aptitudes múltiples* de la estructura del comportamiento inteligente.

En la mayor parte de los trabajos se ha encontrado una covariación general («*g*» o Gf) y dos grandes zonas de covariación, a saber: verbal (Gc o v:ed) y espacial (Gv o k:m), matizadas en su estructura y desarrollo por la carga genética, la edad, la experiencia, el aprendizaje y la cultura. Cuando se ajustan los análisis a los datos obtenidos a partir de poblaciones no seleccionadas (esto es, no sólo universitarios, ni pilotos, etc.) se obtienen factores oblicuos ordenados jerárquicamente, del general a los específicos, pasando por distintos niveles de factores comunes, complejos e interdependientes (Yela, 1982).

3.2. Las diferencias individuales en inteligencia a nivel cognitivo

> Tenemos que efectuar análisis más detallados de los tests en tanto que tareas complejas (...). Ante todo se requieren más investigaciones sobre las dimensiones de las diferencias individuales en las capacidades mentales, poniendo especial atención en las capa-

> cidades, habilidades y componentes que pueden ser identificados en la ejecución de las habilidades cognitivas estudiadas por la psicología cognitiva en relación con las mediciones más tradicionales de la inteligencia (...) Segundo, habría que dedicar esfuerzos a la elaboración de tests más sutilmente graduados de las habilidades intelectuales (pág. 157; págs. 154-155).
>
> J. B. Carroll (1982).[25]

Para las teorías cognitivas, la inteligencia es función de las representaciones y procesos cognitivos que contribuyen a la resolución de las tareas que requieren un comportamiento inteligente.

En general, hay tres cuestiones que se analizan a este respecto (Sternberg y Salter, 1982):

1. Los procesos que subyacen al comportamiento inteligente.
2. Las estrategias cognitivas resultantes de la combinación de esos procesos.
3. El conocimiento y su representación.

Por lo que se refiere al análisis de *los procesos* subyacentes al comportamiento inteligente, puede establecerse una serie de consideraciones.

En primer lugar, *qué procesos constituyen el núcleo de la conducta inteligente*. Aquí suelen analizarse los procesos utilizados en la percepción, el aprendizaje y la memoria, el razonamiento y la solución de problemas, encontrandose una tendencia a mantener que puede establecerse un continuo de complejidad procesual (de manera equivalente a la dimensionalización de la perspectiva psicométrica) para el análisis del rendimiento de los sujetos en una serie de tareas.

---

[25] C. Spearman ha sido el primer autor que fue más allá de la formulación estructural de la inteligencia. En su obra *La naturaleza de la inteligencia y los principios de la cognición* (1923) establece un marco teórico para el análisis cognitivo de las diferencias individuales en inteligencia. En su análisis distingue entre las leyes cualitativas (aprehensión, educción de relaciones y educción de correlatos) y leyes cuantitativas de la cognición (rendimiento constante, retentividad, fatiga, control conativo y potencias primordiales). Estos dos tipos de leyes se aplicarían a los procesos noegenésicos de la cognición. Los procesos anoegenésicos serían los siguientes: reproducción, desaparición y variación de la claridad. El objetivo de Spearman fue el análisis experimental de estas leyes. J. B. Carroll (1991) ha mantenido a este respecto que los psicólogos cognitivos harían bien en reconsiderar los principios noegenésicos de Spearman como base para una teoría moderna de la cognición. Por otro lado, R. J. Sternberg (1979) ha escrito: «cuando estamos a las puertas de que se cumpla el medio siglo desde que se publicó el libro de Spearman (1923) que ha hecho época, quizá el primer trabajo publicado que bosquejaba la síntesis entre la aproximación diferencial y cognitiva a la inteligencia, parece ser que nuestra mayor empresa es la misma que la tratada por Spearman: la comprensión de la naturaleza de «*g*» (pág. 58).

En segundo lugar, *cómo categorizar los procesos del comportamiento inteligente.* En este sentido, una fuente de diferencias individuales en la inteligencia humana es la disponibilidad, accesibilidad y eficiencia diferenciales en la ejecución de diversos tipos de procesos.

Por último, *cómo identificar los procesos que son propios de la conducta inteligente.*

En cuanto al análisis de *las estrategias cognitivas* se pueden distinguir las siguientes cuestiones.

En primer término, *el problema de la accesibilidad diferencial y la disponibilidad de las estrategias.* Una línea de investigación aquí es el análisis de las causas de que determinadas estrategias sean más o menos accesibles a los individuos que realizan tareas que demanden explotar las capacidades intelectuales. Un área de investigación relevante a este respecto es el de los estilos cognitivos.

En segundo lugar, *el problema del efecto del estilo cognitivo sobre la estrategia cognitiva.* Diferentes individuos pueden afrontar las tareas complejas con diversos estilos de ejecución. Un campo abonado es el análisis de las relaciones entre los estilos cognitivos (por ejemplo, procesamiento holista *versus* procesamiento serial; representación espacial *versus* representación verbal; procesamiento profundo *versus* procesamiento superficial; véase Kyllonen y Shute, 1989) y los procesos cognitivos específicos implicados en la resolución de diversas tareas.

Y, en tercer lugar, *el problema de la interacción entre la aptitud psicométrica y las estrategias cognitivas.* Una determinada estrategia cognitiva útil a la resolución de una tarea dada depende del patrón de habilidades cognitivas de un determinado individuo. Los estudios a este respecto parecen mantener que hay interacciones entre la ejecución de la tarea, por un lado, y los patrones de habilidades espaciales, en contraste con las habilidades verbales, por otro.

Por último, en lo referente a la cuestión del *conocimiento y su representación*, se puede decir que una idea subyacente es que los individuos inteligentes pueden utilizar sus bases de conocimiento para decidir eficazmente qué información es significativa para la resolución de una determinada tarea. Hay que considerar, en cualquier caso, que resulta inevitable el análisis de las representaciones en conexión con los procesos cognitivos que operan sobre el conocimiento representado (véanse Anderson, 1978, 1979; Colom, 1989; Colom y Juan Espinosa, 1990).

S. Embretson (1986) ha mantenido, por su parte, que las investigaciones experimentales sobre los componentes cognitivos de las diferencias individuales en inteligencia no han facilitado la modificación de los tests de inteligencia. Una posible hipótesis para explicar este particular, es que los tests psicométricos se basan en principios cualitativamente diferentes a los fundamentos de una teoría cognitiva. En cualquier caso, Embretson mantiene que el test tradicional no mide un único constructo teórico y la heterogeneidad de constructos resultante no se detecta necesariamente acudiendo al criterio de consistencia interna propio de la psicometría tradicional. Es la estrategia de investigación basada en el análisis de los componentes cognitivos que se revisó anteriormente, y que se puede analizar más exhaustivamente en el apéndice 2, la que permite estudiar detenidamente esta cuestión.

De esta manera, si los componentes se representan de forma similar en todos los ítems de un determinado test, o si los componentes correlacionan en la población, dicho test tendrá cierta *consistencia interna.* Un problema que se puede presentar a este respecto es que subconjuntos del mismo tipo de ítem pueden depender desigualmente de varios componentes de procesamiento.

En este sentido, Whitely (1981) muestra que los ítems se pueden seleccionar para medir diferentes capacidades de procesamiento (por ejemplo, algunos ítems pueden depender de la inferencia de una regla, y otros pueden depender de la valoración cuidadosa de las alternativas de respuesta). El mismo tipo de ítem en tests diferentes, o la inclusión de ítems nuevos en un determinado conjunto de ítems, puede producir una medida diferente de la misma competencia o capacidad analizada.

Embretson (1983, 1986) ha mantenido que dos de los aspectos más importantes para explicar la naturaleza de las diferencias individuales en un test de capacidad intelectual son, por un lado, los componentes, las estrategias y la base de conocimientos implicados en la resolución de un determinado ítem *(representación de constructo),* y, por otro lado, cuáles sirven a la validez predictiva del test *(amplitud nomotética).*

Desde esta perspectiva, si se puede separar la representación de constructo y la amplitud nomotética, también es posible incorporar los constructos y métodos de la investigación experimental en el proceso de validación de constructo de los tests psicométricos.

Un método cuyo objetivo sea evaluar la *representación de constructo* en un test ha de lograr cuatro criterios (Embretson, 1983, 1986):

1. Las hipótesis tienen que ser pertinentes respecto de, o relevantes para, los constructos implicados en la ejecución de la tarea.
2. Habrá que especificar las relaciones entre las características de la tarea y las diferencias individuales.

3. Habrá que estimar los parámetros que van a representar las diferencias individuales en los constructos psicológicos considerados.
4. Por último, habrá que estimar los parámetros, para representar la cualidad de los ítems en relación a los constructos considerados.

Estos cuatro criterios se alcanzan con los *modelos de rasgo latente.*

Por otro lado, las fases para analizar el problema de la representación de constructo serán las siguientes (Embretson, 1986):

1. Habrá que operativizar los constructos teóricos en un diseño experimental, de manera que se puedan poner a prueba las hipótesis sobre la tarea formalizada.
2. Habrá que generar, a partir de la teoría de base, una serie de predicciones sobre el rendimiento en la tarea.
3. Habrá que poner a prueba las predicciones de teorías alternativas a la adoptada o diseñada.

Una necesidad a este respecto es revisar las teorías y la investigación previas para generar hipótesis sobre las variables procesuales que supuestamente subyacen al rendimiento. Posteriormente, habrá que diseñar tareas que representen los constructos identificados y obtener predictores de la dificultad de la tarea, para la construcción de un determinado modelo matemático.

Los métodos del diseño de tareas para descomponer las variables teóricas varían el contenido de la tarea (la complejidad estimular o las características semánticas), las condiciones de presentación de la tarea (porcentaje, claridad de los estímulos o instrucciones), y la completud de la tarea (presentación de tareas parciales o de pre-indicadores). Desde esta perspectiva, ítems del mismo tipo no tienen por que requerir necesariamente las mismas competencias o capacidades.

Por lo que respecta al problema de la *amplitud nomotética,* Embretson (1986) mantiene que los modelos de ecuaciones estructurales tienen propiedades adecuadas para trabajar este particular (véase apéndice 1). Los requisitos a cumplir por los constructos considerados para tratar el problema de la amplitud nomotética son, por un lado, los pesos relativos de los constructos en la explicación de las diferencias individuales detectadas en las puntuaciones obtenidas en los tests, y, por otro lado, la bondad con la que explican los constructos, la amplitud de las relaciones entre las puntuaciones de los tests y otras variables.

El objetivo es averiguar la utilidad de un test como una medida de las diferencias individuales. La amplitud nomotética se mide por el patrón, magnitud y frecuencia de las correlaciones del test con otras medidas de diferencias individuales (otras características psicológicas o el rendimiento en una serie de tareas criterio).

Cuando se identifican varios componentes en el análisis de la representación de constructo, hay que responder una serie de preguntas sobre las diferencias individuales.

En primer lugar, la contribución de los componentes de procesamiento a las diferencias individuales.

En segundo lugar, la contribución de los constructos considerados a la validez predictiva del test.

En tercer lugar, determinar si los componentes de procesamiento tienen validez diferencial, a la hora de predecir los criterios pre-establecidos. Si es así, la medida de los componentes individuales aumentará la validez predictiva del test.

Finalmente, la generalizabilidad entre tareas, para tratar de establecer la significación de las medidas componenciales. Las diferencias individuales detectadas en el mismo componente, pero en diferentes tipos de ítems, estarán muy correlacionados. La investigación de la amplitud nomotética puede dar cuenta de esta cuestión, al estudiar las correlaciones de las diferencias individuales en los componentes medidos por diferentes tareas. Esto proporciona una operación convergente a los métodos experimentales, para establecer la generalizabilidad de los componentes entre tareas.

Por su parte, y desde una perspectiva bastante diferente a la mantenida por S. Embretson, E. Hunt (1980) ha reflexionado sobre el estudio de las diferencias individuales en las representaciones y procesos cognitivos, esto es, a nivel cognitivo.

Sostiene Hunt que cuando se comparan sujetos brillantes, medios y con retraso moderado, se suele encontrar que, aunque haya una diferencia de 30 puntos en CI entre cada uno de los tres grupos de sujetos, el rendimiento en tareas de velocidad de acceso léxico (esto es, una medida del procesamiento de la información) no refleja esta diferencia lineal en CI, esto es, *no hay un paralelismo entre el concepto estadístico y procesual de inteligencia.*

Por otro lado, una única tarea del procesamiento de la información no puede explicar más del 10 por 100 de la varianza en un test de inteligencia general (a lo que se le denomina «barrera del 0,30»). Este panorama no mejora si se consideran varias tareas del procesamiento de

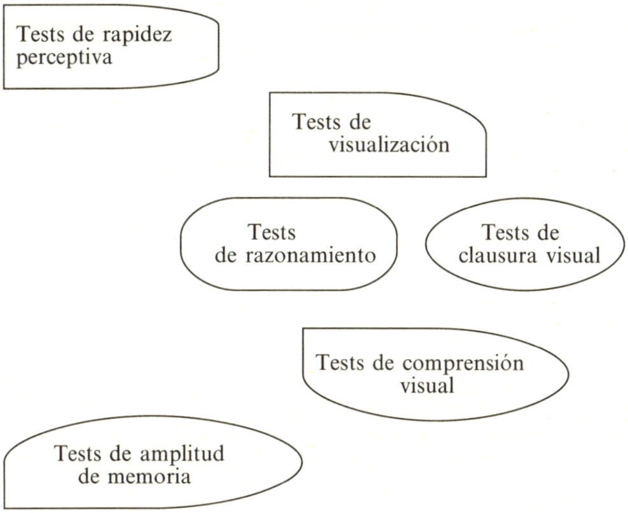

Figura 3.9.—Espacio multidimensional en el que se representan las necesidades procesuales de diferentes tareas psicométricas. (Tomada de Snow, 1980.)

la información (PI): las correlaciones múltiples entre tests de aptitud verbal y las baterías de medidas del PI no suelen superar correlaciones de 0,60 (véase Lunneborg, 1977).

Para Hunt (1980) este tipo de resultados parecen llevar a soportar la tesis de que las diferencias individuales tienen un carácter cualitativo, superando el estudio de las diferencias individuales tienen un carácter cuantitativo en inteligencia, propias del enfoque psicométrico[26] (aunque, en cualquier caso, véanse los resultados de la investigación de McGue y cols., 1984, más adelante).

Una manera de estudiar la relación entre las teorías cognitivas y las psicométricas, consiste en analizar los correlatos procesuales de los tests psicométricos que se han desarrollado como marcadores de una teoría explícita sobre la inteligencia. Ejemplos de tests desarrollados para

[26] Hasta cierto punto, esta perspectiva de análisis de las diferencias individuales en inteligencia es un paso más allá a partir del programa de investigación establecido por Hunt, Frost y Lunneborg (1973): «Deseamos mostrar dos cosas: primero, que existe una relación sustancial, pero imperfecta, entre un modelo de la cognición humana y los tests (...) y, segundo, que las diferencias en las reacciones de los sujetos a las tareas experimentales son funciones fiables de las características individuales y que no pueden conceptualizarse propiamente como medidas de error» (pág. 121).

identificar las aptitudes separadas, pero correlacionadas, para resolver problemas, aplicando conocimiento previamente adquirido o inventando un método de solución, son los factores Gf y Gc de Cattell (1971) siendo un ejemplo en esta tónica de investigación el trabajo de Lansman y cols. (1983).

En cualquier caso, este tipo de trabajos tampoco supera «la barrera del 0,30», lo que no significa que el procesamiento de la información no tenga nada que decir sobre las diferencias individuales en cognición, sino que se necesita algo más que correlaciones.

La razón es simple: los paradigmas del PI se han diseñado para estudiar una sola función procesual básica. Sin embargo, el test de inteligencia más robusto para predecir el rendimiento en una serie de situaciones necesita la coordinación de varias funciones diferentes. Si esto es correcto, debe prestarse atención a la aptitud de un individuo para seleccionar las funciones a utilizar al responder a un problema y coordinar la ejecución.

Esto viene ilustrado por una serie de análisis realizados por Snow (1980) sobre las necesidades del PI de diferentes tareas psicométricas. Snow *(Op. cit.)* construyó un espacio abstracto de tests mentales (figura 3.9), aplicando técnicas de escalamiento multidimensional (véase apéndice 1) a una matriz de correlaciones entre tests. Veamos.

Los tests de razonamiento y comprensión se sitúan en el centro del espacio. Los tests de aptitudes más específicas se sitúan en la periferia siendo curiosamente los que más se parecen a los procedimientos utilizados por los psicólogos cognitivos para poner a prueba las funciones específicas del PI; estos tests presentan una situación muy restringida en la que sólo hay una manera razonable de abordar la tarea. Por contraste, el rendimiento en los tests del centro del espacio depende más de las estrategias de la persona para tratar una serie de problemas presentados por varios ítems en cada prueba[27].

[27] Así, por ejemplo, Hunt (1974) encuentra que hay dos estrategias para resolver el Test de Matrices Progresivas de Raven; estas dos estrategias son psicológicamente distintas: la primera se basa en el razonamiento perceptivo y la segunda en el razonamiento proposicional. Los análisis estadísticos mostraron clusters de rendimiento supuestamente asociados con las diferentes estrategias. Por cierto, el test de matrices se sitúa en el centro del espacio dimensional propuesto por Snow. Por otra parte, en el análisis procesual de la resolución de analogías verbales, Sternberg (1977) encuentra que los diferentes procesos pueden combinarse de diferentes maneras, lo que introduce una varianza propia de cada proceso en el rendimiento total; la contribución de cada proceso difiere dependiendo de cómo se combine. «Si esto se produce en los tests individuales, no podemos esperar correlaciones entre aspectos concretos del PI y los rendimientos totales en los tests hasta no identificar las estrategias y la gente que las utiliza» (Hunt, 1980, pág. 458).

El problema que se plantea, no obstante, es el siguiente: *¿cómo resumir si cada persona es única?*, esto es, cómo evitar el relativismo. Un procedimiento sería identificar grupos de personas que utilizasen estrategias similares y aplicar análisis correlacionales dentro de cada grupo.

En este sentido, *las estrategias de resolución de problemas pueden agruparse en función de la representación del problema que se utiliza en cada estrategia.* En general, se pueden dividir las representaciones en dos clases (Colom, 1989; Colom y Juan Espinosa, 1990): representaciones lingüísticas y representaciones espacio-visuales o por imágenes.

El tipo de habilidades que utiliza un sujeto para resolver un determinado problema depende de manera trascendental del tipo de representación que elija, tesis que no se aplica únicamente a los problemas complejos estudiados en los contextos educativos y profesionales, sino también a las tareas cognitivas simples tratadas en el laboratorio, de manera que estudiando estos sistemas de representación en el laboratorio se pueden afinar las conclusiones sobre cómo operan en la vida diaria.

Cuando se permite que el sujeto elija libremente el tipo de representación y la correspondiente estrategia, las observaciones paradójicas sobre la relación entre el rendimiento psicométrico y el PI tienden a regularizarse (Hunt, 1980).

La investigación de MacCleod, Hunt y Mathews (1978; véase también Mathews, Hunt y MacCleod, 1980) es un ejemplo de la importancia de la selección de la representación sobre la que se soporta una estrategia cognitiva para resolver una determinada tarea. Estos autores utilizan el *paradigma de verificación de frases pictóricas.* La relación entre el rendimiento en la tarea y las capacidades del PI depende de cómo decide resolver la tarea el sujeto.

En la figura 3.10 se muestran los diagramas de procesamiento indicativos de las dos estrategias cognitivas que distintos sujetos parecen utilizar consistentemente para resolver la tarea de verificación de frases pictóricas. El mejor predictor psicométrico de los usuarios de la estrategia lingüística fue un test de aptitud verbal, y de los usuarios de la estrategia pictórica fue un test de aptitud viso-espacial.

Brevemente, la tarea consiste en que el sujeto lea y comprenda una frase en la que se informa sobre la posición de dos símbolos, una cruz y una estrella *(fase de comprensión).* Por ejemplo: «Cruz encima de estrella». Cuando el sujeto cree haber entendido el mensaje de la frase, presiona una tecla y pasa a la fase de verificación, en la que se presenta

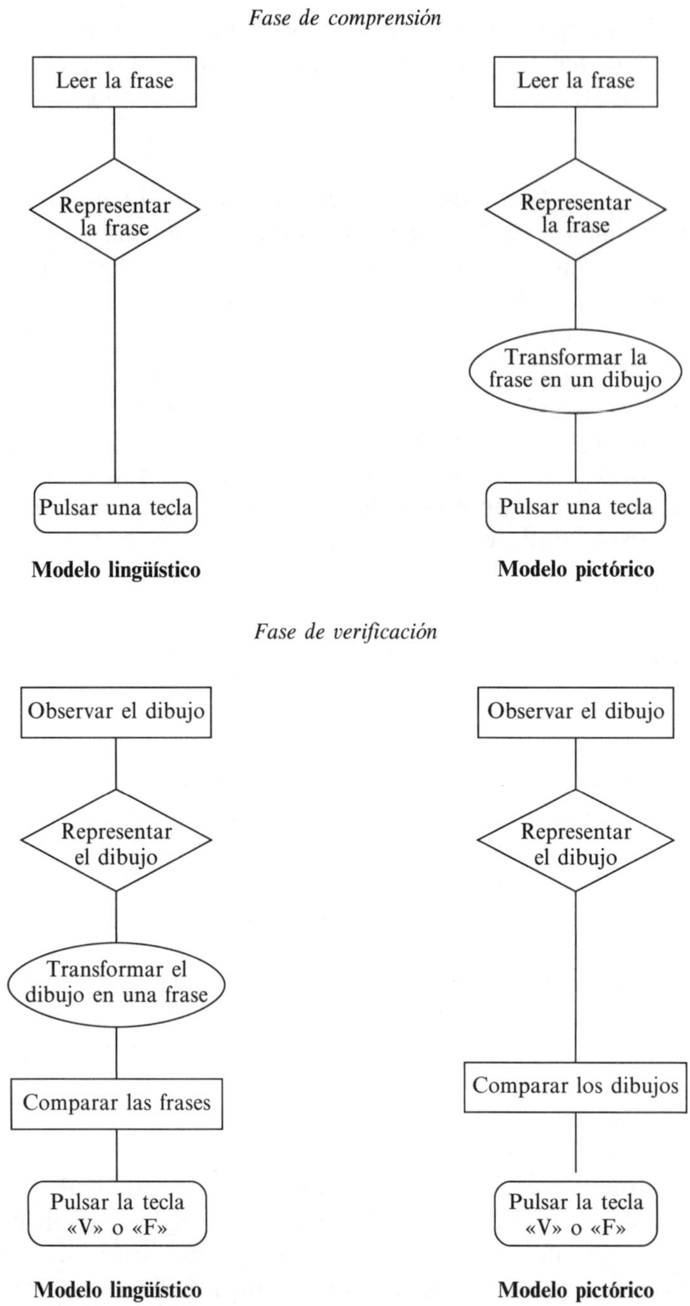

Figura 3.10.—Diagramas de procesamiento correspondientes a las estrategias ligüística y pictórica, respectivamente, usadas por los sujetos. (Adaptación de MacCleod, Hunt y Mathews, 1978.)

un dibujo con los dos símbolos a los que se refiere la frase de la fase de verificación. Por ejemplo:

+

*

El sujeto decide si la disposición de los símbolos del dibujo se corresponde o no con lo dicho en la frase presentada en la fase de comprensión. En este caso, sí habría correspondencia.

La frase se puede complicar introduciendo negaciones, por ejemplo «cruz no encima de estrella», haciendola incongruente con el dibujo, etc. Un dato que merece la pena reseñar es que los usuarios de la estrategia pictórica no se ven afectados por la introducción de negaciones, pero sí los usuarios de la estrategia lingüística.

Por otro lado, Hunt (1980) propone que el factor «*g*» puede relacionarse con el problema de los *recursos atencionales*. Para probar esta hipótesis se parte, y se cuestiona, el modelo atencional de Kahneman (1973). Para Hunt, el modelo de Kahneman ha de revisarse, dado que la atención se trata como un recurso único. No obstante, si esto fuese cierto, cualquier tarea que demandase atención competiría con cualquier otra, lo cual no es cierto. Por el contrario, el patrón de interferencia depende de las demandas específicas de cada tarea (véase Brooks, 1967). Además, el modelo de Kahneman postula una relación inversamente proporcional entre las dos tareas, lo cual tampoco se cumple.

En opinión de Hunt (1980), el conflicto proviene de dos fuentes. En primer lugar, las demandas de cada tarea sobre las estructuras mentales específicas. y, en segundo lugar, la competición por la atención de una estructura interna coordinada que determinará la reconciliación del primer tipo de competición[28].

En suma, E. Hunt (cp) propone tres fuentes de diferencias individuales en el PI:

1. Las funciones cognitivas básicas (por ejemplo, velocidad de acceso léxico).
2. La selección de la estrategia cognitiva (por ejemplo, pictórica o lingüística).

[28] Haciendo una analogía, las personas que están en la sala de espera para tomar un avión no compiten entre sí para conseguir un asiento en el avión, pero sí compiten para adquirir el billete en la taquilla o la agencia.

3. La localización de los recursos atencionales (por ejemplo, recursos visuales y verbales).

Estas fuentes de diferencias individuales afectarán a la *competencia cognitiva* de diversas formas y hará necesario un planteamiento un tanto distinto al mantenido desde el enfoque psicométrico.

En el siguiente apartado se sitúan las dos perspectivas frente a frente para comprobar su complementariedad en el estudio de las diferencias individuales en inteligencia, dado que, como ya se ha comentado, resulta esencial para cubrir el objetivo de estudiar dichas diferencias desde una perspectiva científica.

3.3. Perspectiva psicométrica *versus* perspectiva cognitiva

Claramente, hay dos posturas fundamentales sobre el papel complementario de las perspectivas psicométrica y cognitiva para el estudio de las diferencias individuales en inteligencia. Para algunos autores, las dos perspectivas han de ser necesariamente complementarias, mientras que para otros las dos perspectivas son incompatibles, a pesar de que puedan relacionarse de alguna manera. Veamos la lógica de cada una de estas alternativas, utilizando para la primera los argumentos de R. J. Sternberg y para la segunda los de E. Hunt.

Pues bien, en general, la perspectiva psicométrica y la cognitiva han utilizado dos estrategias teóricas diferentes. Por un lado, la perspectiva psicométrica ha tratado de sintetizar teorías comprehensivas sobre la inteligencia desde sus comienzos. Por su parte, la perspectiva cognitiva ha elaborado subteorías específicas sobre la ejecución en determinadas tareas, y sólo ocasionalmente sobre varias tareas.

Las corrientes de integración de las dos perspectivas parecen llevar al desarrollo de subteorías de amplitud moderada, esto es, sobre aspectos concretos de la inteligencia (lectura, razonamiento, capacidad espacial, etc.).

Por un lado, las teorías cognitivas tratan de detallar las representaciones y procesos que intervienen en la resolución de las tareas de interés. El supuesto es que la información se puede representar de diversas formas, de manera consonante con las diferentes estrategias cognitivas de resolución de la misma tarea, o en función de las fases de procesamiento asociadas a una determinada estrategia. La teoría ha de identificar cuáles son los procesos capaces de explicar el rendimiento de los individuos en la tarea o tareas de interés.

Por tanto, resulta fundamental investigar cómo se combinan las representaciones y los procesos cognitivos para configurar las estrategias cognitivas. A este respecto, las diferentes estrategias cognitivas pueden estar compuestas, bien por diferentes combinaciones de los mismos procesos, bien por procesos diferentes.

Por otro lado, tomando como referente las variables dependientes latencia y precisión, ha de estudiarse el problema de qué procesos correlacionan entre distintos sujetos.

Por último, las teorías sobre las capacidades mentales han de especificar la relación entre el análisis procesual a nivel cognitivo y las aptitudes intelectuales de las personas medidas a través de instrumentos psicométricos.

En lo referente a la identificación de los procesos subyacentes a la inteligencia, hay que considerar tres cosas:

1. Los procesos contemplados en una teoría han de ser lo más generales posible (esto es, no específicos de una determinada tarea).
2. Los procesos de la teoría no han de ser redundantes o repetitivos.
3. Es necesario encontrar un nivel descriptivo en el que situar los procesos, y que considere el continuo molar-molecular[29].

Las relaciones entre los procesos han de estudiarse en cuanto a las tareas y a los sujetos. El análisis de las relaciones entre los procesos y las tareas, requiere un catálogo preciso de las tareas investigadas, necesidad que ya fue prevista por Guilford (1967)[30], que considere los procesos cognitivos que están a la base de los factores psicométricamente identificados (véase Carroll, 1976). Esto es, una teoría sobre la inteligencia ha de asumir los modelos estructurales (factoriales) de la perspectiva diferencial psicométrica (Sternberg, 1979).

Además de esto, hay que tener claro que una parte importante de la conducta inteligente es la elección y uso de una determinada estrategia cognitiva, lo que exige que una teoría de la inteligencia detalle las estrategias cognitivas utilizadas por los individuos a la hora de resolver una determinada tarea o conjunto de tareas relevantes.

---

[29] En este sentido, los procesos cognitivos, al igual que sucede con los factores identificados por los psicómetras, puede tener diferentes niveles de generalidad.

[30] Guilford, como psicólogo diferencial y antes que cualquier psicólogo cognitivo, previó claramente que un pre-requisito para una teoría de la inteligencia es una teoría sobre las tareas.

Una cuestión candente, por último, es el significado cognitivo del factor «*g*»; a este respecto, parece que el factor «*g*» de Spearman se encuentra también utilizando una metodología basada en el procesamiento de la información.

No obstante, y en cualquier caso, hay que tener en cuenta que, por un lado, la investigación que combina la aproximación diferencial psicométrica y la perspectiva cognitiva es demasiado reciente, de manera que no hay que ser muy exigentes respecto a las incipientes *teorías cognitivo-diferenciales*, y, por otro lado, la utilidad de las metodologías de aproximación al problema han de ser calibradas a partir de su posibilidad de relación con la teoría.

Hunt y MacCleod (1979) han mantenido una postura un tanto diferente a la expuesta hasta el momento. Para estos autores:

> No es plausible una simple derivación de la Psicología de las Diferencias Individuales desde la psicología cognitiva, aunque sí puede ser posible desarrollar por separado teorías complementarias (pág. 89).

Por un lado, se ha desarrollado una serie de modelos sobre las situaciones de laboratorio, que han permitido comprender mejor los procesos de pensamiento, pero, por contra, estas investigaciones no han tenido ningún impacto en la psicología aplicada. Ha sido un ejercicio común la aplicación de los procedimientos estadísticos de los psicómetras a los datos obtenidos en situaciones de laboratorio (véase Hunt, Frost y Lunneborg, 1973), y, por su parte, los psicómetras han tratado de interpretar sus medidas a partir de las teorías de la Psicología Cognitiva (véase Carroll, 1976). Y también se pueden encontrar posturas intermedias (véase Sternberg, 1977).

Para Hunt y MacCleod (1979) la intención de unificar las dos perspectivas se basa en una supuesta unidad conceptual subyacente entre las aproximaciones de los psicólogos diferenciales y las de los psicólogos cognitivos. No obstante, Hunt, MacCleod y Lansman (1978) han realizado un análisis sobre las profundas discrepancias conceptuales entre la aproximación de la Psicología de las Diferencias Individuales y la de la psicología cognitiva. Concretamente, estos autores definen cuatro problemas básicos: la especificidad teórica de las medidas, la significación formal y la fiabilidad estadística, la no linealidad de las relaciones y la discontinuidad de la ejecución.

Para explicar *el problema de la especificidad teórica de las medidas*, tomemos el paradigma experimental de verificación de frases pictóricas reseñado más arriba (Fig. 3.10). Para el estudio de las diferencias individuales en esta tarea, se pueden adoptar dos posturas: estudiar la correlación entre la medida de alguna variable dependiente relacionada con la tarea (por ejemplo, el tiempo de reacción medio) y otras medidas obtenidas a partir de la aplicación de algún instrumento psicométrico.

No obstante, el análisis de medidas promedio desprecia la información de las relaciones establecidas entre subconjuntos de datos (por ejemplo, las diferencias entre los tiempos de reacción de las diversas variantes de las frases, debidas a su complejidad).

Hay una relación entre una alta capacidad verbal y la rapidez de procesamiento de la información en memoria a corto plazo, lo que parece una conclusión más relevante que afirmar que las personas con una alta aptitud verbal son más rápidos en la tarea de verificación. En esta tesitura, cuando se trata de extraer conclusiones a partir de los estudios correlacionales realizados sobre parámetros concretos de un modelo del procesamiento de información y de aplicarlas a la Psicología de las Diferencias Individuales «se tiene la impresión de estar patinando sobre hielo» (Hunt y MacCleod, 1979, pág. 94).

Respecto al *problema de la significación formal y la fiabilidad estadística*, la psicología cognitiva ha acentuado la importancia de la significación, mientras que la psicometría ha estado comprometida con la fiabilidad. Estos dos objetivos son válidos, pero están en conflicto. Por un lado, el análisis de varianza (utilizado profusamente en psicología experimental) asume que los datos se distribuyen normalmente dentro de cada una de las condiciones experimentales consideradas (esto es, ausencia de fiabilidad en los resultados de la investigación en el campo de la psicología cognitiva). No obstante, lo más frecuente es que los tiempos de reacción no se distribuyan normalmente.

Por otro lado, supóngase que se trata de relacionar un parámetro experimental del PI y alguna medida psicométrica de la aptitud. Tal y como ha apuntado Carroll (1979), esto trae consigo una serie de problemas matemáticos, dado que el coeficiente de correlación se transforma en una técnica frágil cuando se violan los supuestos sobre las distribuciones (como en el caso de los tiempos de reacción). Así, al menos por el momento, resulta complejo poner en relación la significación formal y la fiabilidad estadística.

En cuanto al *problema de la no linealidad de las relaciones*, la perspectiva de la Psicología de las Diferencias Individuales sobre la cognición es que la ejecución cognitiva en una determinada situación es resultado de la posición de un individuo en un rasgo subyacente. Así, la probabilidad de que una persona elija alguna de las posibles respuestas a un ítem del Test de Matrices Progresivas de Raven puede especificarse a partir de la posición que ocupa la persona en el rasgo que subyace a la ejecución sobre ese ítem. Los rasgos subyacentes a las ejecuciones específicas se consideran, a su vez, derivados de un conjunto de rasgos básicos. Es posible disponer de una teoría en la que el rasgo subyacente al Test de Matrices Progresivas sea una combinación lineal de las posiciones en funciones más básicas, como la capacidad espacial y el razonamiento lógico.

El supuesto de linealidad de la Psicología de las Diferencias Individuales mantiene que hay una relación entre dos capacidades cualesquiera, de manera que los problemas de una de ellas pueden verse compensados por la explotación de la otra capacidad. Este supuesto es totalmente ajeno a la psicología cognitiva, para la cual una determinada capacidad ha de existir en suficiente cantidad como para asegurar la ejecución. La mayor parte de las teorías PI sobre los procesos cognitivos mantiene que la ejecución es una función no lineal de las variables básicas del modelo. En tanto en cuanto estos modelos sean acertados, las técnicas psicométricas y las teorías de la Psicología de las Diferencias Individuales que asumen el supuesto de linealidad no serán relevantes para el análisis de los datos experimentales. Esto no es un problema técnico sobre el análisis de datos (como el anterior), sino que representa una distinción clara entre las dos disciplinas de la psicología científica, con respecto a su modo de concebir la capacidad mental.

Por último, *el problema de la discontinuidad de la ejecución* se ejemplifica con claridad retomando los resultados sobre el paradigma de verificación reseñados más arriba (véase la Fig. 3.10). La Psicología de las Diferencias Individuales trataría esos resultados manteniendo que la elección de una de las dos estrategias (lingüística o visual) es un rasgo que funciona como una variable moduladora. Así, la elección de la estrategia puede entrar en un modelo lineal de la conducta.

No obstante, Mathews, Hunt y MacLeod (1980) han mostrado que los sujetos pueden cambiar de estrategia, lo que no se ajustaría a los supuestos de la Psicología de las Diferencias Individuales. Desde la teoría del procesamiento de la información, la ejecución en una determinada tarea es resultado de la interacción entre el conocimiento, la capacidad de procesar información y la elección de la estrategia cognitiva para realizar la tarea. *Algunas de las capacidades para procesar información serán características estables de un determinado individuo, pero otras serán flexibles.*

La influencia de una determinada capacidad para procesar información dependerá de manera crucial de la estrategia cognitiva utilizada para resolver la tarea. Dado que la estrategia es una elección, no hay razones para suponer que es una característica estable del individuo[31]. Por tanto, las teorías del procesamiento de la información no podrán utilizarse para predecir la conducta hasta que se pueda especificar la estrategia asociada a una determinada tarea.

En suma, para Hunt y MacLeod (1979) la Psicología de las Diferencias Individuales trata de encontrar los rasgos de la inteligencia, mientras que la psicología cognitiva mantiene que el concepto inteligencia ha de ser sustituido por la especificación de una serie de capacidades flexibles para procesar la información y un conjunto de estrategias cognitivas. Probablemente, estas diferentes concepciones hayan llevado a las dos disciplinas a desarrollar diferentes técnicas de análisis de datos. La disponibilidad de esas técnicas de análisis de datos ha tenido su correspondiente efecto sobre las teorías, lo que quizá haya contribuido a la incompatibilidad de las dos disciplinas de la psicología científica (Hunt y MacLeod, 1979).

En cualquier caso, Hunt y MacLeod (1979) mantienen que, por el hecho de que sean realmente dos disciplinas de la psicología científica, no se debe concluir que una de ellas sea correcta y la otra no lo sea. Por un lado, la psicología de las diferencias Individuales ha tratado el problema de la descripción y predicción, un problema que es relevante tanto para la psicología científica como para la psicología aplicada. Por otro lado, sería interesante establecer una distinción entre perspectivas globales y reduccionistas de la actividad mental, sin suponer que la Psicología de las Diferencias Individuales es una disciplina aplicada y la psicología cognitiva es una disciplina teórica:

> Cada una de las dos disciplinas de Cronbach parece tener sus virtudes en diferentes campos (...); el pluralismo cultural ha de ser el curso de acción adecuado para una Psicología de las Diferencias Individuales (Hunt y MacLeod, 1979, pág. 103).

---

[31] En cualquiera de los casos, conviene traer a colación aquí los resultados del equipo de Cooper (1982), según los cuales los individuos tienen rendimientos significativamente mejores cuando se muestra una congruencia entre capacidad y estrategia. Es decir, una persona que utilice estrategias cognitivas incongruentes con su nivel de capacitación tendrá un rendimiento bastante más pobre que cuando explote sus capacidades para articular sus estrategias cognitivas. De alguna manera, esto viene a ilustrar la necesidad de conocer las capacidades de las que disfrutan *de facto* las personas y relacionar esta capacitación con el uso de determinadas estrategias en la resolución de las tareas específicas de interés.

Más adelante se verá, no obstante, que algunos de los supuestos centrales que dan pie a los argumentos mantenidos por Hunt y McCleod (1979) son consecuencia de un ejercicio de reflexión relativamente ajeno a la investigación que de hecho se realiza dentro de la Psicología de las Diferencias Individuales.

3.4. Las diferencias individuales en inteligencia a nivel orgánico

En este apartado se revisarán, por un lado, una serie de datos sobre la filogenia de las diferencias individuales en inteligencia, con el objeto de extraer algunas conclusiones sobre cómo encauzar los programas de investigación en el nivel de rasgo y en el cognitivo. En segundo lugar, se pasará a estudiar qué puede aportar la investigación del sistema nervioso al estudio de los constructos manejados a nivel de rasgo y cognitivo. Estas dos cuestiones se encuentran estrechamente relacionadas, dado que la consideración explícita de que los humanos somos seres biológicos, puede ayudar a impedir que los investigadores construyamos teorías que resulten contradictorias con los datos conocidos sobre ese carácter biológico.

3.4.1. Consideraciones filogenéticas sobre las diferencias individuales en inteligencia

La teoría de la evolución está construida sobre tres generalizaciones acerca de las propiedades de los organismos, que se pueden utilizar como premisas de un silogismo cuya conclusión es una generalización posterior sobre las propiedades de los organismos. Si estas generalizaciones son válidas y si no existe ninguna otra generalización válida pertinente no considerada, la conclusión también ha de ser válida (Howard, 1982). Veamos.

La primera generalización mantiene que los individuos de una determinada especie varían en múltiples características, tanto estructurales como comportamentales. Para la segunda generalización, la variación individual es hereditaria (esto es, se transmite de generación en generación) en alguna medida. Según la tercera y última generalización, los organismos se multiplican en una tasa que excede la capacidad del medio para mantenerlos.

Pues bien, el principio de la selección natural es una consecuencia de estas tres generalizaciones. No obstante, ¿cómo funciona la selección natural? Para responder a esta pregunta hay que suponer tres cosas:

1. La selección natural es un proceso; cada generación está sujeta al impacto selectivo de su medio y algunos de sus miembros no pueden reproducirse. Los organismos que se reproducen no se extraen al azar de la población, porque las presiones selectivas afectan desigualmente a sujetos diferentes. Si las condiciones ambientales de cada generación son ligeramente diferentes, los sujetos mejor dotados para tolerar el cambio tenderán a superar a sus parientes menos resistentes.
2. En segundo lugar, la selección natural y la adaptación son las dos caras de una moneda. Un organismo está adaptado a sus condiciones de vida si pasa con éxito la barrera generacional. El concepto de adaptación está condicionado integramente a las presiones ambientales a las que están sometidos los organismos. Así, la selección natural redefine qué será adaptativo para cada generación.
3. Por último, la selección natural se concibe como un proceso que opera sobre una población, de manera tal que los individuos triunfan o no en el proceso de selección.

Por tanto, *la selección natural es la pérdida de sujetos constituidos diferencialmente* y opera sobre la base de los rendimientos reproductivos individuales. Una variación útil permite a un sujeto dejar más descendencia a la próxima generación. Actúa en el éxito reproductivo de las poblaciones[32].

La selección actúa para garantizar la propagación de las características que resultan ventajosas (sobreviven las jirafas de cuellos largos, encuentran pareja los pájaros que aprendieron el canto adecuado, etc.). Y la *mutación* constituye, en sentido estricto, la base de la evolución, dado que proporciona una diversidad de individuos que dan respuestas diferentes a las presiones ambientales, algunas de las cuales resultan más adaptadas (a posteriori) y son seleccionadas (Thompson, 1975).

La evolución es, por tanto, un fenómeno de deriva estructural sometida a una continua selección filética en el que no hay progreso

[32] El ejemplo más paradigmático es el de los insectos sociales. Su reproducción está a cargo de pocos individuos y el éxito de la población depende de los miembros que no se reproducen.

ni optimización del uso del ambiente, sino sólo conservación de la adaptación (Maturana y Varela, 1990). Una consecuencia razonable es que habría que tener presente que *lo que los investigadores de la psicología estudiamos no ha sido diseñado por nadie, sino que ha evolucionado.*

A partir de aquí, se ha argumentado en otra parte (Colom, 1993) que resulta poco plausible presuponer que los individuos comparten universal e inmutablemente una serie de funciones comportamentales. Tal y como se ha visto en el segundo capítulo, la psicología general utiliza una taxonomía a priori sobre las funciones mentales (que en la mayor parte de los casos, y en la práctica, se conciben como independientes del soporte biológico en el que se implementan; Rivière, 1986, 1987, 1990) y a partir de ahí se realizan experimentos para tratar de aislar los procesos generales implicados en las distintas funciones, procurando construir modelos universales sobre tales funciones (esto es, tal y como escribía Eysenck, *interesan las funciones, no los organismos que funcionan*).

No obstante, esta perspectiva no aprecia que la dinámica comportamental está condicionada por el hecho de que estamos evolucionando constantemente, y, quizá peor todavía, pasa por alto que lo que se está estudiando es un organismo resultado de un lento y chapucero proceso evolutivo, y que, como consecuencia, el aspecto de nuestros modelos sobre la dinámica comportamental no sea (ni deba ser) tan estéticos, universal, formal y robusto como el de los modelos de la física[33]. Una implicación de este hecho es que el estudio del comportamiento humano no tiene posibilidad de establecer leyes universales inmutables (véase también Cronbach, 1975a).

El hecho de que un prerequisito de la evolución sean las variaciones individuales indica que el análisis de la dinámica comportamental ha de estar comprometida con la investigación de esas variaciones individuales. Y ésta es, precisamente, la perspectiva de la Psicología de las Diferencias Individuales.

---

[33] En este sentido, F. Crick (1988) ha afirmado que al estudiar cuestiones relacionadas con la biología los físicos suelen buscar generalizaciones inadecuadas, urdir modelos teóricos demasiado pulcros, demasiado poderosos y demasiado limpios. No debe sorprender, por tanto, que estos (modelos) raramente encajen bien con los datos (...); para producir una teoría biológica correcta, uno tiene que tratar de ver, a través de la confusión producida por la evolución, los mecanismos básicos, percatándose de que probablemente están cubiertos por otros mecanismos secundarios. Lo que a los físicos parece un proceso terriblemente complicado puede ser aquello que la naturaleza ha considerado más simple, porque la naturaleza sólo puede construir sobre lo que ya existe (pág. 159).

Además de que filogenéticamente se pueda cuestionar el ejercicio de construir modelos universales (véase Colom, 1993) inmutables y robustos sobre la dinámica comportamental, también se puede aplicar el mismo argumento en términos ontogenéticos. En este sentido, Colom, Blanco y Ferreirós (1992) han mantenido que los individuos desarrollan una serie de estrategias peculiares que utilizan, entre otros contextos, en las situaciones experimentales diseñadas por los investigadores de la psicología (siempre y cuando se les permita hacerlo).

La hipótesis en este sentido es que los sujetos tienden a utilizar las estrategias que ontogenéticamente se han mostrado adaptativas en los contextos relevantes en los que se comportan, a partir siempre de las peculiaridades filogenéticas de las que están dotados hereditariamente.

Blanco, Colom, Leo y López (1992) han desarrollado una investigación en la que se ha puesto a prueba esta hipótesis, con resultados reveladores. Así, estos autores estudiaron una muestra de ciegos totales, de ambliopes (sujetos con mínimos restos visuales) y de videntes. Los sujetos pasaron una tarea de exploración de espacios próximos y una tarea de desplazamiento mental sobre el espacio explorado en primer lugar. El resultado más llamativo es que, para estimar mentalmente el tiempo de desplazamiento entre dos puntos cualesquiera del espacio explorado, los sujetos tendían a utilizar estrategias relacionadas, bien con actividades en las que eran expertos, bien con referencias particularmente cómodas para ellos (secuencias musicales, ecuaciones matemáticas, mapas de entornos familiares, etc.).

En suma, sería plausible y probable postular que la dinámica comportamental está restringida filo y ontogenéticamente, aunque obviamente no queda especificada de esta manera. *Las consideraciones filo y ontogenéticas parecen decir que el estudio de las diferencias individuales es inevitable de cara a la investigación de la dinámica comportamental.* Además, habrá que estudiar ineludiblemente el soporte orgánico de la actividad mental por la que estamos interesados los psicólogos.

En este sentido, Stenhouse (1973) ha trabajado el problema de la evolución de la inteligencia como producto de un conjunto fortuito de mutaciones genéticas, lo que parece lo más razonable en función de los argumentos anteriores. Este autor entiende que son cuatro los factores o atributos primordiales necesarios para que se muestre la inteligencia en los seres humanos y en los animales superiores.

En primer lugar, una gran variedad y capacidad de los equipos sensomotores. Estos equipos probablemente mejoraron cuando los seres humanos adoptaron la postura erecta, haciéndose posible una mejor visión y recepción de la distancia, además del uso de la mano para manipular y de la laringe para articular un lenguaje.

En segundo lugar, una mayor retención de las experiencias previas y algún procedimiento para codificar, organizar y recuperar de manera flexible esas experiencias.

En tercer lugar, una capacidad para generalizar y hacer abstracciones a partir de las experiencias, comprendiendo sus relaciones.

Por último, una capacidad para ralentizar las respuestas instintivas inmediatas, una conducta exploratoria y de curiosidad constante, una capacidad para modificar los aprendizajes previos y una capacidad reflexiva para poder resolver creativamente los problemas planteados.

Un postulado general de las investigaciones de Stenhouse es que la conducta de las especies inferiores se ve determinada de manera más inmediata y directa por su estructura orgánica (mecanismos bioquímicos y neurológicos innatos) por la estimulación externa que los condiciona, o por ambas cosas. En las especies superiores, no obstante, los procesos intermedios se producen con una amplitud mucho mayor en el sistema nervioso central.

En este sentido, Maturana y Varela (1990) han argumentado que el sistema nervioso configura los fenómenos cognoscitivos de dos maneras complementarias:

1. Ampliando el dominio de estados posibles del organismo, a través de la diversidad de configuraciones sensomotoras que el sistema nervioso permite.
2. Abriendo al organismo nuevas dimensiones de acoplamiento estructural, posibilitando la asociación de una serie de estados internos con las interacciones potenciales en las que el organismo puede entrar (conviene recordar aquí el primer apartado de este capítulo).

Una consecuencia bastante directa de estas consideraciones es que la *dinámica comportamental, con todo lo que implica, estaría transitoriamente diseñada para responder a las demandas ambientales concurrentes, y, por hipótesis, el soporte de esa dinámica comportamental consistirá en un conjunto de «trucos» útiles para responder a esas demandas*, junto con algunos restos filogenéticos que complican todavía más la escena (Colom, 1993; Colom y Juan Espinosa, 1990). ¿Qué son estos trucos? Pues bien, posiblemente constituyen sistemas funcionales específicos de dominio adoptados a la resolución de problemas relevantes, bien para la especie, bien para el individuo. ¿De qué puede depender la configuración de estos sistemas funcionales? Bueno, se puede pensar en alguna hipótesis. Es probable que estos sistemas funcionales obedezcan a la necesidad de responder a la diversidad de problemas estimulares provenientes de los distintos sistemas sensoriales. ¿Explicaría esto por qué covarían las respuestas dadas por las personas a tests de contenido similar o a tests que demandan recursos semejantes? Desde esta perspectiva, cuando una persona resuelve una serie de tests, se activan sus sistemas funcionales, situación que induce la aparición de los espacios de covariación que podemos aislar mediante conocidas metodologías. En una palabra, se aíslan las diversas aptitudes de los modelos factoriales que ya hemos estudiado. Entre distintas aptitudes se dan relaciones matematizables. Esto se traduce en la existencia de correlaciones entre las aptitudes. ¿Qué nos puede indicar el hecho constatado de que las aptitudes son diversas, pero relacionadas? Pues que, en efecto, la metodología diferencial muestra el abanico de sistemas funcionales que las personas desarrollan para satisfacer las demandas ambientales, y su correlación indicaría su grado de colaboración en la satisfacción de las demandas compartidas por los diversos sistemas.

Si esta hipótesis es plausible, y lo que se ha dicho aquí parece permitir afirmarlo con una probabilidad significativa, entonces el estudio de las bases orgánicas de las diferencias individuales se convierte en una empresa absolutamente relevante. A ello está destinado el siguiente apartado.

3.4.2. Diferencias individuales en inteligencia y sistema nervioso

En los últimos años se han realizado una serie de revisiones exhaustivas (véanse Eysenck y Barrett, 1985; Eysenck, 1986) sobre los trabajos llevados a cabo mediante la técnica de los potenciales provocados, y sobre las formulaciones teóricas realizadas sobre las bases psicofisiológicas de la inteligencia (Hendrickson, 1982; Hendrickson y Hendrickson, 1980; Schafer, 1982).

Los primeros trabajos mostraron un panorama contradictorio que hacía dudar de la viabilidad del estudio de los potenciales provocados como correlato psicofisiológico de la inteligencia. En este sentido, las revisiones de Eysenck (1986; Eysenck y Barrett, 1985) han presentado cinco fuentes fundamentales de error:

1. En primer lugar, en cuanto a los sistemas de registro, los errores suelen derivarse de la falta de instrumentos precisos (por ejemplo, el ordenador) que permitan un registro y tratamiento exacto de las respuestas.
2. En segundo lugar, se detectó una falta de control experimental de las variables y los parámetros relevantes. La variabilidad en la elección de los parámetros destinados a medir las principales fuentes de variación impide la comparación de los resultados de los distintos trabajos.
3. En tercer lugar, se detectó una carencia de conocimiento sobre la variabilidad interna de los potenciales provocados. Han sido detectadas en los diversos trabajos variaciones en la localización de los electrodos —por ejemplo, registros polares frente a bipolares—, en el tipo de estímulos, en la intensidad de los mismos, en los intervalos interestimulares, en las instrucciones, en la forma de las ondas analizadas, etc.
4. En cuarto lugar, hay problemas relacionados con la fuente de variación en la inteligencia, medida a través de los tests psicométricos de capacidad. Las medidas resultantes de aplicar diferentes tests se correlacionaban con los parámetros relevantes de los potenciales provocados, sin controlar qué estaban midiendo exactamente los tests (g, Gf, Gc, o aprendizaje educativo).
5. Finalmente, la naturaleza variable de los potenciales provocados no sólo dependía de los individuos, sino también de la naturaleza del estímulo, del estado del individuo, etc., lo que llevaba a confundir diferencias inter e intraindividuales, y las situaciones.

Estas fuentes de error podrían dar cuenta de gran parte de los resultados contradictorios encontrados en los inicios de los trabajos sobre la relación entre la actividad eléctrica del cerebro y las diferencias individuales en inteligencia.

Veamos algunas de las teorías más relevantes sobre las relaciones entre la actividad cortical y la inteligencia, concretamente, la teoría de los Hendrickson y la teoría de Schaffer.

En primer lugar, la *teoría de los Hendrickson* (1972, 1982; Hendrickson y Hendrickson, 1980) establece una base bioquímica y fisiológica de la actividad cognitiva. La relación del funcionamiento cognitivo con los potenciales provocados se basa en dos proposiciones. Primero, hay un *isomorfismo* significativo entre la información procesada y el potencial provocado. Y, segundo, en el paso de la información a través del córtex, pueden producirse *errores* (que probablemente ocurren en la sinapsis) responsables de la variabilidad de los potenciales provocados.

Los individuos cuya circulación neural les permite mantener la integridad del estímulo codificado dispondrán de una memoria más accesible que aquellos individuos cuya circulación neural es más «ruidosa» (esto es, con más errores en la transmisión). De forma que los sujetos con una baja integridad neural tendrán problemas para mantener secuencias largas de series de latidos portadores de información a través del córtex. El contenido total de la información se almacenará con dificultad y, por tanto, la memoria será poco accesible. *Las diferencias individuales en la base de conocimientos dependerán de la presencia o ausencia de errores en la transmisión neural.*

La hipótesis del «canal ruidoso» establece como indicador de ruido la «suavidad» de la onda del potencial provocado. El isomorfismo «forma de la onda-codificación estimular» tiene mayor probabilidad de mantenerse cuando existe menor variabilidad intraindividual (esto es, menores fallos sinápticos). Esto se refleja en unas ondas más «complejas», ya que toda la codificación y la réplica de detalles se preserva cuando existe poco error. A la inversa, cuando se da menor isomorfismo y, por tanto, mayor variabilidad, la forma de la onda será suave. La predicción es que un sujeto con bajas puntuaciones en CI mostrará mayores errores en la transmisión y, por tanto, las ondas del potencial provocado serán suaves.

Fundamentalmente, a partir de la teoría se espera que serán dos las medidas que correlacionarán con las medidas psicométricas de la inteligencia: *la complejidad de la onda y la varianza de la onda a lo largo de las distintas presentaciones estimulares.* En cuanto a la complejidad, la predicción es que la mayor complejidad de la onda (perímetro del contorno de la onda del potencial provocado) corresponderá a los individuos con altas puntuaciones en CI. Esto es, a mayor CI mayor complejidad de la onda. En cuanto a la varianza, la predicción es que la mayor varianza de la onda entre los distintos estímulos correlacionará con las puntuaciones bajas en CI. Hendrickson (1982) mantiene que ambas medidas correlacionarán, ya que se derivan de la misma propiedad fundamental: esto es, la «serie de latidos».

D. Hendrickson (1982) utilizó el WAIS para medir psicométricamente la inteligencia de 219 escolares (121 varones y 98 mujeres). En general, los sujetos con mayor CI mostraron ondas más complejas, mientras que los de bajo CI mostraron ondas más suaves. La correlación entre las medidas del WAIS y los parámetros varianza y complejidad fue de $r = 0{,}83$. Blinkhorn y Hendrickson (1982), por su parte, realizaron una investigación de las mismas características, pero utilizando el test de Matrices Progresivas de Raven para medir «*g*». La correlación fue $r = 0{,}84$. Esta correlación sugiere que las medidas del potencial provocado pueden constituir un correlato del factor «*g*» de Spearman[34].

Eysenck y Barrett (1985) llevaron a cabo un análisis factorial sobre las correlaciones entre las puntuaciones de las escalas del WAIS y las medidas de los potenciales provocados; extrajeron un solo factor general. Si este factor es la mejor estimación de «*g*», los pesos factoriales de los distintos tests medirán el grado en el que cada uno de ellos refleja el factor general. Por su parte, si la medida de los potenciales provocados constituye una medida real de la inteligencia, las correlaciones de cada una de las escalas del WAIS con la medida de los potenciales provocados será directamente proporcional a sus pesos factoriales. En efecto, encontraron una correlación $r = 0{,}95$ entre los dos conjuntos de datos, lo que parece indicar que la medida de los potenciales provocados constituye una medida bastante pura y válida de la inteligencia. En cualquier caso, son necesarias más investigaciones y réplicas. Por el momento sólo hay legitimidad para afirmar que *existen indicadores relevantes de que la actividad neural correlaciona con las medidas psicométricas de la inteligencia.*

Por su parte, la *teoría de Schafer* (1982) ha tomado como referencia los estudios sobre los efectos de amplitud de los potenciales provocados en la atención selectiva, el efecto «expectativa» y la carga de trabajo en el procesamiento de la información. Esta teoría mantiene que la modulación de la actividad EEG se manifiesta como una tendencia a producir mayores amplitudes en los potenciales provocados ante estímulos inesperados que ante estímulos previstos.

---

[34] Mientras no se disponga de otra información, consideraremos que ese factor (g) consiste en una especie de energía o poder que alimenta toda la corteza cerebral —y quizá incluso la totalidad del sistema nervioso (...)—; el resultado positivo de los diferentes actos dependerá en parte del potencial energético del conjunto de la corteza cerebral, y en parte de la eficacia del grupo de neuronas que intervienen en cada caso. La influencia relativa de los dos grupos de factores puede variar muchísimo según el tipo de operación; algunas dependerían más del potencial energético, mientras que otras dependerían más de la eficacia del motor (Spearman, 1923).

Desde esta premisa inicial, Schafer extiende el argumento a las diferencias individuales; hipotetiza que *las diferencias en la modulación de la amplitud —adaptabilidad neural cognitiva— estará relacionada con las diferencias individuales que se manifiestan en las puntuaciones de los tests psicométricos de inteligencia.* Identifica las bases fisiológicas de dicha relación con la «energía neural» (la cantidad de neuronas activadas en respuesta a un determinado estímulo). Así, *un cerebro funcionalmente eficaz —con altas puntuaciones en tests de CI— utilizará un número menor de neuronas activas para procesar un estímulo previsto, mientras que para un estímulo inesperado pondrá en juego un número mayor de neuronas.*

Dada la relación entre los patrones individuales de neuronas activas y los potenciales provocados, la implicación de energía neural se conceptualiza en términos de las diferencias en amplitud entre los potenciales provocados elicitados a partir de las diversas condiciones de presentación de los estímulos. Schafer define de forma operativa dicha medida como variaciones individuales de las «amplitudes promedio». Por tanto, se hipotetiza que los individuos con alta adaptabilidad neural (caracterizada por amplitudes mucho menores que la «amplitud promedio» de los potenciales provocados ante un estímulo esperado, y mayores que la «amplitud promedio» ante estímulos inesperados) tenderán a obtener puntuaciones altas en los tests psicométricos de inteligencia. Por el contrario, se espera una relación inversa a la enunciada para los individuos con baja adaptabilidad neural.

Schafer (1982) puso a prueba esta hipótesis estudiando dos muestras de sujetos (un primer grupo estaba compuesto por 63 mujeres y 46 hombres con una edad media de 28 años y un CI medio de 118; el segundo grupo estaba formado por 32 hombres y 20 mujeres con una edad media de 30 años y un CI medio de 37); los sujetos con CI normal tenían un potencial significativamente inferior al de la media, con estímulos autoadministrados (esperados), lo que es indicador del efecto «expectativa». Los sujetos retrasados no mostraron ninguna diferencia significativa. Al correlacionar la puntuación en adaptación neural con el WAIS en el grupo de CI normal, se obtuvo una correlación $r = 0{,}82$. En consecuencia, a mayores puntuaciones en CI mayores diferencias entre la amplitud de los potenciales provocados e inesperados, lo que supone una mayor flexibilidad en la respuesta de atención a los estímulos esperados. Los individuos con mejores puntuaciones en tests de CI se habituarán en mayor medida a los estímulos regulares y esperados que los sujetos con bajas puntuaciones en estos tests.

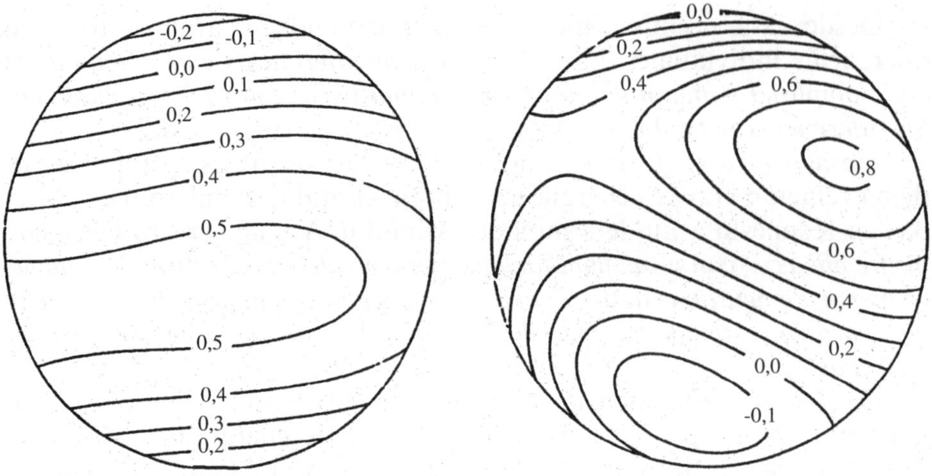

Figura 3.11.—En la parte izquierda se observa el mapa de atenuación alfa para personas que han logrado altas puntuaciones en el Cuestionario de Viveza de Imágenes Visuales. La parte superior del mapa representa la región frontal del córtex. Los contornos de isopotencialidad representan la medida de los valores de atenuación, respecto a la línea base, en microvoltios. En la parte derecha tenemos el mapa para las personas que han obtenido bajas puntuaciones en el mencionado cuestionario (tomado de Marks, 1990).

Vistos estos trabajos sobre la inteligencia psicométrica, se reparará, por último, en una investigación sobre una capacidad mental específica (la capacidad espacial) desde una perspectiva cognitiva.

Marks y col. (1988) registraron mapas EEG de 8 sujetos, cuatro de los cuales habían puntuado muy alto en la *escala de viveza de imágenes visuales* (VVIQ) de Marks (1973) y 4 habían obtenido puntuaciones muy bajas. Los sujetos permanecían en una posición supina con los ojos cerrados o tapados. Los EEG se registraron bajo dos condiciones que se separaban por un período de descanso: la primera condición consistía en una tarea de imágenes visuales (los ítems del VVIQ) —concretamente, se trataba de provocar imágenes visuales a través de las descripciones previstas en los ítems del VVIQ—, y la segunda consistía en una tarea de cálculo numérico (el sujeto tenía que restar sucesivamente de 7 en 7 a partir de una determinada cifra).

La parte izquierda de la figura 3.11 presenta el mapa EEG para la tarea de imágenes del grupo de sujetos que habían puntuado alto en el VVIQ; se puede ver que el registro es casi perfectamente simétrico y que la activación cortical está distribuida a través del córtex frontal, temporal y parietal. Estos sujetos muestran una mayor activación en la parte posterior del hemisferio izquierdo. Para los sujetos que habían obtenido bajas puntuaciones en el VVIQ puede verse en la parte derecha de la figura 3.11 una localización en el hemisferio derecho, concretamente en el área prefrontal.

Los datos EEG que se obtienen a partir del análisis de sujetos con altas y bajas puntuaciones en el VVIQ, y los datos obtenidos a partir de la técnica de Tomografía por Emisión de Positrones (véase Mazziota y cols., 1982) parecen sugerir que las imágenes visuales se generan en un sistema trimodular que participa en el procesamiento serial y paralelo.

1. En primer lugar, una red que compila la imagen en el lóbulo frontal derecho, que computa y compone la imagen a partir de los elementos recuperados de la memoria; corresponde a la significativa atenuación alfa de la región frontal derecha en los dos grupos de sujetos.
2. En segundo lugar, un registro de memoria a largo término que incluye los elementos de la apariencia visual de los objetos. Esta red se localiza en las regiones parietales y occipitales, como parece mostrar la atenuación alfa en tales regiones.
3. En tercer lugar, una red que opera sobre la imagen en el área témporo-parietal izquierda que permite la supervisión consciente de la imagen, construye la formulación inicial, permite revisiones y comparaciones, y facilita la inspección del producto final. Esto es lo que parece indicar la atenuación alfa presente en esta región en los sujetos que puntúan alto en el VVIQ (véase la Fig. 3.11).

En cualquier caso, *hay considerables diferencias individuales en el acceso del módulo de operación de la región témporo-parietal izquierda al módulo de compilación de la imagen de la región frontal derecha.* Este acceso parece mayor para los sujetos que tienen mayores puntuaciones en el VVIQ.

Estos resultados parecen ir en contra de la habitual distinción entre el procesamiento viso/espacial y descriptivo/verbal asignado preponderantemente al hemisferio derecho e izquierdo, respectivamente. Si estos resultados fuesen replicados en diferentes laboratorios, habría que comenzar a revisar esa vieja tesis (que es justamente el objetivo de Marks, 1990).

No obstante, hay que albergar ciertas reservas. La más importante crítica que se puede realizar es que Marks y cols. (1988) no utilizan tareas visuales y verbales puras. Así, por ejemplo, la supuesta tarea visual utilizada por Marks y cols. (1988) consiste en transformar una descripción verbal en una imagen mental, lo que, evidentemente, no es una tarea visual pura como la de comparar figuras tridimensionales o patrones figurales generados a partir de matrices aleatorias de puntos. El hecho de tener que construir una escena visual a partir de una narración produce que el sujeto tienda a consultar mentalmente esa narración para reconstruir detalles de la escena generada y satisfacer las demandas de la tarea, lo que impurifica la «visualidad» de la tarea. Por tanto, tendrían que utilizarse tareas que manipulasen efectivamente contenido exclusivamente visual y verbal.

En suma, la investigación exhaustiva del soporte orgánico permitirá contrastar previsiblemente la plausibilidad de los modelos construidos a más alto nivel (véase Colom, 1993) sobre la dinámica comportamental por la que se interesa la Psicología de las Diferencias Individuales. En cualquier caso, la premisa que tendría que dirigir esta línea de trabajo es *que la estructura orgánica restringe, pero no especifica, la dinámica comportamental.*

3.5. Genética comportamental y diferencias individuales en inteligencia

Dos son los proyectos en marcha más importantes en la actualidad para el estudio longitudinal del desarrollo de las capacidades mentales, a saber, el *Louisville Twin Study* —LTS— (véase Wilson, 1983) y el *Colorado Adoption Project (CAP)* (véase Plomin y cols., 1988).

Los resultados disponibles indican que la influencia genética sobre el CI aumenta significativamente durante la niñez. Por su parte, los resultados del CAP sugieren que los efectos genéticos sobre el CI durante la temprana niñez correlacionan significativamente con los efectos genéticos del CI en la edad adulta (véase DeFries, Plomin y LaBuda, 1987). Por otro lado, respecto a las capacidades mentales específicas, los resultados indican que también hay una influencia genética relevante que se manifiesta a lo largo del ciclo vital (véase Plomin, 1988).

Los investigadores se han centrado fundamentalmente en el CI, dado que los psicómetras han mantenido que «*g*» (esto es, factor general de inteligencia) aparece a partir de la aplicación de cualquier serie de tests, que, además, «*g*» muestra una estabilidad durante la infancia, y que, por último, «*g*» predice resultados socialmente relevantes, tales como el nivel educativo y el estatus ocupacional.

En los datos de la tabla 3.1 se comparan los resultados de los estudios antiguos y recientes sobre el CI. Se puede apreciar que los últimos estudios parecen indicar una influencia menor de la herencia[35], dato sobre el que no se tiene explicación precisa, pero sí hay, sin embargo, algunas alternativas; por ejemplo, un decremento en la elección intencional de la pareja o la influencia del estatus socio-económico.

Los datos de la tabla 3.1 indican que al menos la mitad de la varianza en las puntuaciones de CI se deben a las diferencias genéticas entre los individuos. Dicho ilustrativamente, esto significa que si se conocen las puntuaciones en CI de los padres biológicos de un determinado niño, se puede predecir el CI de ese niño con un error estándar de aproximadamente 12 puntos de CI, incluso si el niño ha sido dado en adopción en el momento del nacimiento. No obstante, no hay que perder de vista que la mitad de la varianza no es genética.

El estudio de las capacidades mentales específicas (verbal, espacial, etc.) resulta más informativo si se adopta un enfoque basado en el ciclo vital. Por tanto, se va a revisar el problema galtoniano *nature-nurture* en la infancia, en la niñez, en la adolescencia y en la edad adulta.

Pues bien, en la infancia resulta complejo lograr resultados informativos. En cualquier caso, el CAP ha encontrado que cualquier medida realizada en la infancia (por ejemplo, a través de la escala Bayley) sólo predice el nivel de «*g*» en la edad adulta y no el nivel de las capacidades específicas independientes de «*g*», lo que implica que el desarrollo mental en la infancia se encuentra indiferenciado (véase epigénesis en Biología) dato que se ajusta bastante bien al principio de diferenciación. Este mismo resultado se encuentra en estudios realizados durante la niñez.

Los estudios realizados con gemelos en la niñez indican que las habilidades verbales están influidas por factores genéticos, y que la velocidad perceptiva y la memoria están poco influidas por variables genéticas. Los resultados sobre la capacidad espacial son poco claros. Al estudiar gemelos (gemelos univitelinos —GU—, o gemelos en sentido estricto, y gemelos bivitelinos —GB— o mellizos) con el test de Wechsler (véase Wilson, 1975) el resultado más llamativo es que el CI en las escalas de ejecución no cambia con la edad (4 años: $r = 0{,}76$ y $r = 0{,}53$; 5 años: $r = 0{,}79$ y $r = 0{,}49$; 6 años: $r = 0{,}82$ y $r = 0{,}51$, respectivamente) mientras que el CI en las escalas verbales muestra un mayor efecto genético a medida que aumenta la edad (4 años: $r = 0{,}76$

[35] En los datos antiguos se han eliminado los resultados de los trabajos supuestamente fraudulentos de C. Burt. Hay que mencionar aquí, no obstante, que han aparecido recientemente dos trabajos reabriendo el caso de Sir Cyril Burt (Joynson, 1989; Fletcher, 1990); estos dos autores llegan a conclusiones diferentes sobre el supuesto fraude de Burt.

TABLA 3.1

Coeficientes de correlación de antiguos y nuevos datos sobre el CI (adaptado de Plomin y DeFries, 1989)

Individuos	Datos antiguos	Datos nuevos
Genéticamente idénticos		
El mismo individuo evaluado dos veces	*	0,87
GU criados juntos	0,87	0,86
GU criados por separado ..	0,74	*
Genéticamente relacionados		
GB criados juntos:		
mismo sexo	0,53	0,62
distinto sexo	0,53	0,62
Hermanos criados juntos ..	0,49	0,34
Hermanos criados por separado	0,40	*
Padres e hijos	0,50	0,35
Padres e hijos dados en adopción	0,45	0,31
Genéticamente independientes		
Niños no relacionados juntos	0,23	0,25
Padres e hijos adoptivos ..	0,20	0,15
Personas no relacionadas criadas por separado	−0,01	*

El asterisco (*) indica datos no disponibles; GU = gemelos univitelinos; GB = gemelos bivitelinos.

y $r = 0{,}73$; 5 años: $r = 0{,}77$ y $r = 0{,}65$; 6 años: $r = 0{,}82$ y $r = 0{,}56$, respectivamente).

Los resultados de la tabla 3.2 sobre los tests verbales indican que el ambiente compartido por los gemelos pierde importancia al comenzar el período de escolarización. El estudio de Wilson (1975) —con el WPPSI— se realizó con niños de 5 y 6 años, mientras que la investigación de Segal (1986) —con el WISC-R— se hizo con niños de 8 años como promedio. Los resultados para los tests de ejecución son menos claros. En cualquier caso, los dos estudios indican una influencia genética, especialmente en los tests verbales y, probablemente, también en los espaciales, pero no en los tests de memoria.

TABLA 3.2

Correlaciones en gemelos para los tests de Wechsler en la niñez (tomado de Wilson, 1975; Segal, 1986)

	WPPSI (Wilson)		WISCR-R (Segal)	
Subtests	GU	GB	GU	GB
Información	0,81	0,51	0,79	0,38
Similitudes	0,73	0,58	0,76	0,29
Aritmética	0,65	0,52	0,68	0,28
Vocabulario	0,71	0,50	0,78	0,42
Comprensión	0,80	0,62	0,65	0,43
Completamiento de figuras	0,69	0,26	0,32	0,42
Diseños de bloques	0,68	0,43	0,61	0,19
Casa de animales	0,82	0,40	*	*
Laberintos	0,61	0,45	*	*
Diseño geométrico	0,72	0,25	*	*
Dibujos	*	*	0,33	0,25
Objetos	*	*	0,54	0,20
Codificación	*	*	0,68	0,40

El asterisco (*) indica datos no disponibles.

En la adolescencia los resultados muestran que la influencia genética es importante para los tests verbales y espaciales, menor para los tests de velocidad perceptiva y nula para los tests de memoria (tabla 3.3). La heredabilidad promedio es la siguiente: para los tests verbales 0,28, para los tests espaciales 0,24, para los tests de velocidad perceptiva 0,20, y para los tests de memoria 0 (Wictorin, 1952).

Por último, en *la edad adulta* la heredabilidad es mayor en el CI verbal que en el CI ejecutivo. Fischbein (1979) ha estudiado la capacidad verbal y el razonamiento inductivo en sujetos de 12 y 18 años, y sus resultados indican que la influencia genética aumenta (desde la adolescencia a la edad adulta temprana) especialmente en el caso de la capacidad verbal.

En suma, diferentes tests cognitivos muestran una influencia significativa, tanto genética como ambiental, a lo largo del ciclo vital.

No obstante, se puede ir más allá de este análisis, distinguiendo el *ambiente compartido* (esto es, parte de la variación ambiental responsable del parecido entre los miembros de una familia —por ejemplo, estatus socio/económico, factores de escolarización experimentados de igual manera por los niños de la misma familia, etc.—) y el *ambiente no*

TABLA 3.3

Correlaciones en gemelos respecto a capacidades cognitivas específicas en la adolescencia (tomado de Wictorin, 1952)

Tests	GU	GB
Verbal		
Comprensión	0,63	0,53
Razonamiento numérico	0,74	0,49
Análisis numérico	0,69	0,57
Clasificación numérica	0,70	0,58
Aritmética verbal	0,87	0,73
Espacial		
Percepción de formas	0,65	0,53
Rapidez perceptiva		
Percepción de dibujos	0,69	0,61
Percepción de números	0,83	0,69
Aritmética rutinaria	0,81	0,74
Memoria		
Recuerdo	0,62	0,58
Reconocimiento	0,49	0,45
Pares asociados	0,43	0,53

compartido (esto es, influencias ambientales responsables de lasdesemejanzas entre los miembros de una familia) utilizando estudios de adopción, de gemelos, y de comparación entre padres y sus hijos biológicos. El supuesto de esta distinción entre ambiente compartido y no-compartido es que no toda la variación ambiental es compartida necesariamente por los miembros de una misma familia (Plomin y Daniels, 1987).

El *diseño de adopción* proporciona una estimación directa de la influencia ambiental compartida por la familia dado que cualquier parecido entre los individuos no relacionados genéticamente de una misma familia se puede atribuir al ambiente compartido (si se ha eliminado el efecto de la colocación selectiva). De esta manera, por ejemplo, la correlación entre niños no relacionados genéticamente adoptados por una misma familia permite estimar directamente la varianza fenotípica debida al ambiente compartido. El resto de la varianza ambiental (no genética) se define como ambiente no-compartido.

Bouchard y McGue (1981) encontraron a este respecto que el 30 por 100 de la varianza de las puntuaciones de CI se deben a influencias ambientales compartidas por los niños adoptados en las mismas familias[36]. Los datos de Scarr y Weinberg (1978) parecen indicar que el ambiente compartido es importante, respecto al CI, durante la niñez —mientras los niños viven en casa—, pero va perdiendo importancia a medida que comienzan a tener relevancia las experiencias extrafamiliares. Los datos de Kent (1985) y los de Teasdale y Owen (1984) muestran que el ambiente compartido deja de tener influencia, respecto a las diferencias individuales en CI, después de la niñez, lo que sugiere que el cambio se produce durante la adolescencia (tabla 3.4).

Tomados en conjunto, estos datos indican que después de la niñez, toda la varianza ambiental es fundamentalmente no compartida. Esto es, sean cuales sean los factores ambientales relevantes —respecto al CI—, operan de manera que inducen que los niños de una misma familia sean tan diferentes como pueda serlo una serie de niños tomados al azar de la población.

Por su parte, las diferencias entre GU parecen deberse únicamente a los factores ambientales no compartidos, dado que éstos no difieren genéticamente. En el diseño de gemelos, el ambiente compartido puede concebirse como el parecido no debido a la herencia. El *diseño de gemelos* proporciona una estimación directa del ambiente no compartido, y una estimación indirecta del ambiente compartido (por ejemplo, la varianza fenotípica residual, una vez eliminada la varianza genética y la varianza del ambiente no compartido). Los resultados de la tabla 3.2 parecen indicar que el 30 por 100 de la varianza total se debe a la varianza ambiental compartida por los gemelos. Esos mismos datos indican que *los gemelos comparten sus ambientes de manera más significativa que los hermanos no gemelos.* Si la varianza ambiental experimentada por los gemelos como ambiente compartido se experimenta como ambiente no compartido por los hermanos no gemelos, los componentes de varianza para el CI son aproximadamente 50 por 100 para la varianza genética, aproximadamente 25 por 100 para el ambiente no compartido, aproximadamente 15 por 100 para el ambiente compartido y aproximadamente 10 por 100 para el error de medida (véase Plomin, 1988).

---

[36] La correlación $r = 0{,}31$, sin elevar la cifra al cuadrado, expresa la proporción de varianza total compartida por los niños (véase Ozer, 1985).

TABLA 3.4

Correlaciones en CI entre pares de individuos no relacionados genéticamente, pero criados juntos en familias adoptivas (adaptado de Plomin, 1988)

Referencia	Edad	N.º de pares	r_{CI}
Niñez			
Freeman y cols.	2-22 (11)	112	0,36
Leahy	5-14 (9)	35	0,08
Scarr y Weinberg	4-16 (7)	187	0,33
Horn y cols.	3-26 (8)	236	0,26
Después de la niñez			
Scarr y Weinberg	16-22	84	−0,03
Kent	9-15 (13)	54	−0,16
Teasdale y Owen	18-26	24	0,02

Freeman y cols. (1928); Leahy (1935); Scarr y Weinberg (1977); Horn y cols. (1979); Scarr y Weinberg (1978); Kent (1985); Teasdale y Owen (1984). Entre paréntesis se refleja la edad promedio de las muestras (en la primera columna).

En cuanto a los efectos de la edad, se ha encontrado que, durante la infancia, las correlaciones entre los gemelos son muy altas (r = 0,77 para GU, y r = 0,67 para GB; véase Wilson, 1983), lo que indica que hay un 20 por 100 de varianza genética y un 60 por 100 de varianza debida al ambiente compartido. En general, parece que algo más del 25 por 100 de la varianza en los estudios sobre gemelos es resultado de un efecto ambiental específico de los gemelos. Durante la niñez, las correlaciones entre los GU aumentan ligeramente, y descienden, también ligeramente, entre los GB. En la niñez, los gemelos tienden a compartir las influencias ambientales con una mayor intensidad que los hermanos no gemelos.

Los resultados del LTS (Wilson, 1983) muestran que durante la adolescencia hay un decremento en la correlación en CI entre los GB (desde r = 0,65 a los 9 años hasta r = 0,54 a los 15 años) pero la correlación en CI entre los GU aumenta ligeramente (desde r = 0,83 hasta r =0,88, respectivamente). Además, la estimación del ambiente compartido para los gemelos disminuye desde el 40 por 100 a los 9 años, hasta el 20 por 100 a los 15 años. No hay estudios longitudinales sobre el paso de la adolescencia a la edad adulta o durante la edad adulta, por lo que los resultados son transversales.

En cualquier caso, respecto a la importancia del ambiente compartido, los datos sobre gemelos son difíciles de interpretar, dado que los gemelos comparten la influencia ambiental más intensamente que los hermanos no gemelos. No obstante, los resultados encontrados en el diseño de adopción también se encuentran en el caso de los gemelos, esto es, *una disminución de la influencia del ambiente compartido en el CI después de la niñez.*

Los datos de la tabla 3.1 muestran que las correlaciones entre *los padres y sus hijos biológicos* es $r = 0{,}35$ y la correlación entre *los padres y sus hijos biológicos dados en adopción* es $r = 0{,}31$, lo que parece indicar que la similitud en CI entre los padres y sus hijos biológicos no está mediada por las influencias ambientales compartidas. Por otro lado, la correlación entre los padres y sus hijos adoptivos ($r = 0{,}15$) sugieren que el 15 por 100 de la varianza de las puntuaciones en CI implica influencias ambientales compartidas por los padres y sus hijos adoptados.

Los estudios realizados en *la infancia* parecen indicar que el 10 por 100 de la varianza se debe a las influencia ambientales compartidas por los padres y sus hijos adoptados. En *la niñez* aumenta ligeramente la correlación entre los padres y sus hijos adoptados. Aproximadamente el 15 por 100 de la varianza de las puntuaciones en CI implica influencias ambientales compartidas por los padres y sus hijos biológicos. Hay escasas comparaciones después de la niñez. En general, la contemporaneidad generacional de los hermanos tiende a producir estimaciones mayores sobre el ambiente compartido que en el caso de los padres y sus hijos biológicos.

En resumen, la herencia explica una parte relevante de la varianza a lo largo del ciclo vital. Aunque, en cualquier caso, la varianza ambiental explica aproximadamente la mitad de la varianza de las puntuaciones en CI. Esta varianza ambiental es fundamentalmente no compartida, de manera que los niños criados en la misma familia no son más semejantes que cualquier otra serie de niños tomados al azar de la población.

La cuestión clave es, entonces, *qué hace que dos niños de una misma familia sean tan diferentes*. Para responder a esta pregunta es necesario *estudiar a más de un niño por familia* (lo que no se ha hecho habitualmente), dado que es posible que pequeñas diferencias ambientales dentro de una misma familia tengan efectos significativos en el desarrollo de los niños. Además, dos niños de una misma familia pueden percibir una misma situación de manera bastante diferente, lo que invita al diseño de medidas subjetivas sobre el ambiente, de forma que si se quiere evaluar el ambiente no compartido, *las medidas ambientales han de ser específicas para cada niño.*

Habrá que tener en cuenta que los instrumentos tradicionales de medida de variables ambientales construidos para medir diferencias interfamiliares no son suficientemente sensibles para la evaluación de los microambientes de una misma familia (véase Daniels, 1985). De alguna manera, *la investigación de las influencias ambientales responsables de las diferencias entre los niños de una misma familia supone una reconceptualización de los ambientes psicológicos*[37].

Para R. Plomin (1988) son tres las fases en la investigación del ambiente no compartido:

1. Identificar las experiencias relevantes no compartidas por los miembros de la familia.
2. Relacionar estos factores ambientales no compartidos con las diferencias comportamentales entre los hermanos.
3. Determinar la dirección causal de estas relaciones.

Por otro lado, hay escasas investigaciones que relacionen la investigación de las diferencias individuales en inteligencia a nivel cognitivo y el estudio del problema de la génesis de las diferencias individuales[38]. Aquí se va a revisar una de ellas con el objeto de precisar cómo se trabaja concretamente a este nivel, utilizando el *diseño de gemelos.* Además, los resultados derivados de este trabajo permitirán sacar algunas conclusiones sobre las concepciones cognitivas y psicométricas de la inteligencia.

Pues bien, McGue y cols. (1984) han realizado un trabajo sobre las capacidades de procesamiento de la información utilizando gemelos

[37] En este sentido, hay que comenzar a trabajar intensamente cuestiones como el tratamiento diferencial por parte de los padres, la interacción diferencial entre hermanos y las influencias extrafamiliares diferenciales.

[38] Detterman y cols. (1990) han realizado un estudio con gemelos (300 pares de gemelos del mismo sexo y 100 hermanos, entre 7 y 12 años, bloquearon los niveles del CI). Estos autores aplicaron: *a*) una batería de tareas experimentales para medir variables de procesamiento de la información, a través de una terminal de ordenador; *b*) tests psicométricos de CI, y *c*) tests de capacidades cognitivas específicas; por otro lado, también midieron el nivel de rendimiento académico. Este trabajo arrojó altos índices de heredabilidad en las variables de procesamiento de la información evaluadas; además, la heredabilidad del CI, es mayor para los sujetos menos aptos (en términos de CI). Las correlaciones genéticas entre rendimiento académico y capacidades cognitivas resultaron significativas (véase Plomin y Rende, 1991).

criados por separado. Esta investigación analiza las relaciones entre una batería para medir variables del procesamiento de la información (la tarea de identificación de letras de Posner, la tarea de búsqueda en memoria de S. Sternberg y la tarea de rotación de figuras tridimensionales de Shepard-Metzler) y una batería de tests psicométricos diseñados para medir una serie de capacidades mentales (por ejemplo, razonamiento verbal, capacidad espacial, velocidad y precisión perceptiva y memoria visual). También estudia la base de la relación entre las medidas de las variables del procesamiento de la información. Y, por último, analiza el grado de similitud entre los gemelos respecto a las medidas de las variables del procesamiento de la información.

Los autores realizaron un análisis de componentes principales (véase apéndice 1) a partir de las medidas de los parámetros del procesamiento de la información, para estudiar la covariación entre esos parámetros. El tratamiento matemático (con una rotación varimax a partir de los componentes principales; véase apéndice 1) aisló tres componentes principales (véase McGue y cols., 1984).

En el primer componente saturaban los parámetros de intercepción de la tarea de S. Sternberg y el parámetro IN (identificación nominal) e IF (identificación física) de la tarea de Posner. Por tanto, este componente se puede interpretar como *velocidad de respuesta frente a estímulos sobreaprendidos* (letras o números; *VRT*).

En el segundo componente saturaban los parámetros pendiente de la tarea de S. Sternberg y el parámetro IN-IF (tiempo de identificación nominal menos tiempo de identificación física = acceso léxico) de la tarea de Posner. Estos tres parámetros constituyen medidas del tiempo necesario para ejecutar procesos cognitivos simples en las tareas de Sternberg y de Posner. Este componente se interpreta como *velocidad de procesamiento de la información* (*VPI*).

En el tercer componente saturaban los parámetros intercepción y pendiente de la tarea de Shepard-Metzler. Este componente se interpreta como *velocidad de procesamiento espacial* (*VPE*)[39].

En la tabla 3.5 se presentan las correlaciones tanto sobre los parámetros específicos como sobre los componentes del procesamiento de la

[39] El parámetro intercepción se refiere a la rapidez de codificación, de decisión, de respuesta motora, etc., de las tres tareas del PI, mientras que el parámetro pendiente hace referencia al tiempo para buscar un ítem adicional en la memoria en la tarea de S. Sternberg, al tiempo de rotación en la tarea de Shepard-Metzler, y al tiempo para acceder al léxico en la tarea de Posner.

TABLA 3.5

Correlaciones entre gemelos bivitelinos (mellizos) y univitelinos (gemelos en sentido estricto) en distintos parámetros de las tareas del procesamiento de la información (PI) de Posner (letras), Sternberg (números) y Shepard-Metzler (figuras). También se indican las correlaciones en los tres componentes principales derivados del análisis factorial de los parámetros de las tres tareas. (Adaptada de McGue y cols., 1984.)

Variable	GB	GU
Tarea de Posner		
% aciertos	0,139	0,135
IF	0,011	0,571*
IN	−0,340	0,604*
IN-IF	0,478	0,116
Tarea de Sternberg		
% aciertos	−0,044	0,792*
Intercep. posit.	−0,500	0,316
Pendiente posit.	0,126	0,163
Intercep. neg.	−0,275	0,371*
Pendiente neg.	−0,173	0,199
Tarea de Shepard-Metzler		
% aciertos	−0,186	0,620*
Intercep.	−0,122	0,244
Pendiente	0,500	0,256
Componentes		
VRT	−0,144	0,456*
VPI	0,298	0,125
VPE	0,513*	0,196

* $p < 0{,}05$.

información para una muestra de gemelos univitelinos (GU) y bivitelinos (GB-mellizos) (véase McGue y cols., 1984).

En cuanto a la relación entre los parámetros del procesamiento de la información y las medidas psicométricas, McGue y col. (1984) encuentran una correlación significativa entre la identificación nominal (IN) y física (IF) y las medidas psicométricas de velocidad y precisión perceptiva ($r = -0{,}20$ y $r = -0{,}40$, respectivamente). También se encuentran correlaciones significativas entre la identificación física y nominal y las medidas psicométricas de razonamiento verbal.

El componente de velocidad general *(VRT)* parece estar más relacionado con la capacidad verbal que la velocidad de los procesos verbales específicos medidos por la identificación física y nominal. Los tests psicométricos más correlacionados con la pediente y la intercepción en la tarea de S. Sternberg parecen representar «*g*» (CI medido a través del WAIS). Respecto a la tarea de Shepard-Metzler, estos autores encuentran una correlación significativa entre el parámetro pendiente y, fundamentalmente, las medidas de capacidad espacial; el parámetro intercepción está más relacionado con la capacidad espacial que el parámetro pendiente (véase McGue y cols., 1984).

McGue y cols. (1984) encuentran un parecido entre los gemelos en las medidas psicométricas de capacidad mental. Estos autores mantienen que esta semejanza se debe a las similitudes genéticas y biológicas que se dan entre los gemelos. Por otro lado, hay una semejanza significativa entre los gemelos sólo en las medidas del procesamiento de la información que son indicadores de velocidad general de respuesta (*VRT*; véase la tabla 3.5), resultado que es inconsistente con la hipótesis de E. Hunt (1983), según la cual las diferencias biológicas tendrán su mayor influjo sobre las medidas específicas del procesamiento cognitivo.

Los resultados de McGue y cols. (1984) indican que resulta plausible postular un componente de velocidad general subyacente a la ejecución en la mayor parte de las tareas experimentales del procesamiento de la información relacionadas con las medidas psicométricas de «*g*». Estos autores mantienen que hay una distinción clara entre las medidas del procesamiento de la información verbal y espacial, resultado que también se ha encontrado tradicionalmente en el campo psicométrico[40].

Para ellos:

> A medida que se vayan encontrando tareas experimentales relativas a las variables del procesamiento de información más válidas y fiables, aumentará el isomorfismo entre los dos dominios (psicométrico y del procesamiento de la información) (McGue y cols., 1984, pág. 257).

Puede verse, por tanto, que estos datos apoyarían las tesis de complementación, a distintos niveles, entre las perspectivas psicométrica y

[40] Así, por ejemplo, en una investigación sobre las aptitudes intelectuales de estudiantes de Psicología, nuestro equipo de investigación ha aislado dos factores claramente saturados por pruebas psicométricas comprometidas con contenidos verbales y viso/espaciales, utilizando la técnica de componentes principales y dos técnicas de análisis factorial (factores principales y máxima verosimilitud); los factores aparecen independientemente de que se utilicen técnicas de rotación factorial ortogonal u oblicua a partir de cualquiera de las tres técnicas de extracción factorial (véase Colom y col., 1992).

cognitiva, para el estudio de a el estudio de las diferencias individuales en inteligencia. O, en otras palabras, los supuestos básicos de la Psicología de las Diferencias Individuales (por ejemplo, la linealidad) parecen resultar plausibles a este nivel, mientras que los postulados más contradictorios con la perspectiva diferencialista de parte de la psicología cognitiva no parecen verse apoyados. Esto es, no necesariamente una determinada capacidad ha de existir en suficiente cantidad como para asegurar la ejecución, supuesto que ha sido mantenido por Hunt y MacCleod (1979) para cuestionar la perspectiva diferencialista a este nivel, como se vio más arriba.

Habría que recordar, en este sentido, el comentario sobre los factores de segundo orden del modelo de Vernon, según el cual no todas las personas tienen por qué disponer de los necesarios recursos para resolver una determinada tarea. Esto es, determinadas personas pueden resolver eficazmente tareas práctico-mecánicas, pero no verbal-educativas, por poner un ejemplo.

En fin, todavía quedan por aclarar (e incluso formular) algunas preguntas importantes, antes de poder mantener con cierta seguridad que los supuestos clásicos de la Psicología de las Diferencias Individuales no resultan válidos para el estudio cognitivo de las diferencias individuales en inteligencia. Esta disciplina tiene tras de sí un siglo y medio de investigaciones sobre la inteligencia, mientras que la perspectiva cognitiva del *PT* no.

Y, lo que quizá sea más importante, este tipo de consideraciones vienen a decir que lo realmente característico de la Psicología de las Diferencias Individuales es, en sentido estricto, el interés nuclear por el estudio científico de las diferencias entre las personas.

Por cierto que la personalidad es un tópico en el que también ha indagado exhaustivamente la Psicología de las Diferencias Individuales. Aplíquese, pues, el marco de los niveles de análisis al problema de la investigación de las diferencias individuales en personalidad en el siguiente apartado.

4. Teoría e investigación de las diferencias individuales en personalidad

Varias son las perspectivas para la investigación de la personalidad, desde el enfoque psicoanalítico hasta el enfoque multivariado de la Psicología de las Diferencias Individuales, pasando por la perspectiva conductual y las aproximaciones humanistas. No obstante, todas ellas comparten, de una u otra manera, el interés por el análisis de las diferencias entre las personas (Pervin, 1975).

L. Pervin (1975) escribe a este respecto:

> Los fundamentos básicos de las teorías de Freud, Rogers y Kelly se derivan de observaciones hechas en personas, generalmente personas sometidas a tratamiento (...). Es esta herencia común derivada del estudio de los individuos la que, en parte, justifica nuestro estudio de estas teorías bajo el título de teorías clínicas de la personalidad. Además, todas ellas comparten un énfasis común en las diferencias individuales (...); En contraste con ellas se encontraría aquella teoría que hubiera sido derivada del estudio de grandes cantidades de sujetos, que acentuara los principios comunes válidos para todos los individuos, y que nos llevara al estudio de los aspectos específicos del funcionamiento humano, dejando para después la tarea de unificar las diversas áreas del conocimiento. Tal teoría tendría que basarse desde sus mismos comienzos en la definición operativa de los conceptos, en la verificación sistemática de las hipótesis, y en el uso de la medida (...); esta teoría sería una teoría experimental de la personalidad (página 316).

Para situar el estudio sobre las diferencias individuales en personalidad desde la disciplina que aquí nos ocupa, resultan útiles las palabras del propio Pervin *(Op. cit.)*:

> Vamos a considerar una teoría que, en base a lo que acabamos de decir, no es ni clínica ni experimental (...); tiene las virtudes experimentales de definir operativamente sus conceptos y de utilizar la medida psicológica. Pero además acentúa las diferencias individuales y el funcionamiento global y unitario del organismo (...). Es una teoría fundada en la técnica estadística del análisis factorial (...) Además, es una teoría que está vinculada al uso de tests estructurados (página 317)[41].

---

[41] Wiersma (1906), Heymans y Wiersma (1906a y b) y Heymans y Brugmann (1913) son los primeros autores que realizaron un estudio descriptivo de la personalidad utilizando métodos empíricos y análisis matemáticos. En este sentido, Eysenck y Eysenck (1985) escriben: «Heymans es un auténtico pionero, siendo el primero en utilizar valoraciones de personalidad y medirla con tests objetivos de laboratorio, el primero en emplear las correlaciones para obtener factores y el primero en relacionar todo este trabajo con una teoría general subyacente, la de las funciones primaria y secundaria. Su recompensa ha sido el olvido general de los autores de libros de texto y de los posteriores investigadores en este campo, con la única excepción de Spearman, cuyos estudios en Leipzig le dieron a conocer junto al trabajo de los psicólogos germanoparlantes» (pág. 68). La técnica de la psicología diferencial que se ha utilizado preferentemente es el análisis factorial. En este sentido, E. Webb (1915) fue el autor que primero utilizó, bajo la dirección de C. Spearman, esta técnica en la investigación de las dimensiones de la personalidad.

De esta manera, a la Psicología de las Diferencias Individuales le compete, en sentido estricto, la elaboración de teorías como la descrita en último lugar, aunque, como han mantenido Eysenck y Eysenck (1985), la disciplina también está comprometida radicalmente con el análisis experimental (a nivel cognitivo u orgánico) de las dimensiones de las diferencias individuales consideradas en los modelos estructurales de la personalidad (psicométricos o factoriales).

Por tanto, la investigación de las diferencias individuales en personalidad estudia dos cuestiones básicas. En primer lugar, el *análisis descriptivo* de las dimensiones de las diferencias individuales en personalidad, con el objeto de construir un determinado modelo con capacidad predictiva, esto es, un modelo que permita anticipar con cierta garantía qué tipo de patrones comportamentales *tenderá* a desplegar una determinada persona ante determinado tipo de situaciones.

En segundo término, el *análisis de la dinámica comportamental* supone preguntarse por qué una persona se comporta como lo hace, por qué manifiesta determinados rasgos temperamentales, por qué ciertos rasgos de personalidad son resistentes a la modificación situacional, etc.

En suma, la descripción y la taxonomía son los primeros pasos del análisis científico y aporta un andamio al análisis experimental posterior, a los estudios motivacionales, a los trabajos psicofisiológicos, a los análisis comparativos de las fuentes genéticas y ambientales, etc. Y, quizá lo más importante, los datos iniciales se recaban a partir del estudio científico de muestras de personas concretas del mundo de la vida diaria, de manera tal que los constructos que conforman los modelos estructurales de la personalidad resultan ser cristalizaciones formales de aquel estudio.

Pues bien, una vez revisados los modelos factoriales de las diferencias individuales, con el mismo objetivo que el planteado en el estudio sobre las diferencias individuales en inteligencia, esto es, para llegar a detallar un modelo factorial que, en la actualidad, parece suponer el mayor consenso entre los investigadores de la disciplina, se estudiarán otras tres cuestiones relacionadas con dichos modelos.

En primer lugar, se revisará la lógica del estudio de las diferencias individuales en personalidad desde una perspectiva cognitiva (nivel cognitivo). En segundo lugar, se reparará en las bases orgánicas de las diferencias individuales en personalidad (nivel orgánico) tomando fundamentalmente como referencia el modelo de H. J. Eysenck, dado que su equipo de investigación es el que quizá más ha analizado este problema de investigación. Finalmente, se estudiarán las relaciones entre las investigaciones de la genética comportamental y las diferencias individuales en personalidad (nivel genésico/ambiental).

De esta manera, se utiliza el esquema de exposición traído en el estudio de las diferencias individuales en inteligencia, o, lo que es lo mismo, el marco de los niveles de análisis.

4.1. Las diferencias individuales en personalidad a nivel de rasgo[42]

Se revisarán inicialmente las tres grandes teorías diferenciales de la personalidad, esto es, la teoría de J. P. Guilford, la teoría de R. B. Cattell, y, por último, la teoría de H. J. Eysenck. Posteriormente, se comentarán las tres teorías, mediante una serie de consideraciones sobre el problema de las diferencias individuales en personalidad, y se presentará un «nuevo» modelo estructural (el modelo penta-factorial) que coordina esas tres teorías clásicas y al que los investigadores diferenciales toman mayoritariamente como referencia en la actualidad.

Pues bien, por lo que se refiere al modelo de J. P. Guilford, Eysenck y Eysenck (1985) han escrito:

> J. P. Guilford podría considerarse con justicia el primero en utilizar el análisis factorial en la investigación del temperamento (pág. 136).

Guilford (1964) parte de la teoría del rasgo, estudiada en el capítulo segundo de esta obra, sosteniendo que el rasgo constituye una abstracción que permite analizar las diferencias individuales.

En este sentido, se refiere a los rasgos actitudinales, temperamentales, aptitudinales, morfológicos, fisiológicos, de necesidad, y de intereses. Guilford mantiene que la personalidad contiene todas estas clases de rasgos. En cualquier caso, estudia por separado los rasgos aptitudinales y temperamentales; son estos últimos los que nos van a ocupar aquí.

J. P. Guilford y su equipo de trabajo han construido, desde mediados de los años treinta, una gran cantidad de instrumentos o herramientas para tratar de medir una serie de dimensiones temperamentales, utilizando muestras homogéneas de estudiantes.

---

[42] L. Thurstone (1933) escribió, en un tono bastante eufórico, al aplicar el análisis multivariado a una investigación sobre una serie de variables de personalidad: «este hecho (la reducción matemática de dimensiones psicológicas descriptivas) nos lleva a sospechar que la descripción científica de la personalidad quizá no sea todo lo compleja que se había creído» (pág. 587).

Para la construcción de los cuestionarios, Guilford partió, por un lado, de las escalas ya existentes, y, por otro, de las descripciones clínicas de determinados tipos de personalidad (por ejemplo, introversión/extraversión).

Guilford, Zimmermann y Guilford (1976) informan que utilizando como instrumento la *Guilford-Zimmermann-Temperament-Survey* (GZTS) se ha logrado aislar una serie de rasgos característicos de la esfera temperamental[43]. A cada uno de esos rasgos corresponden aproximadamente 30 ítems.

El objetivo de Guilford es detectar componentes específicos a nivel de *hexis* (definidas como una disposición psíquica). Los cálculos sobre la fiabilidad de la GZTS se basan en estudios realizados con estudiantes de magisterio, tomando como períodos de separación de 1 a 3 años. La validez de las escalas se garantiza mediante correlaciones con criterios externos (por ejemplo, jueces que valoran a los sujetos evaluados a través de dichas escalas).

El *Temperament Survey Handbook* (1976) de Guilford, Zimmerman y Guilford recapitula veinticinco años de investigación y aplicación de instrumentos de medida. En este modelo, más reciente que lo anteriormente comentado, cada factor descansa sobre el análisis factorial de orden superior, y todos los factores se encuentran correlacionados. Las correlaciones entre los rasgos reflejan neuroticismo y dos características de la extraversión, la sociabilidad y la impulsividad.

Guilford, Zimmerman y Guilford (1976) realizan un análisis factorial de los ítems, lo que da como resultado un modelo jerárquico que representa los rasgos. En este modelo, E (estabilidad emocional) y Pa (disposición paranoide) dan lugar a un factor de tercer orden EH (salud emocional). IE es extraversión-introversión, y Sa es actividad social; la extraversión constituye una mezcla de ratimia (R) y falta de actitud pensativa (T). A, S y G forman un factor separado de actividad[44].

No obstante, un estudio realizado por Amelang y Borkenau (1982), en Alemania, contradice la interpretación de Guilford (y parece apoyar la interpretación de Eysenck que se verá más adelante).

---

[43] 1. Actividad general (G), 2. Ascendiente (A), 3. Masculinidad-femineidad (M), 4. Confianza-sentimiento de inferioridad (I), 5. Calma-nerviosismo (N), 6. Sociabilidad (S), 7. Reflexión (T), 8. Depresión (D), 9. Emocionalidad (E), 10. Restricción-impulsividad (R), 11. Objetividad (O), 12. Amenidad (Ag), 13. Cooperación/tolerancia (Co) (véase Guilford y Zimmerman, 1956). French (1973) informa que 11 de los 13 factores encontrados por Guilford pueden considerarse estabilizados.

[44] Para Eysenck (1977), R, A, S y G definen conjuntamente la extraversión-introversión.

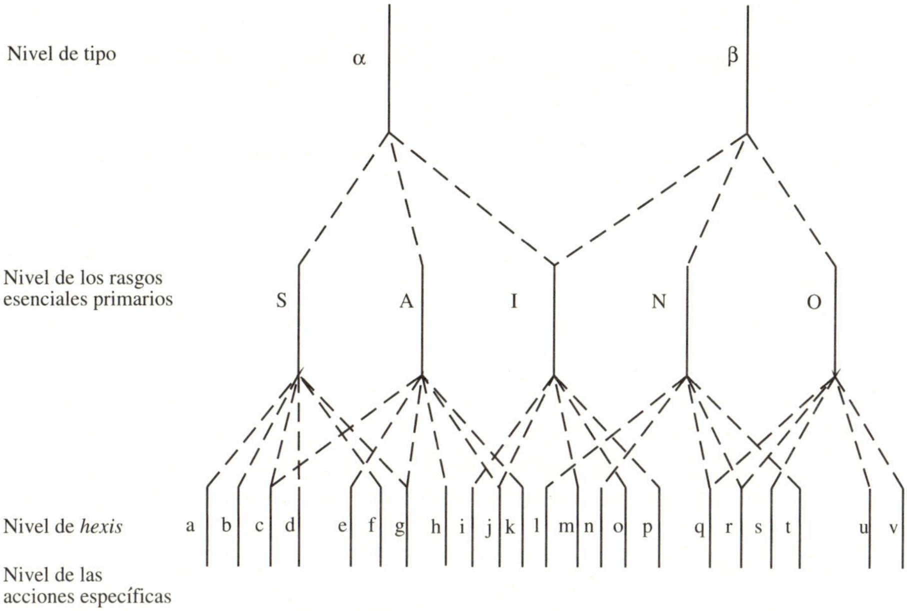

Figura 3.12.—Sección del modelo estructural de Guilford. (Adaptada de Guilford, 1964.)

Para Guilford (1964) la personalidad muestra una estructura jerárquica (Fig. 3.12). En el plano inferior de la estructura de la personalidad se encuentran las costumbres o disposiciones psíquicas *(hexis)* que constituyen rasgos esenciales que deben inferirse como disposiciones a partir de *modos comportamentales*, de acciones específicas características de una determinada persona, las cuales se representan en el modelo debajo del nivel de hexis y constituyen el punto de partida de la investigación empírica.

Las *hexis* se determinan a través de los rasgos primarios[45]. Por encima del nivel de los rasgos primarios se localizan los tipos sintomatológicos (rasgos generalizados). Los rasgos primarios se obtienen a través del análisis factorial de las variables *hexis*, y los tipos mediante factorización de los rasgos primarios. Además, entre los tipos también aparecen covariaciones, por lo que se puede llegar a mayores grados de generalidad. En la cima del modelo jerárquico de Guilford se sitúa el nivel de tipo (Fig. 3.12).

---

[45] Las *hexis* son: (S) sociabilidad, (A) ascendiente/autoafirmación, (I) confianza en sí mismo *versus* sentimientos de inferioridad, (N) calma *versus* nerviosismo, y (O) objetividad *versus* subjetividad.

Uno de los problemas del modelo de Guilford es que resulta complejo decidir el nivel (primario, secundario o terciario) de los factores detectados en un mismo análisis, lo que, al complicar su posible contrastación o puesta a prueba, debilita el modelo.

En cualquier caso, son muchos los trabajos sobre la personalidad que se han apoyado en las investigaciones de Guilford (por ejemplo, la *Temperament Schedule* de Thurstone, o el *Maudsley Personality Inventory* de Eysenck).

En segundo lugar, R. B. Cattell ha utilizado, asimismo, la teoría del rasgo y el análisis factorial como instrumento metodológico fundamental para estudiar las diferencias individuales en personalidad.

Cattell resalta los factores primarios frente a las dimensiones de orden superior, aunque realiza análisis secundarios y terciarios.

Cattell (1950) entiende por personalidad (un tanto metodológicamente) la totalidad de condiciones que permite predecir el comportamiento de un individuo en una determinada situación. En este sentido ha escrito Cattell (1950):

> Personalidad es eso que nos permite predecir lo que hará una persona en una determinada situación (pág. 2).

Cattell utiliza un método inductivo, en primera instancia, a diferencia de lo hecho por Guilford. De esta forma, sus trabajos parten de evaluaciones comportamentales.

Hace una distinción inicial entre *datos Q* (de cuestionario), *datos T* (de situaciones en miniatura diseñadas para estudiar las reacciones de los individuos), y *datos L* (derivados de la observación). El objetivo explícito de Cattell aquí es tratar de completar las informaciones de cuestionario con datos biográficos, medidas fisiológicas y puntuaciones en tests objetivos.

Cattell toma como referente los conocidos trabajos *lexicográficos* de Allport y Odbert (1936), quienes extrajeron de un diccionario 17.954 nombres de rasgos utilizados en el lenguaje natural. Allport y Odbert (1936) redujeron a 4.504 términos más básicos la lista original, adoptando una serie de criterios semánticos.

Por su parte, Cattell redujo semánticamente, a su vez, la lista de 4.504 términos a 171 variables ordenadas por pares bipolares. A partir de aquí se realizaron trabajos empíricos que permitieron reducir la lista a 36 términos globalizadores. El análisis factorial de las 36 escalas produjo el famoso inventario de 16 factores[46]. No obstante, Howarth (1976) y Norman (1963), por ejemplo, han mantenido que, probablemente, Cattell extrajo un número demasiado alto de factores.

En cualquier caso, Cattell construyó el *16 Personality Factor Inventory* para obtener datos Q. Las 16 escalas tratan de detectar factores primarios y los factores secundarios se relacionan a nivel de contenido y correlacionan con las escalas de Guilford y Eysenck.

El análisis más exhaustivo sobre las 16 PF se encuentra en Cattell y cols. (1970). Los resultados que allí se advierten son los siguientes:

1. El análisis en el plano de los ítems no logra detectar la dimensionalidad esperada (por ejemplo, Cattell, 1972; Karson y O'Dell, 1974).
2. La fiabilidad test-retest de las escalas primarias es muy baja (Gaensslen y Mandl, 1974).
3. La estabilidad resulta satisfactoria para intervalos muy largos (Costa y McCrae, 1978).
4. A partir del 16 PF se obtienen 6 tipos más generales (véase Bolz, 1972)[47].

La teoría de Cattell (Fig. 3.13) mantiene que en el nivel más bajo de la jerarquía se encuentran las tendencias de conducta. Por encima de este primer nivel se localizan los rasgos fuente (las 16 PF) que constituyen el primer estrato. En el segundo estrato se sitúan los factores extraversión, tenacidad, independencia en la formación de opinión, ansiedad y fuerza de carácter. Por último, en el tercer estrato se encuentra el factor denominado fuerza neural.

Levonian (1961), Sells y cols. (1968), Becker (1961), Comrey y Duffy (1968) en Estados Unidos; Greif (1970) y Timm (1968) en Alemania; Eysenck y Eysenck (1969) en el Reino Unido, por ejemplo, han tratado de extraer factores semejantes a los de Cattell, pero no han conseguido nada significativo. En general, la inmensa mayoría de los trabajos realizados sobre el 16 PF (y son muchos) no permiten confirmar los

---

[46] Expresividad emocional (A), inteligencia (B), fuerza del yo (C), dominancia (E), impulsividad (F), lealtad grupal (G), aptitud situacional (H), emotividad (I), credibilidad (L), actitud cognitiva (M), sutileza (N), conciencia (O), posición social (Q1), certeza individual (Q2), autoestima (Q3) y estado de ansiedad (Q4).

[47] Tipo uno (calificaciones bajas en C y F y altas en I, M, O y Q); tipo dos (bajas en C, E y F y altas en O y Q); tipo tres (bajas en A y M y altas en B, C, N y Q); tipo cuatro (bajas en C y G y altas en O y Q); tipo cinco (bajas en F y altas en A); tipo seis (bajas en E y altas en A).

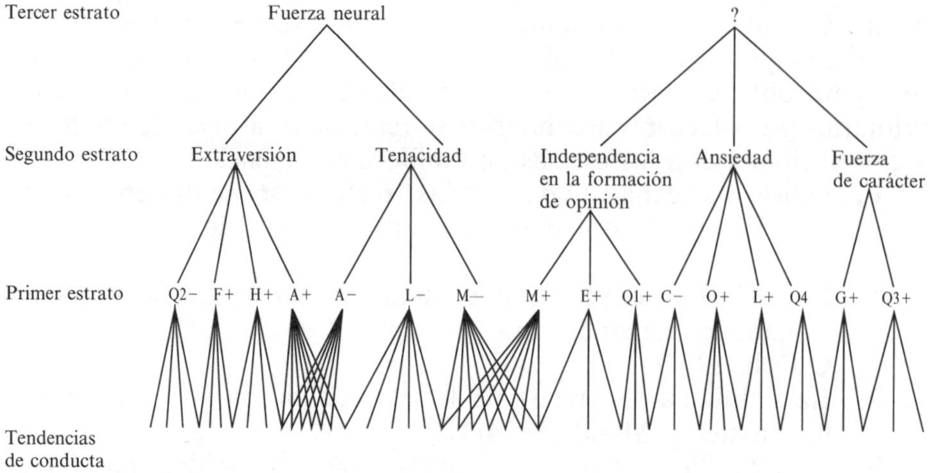

Figura 3.13.—Modelo estructural de la personalidad de Cattell. (Adaptado de Amelang y Bartusseck, 1981.)

factores primarios de Cattell, esto es, no satisfacen el *criterio de invarianza factorial*[48].

Finalmente, H. J. Eysenck ha utilizado también el análisis factorial como instrumento para acotar las dimensiones descriptivas de las diferencias individuales en personalidad. No obstante, el análisis factorial es sólo uno de los instrumentos que Eysenck ha utilizado dentro de su método hipotético-deductivo, semejante en este sentido al de Guilford y contrapuesto al de Cattell.

Eysenck ha utilizado extensivamente la experimentación:

> A lo largo de la historia, la clasificación y la experimentación han estado estrechamente vinculadas, y nunca se habría construido la tabla de los elementos (de Mendeleiev) si no hubiera ido precedida por muchos trabajos que vinculaban ambos puntos de vista. El experimentalista puede argüir que las diferencias individuales no pertenecen a su campo, sino al del especialista en psicometría o al teórico de la perso-

[48] El criterio de invarianza factorial se cumple cuando: 1. el factor se ha identificado en dos o más investigaciones realizadas por dos o más laboratorios independientes. 2. se ha conseguido aplicar en programas masivos de investigación. 3. se ha llevado a cabo una cierta manipulación experimental consistente sobre el constructo teórico previamente identificado (Forteza y Prieto, 1981).

nalidad. Pero en la medida en que tales diferencias afectan a su trabajo le conciernen claramente (Eysenck, 1967, pág. 19).

Eysenck recogió las primeras muestras comportamentales, tanto de pacientes psiquiátricos como de personas normales[49], tratando posteriormente de generalizar los resultados a la población general (Cattell y Guilford utilizaron un procedimiento algo distinto).

Eysenck plantea un modelo jerárquico (Fig. 3.14) y habla de una serie de planos (véase Cartwright, 1974):

1. El plano de las reacciones específicas.
2. El plano de las reacciones habituales.
3. El nivel de rasgo.
4. El nivel de tipo.

Eysenck sostiene que se pueden acotar tres tipos de personalidad ortogonales (Fig. 3.14): *psicoticismo (P), neuroticismo (N) e introversión/extraversión (E).*

Por lo que respecta a la dimensión P, la selección de los ítems para construir los correspondientes cuestionarios se basó en la discriminación de grupos de psicóticos frente a normales y neuróticos y en su independencia de la extraversión y el neuroticismo[50]. En este sentido, los ítems P permitieron diferenciar a un grupo de 603 reclusos de una serie de grupos control, mejor que las escalas E y N (Eysenck y Eysenck, 1968).

Las dimensiones N y E, por su parte, se han identificado a través de evaluaciones, tests objetivos y cuestionarios. Eysenck diseñó el *Maudsley Medical Questionaire* (MMQ) para medir la dimensión N, con 40 ítems sobre temas médicos. Posteriormente, construyó el *Maudsley Personality Inventory* (MPI; Eysenck, 1956, 1959; Eysenck y Eysenck, 1969) para sujetos normales, incluyendo además la dimensión E.

Eysenck y Eysenck (1985) mantienen que la validez de constructo de los instrumentos psicométricos, construidos para medir las dimensiones de personalidad, requiere una teoría que permita realizar predicciones complejas, cuando menos en tres áreas:

1. En primer lugar, en la *fisiología.* De esta manera, por ejemplo,

---

[49] Agradezco al profesor Jesús Guerra Plaza sus comentarios a este respecto. Gracias a ellos se ha corregido un error sobre el tipo de muestra utilizado inicialmente por Eysenck.

[50] Eysenck y Eysenck (1972) describieron P así: frío, impersonal, hostil, falto de empatía, poco amistoso, desconfiado, grosero, sin modales, no servicial, impasible y falto de sentido humano.

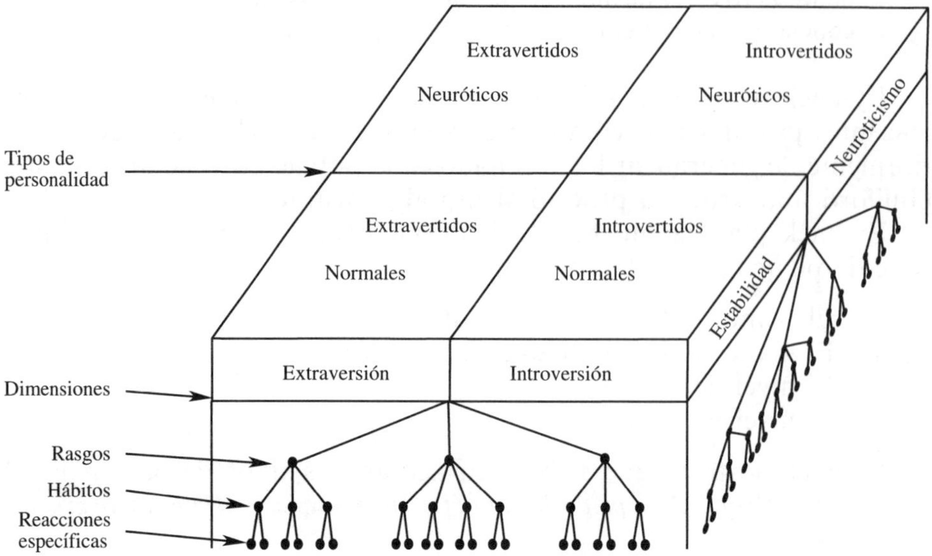

Figura 3.14.—Modelo estructural de la personalidad de Eysenck. (Adaptado de Cartwright, 1974.)

los extravertidos e introvertidos, las personas estables de las inestables, etc., difieren de manera significativa. Diferentes individuos se verían afectados de distinta manera por la ingestión de determinadas drogas.

2. En segundo lugar, en los *experimentos psicológicos* sobre percepción, condicionamiento, aprendizaje, vigilancia, etc. Desde esta perspectiva, la teoría de la personalidad tiene algo que decir sobre las diferencias predichas entre los individuos que puntúan alto y bajo en el sistema PEN (Psicoticismo, Extraversión, Neuroticismo).
3. Finalmente, en el *comportamiento social* (por ejemplo, la criminalidad). La idea, a este respecto, es que se puede llegar a predecir el comportamiento social, a partir de la teoría de la personalidad, mediante los mecanismos estudiados en el laboratorio de experimentación.

Eysenck y Eysenck (1985) escriben:

> Dado que el sistema PEN siempre aparece en cualquier estudio de personalidad a gran escala, parece razonable, aprovechando la medida de cualquier rasgo, determinar desde el principio las correlaciones de

> este rasgo hipotético con las dimensiones del sistema PEN, y así ver cuál es la cantidad de varianza que queda para los rasgos supuestos. Tal procedimiento garantizaría, al mismo tiempo, saber cuál es, en gran medida, la posición de ese rasgo en la estructura factorial tridimensional, y nos posibilitaría relacionarlo con otros rasgos, cuya posición en esta superestructura es ya conocida. Sólo de esta manera los estudios de personalidad pueden ser acumulativos, como debe ser cualquier intento científico; en otras palabras, será posible avanzar en una misma dirección, evitando que cualquier investigador marque sin más y sin contar con los demás, una dirección distinta (pág. 86).

Eysenck y Eysenck (1985) realizan un esfuerzo de síntesis sobre las diferentes teorías factoriales de la diferencias individuales en personalidad, siendo sus conclusiones las siguientes:

1. Cuando se calcula un análisis estadístico de inter-correlaciones entre muestras de ítems variadas y razonablemente grandes, aparecen factores similares a los del sistema PEN.
2. El sistema PEN explica la mayor parte de la varianza.
3. El sistema PEN resume las apreciaciones de otro tipo de teorías de la personalidad (Freud, Pavlov y Sheldon, fundamentalmente).
4. En los análisis suelen aparecer factores de primer orden, los cuales miden conductas específicas, además de aquellos que contribuyen al sistema PEN.
5. La contribución de los factores primarios suele ser reducida.
6. Cuando se realizan predicciones según criterios externos, la mayor contribución recae en el sistema PEN.
7. Por último, la hipótesis tridimensional PEN tiene una validez paradigmática, dado que explica una cantidad muy importante de la varianza total atribuida al temperamento.

En suma, las similitudes y diferencias entre los modelos de Guilford, Cattell y Eysenck podrían resumirse de la siguiente manera (Buss y Poley, 1976; Cohen, 1966; Howarth, 1971):

1. Guilford es taxonómico, Cattell teórico y Eysenck explicativo.
2. Guilford y Cattell resaltan los factores primarios, mientras que Eysenck da prioridad a los factores de orden superior.
3. Cattell y Eysenck acentúan la objetividad de los métodos.
4. Las dimensiones primordiales en Cattell y en Eysenck son la extraversión y el neuroticismo.
5. Tanto Cattell como Eysenck priorizan los factores hereditarios.

6. Cattell y Eysenck sostienen que la Psicología Clínica se ha de apoyar en una taxonomía adecuada de los rasgos.
7. Finalmente, Cattell y Eysenck emplean un enfoque nomotético y cuantitativo.

Esto cierra la revisión de los modelos factoriales más clásicos sobre las diferencias individuales en personalidad, de manera que ya se pueden detallar las características del modelo que actualmente parece dominar el panorama al respecto, a saber, el *modelo penta-factorial.*

Pues bien, J. M. Digman (1990) ha presentado recientemente este modelo. Hasta cierto punto, coordina satisfactoriamente los modelos de Guilford, Cattell y Eysenck (véanse, en cualquier caso, el debate mantenido entre los defensores del modelo pentafactorial y H. J. Eysenck en la revista *Personality and Individual Differences*; Costa y McCrae, 1992a y b; Eysenck, 1992a y b; Zuckerman, 1992).

Escribe Digman (1990):

> La esperanza de que el método del análisis factorial pudiese clarificar el dominio de la personalidad, anunciada hace años por Eriksen (1957) y Jensen (1958), parece haberse cumplido (pág. 418).

La primera aparición pública del *modelo penta-factorial* se produjo en un trabajo de Fiske (1949), aunque su repercusión quedó acallada por la prominencia pública de los modelos de Guilford, Cattell y Eysenck ya estudiados.

Tal y como comenta la profesora Sánchez Bernardos (1992), Fiske se basó en los estudios lexicográficos de Cattell, Allport y Odbert, y Galton. Lo que hizo Fiske, dice Sánchez Bernardos, fue conseguir que una muestra de psicólogos clínicos se evaluaran a sí mismos (lo que seguramente tuvo que ser un logro por sí mismo), fueran evaluados por sus compañeros (lo que pudo resultar muy fácil) y por el personal del centro. La estructura resultante al analizar los datos pareció indicar que las escalas de adjetivos, derivadas de los estudios lexicográficos previos, podían resumirse en cinco grandes factores *(big five).*

Pues bien, los factores que caracterizan el modelo penta-factorial son los siguientes (Fig. 3.15):

I. Extraversión/Introversión (surgencia).
II. Amigabilidad/Hostilidad.
III. Voluntad o Minuciosidad.
IV. Neuroticismo/Estabilidad emocional.
V. Intelecto o Apertura a la experiencia.

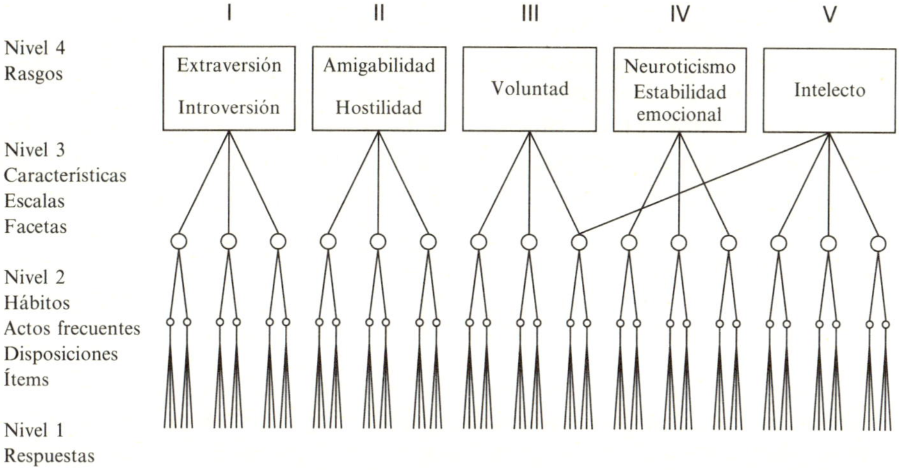

Figura 3.15.—Modelo estructural de la personalidad pentafactorial.

La profesora M. D. Avia (1992) realiza un apreciable resumen de lo que significan estos factores, formulando las preguntas que se haría una persona que se encontrase con otra:

I. ¿Le gusta la vida social?
II. ¿Es buena persona?
III. ¿Es organizada y fiable?
IV. ¿Es ésta una persona equilibrada?
V. ¿Es abierto de miras?

Digman (1990) mantiene que los modelos de Guilford, Cattell y Eysenck, realmente están contenidos en el modelo penta-factorial.

Costa y McCrae (1985), por su parte, han desarrollo un instrumento (NEO-PI) para medir las dimensiones del modelo penta-factorial, realizando una serie de estudios para confirmar la robustez de las mismas. Así, por ejemplo, han desarrollado un estudio longitudinal *(Baltimore Longitudinal Study of Aging Panel)* en el que utilizaron el cuestionario NEO-PI y encontraron unas correlaciones test-retest de 0,83, 0,82 y 0,83 para Neuroticismo, Extraversión e Intelecto, respectivamente (Costa y McCrae, 1988).

Hay que decir que el modelo penta-factorial no es sólo consistente en diferentes estudios realizados por diversos investigadores en distintas comunidades lingüísticas, sino que los cinco factores aparecen aunque se utilicen diferentes cuestionarios.

No obstante, la dimensión que presenta mayores problemas respecto a su inclusión en el modelo es la V, esto es, el intelecto. Este dato podría ser un apoyo para quienes han tratado por separado las variables intelectuales y temperamentales (Guilford, Eysenck y también Cattell).

Pero *¿qué significado psicológico tienen las dimensiones contenidas en el modelo pentafactorial (big five)?* La profesora M. D. Avia (1992) sugiere una hipótesis interesante a este respecto:

> Mi hipótesis, en suma, es que el sentido de los *big five* es organizar significativamente para el calificador [esto es, el observador] conductas relevantes del sujeto que, a modo de resúmenes, pueden contener la información necesaria para responder, *grosso modo*, a (una serie de) preguntas (véase líneas más arriba) (pág. 69).

No obstante, desde la perspectiva de la *psicología de la evolución*, se pueden encontrar tres formas de explicar la prominencia de los *big five* (véase Buss, 1991):

1. En primer término, los factores pueden representar diferencias fundamentales en las estrategias utilizadas por las personas para alcanzar objetivos propios de la especie.
2. En segundo lugar, pueden significar un simple ruido del sistema, esto es, resultar neutrales respecto a la selección natural, y, por tanto, evolutivamente despreciables.
3. Finalmente, los factores pueden resumir las dimensiones más importantes del paisaje social al que se han tenido que adaptar las personas.

Esta última alternativa parece ser la apoyada por las investigaciones tratadas en el trabajo de Buss *(Op. cit.)*.

En resumen, *la investigación del modelo penta-factorial proporciona una serie de dimensiones comprehensivas que permiten caracterizar las diferencias individuales en personalidad.* Además, estas dimensiones se pueden medir con una gran fiabilidad y validez, de manera que parecen proporcionar una buena respuesta a la pregunta por la estructura de la personalidad (Digman, 1990).

En suma, el modelo penta-factorial resulta robusto a través del tiempo, de los contextos, de las culturas y de las fuentes de datos, lo que hace que, por el momento, constituya una plataforma adecuada para el estudio científico de las dimensiones de las diferencias individuales en personalidad.

4.2. Las diferencias individuales en personalidad a nivel cognitivo

Uno de los campos que ha aglutinado el estudio de las variables de personalidad a nivel cognitivo ha sido el de los *estilos cognitivos*, de gran raigambre y tradición en la disciplina de la Psicología de las Diferencias Individuales.

En este sentido, el primero de los estilos cognitivos diferenciales de personalidad fue el de *independencia/dependencia de campo* y los estudios iniciales a este respecto tuvieron que ver con el problema de la percepción de la verticalidad (véase Witkin, 1949).

En las distintas pruebas derivadas de la investigación de este problema, se encontró que las personas diferían significativamente, y de manera consistente, en cuestiones tales como las guías (externas o internas) que utilizaban para percibir la posición de los objetos presentados en las diversas situaciones experimentales.

Por su parte, M. Rokeach (1960) estudió el estilo cognitivo denominado *clausura mental*, dimensión relacionada con temas tales como las creencias, las actitudes, los valores, etc. Esta dimensión trata de describir una serie de propiedades diferenciales características de la organización cognoscitiva de las personas (dogmatismo. rigidez mental, etcétera).

Por otro lado, se puede encontrar la línea de investigación sobre los *controles cognitivos*. Los controles cognitivos constituyen estructuras estables y operativas en la organización de diversas actividades cognitivas (por ejemplo, percepción, memoria y juicio; véase Gardner, 1959).

Los controles cognitivos contienen una variedad de constructos referidos a estructuras y funciones generalizadas en los procesos de conocimiento y a diferencias sistemáticas aisladas entre las personas respecto a esas estructuras y funciones, a saber: nivelación/agudización en la organización de secuencias de estímulos, estrategias de focalización, escrutinio, tolerancia y susceptibilidad a ilusiones perceptivas, etc.

En el campo contemplado por los controles cognitivos se pueden encontrar constructos tales como la simplicidad/complejidad cognitiva, la impulsividad/reflexividad, etc.

Respecto al estudio de las dimensiones cognitivas de la personalidad, A. Fierrro (1983) ha escrito que:

> Como era de esperar, la tradición de estudio diferencial de las dimensiones cognitivas de la personalidad, tradición siempre preservada, aunque quizá en un segundo plano, durante la época hegemónica de los rasgos psicodinámicos, ha continuado viva en los últimos años, cuando han sido identificados, descritos y validados otros constructos ciertamente nuevos en cuanto a su particular contenido, pero análogos a los antiguos en la circunstancia de construir dimensiones diferenciales de inequívoca naturaleza cognitiva (pág. 88).

Y para apoyar su tesis, Fierro *(Op. cit.)* cita la dimensión de *autosupervisión* estudiada por Snyder (1979) o la dimensión de *tamizado, criba y selección de estímulos* analizada por Mehrabian (1978).

En cualquier caso, se podría decir con Fierro que este tipo de dimensiones cognitivas no se ha contenido bajo el nombre genérico de teoría cognitiva de la personalidad. Lo que, por otro lado, resulta un tema muy escabroso, dado que:

> La imagen que del hombre se desprendería de un cognitivismo (...) sería la del sujeto cognoscente, perceptor, solucionador de problemas, procesador de información, pero no la de un sujeto agente, que obra, que se comporta y propiamente hace algo (Fierro, 1983, pág. 100).

De manera tal que, a diferencia del panorama encontrado al estudiar el problema de las diferencias individuales en inteligencia, en el ámbito de la personalidad resulta significativamente más complejo acotar un nivel cognitivo que no se encuentre especialmente «contaminado» por otras variables de preciado valor psicológico, tales como los motivos y los valores. Fierro (1983) apunta esta idea con claridad:

> El modelo que, en definitiva, se precisa y aquí se preconiza es el de la personalidad como sistema de múltiples estructuras y procesos, donde lo cognitivo representa uno, pero sólo uno, de los órdenes o subsistemas implicados (pág. 100).

En cualquier caso, en los últimos años, no cabe duda que se están desarrollando estudios sobre las dimensiones de personalidad desde una perspectiva cognitiva, aunque, como sostiene Zumalabe Makirriain (1990) no está muy claro cómo reorganizar el problema de las diferencias individuales a este nivel.

En suma, determinadas dimensiones de personalidad se han venido estudiando de manera sistemática desde hace aproximadamente medio siglo en el campo de la Psicología de las Diferencias Individuales, y en años recientes se está tratando de aproximar una perspectiva cognitiva para exhaustivizar dichas dimensiones. Pero, por lo que se ha visto, todavía no se tiene una idea muy clara sobre cómo llevar a cabo este proceso. Falta de claridad que, por otra parte, no exime de la necesaria tarea de intentar esclarecer el nivel cognitivo para el estudio de las diferencias individuales en personalidad, al objeto de contribuir a resolver el problema de la sobredeterminación del comportamiento de los seres humanos.

4.3. Las diferencias individuales en personalidad a nivel orgánico

Para estudiar algunas de las bases orgánicas de las diferencias individuales en personalidad, se utilizarán las investigaciones sobre el sistema tridimensional PEN de H. J. Eysenck visto anteriormente.

Así se hará porque el sistema PEN es el que quizá haya recibido más atención en cuanto al anclaje orgánico de las dimensiones de las diferencias individuales en personalidad, y, lo que es más importante, no sólo por el propio equipo del mencionado autor.

Se utilizará la división referente a las tres dimensiones que componen este sistema teórico, esto es, la dimensión psicoticismo, la dimensión extraversión y la dimensión neuroticismo.

El equipo de H. J. Eysenck se ha preocupado especialmente por los correlatos orgánicos de las dimensiones de las diferencias individuales en personalidad, debido al interés del propio Eysenck por el planteamiento de I. P. Pavlov sobre el estudio de las diferencias individuales, que se vio al exponer el marco de referencia de la escuela soviética en el primer capítulo[51].

Pues bien, en primer lugar, Eysenck y Eysenck (1985) aportan una serie de resultados experimentales, esto es, de naturaleza distinta a los obtenidos mediante cuestionario, que conectan con la tesis de la independencia de *la dimensión P* defendida por estos autores, utilizando un análisis denominado *proporcionalidad del criterio*, cuya explicación no interesa aquí (Eysenck, 1983).

---

[51] Esto informa que, de alguna manera, para el estudio científico de las diferencias individuales en personalidad confluyen los planteamientos de la escuela británica y la soviética.

Pueden revisarse a este respecto los trabajos de Claridge y Clark (1982) sobre los efectos psicotizantes de la LSD-25. El trabajo de estos autores mantiene que las drogas psicotrópicas son colineales con las dimensiones de la personalidad, y actúan de tal forma que hacen variar temporalmente, y de manera predictible, la posición de un individuo en las dimensiones contempladas en el sistema PEN.

También son importantes las investigaciones de Gattaz (1981) y Gattaz y Seitz (1984), quienes estudian un antígeno leucocito humano (HLA B-27) que se encuentra con una frecuencia significativamente superior en pacientes esquizofrénicos (véase Gattaz, Ewald, y Beckmann, 1980).

Eysenck y Eysenck (1985) se plantean que si P mide realmente una diátesis psicótica notable, entonces podría esperarse que el HLA B-27 se encontrase con una frecuencia significativamente superior en esquizofrénicos con altas puntuaciones en P que en esquizofrénicos con bajas puntuaciones en P, y en normales con altas puntuaciones en P que en normales con bajas puntuaciones en P. Pues bien, esto es precisamente lo que se encuentra habitualmente en trabajos de este tipo.

Por lo que respecta a *las dimensiones N y E*, Eysenck ha mantenido que la conducta neurótica consiste en fuertes reacciones del sistema nervioso autónomo a estímulos externos de carácter incondicionado y condicionado (Eysenck, 1966). La base biológica de este fenómeno reside en el sistema límbico (hipocampo, amígdala, cíngulo e hipotálamo). En este sentido, una estimulación del sistema límbico lleva a reacciones estructurales, en las que los individuos emocionalmente inestables muestran un umbral de excitación bajo y los individuos emocionalmente estables un umbral alto.

La teoría sobre E, por su parte, acude a los conceptos de excitación e inhibición (Pavlov, 1927; Hull, 1943). Todos los procesos nerviosos centrales se caracterizan por una determinada relación genética, diferenciada interindividualmente, entre procesos nerviosos de excitación y de inhibición. En la combinación E-R se producen modificaciones positivas, excitadoras o facilitadoras, y también modificaciones negativas, inhibitorias o restrictivas en las vías nerviosas destinadas a la conducción de los impulsos.

Los procesos excitatorios son básicos para el condicionamiento y el aprendizaje; las modificaciones inhibitorias son responsables del desaprendizaje, del olvido y de la extinción. La inhibición se pierde con rapidez, mientras que no ocurre lo mismo con la excitación (Eysenck, 1957).

Los extravertidos se caracterizan porque tienden a la formación de potenciales excitatorios débiles y procesos inhibitorios rápidos, intensos y de extinción lenta. Los introvertidos muestran potenciales excitatorios fuertes y procesos de inhibición lentos y débiles.

Como correlatos neurofisiológicos del balance excitación/inhibición, se considera el umbral de excitación del sistema reticular activador ascendente, con una repercusión más fácil en los introvertidos. El nivel de activación es más alto en las personas que habitualmente son menos excitables o que muestran un sistema nervioso más fuerte: los extravertidos. Los extravertidos prefieren una mayor estimulación que los introvertidos (Eysenck y Zukkerman, 1978). Además, los extravertidos son más tolerantes a los estímulos dolorosos.

Las relaciones entre la excitación y la inhibición postuladas en la teoría de la extraversión, se expresan en la intensidad de los procesos eléctricos del cerebro detectados utilizando registros EEG. Desde esta perspectiva, es esperable un curso de ondas alfa más ascendente para los introvertidos frente a los extravertidos, como indicador de los procesos de consolidación (Amelang, Wendt y Fründt, 1977). Los introvertidos suelen dar cifras menores de alfa en el EEG (Gale, 1973). Los extravertidos muestran, por su parte, amplitudes mayores en el ritmo alfa (Deakin y Exley, 1979).

La activación límbica debe implicar una activación reticular y cortical, pero no a la inversa. Eysenck relaciona la extraversión con el umbral de excitación del sistema reticular y el neuroticismo con el umbral de excitación del sistema límbico. Así, las diferencias individuales en medidas psicofisiológicas o en criterios conductuales, sólo se pueden atribuir al nivel de activación de la formación reticular subyacente a la extraversión, cuando el sistema límbico tiene excitación baja o, en el caso ideal, no está excitado. Esto ocurre en la medida en que disminuyen los estímulos perturbadores o emocionalmente influyentes. En todos los demás casos, una activación cortical observada se debe explicar por los efectos superpuestos integrantes de la formación reticular y el sistema límbico[52].

En suma, la investigación de las diferencias individuales en persona-

---

[52] Gray (1972) ha mantenido, por otro lado, que los extravertidos no son más difíciles de condicionar que los introvertidos, sino que son más insensibles al castigo o a su amenaza, y son sensibles a la recompensa y al refuerzo positivo. La sensibilidad al castigo aumenta con el grado de neuroticismo. La teoría de Gray presenta la ventaja de captar diferencias individuales en N y E dentro de un mismo marco de referencia: la sensibilidad a estímulos de castigo y refuerzo.

lidad a nivel orgánico parte de las dimensiones factoriales de los modelos estructurales sobre la personalidad, y analiza los correlatos neurofisiológicos y bioquímicos de dichas dimensiones, con el objetivo de respaldar o refutar la plausibilidad de esos modelos.

4.4. Genética comportamental y diferencias individuales en personalidad

Nuevamente se acudirá aquí a las dimensiones del sistema PEN de H. J. Eysenck, en primer término, para apuntar algunas de las líneas seguidas en la investigación de la génesis de las diferencias individuales en personalidad.

Concretamente, Shields (1962) ha investigado las dimensiones de personalidad E (extraversión) y N (neuroticismo) del sistema PEN. Los resultados de Shields indican que la correlación para la dimensión E entre gemelos univitelinos (gemelos, en sentido estricto) criados juntos es $r = 0{,}42$, entre gemelos criados por separado es $r = 0{,}62$, y entre gemelos bivitelinos (o mellizos) es $r = -0{,}17$.

Por su parte, la correlación para la dimensión N es $r = 0{,}38$ para los gemelos criados juntos, $r = 0{,}53$ para los gemelos criados por separado, y $r = 0{,}11$ para los mellizos.

Por su parte, Floderus-Myrhed, Pedersen y Rasmusson (1980), utilizando una muestra de 12.898 pares de gemelos, encontraron para las dimensiones E y N los siguientes resultados:

1. Para la dimensión E, la correlación entre los pares de gemelos varones fue de $r = 0{,}59$, y entre los pares de gemelos mujeres fue de $r = 0{,}66$.
2. Por lo que se refiere a la dimensión N, los gemelos varones mostraron una correlación de $r = 0{,}50$, y los gemelos mujeres obtuvieron una correlación de $r = 0{,}58$.

El trabajo de Henderson (1982) sobre 25.000 pares de gemelos estima que un 50 por 100 de la varianza para las dimensiones E y N se debe a la herencia. Esta investigación de Henderson muestra que el rasgo extraversión y algunos otros rasgos de personalidad parecen mostrar evidencia de varianza genética no aditiva (combinación única de genes que contribuyen a la similitud de los gemelos, pero no al parecido entre los familiares de primer grado), resultado que es apoyado por las investigaciones de Martin y Jardine (1986), Pedersen, Plomin, McClearn y Friberg (1988) y Tellegen y cols. (1988).

En cualquier caso, habría que decir que los estudios más exhaustivos sobre variables de personalidad son los de Buss y Plomin (1984), Loehlin y Nichols (1976) y Eaves, Eysenck y Martin (1989).

Ravich-Shcherbo (1988) ha editado, por su parte, un libro en el que se deja constancia de los trabajos sobre genética conductual realizados por el *Instituto de Psicología General y Pedagógica de Moscú*, instituto que ha sido el foco de las investigaciones con gemelos en la ya extinta Unión Soviética, desde la abolición de la prohibición de este tipo de trabajos en la década de los setenta en aquel país.

Otro trabajo realizado en la Unión Soviética ha sido el del *Instituto de Genética General en Moscú* (Bulayeva y cols., 1989) en el que se han comparado una serie de parámetros de la genética cuantitativa, en ocho poblaciones humanas de diversos grados de aislamiento y de diferencias étnicas (véanse Plomin, 1989; Plomin y Rende, 1991).

Por último, comentar que un estudio longitudinal de 10 años realizado en el seno del *Texas Adoption Project*, al que nos hemos referido anteriormente. Ha mostrado que los individuos no relacionados genéticamente criados juntos no cambian de igual manera con el paso del tiempo. Además, no se pueden predecir los cambios de personalidad de niños adoptados a partir de las características de los padres biológicos, los padres adoptivos o los eventos vitales (Loehlin y cols., 1990).

Con estos datos provenientes de *Texas Adoption Project* se cierra el estudio sobre las diferencias individuales en personalidad, así como el análisis de la teoría y la investigación de las diferencias individuales realizado en el transcurso de este capítulo.

En las consideraciones finales se recapitulan los contenidos de este capítulo, por un lado, y, por otro, se traza una serie de conclusiones sobre la Psicología de las Diferencias Individuales como disciplina para el estudio científico del comportamiento de los seres humanos.

5. Consideraciones finales

La primera consideración que se puede realizar es que, desde el punto de vista derivado de las investigaciones sobre la disciplina plasmadas en esta obra, los *programas de investigación* para el estudio científico de las diferencias entre las personas, sea a nivel básico, sea de cara a la generación de tecnología, tendrían que tener en consideración explícita el postulado de que el comportamiento de los seres humanos se encuentra sobredeterminado.

Lo que esto significa es que no basta establecer las dimensiones de las diferencias individuales, sino que puede resultar más rentable que los programas de investigación contemplen los diversos niveles a los que se pueden estudiar las variaciones individuales, esto es, el nivel de rasgo, el nivel cognitivo, el nivel orgánico y el nivel genésico, de manera que se pudiese aportar un grado significativo de validez convergente a los resultados que eventualmente se vayan encontrando al respecto. Ésta es, probablemente, una manera razonable de evitar la generación de tantos modelos como autores, o técnicas de análisis, o un largo etcétera[53].

Para que esto no se quede en una mera declaración de intenciones, se va a ejemplificar cómo se entiende que se pueden articular los programas de investigación encaminados al estudio científico de las diferencias individuales en cualquier área de interés. Y para ello no se utilizará un caso imaginario, sino que se expondrán las líneas maestras del programa de investigación del equipo de trabajo del autor de esta obra[54].

Como bien sostuvo R. B. Cattell (1988a) en el apartado dedicado en este tercer capítulo al marco de los programas de investigación en la Psicología de las Diferencias Individuales, un programa suele inspirarse en intuiciones tomadas muchas veces de campos ajenos al quehacer científico cotidiano.

De esta manera, T. Andrae (1966) relata de la siguiente manera los dos grandes tipos de profetas que se pueden encontrar a lo largo de la historia de la humanidad:

> (...) nos encontramos en la inspiración con dos tipos claramente separados: el auditivo y el visionario. En el primero es la revelación una voz que habla al oído o al corazón del profeta. La voz interior que el vidente reproduce encierra, por regla general, una forma clara, concisa y expresiva, no raramente rítmica. Entre los artistas del len-

[53] Haciendo un paralelismo, el objetivo sería tratar de lograr una invarianza factorial satisfactoria, pero, en este caso, sobre las dimensiones de las diferencias individuales en sentido general y según diversos niveles de análisis.

[54] Por supuesto, de esto no debe inferirse, en ningún caso, que este programa de investigación constituya una suerte de panacea. Únicamente se trata de proponer un modelo, evidentemente imperfecto, para suscitar la discusión sobre el estudio científico de las diferencias individuales en torno a un caso concreto.

guaje encontramos en los poetas, especialmente en los líricos, un patente paralelo a este tipo de inspiración. «No se trabaja, se acecha con el oído. Es como si al tuyo hablase un desconocido», escribe Alfredo de Musset. En el tipo visionario, por el contrario, consiste la inspiración en visiones e imágenes, a veces plásticamente claras e intuitivas, pero las más de ellas imprecisas, borrosas, fantásticas, como visiones de ensueño. Aseméjanse a las visiones de ensueño, también, en que aparecen juntamente con una peculiar inspiración de pensamiento, que acompaña a las imágenes como un texto explicativo y nos dice su sentido y su importancia. En las visiones de este tipo tiene con frecuencia este sentido una misteriosa profundidad simbólica, que el alma sospecha más que aprehende claramente. Las revelaciones que proceden de estas imágenes, y la interpretación que el visionario les da, distínguese con frecuencia por una cierta amplitud y prolijidad, que no raras veces resulta realmente fatigosa, y reciben la forma de la narración en prosa. La inspiración lírica conéctase psicológicamente con la excitación afectiva, con la exaltación; la visionaria, con los estados hipnóticos (págs. 63-64).

En el mundo del cinematógrafo también se pueden encontrar declaraciones que llevan a pensar en dos grandes tipos de pensamiento, a saber, con imágenes y con palabras. Veamos las palabras del gran cineasta alemán Fritz Lang:

> De entrada, debería decir que soy una persona visual. Experimento con los ojos, y nunca o solamente rara vez, con el oído; lo cual constituye para uno un lamento permanente.

En la música también se produce este tipo de penetración representacional:

> (...) se sintió extremadamente impresionado con la manera de interpretar sus conciertos y su precioso manejo de la orquesta, cuya inhabitual precisión al interpretar los conciertos creaban un efecto absolutamente asombroso, tanto para los ojos como para los oídos. Para Corelli lo esencial era que los arcos de la orquesta se moviesen a la vez, todos arriba, o todos abajo; así que, en los ensayos que precedían siempre a la interpretación pública de sus conciertos, hacía parar a la orquesta en el mismo momento que descubría alguna irregularidad en el movimiento de los arcos (contraportada del Concierto de Navidad de Arcangello Corelli).

En la ciencia ocurre otro tanto. Veamos dos ejemplos, uno de las matemáticas y otro de la propia psicología.

Oh, no (dijo Von Neumann a Bronowski), no lo estás viendo. Tu clase de mente visualizadora no es apropiada para ver esto. Piensa en forma abstracta. Lo que está sucediendo en esta fotografía de una explosión es que el primer coeficiente de la primera diferencial se desvanece idénticamente y por eso lo que se hace visible es la traza del coeficiente de la segunda diferencial (citado en Gardner, 1983, pág. 164).

El ejemplo tomado de la psicología es el siguiente:

Es evidente que a Burt le disgustan las interpretaciones fundadas en configuraciones, porque en su texto no hay un solo diagrama. Quizá esto indique la existencia de unas diferencias individuales en los tipos de imaginación, que explicaría las diferencias de interpretación y método entre los hombres de ciencia (Thurstone, 1947, pág. IX).

El último ejemplo proviene de Mani, fundador del maniqueísmo, que, como se sabe, fue, además de religioso y místico, un gran pintor:

A veces, al recorrer con una mirada perezosa un texto que ya se sabía palabra por palabra, se sorprendía viendo en imágenes la escena evocada. Entonces se apoderaba de él el deseo de pintar. Aquello comenzaba siempre con un largo diálogo entre él y la página; luego, ésta se cubría, alrededor de la escritura aramea, de una escena con abundantes personajes, flores y animales míticos. No obstante, en ningún momento tenía la impresión de acompañar un texto, de ilustrarlo o iluminarlo, aunque este último término le habría complacido sobremanera; por el contrario, estaba persuadido de que si se leían atentamente sus imágenes, se comprendería su substancia sin recurrir a las palabras (A. Maalouf, *Los jardines de luz*, pág. 53).

Pues bien, el programa de investigación tiene el objetivo de analizar los modos de presentación del conocimiento utilizados por diferentes personas cuando realizan una serie de tareas. Dos son, por tanto, los elementos básicos del programa: los *modos de representación del conocimiento* y las diferencias individuales. Al combinarse nos encontramos con el problema de *por qué determinadas personas tienden a verbalizar o a visualizar y qué consecuencias tiene esto en su actividad cotidiana*, esto es, en la conveniente realización de determinadas tareas (por ejemplo, tareas criterio). Veamos algunos ejemplos.

El manejo de información verbal y de *displays* visuales resulta ser característico de casi cualquier actividad de la vida cotidiana. Sin ir más lejos, la lectura de esta obra supone identificar las letras, frase, párrafos, etcétera, y generar un espacio de significado conducente a la comprensión del mensaje. Dentro del texto pueden encontrarse referencias visuo-espaciales tales como un modelo estructural, un diagrama de procesamiento, etcétera. Hay personas que encuentran molestas estas referencias visuo-espaciales dentro de un texto narrativo. Sin embargo, otras personas encuentran de mucha ayuda estas referencias. Situaciones como ésta suscitan un problema inquietante: ¿realmente son útiles los medios audiovisuales de instrucción? ¿sería relevante disponer de un conocimiento previo sobre las tendencias visualizadoras y verbalizadoras de las personas que van a adquirir conocimiento?

Otro ejemplo viene dado desde las tareas médicas. Veamos, ¿cómo entrenar las tareas de operación realizadas por un equipo médico en un quirófano, pero no directamente relacionadas con el nivel de pericia profesional de cada uno de dichos miembros del equipo? Además, es posible que durante la operación se produzca un rápido intercambio de mensajes y acciones sobre el paciente. Parece sensato procurar minimizar el margen de error en el traspaso mensaje-acción-mensaje. En una palabra, se debe transformar el mensaje en una acción concreta sobre un *display* visual, en este caso la estructura interna del paciente y, en su caso, volver a emitir un mensaje, y así sucesivamente. ¿Juega algún papel en todo este proceso la capacidad para verbalizar y visualizar con suma precisión?, ¿cómo influye la fatiga en la visualización correcta de la estructura interna del paciente?

Siguiendo con las tareas médicas, hay un problema positivamente relacionado con la emisión de acciones eficaces sobre el cuerpo de un paciente. Veamos: suele ser habitual que un equipo médico realice un diagnóstico por medios indirectos con respecto a algún órgano sólo visible cuando se abre al paciente físicamente. Cuando el equipo médico observa el órgano supuestamente dañado de manera directa, ya dispone, por tanto, de un *modelo mental* resultado de la observación indirecta de ese órgano. ¿Qué pasa si no concuerdan? ¿son resultados de determinados errores médicos (que no de los médicos) a realizar una operación del conflicto entre el modelo mental disponible por medios indirectos y la realidad encontrada al abrir al paciente? Evidentemente, el equipo médico tiene que tomar una decisión, ¿a qué se puede deber que esa decisión no sea acertada? Por un lado, las *nuevas tecnologías de diagnóstico* son muy seductoras y, por otro lado, es posible que el equipo médico decida dar preferencia al resultado de la aplicación de esas técnicas y no a lo que dice la visión directa sobre el cuerpo del paciente. ¿En qué confiar si los ojos nos engañan muchas veces? ¿dónde puede estar el error?

Con respecto a las nuevas tecnologías médicas, a las que acabamos de referirnos, es evidente que: *a*) cometen errores, y *b*) esos errores pueden llevar a la muerte o daño irreparable de un elevado número de pacientes. Por esto, es importante dedicar una atención detenida a este problema. En principio se puede decir que las nuevas tecnologías médicas fallan por alguno de los siguientes motivos: 1) las máquinas son falibles; 2) las máquinas no son suficientemente comunicativas, y 3) los usuarios no están entrenados para recibir los mensajes de error de la máquina. El primer problema tiene difícil solución, dado que depende de imponderables, pero los otros dos son corregibles. ¿Merece la pena hacer un esfuerzo para tratar de subsanarlos?

Si se responde positivamente, se puede comenzar a trabajar de la siguiente manera: ¿cuáles son las limitaciones del procesamiento de la información de los usuarios de las nuevas tecnologías médicas? ¿se podría disponer de gente experta en esas limitaciones humanas dentro de los equipos encargados de diseñar una nueva tecnología médica? Esto es, ¿sería posible diseñar máquinas preparadas para cominicarse «amigablemente» con un usuario limitado como es el humano?

Ya sabemos que las máquinas son muy complicadas, pero ¿sería posible desarrollar códigos de comunicación con un usuario que fuesen respetuosos con las limitaciones *visualizadoras* y *verbalizadoras* de los usuarios? A su vez, ¿sería posible simplificar la comunicación desde el usuario a la máquina y que ésta le facilitase el resultado de esa comunicación? ¿es más adecuado que una persona tienda a verbalizar o visualizar? Si es más óptima una persona visualizadora, ¿cómo se podría entrenar a un verbalizador para que visualizara con eficacia?

Otro ejemplo menos trascendental: ¿Qué hace bueno a un *locutor* de una emisora de radio? Obviamente, esa persona ha de tener una magnífica capacidad para transmitir mediante el uso del lenguaje, y sólo mediante él, un modelo que sea inmediatamente accesible a un determinado número de oyentes. No obstante, ¿por qué hay sectores de la población que no *conectan* con determinado locutor, descartada la temática tratada como proceso de selección de audiencia? En muchas ocasiones escuchamos opiniones tales como «no entiendo lo que quiere decir X», o «no logro que me enganche lo que dice Y». ¿Habrá detrás de estos comentarios y actitudes variables relacionadas con tendencias visualizadoras y verbalizadoras? Esto es, ¿hay personas que conectan porque el locutor tiene una magnífica capacidad para evocar escenas visuales vívidas en un oyente predispuesto a pensar visualmente? Está por ver, pero, desde luego, parece un problema sugerente sobre el que trabajar, sobre todo para las emisoras que desean captar audiencia.

Veamos un último ejemplo: ¿Qué hace bueno a un *doblador* de películas? Esto es, en un doblaje se ha de llegar a estimular la actitud, postura, rictus facial, cadencias, ritmos, etc., del actor doblado, a la vez que se le asocia un enunciado lingüístico que sea congruente con el *display* visual o escena que se presentará al espectador. Muchas veces se puede oír: «el doblaje de la película X es muy malo», o «me molestó muchísimo el tono de voz utilizado por el niño (...) no hacía creíble la escena de terror», «no parecía que se estuviese produciendo una escena de seducción», etc. Lo ideal es que se produzca esto último, es decir, que el espectador no haya advertido incongruencias entre el *display* visual y las palabras que salen de la boca del actor. ¿De qué depende que el doblador haga un buen papel? ¿cómo formar a un buen doblador? Muchas veces, el éxito de una película depende de un buen doblaje, y esto debe preocupar, en principio, a una multinacional del cine.

En resumen, las personas se ven obligadas constantemente a manejar información internamente para participar en los mecanismos asociados a la emisión de una acción o conjunto de acciones en una determinada situación más o menos relevante. Es decir, las personas usan modos para representarse la información o, lo que es lo mismo, utilizan sistemas de representación de la realidad.

Pero *¿qué es un sistema de representación?* Pues bien, un sistema de representación contiene dos aspectos esenciales. Por un lado, el *formato de representación* que la persona puede usar para representarse la información contenida en una determinada tarea. Este formato puede ser de diversos tipos, tales como un formato verbal, un formato de imágenes visuo-espaciales, un formato gustativo, un formato olfativo, etc. Es decir, genéricamente puede haber tantos *formatos de representación* como *formatos de presentación o sensoriales*, con la diferencia de que los procesos y el formato de la información en un sistema de presentación no pueden ser manipulados por la persona, mientras que sí pueden, y deben serlo, en los sistemas de representación.

De esta manera, ante una tarea verbal, cual es el caso de tener que recordar una frase escrita en la pantalla de un ordenador, la persona puede optar por repetirla, en cuyo caso estará usando un formato de representación verbal (esto es, la persona estaría *verbalizando*), o bien puede generar una imagen interactiva que relacione los elementos de la frase según los indicadores lingüísticos que señalan, en cuyo caso la persona se encontraría utilizando un formato visuo-espacial o por imágenes (es decir, la persona estaría *visualizando*).

Por otro lado, el sistema de representación incluye el tipo de *procesos cognitivos* que permiten operar sobre el conocimiento representado. De manera que cuando una persona repite internamente una frase, utiliza una serie de procesos de codificación, retención, transformación, etcétera, que permiten operar con el conocimiento representado.

En suma, se puede representar a una persona proyectando la luz reflejada sobre una placa de granos de plata describiéndola con palabras, dibujándola, haciendo una caricatura, etc. (formato de representación), y realizar una serie de operaciones sobre la placa de granos de plata, la descripción, la caricatura, etc. (proceso).

Cómo se organicen los procesos cognitivos sobre el formato o formatos de representación, ante una determinada tarea, dará lugar a lo que habitualmente se denomina estrategia cognitiva. Así, ante una determinada tarea, distintas personas podrán configurar diferentes estrategias cognitivas, dependiendo de: *a*) el formato en el que se representa la información contenida en dicha tarea, y *b*) los procesos cognitivos específicos que operan sobre la información representada con ese formato.

En suma, dependerá del sistema de representación que la persona decida utilizar, o utilice habitualmente de manera espontánea. O lo que es lo mismo, dependerá de si tiende a verbalizar o a visualizar.

A partir de aquí, las estrategias cognitivas que las personas decidan utilizar para resolver una determinada tarea modulará de manera significativa su *patrón de ejecución* ante las variaciones que se introduzcan eventualmente en la misma. Esto es, *la estrategia llevará a un rendimiento particular mensurable.*

Pues bien, son precisamente estas variaciones en los patrones de ejecución las que nos permiten estudiar el uso de un determinado tipo de estrategia cognitiva o, en otras palabras, el uso de determinados modos de representación del conocimiento.

Por otro lado, resulta relevante relacionar el empleo de determinados modos de representación del conocimiento, o más técnicamente, *estrategias cognitivas de representación*, con las *aptitudes medidas psicométricamente* (por ejemplo, a través de los tests mentales) en aquellas personas que participan en los estudios empíricos que se realizan dentro del programa de investigación básica.

La idea subyacente es la siguiente: si un sujeto ha obtenido altas puntuaciones en pruebas de aptitud verbal, y simultáneamente ha mostrado bajas puntuaciones en pruebas de aptitud espacial, cabe suponer que a la hora de configurar y usar determinadas estrategias cognitivas tenderá de manera espontánea a representarse la información contenida en la tarea en un formato congruente con sus aptitudes, en este caso, sobre un formato verbal (o sea, tenderá a verbalizar).

De esta manera, la persona acude a la situación experimental con una determinada *predisposición* que debe ser tenida en cuenta en el diseño de un trabajo.

Lo anterior no quiere decir que esa persona no pueda representarse la información contenida en la tarea sobre un formato visuo-espacial (es decir, pueda visualizar), sino sólo que tenderá a hacerlo explotando inicialmente sus aptitudes mejor desarrolladas.

De hecho, en las investigaciones sobre las relaciones entre aptitud y rendimiento ante una serie de tareas experimentales manipuladas, se ha venido encontrando una vinculación significativa entre las medidas realizadas a esos dos niveles (aunque no siempre con resultados positivos).

Por otro lado, cuando no utiliza las aptitudes de las que disfruta en mayor medida, su rendimiento empeora significativamente, hecho que lleva a la necesidad de estudiar y tratar de vincular empíricamente ambos niveles.

Una última cuestión se refiere al *para qué* del análisis de las relaciones entre los niveles aptitudinales y los patrones específicos de ejecución ante determinadas tareas. Bueno, se trata aquí de averiguar empíricamente hasta qué punto podemos fiarnos de los tests (como medio de disponer de medidas globales de las capacidades de procesamiento de la persona) para predecir y prevenir un rendimiento eficiente ante determinadas tareas y, consecuentemente, ahorrar tiempo y esfuerzo en el terreno de la psicología aplicada, por ejemplo.

Por otro lado, el programa de investigación se organiza alrededor de dos modelos de referencia. Por un lado, el *modelo estructural de la inteligencia* de Ph. Vernon, que es un modelo factorial-jerárquico sobre las aptitudes mentales, y que permite integrar los resultados de los estudios factoriales realizados durante el presente siglo, tal y como hemos visto anteriormente.

Los factores de segundo orden de este modelo se corresponden con los sistemas de representación más estudiados desde una perspectiva cognitiva. Es decir, el factor v:ed correspondería al sistema verbal, y el factor k:m al sistema espacial-imaginístico o figurativo.

El segundo modelo es el *modelo de memoria distribuida (MMD)* de E. Hunt. Este modelo permite la organización de la investigación realizada tanto sobre las variables cognitivas como sobre las variables de carácter neuro-psicológico de interés para el programa. Además, se ha utilizado para interpretar procesualmente los factores psicométricos que representan matemáticamente a las aptitudes intelectuales o competencias cognitivas aparentemente usadas por las personas para resolver una variedad de tareas.

En suma, el programa estudia a distintos niveles el problema de las diferencias individuales en los modos de representación del conocimiento, tomando como referencia, por un lado, los sistemas de representación sobre los que se articulan dichas estrategias cognitivas y, por otro lado, las actividades cognitivas que con mayor frecuencia se realizan en diversas situaciones de la vida diaria, esto es, la atención-percepción, la memoria y el razonamiento.

Las primeras fases del programa de investigación requieren el estudio controlado de las estrategias cognitivas, lo que lleva a utilizar tareas simplificadas a partir de las tareas criterio, que demanden el uso de las actividades atencionales, mnémicas y de razonamiento, teniendo siempre como marco de referencia la manipulación explícita de la información que la persona tendrá que representarse para resolver las tareas que demandan determinados recursos de procesamiento con respecto a esas actividades.

Por tanto, las tareas que se están utilizando en el programa demandan las capacidades de procesamiento de esas actividades cognitivas. Esto es, desde tareas de bajo nivel y con escasas demandas de procesamiento consciente, hasta tareas de alto nivel y con amplias demandas de procesamiento consciente.

Por lo que se refiere a las actividades atencionales, se estudian diversas variantes de la *tarea de «stroop»*, el *paradigma de verificación de frases pictóricas* y, en general, se usa el *paradigma de atención dividida*, en la que se le pide al sujeto que coordine dos fuentes de información variables en lo que se refiere al contenido de la tarea, esto es, verbal y visuo-espacial o figurativo.

Las preguntas que se trata de responder son: ¿a qué tipo de estímulos atiende con mayor eficacia (rapidez y precisión) una determinada persona?, ¿se puede sustraer una persona al significado de una palabra o de variables visuales como el color, en situaciones que requieren una percepción rápida y precisa? ¿de qué puede depender esto?

En cuanto a *las actividades de la memoria*, se utiliza fundamentalmente el *paradigma de interferencia* ideado por Brooks. En este paradigma se estudia el efecto que tiene memorizar una determinada información, que puede ser verbal (una frase) o visuo-espacial (una figura), y realizar sobre la misma otra tarea que puede competir por los mismos recursos de procesamiento o no que los utilizados para memorizar la información inicial.

Las preguntas que se tratan de responder son: ¿resiste mejor una determinada persona a una competición por recursos de procesamiento visual que verbal?, ¿soporta mejor una sobrecarga visual que verbal?, ¿qué está detrás de todo ello?

Finalmente, las *tareas de razonamiento* también manipulan explícitamente el tipo de contenido considerado en las mismas. Así, por ejemplo, en las tareas de razonamiento deductivo, en las que se utiliza como ejemplar la tarea de inferencia transitiva o silogismo lineal, se manipula la mayor o menor susceptibilidad a convertir en una imagen los términos y relaciones contenidos en las premisas de la inferencia.

En las tareas de razonamiento inductivo se utilizan los problemas de analogías, estudiando la influencia del contenido sobre el que se formula la analogía, a saber, verbal y figural, sobre el modo de representación del conocimiento.

Las preguntas que se trata de responder son: ¿se ven modificados los procesos de razonamiento por el contenido sobre el que razonar? Si la persona tiende a visualizar, ¿razona mejor cuando se contemplan contenidos visuales?

En suma, todas las tareas se manipulan para estudiar el efecto del contenido de las mismas sobre las demandas de procesamiento que se imponen al sujeto. Esas demandas de procesamiento se refieren, por tanto, al tipo de sistema de representación que ha de emplearse para la resolución máximamente eficiente de una determinada tarea.

En una palabra, interesa el análisis de las diferencias individuales en los modos de representación de la información contenida en las tareas que se manipulan experimentalmente en diversas situaciones de demanda por recursos de procesamiento.

En este sentido, uno de los paradigmas experimentales más usados genéricamente en este programa para el estudio de las diversas actividades de atención, de memoria y de razonamiento, además de los paradigmas habituales, es el denominado *paradigma de libre elección.*

Lo común a la mayor parte de las metodologías utilizadas para refutar, o en su caso refrendar, los modelos propuestos en la literatura sobre la resolución de diversas tareas, es una presentación estándar de la información contenida en las mismas. Así, por ejemplo, en la tarea de inferencia transitiva se presentan las dos premisas y la pregunta, la pregunta y las dos premisas, etc. Por ejemplo:

José es más alto que Luis
Luis es más alto que Pedro
¿Quién es el más bajo?

De esta manera, el sujeto se encuentra con una secuencia ya establecida en la situación experimental, y sobre ella tiene que operar para tratar de resolver la tarea, es decir, el organismo responde ante unos determinados estímulos que le vienen ya dados y prefijados, siguiendo una tradición experimental en psicología, a saber:

E-O-R

siendo *E* el estímulo (en nuestro caso, la tarea de inferencia), *O* el organismo (en nuestro caso, la persona que va a intentar resolver la tarea de inferencia), y *R* la respuesta dada por esa persona a la tarea de inferencia.

No obstante, desde una perspectiva diferencial, resulta especialmente relevante generar situaciones experimentales que permitan al sujeto poner en marcha estrategias de resolución *de la manera más espontánea posible*.

De hecho, muchos de los resultados que se han encontrado en el laboratorio de experimentación son consecuencia del olvido del hecho de que las situaciones de laboratorio restringen artificialmente el margen de las variaciones interindividuales especialmente adaptativas en la vida cotidiana.

Por tanto, el paradigma de libre elección trata de concretar el modelo que se encuentra a la base de la Psicología de las Diferencias Individuales, al que hemos aludido en repetidas ocasiones a lo largo de esta obra, a saber:

O-E-R

Esto es, el organismo se enfrenta a una determinada tarea con una serie de disposiciones, a las que, desde nuestra perspectiva, no puede ser ajeno el diseño de un determinado trabajo de experimentación. En este caso, esas disposiciones se miden a través de una serie de herramientas psicométricas (entre otras).

Partimos del supuesto de que el nivel de aptitud de las personas que van a participar en la situación experimental modulará de manera significativa de los modos de representación, del conocimiento que utilicen para representarse internamente la información contenida en las tareas. Esto, a su vez, se reflejará en los patrones de ejecución que se pueden estudiar empíricamente, dada su mensurabilidad.

¿A qué se puede deber esta supuesta modulación? Pues quizá al hecho constatado de que los tests mentales ofrecen medidas globales de las capacidades de procesamiento de las personas, oferta que garantiza razonablemente su demostrado poder predictivo. Aunque, en cualquier caso, resulta imprescindible concretar esas relaciones frente a tareas concretas que exijan atender, memorizar o razonar.

En este contexto, el paradigma de libre elección se operativiza de la siguiente manera: permitamos que sea la persona quien estructure la resolución de una determinada tarea. Si estamos interesados en averiguar cómo funcionan las personas, dejémoslas funcionar, no las restrinjamos en favor de unas condiciones experimentales de hipercontrol. De no proceder así cabría sospechar que nuestro interés es averiguar cómo reaccionan las personas ante situaciones cerradas. Pero ¿es ésta la labor de un investigador o de un tecnólogo? Si no dejamos margen a la persona, será que estamos interesados en las funciones psicológicas que alberga y nada más. ¿Es esto así?

Finalmente, hemos de decir que para estudiar el problema de las diferencias individuales en los modos de representación de la información, el programa distingue cinco niveles de análisis, cada uno de los cuales deberá aportar datos para el cumplimiento de los criterios de validez convergente necesarios para lograr resultados satisfactorios. Evidentemente, estos niveles se corresponden con el marco de los niveles de análisis cuya presentación se hizo al comienzo de este tercer capítulo. Veamos.

En primer lugar, se estudia el *nivel de rasgo*. En este caso se analiza factorialmente la influencia del contenido de las tareas de papel y lápiz y vía ordenador, diseñadas en el contexto de la Psicología de las Diferencias Individuales, esto es, de los tests mentales.

En segundo lugar, se estudia el *nivel cognitivo*. Aquí se analizan las estrategias cognitivas de representación a través de los patrones de ejecución de una serie de personas ante las variaciones experimentales referidas al contenido de tareas de atención/percepción, memoria y razonamiento.

Las personas participantes en estos estudios han sido clasificadas previamente a partir de sus puntuaciones en los tests de aptitud que se utilizan en el nivel de rasgo, para disponer de una medida sobre sus capacidades globales, esto es, el nivel de sus competencias cognitivas.

En tercer lugar, se estudia el *nivel orgánico*, en este caso correspondiente a los correlatos neuropsicológicos asociados a la resolución de las tareas de atención/percepción, memoria y razonamiento tratadas experimentalmente en el nivel cognitivo.

Este análisis de correlatos se realiza para robustecer o cuestionar las conclusiones a las que se llega a través del estudio de los rasgos o competencias intelectuales y de los patrones conductuales de latencia y precisión a nivel cognitivo.

En cuarto lugar, se aborda el problema de *la posible influencia del ambiente*, o no, en el uso de determinados modos de representación de la información. Para ello se compara el uso de los modos de representación en distintos contextos o nichos culturales.

La idea que está detrás de este tipo de estudios es la aportada por la *psicología de la evolución*, para la cual resulta plausible y probable la tesis de que las estrategias que usan las personas ante distintas situaciones puede depender de un acoplamiento con el ambiente, en mayor o menor medida, y tanto filo como ontogenéticamente.

Por último, se estudia el problema de hasta qué punto las *personas pueden informar* con precisión de los modos de representación del conocimiento que usan en su vida cotidiana y en las tareas simplificadas de laboratorio como representantes imperfectas de las tareas criterio de la vida cotidiana. Esto se estudia mediante el uso de cuestionarios y autoinformes.

En una palabra, la investigación de las diferencias individuales en los modos de representación del conocimiento a estos niveles permite intentar resolver, cuando menos parcialmente, el problema de la sobredeterminación de las diferencias individuales comportamentales y conduce, de una u otra forma, a tratar de paliar las dificultades derivadas de estudiar este complejo problema desde una sola perspectiva, lo que genera un amplio espacio de indefinición e inseguridad respecto a las conclusiones a las que llega un determinado programa de investigación y, consecuentemente, hace más inestable el uso de los concocimientos científicos para la resolución de los problemas cotidianos que preocupan a la sociedad.

En suma, programas de este tipo requieren mucha paciencia por parte de los investigadores, pero los seres humanos somos complejos hasta en las más pequeñas cosas, y conviene hacer justicia a este hecho.

La *segunda consideración* tiene que ver con la *perspectiva epistemológica* a adoptar eventualmente en el estudio científico de las diferencias individuales. Para explicar esta cuestión, hay que recordar lo dicho en el apartado dedicado a las consideraciones filogenéticas sobre las diferencias individuales en inteligencia.

Allí se mantuvo que no era plausible intentar aplicar al estudio del comportamiento de los seres humanos formalismos similares a los empleados en disciplinas tales como la física (véanse Colom, 1993; Colom, Blanco y Ferreirós, 1992). Y esto porque las personas que intentan estudiar la disciplina son resultado de un *lento y chapucero proceso evolutivo*, lo que, obviamente, tiende a cuestionar la posibilidad de generar modelos globales (y sobre todo invulnerables) sobre los comportamientos desplegados por dichas personas en las diversas situaciones que son de preciado interés psicológico.

Esta idea se encuentra, de alguna forma, en la perspectiva mantenida por Gall y Galton en el siglo pasado, y por Spearman a principios del presente siglo. Concretamente, Galton observa que es preciso generar una metodología novedosa para estudiar las diferencias entre las personas de manera relevante, esto es, trascendiendo los marcos de referencia filosóficos que, de una u otra forma, venían marcando las pautas de las investigaciones psicológicas.

Y, a hacer avanzar esta perspectiva metodológica inicialmente concebida por F. Galton en una estación de tren, han dedicado muchos esfuerzos personas como Ch. Spearman, R. B. Cattell, etc. (véase Nesselroade y Cattell, 1988, para un repaso comprehensivo y brillante sobre los últimos hallazgos y desarrollos de dicha perspectiva metodológica).

En resumen, la psicología de las diferencias individuales tiene que acudir a la realidad para sustraer de ahí, de alguna manera, la organización empírica de las dimensiones de las diferencias individuales. Y los investigadores han de asumir que el resultado no tiene por qué ser satisfactoriamente estético, como ya dijo sabiamente Spearman en su trabajo de 1904 y dicen las recientes tendencias de pensamiento psicológico comprometidas en el estudio de las diferencias individuales.

La *tercera consideración* se refiere a un escaborso tema que ha venido acompañando constantemente a la disciplina, a saber, su *carácter básico*. Como se ve, esto tiene relación, de alguna manera, con la primera consideración. Veamos.

Aunque dentro de la psicología de las diferencias individuales se haya realizado investigación básica (como se ha mostrado en el segundo capítulo de esta obra) en el transcurso de los próximos años esta labor se va a tener que potenciar especialmente. Curiosamente, aunque actualmente la psicología se encuentra socialmente impelida a aportar resultados útiles con la mayor celeridad posible, paralelamente se impone la necesidad de realizar esfuerzos crecientes para exhaustivizar a nivel básico las dimensiones de las diferencias individuales aisladas en las fases descriptivas de la investigación.

Y esta necesidad se debe a que cada vez se requiere más intervención. Es decir, la sociedad está cada vez menos interesada por saber que los niños de entre 11 y 15 años muestran una pérdida de fluidez ideativa. Lo que se demanda son procedimientos para atajar ese tipo de problemáticas. Y la única manera de que la psicología pueda ofertar estos procedimientos es exhaustivizar, pongamos por caso, la fluidez ideativa a diversos niveles de análisis, garantizando una intervención adecuada y sobre todo sabedora de lo que está sucediendo durante ese proceso interventivo. Esto último requiere, cómo no, programas de investigación básica que tengan su apoyo en las dimensiones inicialmente aisladas a nivel empírico, no en supuestos racionales de mayor o menor valía.

La siguiente consideración a tratar, al hilo de esta última reflexión, se refiere al problema de la escuela española suscitado en las consideraciones finales del primer capítulo. Aunque la respuesta a ese problema se puede obtener por vía inductiva a partir de lo allí argumentado extensamente, se tratará de exponer alguna conclusión aquí de manera explícita.

Para decirlo brevemente, la escuela española psicológica es la inaugurada por el doctor Juan Huarte de San Juan en el siglo XVI, dirigida a cristalizar una teoría sobre las diferencias individuales de marcado carácter médico-naturalista y a derivar usos aplicados de la teoría, a saber: *la orientación (medida e intervención) de los individuos en los diversos campos en los que desarrollan sus vidas como seres humanos.*

Esta escuela huartiana ha sido continuada de manera intencional en el presente siglo de la mano de los *Institutos de Orientación Profesional*, tal y como se ha mostrado en el primer capítulo. De manera que la escuela española de psicología es una escuela implicada con el problema de las diferencias individuales, a diversos niveles.

Dado que la via de penetración que corresponde a esta escuela española no es la wundtiana, sino la médica y la galtoniana, resulta que no hay por qué esforzarse por sentir la herencia de aquella tradición. No, no es preciso ese esfuerzo, dado que se dispone de un objetivo propio sobre el que organizar el desarrollo de la escuela española.

Y ese objetivo es el estudio científico de las diferencias individuales, porque eso, quizá, es lo que caracteriza la escuela española de psicología. Y no conviene pensar que esto supone proponer que se haga de la psicología española una psicología aplicada. Ya se ha mostrado en repetidas ocasiones en esta obra que no resultan sensatas las etiquetas cargadas semánticamente y provenientes de campos que no constituyen vías genuinas de penetración psicológica para el estudio de las diferencias individuales. No hay tal separación entre lo básico y lo aplicado, sino *prolongación*, como advirtió Huarte y los autores que han sustentado con su esfuerzo la infraestructura de la escuela española de psicología, a través fundamentalmente de los institutos ya mencionados.

Como *última consideración* se tratará la problemática referida a *la individualidad*, dado que quizá sea ésta la gran asignatura pendiente de la disciplina que nos ha ocupado en esta obra.

Se ha dicho que la disciplina se interesa por el comportamiento de los seres humanos, por el estudio de qué mecanismos utilizan de hecho las personas para resolver una variedad de tareas de indudable interés. Se ha comentado igualmente que, a diferencia de lo que ocurre en el caso de las perspectivas generalistas de la psicología, en las que interesa más la función que la persona que funciona (Eysenck, 1989), la disciplina que nos ocupa está especialmente interesada por el problema de cómo configuran las diversas personas sus mecanismos psicológicos.

Ahora bien, detrás de todo ello se encuentra la persona que configura tales mecanismos psicológicos. Algunos autores han considerado pertinente mantener que la individualidad de la persona quedaría definida por su perfil característico de rasgos intelectuales, temperamentales y motivacionales. En principio, no parece ésta una solución insolvente, como comentaba Carreras y Artáu en la introducción de esta obra.

No obstante, ¿es ésta toda la historia? Inicialmente se podría estar tentado a contestar negativamente. Pero, en este caso, se estarían violando y rechazando las reglas del juego científico, dado que un interés por la individualidad, que vaya más allá de lo establecido dentro de los márgenes de la ciencia, caería en el terreno de la idiografía e, *ipso facto*, se produciría un fuera de juego científico.

Quizá este problema tenga tan compleja solución, porque no se encuentra convenientemente formulado. ¿Radica el problema en que se ha intentado formular dentro de los límites del campo científico?, ¿acaso se trata de un problema de tal envergadura que exigiría cambiar las reglas del juego? Y, si esto fuese así, ¿merecería la pena?, ¿se llegaría a algo verdaderamente relevante para el progreso científico si se hiciesen saltar los márgenes habituales?

Se trata de que la psicología sea científica, y se sacrifica virtualmente cualquier cosa para satisfacer este objetivo. Se estudian las situaciones que pueden desencadenar patrones comportamentales de diversa índole. Se exhaustivizan los instintos, las pulsiones, etc. que le pueden llevar a una persona a comportarse de determinada forma. Se estudia el problema de qué representaciones y qué procesos cognitivos se utilizan para resolver tareas de analogías. Se analizan las respuestas dadas por una serie de personas a otros tantos cuestionarios y se realizan complicados cálculos matemáticos que indican cómo se organizan dichas respuestas. Se toman medidas para predecir cómo rendirá una persona en un determinado puesto profesional. Se registra cuántas veces cada 5 minutos un niño mira al profesor, a otros compañeros o al libro que tiene frente a sí, con los más minuciosos detalles.

Se teoriza y se mide, en fin, sobre las bases bioquímicas y fisiológicas del comportamiento, sobre las cogniciones que realiza una persona para memorizar una lista de palabras no relacionadas, se estudia qué es el módulo denominado conciencia, se cuadricula un centro para personas con retraso mental para evitar que haya mesas que terminen en pico o pasillos resbaladizos que atenten contra la integridad de los retrasados. Se mide con precisión envidiable el tiempo que tarda una persona en codificar una palabra frente a una no-palabra. Y un largo etcétera.

Pero, ¿y la persona? ¿acaso se considera a la persona que hace y no hace todas esas cosas por las que nos interesamos los psicólogos? Se dijo en la introducción de esta obra que el objeto de la psicología es el comportamiento. Pero *¿y la persona que se comporta?*

Apéndices

Estos apéndices no constituyen un pequeño tratado de metodología sobre el estudio de las diferencias individuales, sino que su objetivo es aportar una serie de conocimientos para completar lo expuesto en el capítulo tercero sobre el carácter de las estrategias de investigación que se utilizan habitualmente en la Psicología de las Diferencias Individuales[1].

En la mayor parte de los casos se estudia la lógica de cada una de las estrategias, formulando al hilo de ellas algunas de las preguntas que se han suscitado sobre las mismas, tales como el tipo de problemas que pueden resolver, las restricciones que admiten, su campo de aplicación, las eventuales contraindicaciones, a qué tipo de resultados conducen, etc. Cuando se ha considerado conveniente se ha acudido al uso de ejemplos, aunque siempre en términos generales, dado que sólo se trata de *configurar un mapa de cierto detalle sobre las estrategias de investigación de la Psicología de las Diferencias Individuales, desde el marco de los niveles de análisis.*

De esta forma, el primer apéndice estudia las estrategias para la investigación de las diferencias individuales a nivel de rasgo, el segundo a nivel cognitivo y el tercero a nivel orgánico. En el cuarto apéndice se estudia una serie de cuestiones sobre la medida computadorizada y la instrucción asistida por ordenador, de gran desarrollo en los últimos años en la investigación y la generación de tecnología sobre las diferencias individuales.

---

[1] Por otro lado, cada vez es menos relevante conocer cómo realizar un determinado análisis matemático, etc., y más saber las posibilidades y límites de uso de determinadas estrategias de investigación. Lo primero porque cada vez disponemos de más y mejores paquetes estadísticos vía ordenador, y lo segundo porque lo primero no tiene sentido si no se tiene claro qué se va a hacer y por qué.

APÉNDICE 1
Estudio de las estrategias para la investigación de las diferencias individuales a nivel de rasgo

En este primer apéndice se desarrollará una serie de cuestiones relacionadas con las estrategias más representativas para la investigación de las diferencias individuales a nivel de rasgo, presentadas sumariamente en el capítulo tercero.

Pues bien, tal y como se ha visto, los rasgos constituyen resúmenes formalizados matemáticamente de otras tantas funciones que están a la base de los comportamientos que se pueden medir a través de las herramientas psicométricas al uso.

Los resultados derivados de la aplicación de estas herramientas psicométricas se pueden estudiar usando una serie de metodologías, lo que permite realizar afirmaciones, más o menos robustas, sobre las estructuras, competencias o capacidades, que supuestamente subyacen al comportamiento inteligente o a determinados despliegues comportamentales relacionados con la personalidad.

Este primer apéndice se organiza en tres apartados correspondientes a los modelos de covariación, predictivos y causales.

Modelos de covariación

Se recordará que el objetivo de los modelos de covariación es aislar la *estructura subyacente de los datos que se han registrado al aplicar una serie de herramientas de medida*, mediante un proceso de simplificación.

Haciendo una analogía, si se miden diversas dimensiones corporales de una muestra de 1.500 personas (varones y mujeres), tales como el tamaño de brazos y piernas, el tamaño de la cabeza, el tamaño de la pelvis, etc., se puede generar una tabla de personas (sujetos) por medidas realizadas (variables).

A partir de esta tabla se puede realizar un cálculo de las relaciones existentes entre esas medidas y las personas *(correlaciones)* que se han utilizado para realizar dichas medidas.

El resultado será una segunda tabla de medidas por medidas (variables por variables), y se denominará *tabla de correlaciones*, en la que será manifiesto el grado de relación entre las medidas con respecto a las personas.

Al hacer esto se puede encontrar que el tamaño de las piernas está relacionado con el tamaño de los brazos (es decir, hay una correlación significativa no debida al azar entre esas medidas), que no hay relación significativa entre el tamaño de la cintura y el tamaño de la cabeza, etc.

Hecho esto, se puede tratar de averiguar *qué hay de común a todas las medidas realizadas* o cómo se agrupan éstas en torno a determinados componentes o factores, tales como el componente «extremidades», el componente «cabeza, tronco y pelvis», etc., esto es, se puede tratar de averiguar si hay algo común a las medidas realizadas sobre las extremidades, algo común respecto a la medida de la parte superior del cuerpo, etc.

A partir de este momento, se podrá hablar del componente extremidades sin necesidad de hacer referencia explícita a las piernas, los brazos, etc., lo que simplificará la descripción del estudio de las dimensiones corporales.

Pues bien, para hacer este tipo de estudios a nivel psicológico se pueden utilizar los diversos modelos de covariación entre variables existentes en la literatura, de los que aquí se revisarán tres, a saber: el análisis factorial, el escalamiento multidimensional y el análisis *cluster*.

El análisis factorial exploratorio y confirmatorio[2]

El gran maestro del análisis factorial, Mariano Yela Granizo, a la sazón alumno de Louis Leon Thurstone en la Universidad de Chicago, explica con mano maestra qué es el *análisis factorial exploratorio*:

> Los sujetos difieren entre sí cuando resuelven una tarea que supuestamente reclama el uso de la inteligencia. Unos lo hacen mejor y otros peor. Cuando se enfrentan con dos tareas, sus resultados suelen covariar. Los mejores en una tarea propenden a ser relativamente mejores en la otra. El grado de esta semejanza es la variación; es decir, el grado de la covariación entre los resultados de los sujetos en las dos tareas, se expresa mediante el coeficiente de correlación. Éste varía de −1 a +1. Es 1 cuando la covariación es perfecta; es cero cuando es nula, y se acerca tanto más a uno cuanto más elevada sea la covariación. Pues, bien, lo mismo le pasa al coseno de un ángulo, varía también de −1 a +1, pasando por cero. De ahí que las correlaciones puedan traducirse a un lenguaje geométrico. Simplificando un poco: cada tarea puede representarse por un vector; la correlación entre cada dos tareas, por el coseno del ángulo entre los dos vectores que las representan. El conjunto o matriz de correlaciones define entonces un espacio vectorial.
>
> Si la matriz de correlaciones es de un cierto tipo, todos los vectores se alinearán sobre una recta: definirán un espacio de una dimensión (...). No es esto lo que sucede. El espacio vectorial que definen las correlaciones entre las más diversas tareas cognoscitivas y de solución de problemas tiene múltiples dimensiones. Puede expresarse en función de otros tantos vectores básicos perpendiculares entre sí (...) Es un modo de tratar el problema, que tiene ciertas ventajas lógicas y prácticas. Pero refleja mal los datos empíricos. Estos definen más bien un espacio vectorial múltiple y oblicuo. Los vectores básicos que mejor se acoplan a las zonas de más intensa covariación no suelen ser perpendiculares entre sí. Representan dimensiones distintas, pero no independientes. Como sucede con el peso y la estatura. Una cosa es el peso y otra la estatura; pero ambas covarían: los más altos suelen ser más pesados. Esto es lo que acontece con las diferencias individuales en las actividades inteligentes (...); la inteligencia que revelan los datos empí-

[2] Aunque lo correcto sería incluir el análisis factorial confirmatorio en la sección dedicada a los modelos causales, se desarrollarán las cuestiones referidas a este tipo de análisis en esta sección para maximizar los contrastes entre el análisis factorial exploratorio (utilizado prolíficamente en el desarrollo disciplinar de la psicología diferencial) y el análisis factorial confirmatorio. Esto permitirá adicionalmente exponer claramente cuáles son las ventajas analíticas atribuibles a los dos modelos de análisis factorial.

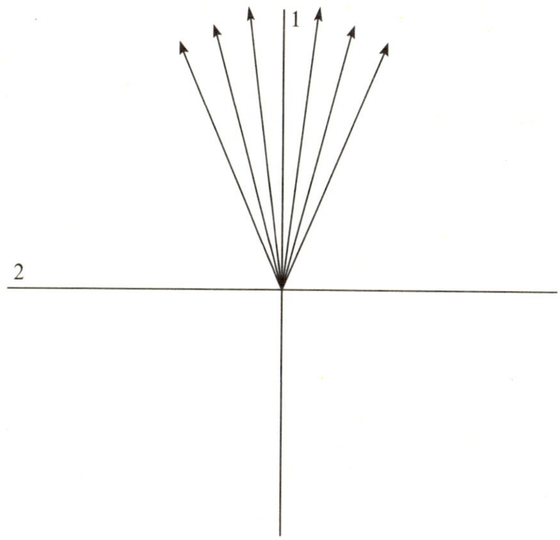

Figura A1.1.—Correlaciones entre 6 tests, cuando los coeficientes de correlación son altos y positivos. El *primer componente principal* (1) está situado cerca de los vectores. El *segundo componente principal* (2) forma ángulo recto con el primero y no expresa demasiada información de los vectores.

> ricos es una, pero no simple. Es una; a saber, una estructura de covariación, que engloba una dimensión general. No es simple, es decir, opera a través de la covariación de otras dimensiones interdependientes y complejas que constituyen una jerarquía multidimensional y oblicua (1982, págs. 298-299).

Por tanto, el análisis factorial constituye una técnica matemática para reducir un sistema complejo de correlaciones a un número más pequeño de dimensiones. Esto es, consiste en descomponer una matriz de coeficientes de correlación en factores.

Desde el punto de vista geométrico, quizá más accesible, el proceso de extracción de factores consiste en situar una serie de ejes en una pelota formada por varios puntos. Si, por ejemplo, se tienen 80 dimensiones, resulta improbable que se logre incluir suficiente información en una sola línea coincidente con el eje principal de la pelota (esta línea se denomina *primer componente principal*), de manera que serán necesarios otros ejes adicionales. Por lo general, se suele representar la segunda dimensión mediante una línea perpendicular al primer componente principal, lo que da lugar al llamado segundo componente principal, y

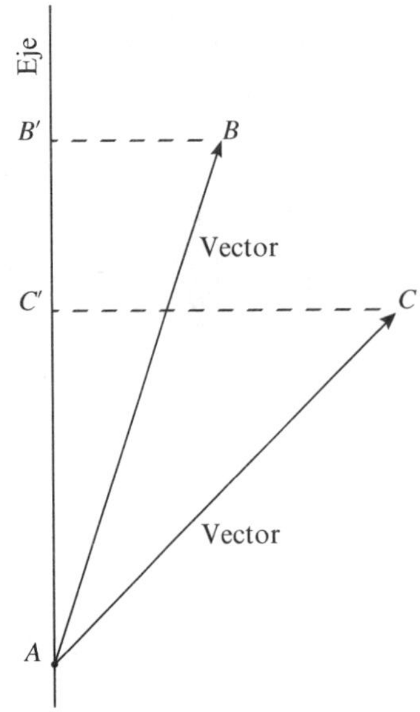

Figura A1.2.—Cálculo de la cantidad de información de un vector expresado por un eje. La cantidad de información es la relación entre la longitud proyectada sobre el eje y la longitud real del vector. Si el vector se sitúa cerca del eje, la relación es alta, por lo que el eje expresa la mayor parte de la información de los vectores.

se define como la línea que expresa más variables restantes que cualquier otra posible línea perpendicular al primer componente principal.

De forma que si la pelota fuese chata, el primer componente principal pasaría por el centro, en sentido longitudinal, y el segundo componente también pasaría por el centro, pero transversalmente.

Las líneas siguientes tendrían que ser perpendiculares a las anteriores, y expresarían cantidades cada vez menores de las restantes variables. Es posible que seis o siete componentes principales permitan expresar casi todas las variantes de la pelota. Esto es, la pelota dibujada en esas seis o siete dimensiones se parecería satisfactoriamente al original.

En términos geométricos, las medidas originales se pueden representar como vectores de longitud 1, que se irradian a partir de un punto común. Si dos medidas presentan una correlación muy elevada, sus vectores se encontrarán muy cerca uno de otro. El coseno del ángulo que forma cualquier par de vectores representa el coeficiente de correlación entre ellos. Si dos vectores se superponen, su correlación es perfecta. Si dos vectores forman un ángulo recto, son completamente independientes y su correlación es nula. Si dos vectores apuntan a direcciones opuestas, su correlación es perfecta y negativa (−1).

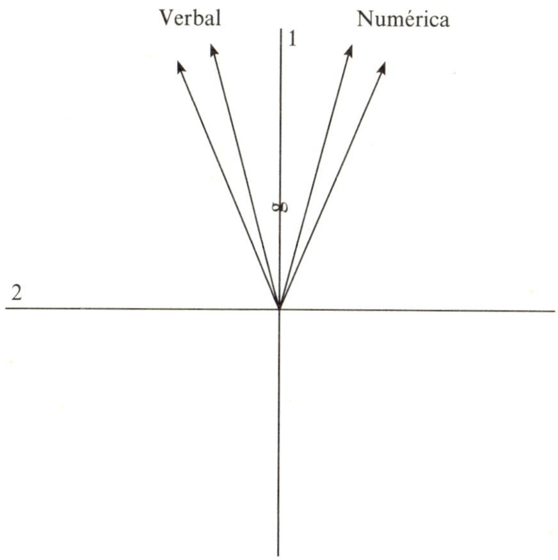

Figura A1.3.—Análisis de componentes principales para 4 tests mentales (dos tests numéricos y dos tests verbales). Todas las correlaciones son altas y el primer componente principal (1) expresa toda la correlación. Sin embargo, no se expresan los factores de grupo (por ejemplo, factor verbal y matemático).

Una matriz de coeficientes de correlación muy elevados, se representará como un haz de vectores separados entre sí por pequeños ángulos agudos. Cuando se descompone en factores ese haz, calculando los componentes principales, para obtener un conjunto más reducido de dimensiones, se elige como primer componente el eje que tiene más capacidad de expresión, una especie de promedio global entre todos los vectores (véase la Fig. A1.1). Esta capacidad de expresión se calcula proyectando cada vector sobre el eje, trazando una línea desde el extremo del vector hasta el eje, perpendicularmente a dicho eje. La proporción entre la longitud proyectada sobre el eje y la longitud real del vector mide el porcentaje de información de un vector que dicho eje puede expresar. Si un vector está situado cerca del eje, éste expresa gran parte de su información. Cuanto mayor es la distancia entre un vector y el eje (siendo la separación máxima de 90°) más pequeña resulta la cantidad de información que dicho eje es capaz de expresar (véase la Fig. A1.2).

Los componentes principales tienen una disposición geométrica precisa especificada por el criterio seguido para su construcción, a saber: que el primer componente principal exprese el máximo de información

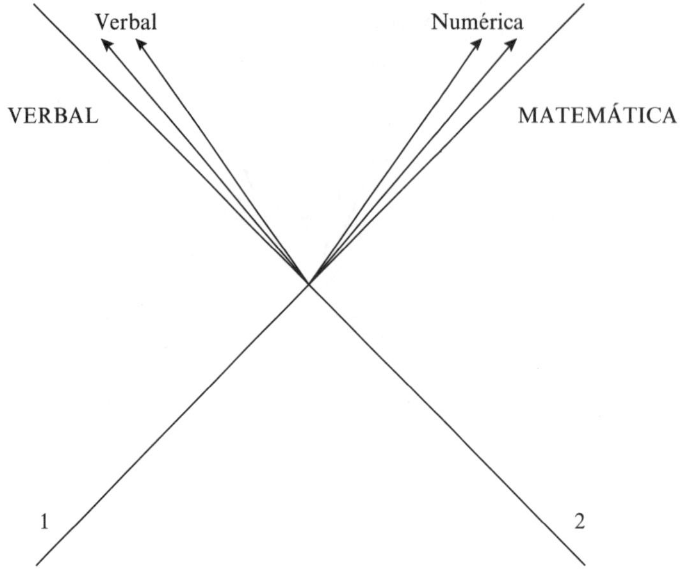

Figura A1.4.—Ejes factoriales rotados para los mismos tests mentales de la figura anterior. En este caso, los ejes se sitúan cerca de los vectores de la periferia del haz. Se identifican los factores de grupo y el factor (componente 1) no aparece.

en un conjunto de vectores y que los siguientes componentes sean perpendiculares entre sí. No obstante, los vectores se pueden expresar por cualquier conjunto de ejes situados de distinta manera dentro de su espacio. Veamos.

Supóngase dos haces de vectores relativamente alejados del eje de ordenadas (y). Las correlaciones entre todos los tests son positivas. Supóngase además que interesa identificar esos haces mediante el análisis factorial. Si se utiliza el análisis de componentes principales expresado más arriba, no se reconocerán los dos haces. El primer componente principal (el eje de ordenadas) equivalente a un factor general (por ejemplo, de inteligencia o «g») no está cerca de ningún vector y expresa una cantidad aproximadamente igual de cada uno de los haces, lo que supone ocultar la existencia de los mismos (véase la Fig. A1.3). Se pueden captar los dos haces en el segundo componente principal porque ciertas proyecciones sobre él serán positivas, mientras que otras serán negativas (y, por tanto, se trata de un factor bipolar) cuando los vectores se sitúan a uno y otro lado del primer componente principal. No obstante, no se detectarían esos haces, si el primer componente dominara todos los vectores, porque las proyecciones sobre el segundo componente serían pequeñas.

El descubrimiento de los «haces naturales» se logra mediante las técnicas de rotación factorial que abandonan la técnica de componentes principales. El objetivo de la rotación es situar los ejes (factores) cerca de los haces. En este caso, el factor general desaparece. Los ejes rotados expresan tanta información de los vectores como la expresada por los componentes principales, de manera que simplemente se distribuye de otro modo la misma información sobre los ejes que la expresan (véase la Fig. A1.4).

Veamos un ejemplo de los resultados que se logran al calcular un análisis factorial (Colom y cols., 1992).

En la tabla A1.1 se muestra el peso o la saturación que cada factor tiene en cada test (variable). La noción de peso viene a decir que cada test es un vehículo que transporta cierta cantidad de una o más estructuras mentales, competencias, aptitudes, etc. Hay que tener presente que el trabajo matemático mediante el que se alcanzan los pesos no nos dice qué representan los factores, de manera que los nombres que se les asignan estan basados en un análisis de las pautas de pesos obtenidos en la tabla A1.1 (matemáticamente tratada como una matriz).

TABLA A1.1

Factores resultado de aplicar una rotación oblimín a partir de una extracción factorial realizada a través del método de máxima verosimilitud (Colom y cols., 1992)

Tests	Factor I	Factor II	Factor III
Razonamiento abstracto	**0,53235**	0,10467	0,05054
Analogías verbales	−0,07246	**0,73140**	−0,01241
Figuras idénticas	0,08676	−0,02044	**0,49147**
Figuras macizas	0,28353	0,04264	**0,29456**
Monedas-2	**0,94662**	−0,14340	−0,01063
Numérico	**0,40454**	0,10288	0,10946
Comprensión verbal	0,21273	−0,09601	−0,24149
Verbal	0,10020	**0,57727**	0,02128
Memoria figural	0,02151	0,14965	**0,46465**
Memoria verbal	−0,02251	**0,65729**	0,18089

Para analizar la tabla A1.1, se suele comenzar ignorando los pesos cercanos a 0, dado que *la identificación de un factor descansa en pesos de 0,30 o superiores*. De esta forma, si se consulta la primera columna de la tabla A1.1, en la que se especifican los pesos para el Factor I, sólo en tres variables o tests se encuentran pesos superiores a 0,30, a saber:

Razonamiento abstracto, Monedas-2 y Numérico. Los pesos más altos del Factor II, por su parte, se dan en el Test de Analogías Verbales, en el Test de Memoria Verbal y en el Test Verbal. Finalmente, el Factor III se encuentra saturado por el Test de Figuras Idénticas, el Test de Figuras Macizas y el Test de Memoria Figural.

La descripción y el nombre de los factores es un problema de criterio psicológico, no de habilidad matemática. Por esto siempre es interesante examinar los pesos de los factores, lo que no evita que a menudo aparezcan discrepancias sobre qué tienen en común varios tests.

En el caso de la tabla A1.1, se puede mantener que el *Factor I* representa una *aptitud numérico-abstracta,* dado que los tests que lo saturan se refieren a pruebas de cálculo numérico y de manejo de relaciones abstractas: Monedas-2, Numérico y Razonamiento abstracto. Por otro lado, el *Factor II* parece representar matemáticamente una *aptitud verbal,* dado que los tests que lo saturan suponen el manejo de relaciones verbales por parte de la persona que los resuelve: Test de Analogías Verbales, Test de Memoria Verbal y Test Verbal. Por último, el *Factor III* parece representar una *aptitud espacio-figural* si se tiene en cuenta que los tests que lo saturan implican manipular internamente relaciones espacio-figurales: Test de Figuras Idénticas, Test de Figuras Macizas y Test de Memoria Figural.

Matemáticamente, *los pesos constituyen distancias medidas a lo largo de ejes geométricos de referencia,* y hay razones para discrepar respecto a dónde se tendrían que ubicar estos ejes de referencia en relación a los puntos que representan los tests en el espacio vectorial. Por tanto, no hay ningún criterio prefijado sobre la exactitud de los pesos, lo que hace necesario concebir el análisis factorial como una ayuda para el dictamen psicológico, un instrumento metodológico diseñado para ayudar a construir un cuerpo de teorías sobre cómo los rasgos determinan las puntuaciones en los tests obtenidas por las personas que los resuelven.

Pues bien, se puede reseñar una serie de cuestiones fundamentales para comprender el desarrollo de los diferentes modelos que han venido figurando en los programas de investigación de la Psicología de las Diferencias Individuales (véase Gorsuch, 1988).

En primer lugar, se encuentra la contraposición entre los *paradigmas matemáticos y científicos* del análisis factorial. El paradigma matemático enfatiza el cálculo exacto de todos los procedimientos de análisis factorial, y se identifica con el análisis de componentes principales (que trabaja sobre la varianza total, esto es, la varianza común y la varianza error). Por su parte, el paradigma científico está referido al análisis factorial de los datos para construir y contrastar teorías, por lo que se da más importancia a las estimaciones que aparecen consistentemente a partir del análisis de diversas series de datos, que al cálculo exacto (pero escasamente generalizable). Desde este paradigma científico, las diferencias matemáticas entre los diversos procedimientos analítico-factoriales son, en principio, irrelevantes.

En segundo lugar, los investigadores se han venido haciendo la pregunta respecto al *carácter real o inventado de los factores* derivados de los análisis. El razonamiento de los partidarios del carácter real de los factores es el siguiente: si dos ítems de un determinado instrumento de medida correlacionan, esto ha de ser debido a un factor externo (causa). De manera que los factores representan realidades subyacentes (estructuras, competencias, capacidades, aptitudes, etc.), y la tarea de la ciencia es describir estas realidades y descubrir qué significan (Cattell, 1978). Por contraste, hay autores que mantienen que los factores son simplemente invenciones instrumentales que permiten organizar un determinado ámbito de conocimiento. Esta dicotomía subyace a diferentes aproximaciones del análisis factorial exploratorio, y, por lo general, se puede encontrar una relación estrecha entre los autores que suscriben el paradigma matemático descrito anteriormente y la suposición de que los factores son invenciones.

En tercer lugar, se advierte una cuestión que tiene que ver con diversas maneras de concebir los resultados del cálculo de extracción de factores. Estas concepciones se resumen genéricamente en la contraposición entre los denominados *paradigma* $R = PP'$ *y paradigma* $X = FP'$.

Para el paradigma $R = PP'$, la matriz de correlaciones entre variables (R) se puede reproducir al multiplicar la matriz factorial de saturaciones factoriales (P; tabla A1.1) por esa misma matriz transpuesta (P')[3]. A partir de aquí, se comparan y relacionan patrones factoriales. Todas las ecuaciones se referirán a esos patrones factoriales. Debajo de este paradigma se encuentra el supuesto de que los factores son algo diferente a los datos de referencia, dado que tales factores constituyen un derivado de una determinada organización de los datos (la matriz de correlaciones).

Por su parte, para el paradigma $X = FP'$, la matriz factorial (P') queda definida sólo con una matriz de transformación a través de la

[3] Aquí es necesario recordar simplemente lo aprendido en el instituto de enseñanza media sobre cálculo matricial.

cual las puntuaciones factoriales (F) se transforman en puntuaciones estándar reflejadas en las variables (X)[4]. Este paradigma refiere todos los tipos de análisis factorial a las puntuaciones estándar originales. Por tanto, todos los procedimientos analítico-factoriales exploratorios serían idénticos.

Finalmente, está el problema de la supuesta dicotomía entre la lógica del *análisis factorial exploratorio y confirmatorio* (que establece hipótesis matemáticas sobre un determinado dominio de covariación entre variables). Gorsuch (1988) mantiene a este respecto que los dos tipos de análisis factorial pueden caer dentro de un paradigma más genérico, para el cual el análisis factorial confirmatorio será preferible cuando se pueda disponer de hipótesis previas claras y concretas. El análisis factorial exploratorio, por su parte, permitiría generar bloques de datos en ámbitos en los que no se dispone de hipótesis. También se pueden utilizar de manera secuencial: primero, el análisis exploratorio y luego el análisis confirmatorio. Por otro lado, el análisis confirmatorio no exige un gran número de sujetos, lo que sí es el caso en el análisis exploratorio.

Mulaik (1988) mantiene que las diferencias entre el análisis exploratorio y confirmatorio son realmente filosófico-científicas (inductivismo *versus* deductivismo). Para Mulaik los análisis exploratorios son claros representates de una postura inductivista en la construcción científica (por ejemplo, porcentajes, la media, la varianza, la correlación y la regresión bivariada, la regresión múltiple, el análisis factorial exploratorio, el análisis multivariado de varianza, la correlación canónica y el escalamiento multidimensional). Por contraste, desde una perspectiva deductiva, el investigador parte de una hipótesis referida a observables o inobservables, estructuras, procesos, condiciones y/o relaciones naturales; a partir de esta hipótesis deduce lógicamente consecuencias observables que permiten apoyar o refutar la hipótesis inicial. Esta perspectiva deductiva sería propia del análisis factorial confirmatorio.

Pues bien, revisadas algunas de las preguntas sobre el análisis factorial que pueden ilustrar sobre el carácter de esta estrategia de trabajo, se estudiará lo que se podría denominar el *recetario* del análisis factorial. Las siguientes son algunas de las cuestiones que han de ser consideradas en la puesta en práctica del análisis factorial exploratorio.

En primer término, el problema de la *selección de las variables.* Cuando las variables son suficientemente fiables y se seleccionan las

---

[4] Realmente, el paradigma $R = PP'$ se derivaría de este segundo paradigma.

relaciones claras que se dan entre esas variables, entonces, independientemente del tipo de análisis exploratorio que se utilice, se llegará a las mismas conclusiones (Gorsuch, 1988). Un aspecto básico para el paradigma científico, a este respecto, es su impacto en el problema de la invarianza factorial a la que ya se ha hecho referencia. Las variables que se someterán al análisis factorial podrán ser independientes o dependientes, pero no conviene mezclar los dos tipos de variables. *Por cada factor esperado habrá que considerar de cuatro a seis variables.*

En segundo lugar, el problema de la *selección de los sujetos.* Los dos aspectos concretos de interés aquí son la selección aleatoria (réplica) y sistemática (invarianza) de sujetos. Respecto al problema de la invarianza, habrá que seleccionar grupos extremos de personas, como ya dijo Spearman en el primer capítulo de esta obra.

En tercer lugar, el carácter de los *coeficientes de correlación.* Respecto a esto puede decirse que en la matriz de correlaciones tienen que aparecer *correlaciones momento-producto.* Una cuestión importante es que, dado que el análisis factorial se basa en la matriz de correlaciones, los cálculos no se verán afectados por la métrica específica de las variables consideradas en los análisis.

En cuarto lugar, ¿qué decir de los distintos *métodos de extracción factorial*? Desde la perspectiva del paradigma matemático, hay distintos métodos de extracción factorial (componentes principales, ejes principales, análisis de imagen, análisis factorial alfa, análisis canónico, análisis Minres, etc.; véanse Gorsuch, 1983; Harman, 1976) que se pueden emplear para extraer los factores. En contraste, desde el paradigma científico no hay verdaderas diferencias entre los diferentes métodos de extracción factorial (excepto entre el método de componentes y el análisis de factores comunes). El procedimiento habitual es extraer factores a partir de la matriz de correlaciones (análisis de componentes principales) o a partir de una matriz de correlaciones en la que las estimaciones de comunalidad se localizan en la diagonal de esta matriz (análisis de ejes o factores principales)[5].

En el análisis de factores comunes, el criterio para seleccionar una determinada solución factorial se basa en los criterios de la ciencias en general, esto es, máxima generalización, parsimonia y simplicidad/elegancia del cálculo realizado. Cuando se analizan de 30 a 40 variables,

[5] Un procedimiento muy bueno de análisis de factores comunes es el Minres, dado que trabaja sólo con los datos que no están en la diagonal de la matriz R de correlaciones.

las diferencias entre el análisis de componentes y de factores comunes son despreciables; realmente, los dos métodos utilizan el mismo procedimiento de extracción (factores principales). Los dos métodos diferirán a medida que los valores de la diagonal se alejen de la unidad. No obstante, cuanto menor sea el número de variables, más recomendable será el análisis de factores comunes.

En quinto lugar, el problema del *número de factores* que se considerara pertinente para explicar una determinada tabla de correlaciones, sin acusar excesivas pérdidas de información. Un procedimiento para calcular el número ideal de factores es consultar los autovalores (*eigenvalues*) y averiguar cuántos muestran valores mayores de la unidad. El resultado de esa inspección proporcionará, en el mejor de los casos, una estimación del número de factores a extraer. No obstante, desde el paradigma científico este procedimiento no es siempre el más aconsejable (aunque se utiliza frecuentemente por su comodidad). Desde una perspectiva científica es más razonable extraer, en primer lugar, un alto número de factores y a partir de aquí realizar un nuevo análisis para extraer factores de orden superior (véase la perspectiva de Cattell o Guilford *versus* la perspectiva de Eysenck). Utilizar factores primarios y secundarios aumenta la comparabilidad y generalizabilidad entre diferentes investigaciones temáticas.

Por lo que se refiere al problema de las *comunalidades*, hay que decir que cuando se prevén problemas derivados de las comunalidades, lo más razonable es utilizar el método Minres (Harman, 1976).

En séptimo lugar, ¿cuándo *rotar ortogonalmente* los factores extraídos?, esto es, ¿cuándo asumir que no hay relación entre los factores, independientemente de que se pueda variar su situación en el espacio de puntos al que se hacía referencia al inicio, de manera que se pueda maximizar el ajuste de los factores? Pues bien, cuando no se espera un factor general, el procedimiento más recomendado es el *Varimax*, pero cuando se espera este factor, y, simultáneamente, se trata de evitar un análisis de orden superior, habrá que utilizar el método *Cuartimax*.

Por otro lado, la decisión respecto a la independiencia o dependencia de los factores depende del paradigma utilizado. De esta manera, desde el paradigma matemático se suele utilizar el supuesto de ortogonalidad (independencia), dado que resulta más elegante. Por contraste, desde el paradigma científico no se tienen supuestos sobre la correlación o no correlación entre los factores, lo que facilita la generalizabilidad de los resultados y el cálculo de análisis de segundo y tercer orden (una solución oblicua mejora la estructura simple respecto a la solución ortogonal). Por otro lado, desde el paradigma científico resulta implausible mantener que los factores «realmente» no correlacionan.

Una cuestión importante a este respecto es que un procedimiento de *rotación oblicua* puede producir una solución ortogonal. Dado que son muchos los procedimientos de rotación oblicua, un criterio para elegir el más adecuado es el de la *estructura simple*[6], sugerido por L. L. Thurstone en 1947. Por otro lado, los resultados empíricos informan que las soluciones resultantes del uso de diversos métodos son bastante similares. Otro criterio es el de elegir el método que aporta una solución realizando un menor número de operaciones matemáticas[7].

En décimo lugar, el problema de la estimación de las *puntuaciones factoriales*. Una razón para aceptar la estimación de las puntuaciones factoriales como procedimiento legítimo, independientemente de que sea matemáticamente demostrable, es el primer requisito del paradigma científico, a saber: *la generalización a nuevas muestras de personas*. Respecto a esta generalización, los procedimientos simples de estimación son tan adecuados como los cálculos exactos. En cualquier caso, suele ser interesante: *a*) extraer los factores comunes tomando como referencia el paradigma científico, y *b*) redefinir los factores como los componentes múltiples de grupo detectados sumando las puntuaciones estándar de las variables y las saturaciones más altas de cada uno de los factores comunes (lo que satisface los requisitos del paradigma matemático).

Finalmente, desde la perspectiva del paradigma científico es de vital importancia relacionar los factores aislados en una investigación con trabajos previos. Esta comparación se puede realizar a través de dos procedimientos: *a*) el índice de similitud (no paramétrico; véase Cattell y col., 1969), y *b*) estimando las correlaciones entre los factores de los trabajos comparados (lo que se complica por el uso de los paradigmas $R = PP'$ y $X = FP'$ vistos más arriba). En cualquier caso, para garantizar el principio de generalidad es fundamental que la comparación sea independiente del método de extracción factorial utilizado.

Por su parte, el *análisis factorial confirmatorio* es un procedimiento diseñado para contrastar una hipótesis sobre las relaciones entre deter-

---

[6] En los análisis de Thurstone, los ejes factoriales se mantienen perpendiculares. Calculó los componentes principales y los rotó ortogonalmente a posiciones diferentes hasta estar lo más cerca posible de los haces empíricos de vectores. En esta posición, cada eje factorial recibía elevadas proyecciones positivas de los pocos vectores agrupados en el haz cerca de él, y proyecciones cero o cerca de cero, de todos los demás vectores. Esto es lo que define la estructura simple.

[7] El método Promax es el mejor, según este criterio de simplicidad matemática.

minadas variables, cuyo número e interpretación están dadas de antemano[8]. Mulaik (1988) realiza una brillante crítica a la lógica del análisis factorial exploratorio, basándose en la distinción entre una perspectiva inductiva y deductiva de la ciencia; pero aquí no se van a desarrollar sus argumentos.

Se dirá, no obstante, que, a pesar de todo, Mulaik mantiene que el análisis factorial exploratorio puede resultar útil para sugerir hipótesis tratables con el análisis factorial confirmatorio, lo que resulta congruente con la postura de Gorsuch (1988) vista anteriormente.

El análisis factorial confirmatorio no constituye una técnica de propósito general para contrastar hipótesis (véase un ejemplo de a dónde conduce el análisis factorial confirmatorio en el modelo de Gustaffson revisado en el capítulo tercero de esta obra). Sólo se aplica a aquellas hipótesis que se pueden formular de acuerdo con un tipo de modelo concreto (modelo de factores comunes)[9].

El primer paso del análisis factorial confirmatorio es la formulación de una hipótesis (cómo una serie de *n* variables se constituye en una función lineal de una serie menor de *r* variables latentes —factores comunes— y *n* variables latentes —únicas—. El supuesto es que las variables observables y latentes constituyen un sistema cerrado (las variables observables son función, y sólo función, de las variables latentes consideradas).

La hipótesis se formula especificando los valores o restricciones de los coeficientes de las matrices relevantes. Un modelo a confirmar especifica a priori (de acuerdo con una teoría) los valores fijos y restrictivos de determinados parámetros del modelo. O, en otros términos, un modelo queda especificado al fijar una serie de valores paramétricos, de manera que la matriz hipotética de varianza/covarianza sea única para cada conjunto complementario y distinto de valores paramétricos.

El análisis factorial confirmatorio incluye, por otro lado, una serie de métodos de estimación de parámetros, tales como el método de grupos múltiples y los métodos iterativos. Después de estimar los parámetros, habrá que valorar el modelo, para lo cual hay: *a*) una serie de pruebas estadísticas (fundamentalmente dos: pruebas de bondad de

---

[8] Para un análisis más técnico que el ofrecido aquí puede consultarse Colom y Juan Espinosa (1989), Mulaik (1988), Hertzog (1985), Scott (1983a), etc.

[9] El modelo de factores comunes trabaja con la varianza común explicada por determinados factores, en contra del análisis de componentes principales que utiliza la varianza total, esto es, la varianza común más la varianza error.

ajuste y pruebas referidas a los parámetros libres del modelo), y *b*) un conjunto de índices de ajuste reglados.

En suma, el análisis factorial confirmatorio es un método que permite contrastar hipótesis formuladas dentro de los modelos de análisis de factores comunes. Para realizar un análisis confirmatorio, el investigador tiene que aislar un conjunto de variables (independientes y dependientes) representantes de un sistema homogéneo y cerrado. Al formular un análisis confirmatorio, hay que incluir un número suficiente de variables indicadoras, de manera que se puedan contrastar las hipótesis relevantes. Por su parte, el uso de las pruebas estadísticas correspondientes depende de que las muestras sean suficientemente grandes.

El escalamiento multidimensional

El objetivo del escalamiento multidimensional (EMD) es representar, y proporcionar una base para comprender, la estructura subyacente a determinado tipo de datos relacionados con los juicios realizados por una serie de personas sobre otros tantos estímulos de interés (Cliff y Young, 1968; MacCallum, 1988; Schiffman, Reynolds y Young, 1981; Young, 1984).

De esta manera, los datos más habituales sobre los que se aplica el EMD son los juicios respecto al grado de similitud percibida por una serie de personas sobre una variedad de estímulos. El EMD intenta representar la *estructura subyacente a estos juicios*, por lo que constituye una manera de tratar de entender la base psicológica de dichos juicios.

El EMD aísla los atributos de los estímulos presentados, partiendo de que los juicios dependen de alguna forma de los atributos intrínsecos de los estímulos que las personas juzgan. De esta manera, el EMD puede descubrir estructuras y fenómenos psicológicos previamente desconocidos.

Por contra, también se puede entender que el EMD simplemente permite reducir el número de datos y no aislar la estructura psicológica de la persona. No obstante, MacCallum (1988) mantiene que esta manera de ver el EMD no es congruente con la evidencia empírica de la que se dispone.

El EMD presupone, por un lado, que hay una correspondencia entre los estímulos y las medidas relativas a su proximidad, y, por otro, que hay una correspondencia entre una serie de puntos en un espacio multidimensional y las distancias entre esos puntos. Así, una serie de «p» puntos en un determinado espacio corresponderán a una serie de «p» estímulos, y las distancias entre los puntos corresponderán a la similitud percibida por las personas respecto a los estímulos: los puntos más próximos indicarán que los estímulos se han juzgado similares, y viceversa.

De manera que el EMD trata de obtener una configuración geométrica y su dimensionalidad respecto a una serie de puntos, siendo la distancia que los separa el correspondiente a su grado de proximidad (véase un ejemplo del resultado de aplicar un EMD en la Fig. 3.9). La estructura espacial resultante ha de considerarse como un modelo de la estructura psicológica que el individuo utiliza para realizar juicios sobre la similitud de una serie de estímulos; será posible así determinar qué atributos de los estímulos utiliza el sujeto para realizar sus juicios.

En el espacio multidimensional se pueden identificar las dimensiones que corresponden a los atributos estimulares. Las proyecciones de los puntos estimulares sobre esas dimensiones, proporcionan una escala de valores de los atributos de los estímulos[10].

Habitualmente, se distingue entre modelos EMD algebraicos y geométricos, por un lado, y métricos y no métricos, por otro. La primera distinción es bastante clara. En cuanto a la segunda, el criterio de distinción está en los supuestos sobre la naturaleza de las relaciones entre los datos observados y el modelo que tratan de representar los datos. Los modelos métricos asumen que las relaciones son lineales, mientras que los modelos no métricos asumen que la relación es monotónica. Los datos escalares de intervalo y de razón se analizan generalmente a través de modelos métricos, mientras que los datos ordinales se analizan a través de modelos no métricos.

Las dimensiones encontradas al aplicar un determinado método de EMD, se pueden someter a los procedimientos habituales de rotación factorial, aunque habrá que evitar la rotación ortogonal basada en la independencia de los factores (MacCallum, 1988). También se puede utilizar la técnica de ajuste de propiedades, a través de los modelos predictivos de regresión múltiple (las dimensiones no rotadas corresponderán a variables independientes, mientras que las propiedades ajustadas corresponderán a variables dependientes).

---

[10] De ahí el nombre de este método.

Por otro lado, para la interpretación del resultado de un EMD, podemos limitarnos a inspeccionar los agrupamientos formados por los puntos en el espacio (cuando se utiliza un modelo geométrico; véase la figura 3.9). Estas dos maneras de interpretar los resultados se denominan dimensional y configuracional, respectivamente[11].

El análisis *cluster*

Zubin (1938) y Stephenson (1936) han sido autores que previeron hace más de 50 años la posibilidad de utilizar análisis factoriales invertidos para aislar grupos de personas en lugar de factores. Pero el primer trabajo sistemático sobre esta cuestión fue realizado por R. C. Tryon (1939; véase Tryon y Bailey, 1970) investigador que había trabajado con L. L. Thurstone. También R. B. Cattell (1944) se interesó tempranamente por el análisis *cluster* (véase un ejemplo de los resultados que se derivan de aplicar un análisis *cluster* en la Fig. I.1).

El principal método de análisis *cluster* es el *Taxonome*, el cual utiliza una extensión iterativa del método de enlace ramificado (véase Cattell, Coulter y Tsujioka, 1966) y trata de identificar dos clases generales de tipos: *homeostats* (grupo de entidades en las que los miembros se parecen mucho entre sí) y *segregates* (un grupo en el que cada entidad se parece más a la mayor parte de los miembros del mismo *cluster*, que a las entidades de otros *clusters*).

Dos han sido las cuestiones que han facilitado el auge del análisis *cluster* (Blashfield y Aldenderfer, 1988): *a*) la disponibilidad de ordenadores de alta velocidad, y *b*) la publicación de la obra de carácter biológico *Principles of Numerical Taxonomy* (Sokal y Sneath, 1963). En la década de los ochenta han aparecido bastantes trabajos importantes sobre el análisis *cluster* (véanse Hudson, 1982; Jambu y Lebeaux, 1983; Lorr, 1983).

Cinco son los tipos básicos de técnicas *cluster* (Blashfield y Aldenderfer, 1988).

En primer lugar, la *jerárquica aglomerada*, en la que cada caso considerado define un *cluster*, y, posteriormente, se combinan en función de su similitud hasta agrupar todos los casos en un solo *cluster*. Esta técni-

[11] Programas de ordenador para aplicar el EMD son el ALSCAL, el MULTISCALE y el INDSAL.

ca calcula una matriz de similitud que permite formar los *clusters* a partir de los casos. Los *clusters* no se superponen al usar esta técnica (cada caso sólo será miembro de un determinado *cluster*). Lo que sí puede suceder es que determinados *clusters* se aniden en otros (lo que da como resultado un aspecto arborescente; véase la Fig. I.1)[12].

Los problemas de esta técnica son: *a*) requiere mucha memoria operativa por parte del ordenador; *b*) el proceso de análisis sólo da un barrido sobre los datos, con lo que el proceso es irreversible, y *c*) puede aportar diferentes soluciones si se reorganizan los datos de la matriz de similitud.

La segunda técnica es la *jerárquica dividida*, la cual parte de agrupar en un solo *cluster* todos los casos, y a partir de aquí trata de subdividirlo en *clusters* cada vez más pequeños. Esta técnica incluye dos estrategias fundamentales: monotética y politética. Un *cluster* monotético es un grupo de entidades en el que los miembros se determinan por una variable específica. Los *clusters politéticos* son grupos de entidades en las que no se necesita una única variable para aislar a sus miembros.

Las estrategias monotéticas se utilizan con datos binarios y el procedimiento que divide la población de casos en subgrupos se basa en la identificación de una variable que maximiza la desemejanza entre los *clusters*. Las estrategias politéticas se utilizan muy poco.

En tercer lugar, la técnica de *partición iterativa* sigue un método que se puede resumir en cuatro puntos (Anderberg, 1973): 1) comenzar con una partición inicial de los datos en un número dado de *clusters;* calcular los centroides (los puntos de encuentro) de estos *clusters*; 2) localizar los datos respecto al *cluster* que tiene más próximo el centroide; 3) calcular los nuevos centroides de los datos; los *clusters* no se actualizan hasta que no se ha dado un barrido por todos los datos, y 4) alternar los pasos 2 y 3 hasta que ningún dato altere los *clusters* aislados.

Este método trata directamente los datos en bruto, por lo que se puede trabajar con una mayor cantidad de datos que en los dos métodos anteriores. Los *clusters* no se encuentran anidados (no forman una jerarquía). No obstante, este procedimiento no puede ser exhaustivo, sino que es necesariamente heurístico, para no superar la capacidad de procesamiento del ordenador.

---

[12] Las reglas de enlace de esta técnica son: enlace único, enlace completo, enlace medio y método Ward.

En cuarto lugar, el método de *búsqueda de densidad* acota las áreas más densas del espacio definido por los casos. Pueden distinguirse aquí dos estrategias: 1) métodos basados en una variante de la técnica del enlace único (véase más arriba), y 2) métodos basados en combinaciones de distribuciones multivariadas de probabilidad (NORMIX y NORMAP son programas concretos que trabajan con estos métodos que estiman la probabilidad de que determinado caso pertenezca a un *cluster*). No obstante, estos métodos tienen el problema de que requieren el supuesto de la distribución normal.

Por último, se encuentra una serie de variantes *analítico-factoriales*. El procedimiento más usual consiste en formar una matriz sobre las entidades a organizar en *clusters*, y no respecto a las variables consideradas (como es propio en el análisis factorial habitual; véase tabla A1.1). A partir de esta matriz, se aplican los procedimientos usuales de extracción de factores. Cada factor se interpreta como un *cluster*; los casos que pertenecen a determinado *cluster* se identifican a través de la correlación de esos casos con el correspondiente *cluster*/factor. Esta técnica también se denomina técnica Q de factorialización.

Los problemas de estos métodos factoriales es el supuesto de linealidad, la aparición de demasiados casos que saturan un determinado factor/*cluster*, y la posible aparición de factores/*clusters* bipolares. Otro problema es que el análisis factorial sólo permite aislar una serie de dimensiones, por lo que no es una técnica relevante para aislar categorías o *clusters* de casos. Aunque, en cualquier caso, Edelbrok y Reed (1982) utilizando los procedimientos Monte Carlo, sugieren que el análisis factorial es empíricamente comparable a otros métodos *cluster*.

En fin, cuatro son los problemas fundamentales del análisis *cluster*.

En primer término, el *criterio para elegir el mejor método cluster*. En este sentido, el criterio analítico especifica una serie de reglas que para un determinado autor ha de cumplir un método *cluster* adecuado. Por su parte, el criterio empírico implica comparar los datos de una determinada investigación con las estructuras bien conocidas de los datos Monte Carlo[13]. También se puede comparar el rendimiento de diferentes métodos *cluster* con determinados *plasmodios* (esto es, datos reales

---

[13] Los procedimientos Monte Carlo utilizan generadores de números aleatorios para crear datos congruentes con un determinado modelo estadístico. En el caso del *cluster analysis*, el modelo especificado es el mixto.

de los que se conoce la estructura real; un plasmodio utilizado es el de los 150 especímenes de las tres especies de iris humano).

En segundo lugar, la *determinación del número de clusters que ha de aislarse respecto a un determinado conjunto de datos.* El problema aquí es que no hay suficiente investigación, aunque sí hay algunas reglas que permiten decidir el número más adecuado de *clusters* (véanse Everitt, 1980; Milligan y Cooper, 1983).

Tercero, la *validación de una determinada solución.* Varios son los procedimientos para validar una determinada solución. Por ejemplo, el cálculo de un análisis multivariado de varianza sobre las variables utilizadas para generar la solución, permite conocer el nivel de significación de los *clusters,* a partir de la hipótesis nula de que no existen clusters (no obstante, este procedimiento no es aconsejable; véase Blashfield y Aldenderfer, 1988). Otra posibilidad es tratar de replicar la configuración de *clusters* encontrada en una determinada muestra, utilizando otra muestra de la misma población (consistencia interna de la solución).

Finalmente, el *desarrollo de una base teórica para el análisis cluster.* Hay una serie de modelos teóricos que permiten trabajar con los métodos *cluster,* pero no se van a tratar aquí (véanse, en cualquier caso, Arabie y Carroll, 1980; Carrol y Arabie, 1983).

Modelos predictivos

Como su nombre indica, los modelos predictivos tienen el objetivo de predecir una o más *medidas criterio,* tomando como referencia una serie de *variables predictoras,* como ya se ha comentado en el capítulo tercero. Los diversos modelos que se pueden utilizar para alcanzar este objetivo dependen de la naturaleza y el número de las variables consideradas en los análisis.

De esta forma, por ejemplo, en psicología es frecuente intentar predecir de qué depende el éxito académico de los estudiantes de enseñanzas medias, o el nivel de eficiencia de las personas que han de cubrir un determinado puesto profesional. Pues bien, la idea aquí es que, tomando una serie de medidas (predictoras) en un determinado momento temporal, es posible llegar a predecir una serie de criterios de evidente interés (el éxito académico o la eficiencia en un puesto de trabajo).

Así, puede llegar a ser muy importante conocer que, dado el perfil de un chaval al terminar la enseñanza primaria, llegará a tener problemas de adquisición de conocimientos en enseñanza secundaria, si no se palian los puntos débiles de dicho perfil, dado que se sabe que determinadas habilidades son necesarias para lograr un determinado grado de éxito académico.

Se estudiará aquí la lógica de los modelos de regresión múltiple, del análisis discriminante, del análisis de correlación canónica, del manova y del mancova.

El análisis de regresión múltiple

El *análisis de regresión múltiple* es un conjunto de técnicas estadísticas que permiten evaluar la relación entre una variable dependiente (lo que se quiere predecir) y varias variables independientes (en qué se basa el intento de predicción). Una de las preguntas que permiten responder estas técnicas es, por ejemplo: ¿puede ser predicha la capacidad de lectura en los primeros cursos de EGB a partir de variables independientes tales como las medidas tomadas en preescolar respecto al desarrollo motor y perceptivo? Las diferentes técnicas varían en cómo se opera sobre la varianza compartida por las variables (esto es, lo que hay de común entre dichas variables) y cómo se determina la organización de esas variables.

Las técnicas de regresión son muy útiles, dado que no se requiere que las variables independientes no correlacionen (o sea, que sean independientes entre sí en la práctica). Esto implica que se pueden explorar las relaciones entre varias variables independientes (VI) y una variable dependiente (VD), cuando las primeras correlacionan entre sí y con la VD de distinta manera. Así, una de las características más importantes del análisis de regresión múltiple es su *flexibilidad.*

El resultado del análisis de regresión múltiple es una *ecuación* que representa la línea de ajuste entre una VD continua y varias VIs continuas o dicotómicas. De esta manera, la solución adopta el formato de un *modelo lineal general.* La regresión múltiple trata de calcular los *coeficientes de regresión*, esto es, hasta qué punto hay relación entre los valores predichos y los valores observados.

La más importante restricción del análisis de regresión múltiple es el problema de la causalidad de las relaciones. También resulta problemática la selección de las variables ha incluir en el análisis, cuestión que sólo puede responderse a partir de una determinada teoría previa.

El análisis discriminante

El objetivo del análisis discriminante es predecir qué sujetos se pueden incluir en un determinado grupo, a partir de una serie de variables predictoras. La pregunta relevante aquí es: ¿cuál es la mejor combinación de variables predictoras para maximizar las diferencias entre los grupos? Así, por ejemplo, ¿puede realizarse fiablemente un diagnóstico diferencial de los problemas de aprendizaje y los desórdenes emocionales, a partir de una serie de puntuaciones en varios tests psicológicos?

En este caso, los dos grupos de clasificación son problemas de aprendizaje y desórdenes emocionales. Las variables predictoras (independientes) son las puntuaciones en los tests. La idea es que, dada una serie de puntuaciones, se puede predecir qué grupos de personas se formarán.

La conclusión que se puede extraer al calcular un análisis discriminante es que las diferencias entre los grupos no son aleatorias. No obstante, la significación estadística, aunque necesaria, no es suficiente para la realización de un clasificación o discriminación significativa.

En el análisis discriminante las VDs son los predictores (aunque, por ejemplo, en el MANOVA —véase más adelante— o en la regresión múltiple —véase más arriba—, se denominan VIs). Para evitar confusiones resulta recomendable hablar de *predictores* (VIs) y *grupos* (las variables predichas). El objetivo predictivo obliga a prestar atención a las dimensiones en las que difieren los sujetos de los grupos. Con más de dos grupos, la mejor discriminación entre los mismos puede requerir la consideración de más de una dimensión discriminante.

El investigador puede estar interesado simplemente en aislar una regla de decisión que permita clasificar nuevos casos. También puede estar interesado en la interpretación del espacio de discriminación, a partir de las variables que contribuyen significativamente a la separación de los grupos en ese espacio.

El análisis de correlación canónica

El objetivo de la *correlación canónica* es analizar las relaciones entre dos conjuntos de variables. En general, a un conjunto de variables se las denomina VIs y al otro VDs. El análisis canónico genera pares de combinaciones lineales de variables: *una combinación lineal para cada uno de los dos conjuntos de variables.* Las combinaciones lineales de variables se denominan *variaciones canónicas.*

El primer par de variaciones canónicas maximiza la correlación entre una combinación lineal de un conjunto de variables y una combinación lineal del otro conjunto. El segundo par de variaciones canónicas no se correlaciona con el primer par y maximiza la correlación entre las combinaciones lineales de las variables, después de separar la varianza debida al primer par de variaciones canónicas. El cálculo de pares de variaciones canónicas continúa hasta que no aparecen más conexiones entre los conjuntos de variables o hasta que se han calculado tantos pares de variaciones canónicas como el número de variables.

El análisis canónico es la más general de las técnicas multivariadas. En realidad, la regresión múltiple, el análisis discriminante y el análisis multivariado de varianza, constituyen casos especiales del análisis canónico. Pero, por otro lado, es el método menos utilizado.

Quizá la limitación más importante del análisis canónico es su interpretabilidad. Los procedimientos que maximizan la correlación entre combinaciones lineales de variables, no facilitan necesariamente la interpretación de la dimensión subyacente. Los programas de ordenador más utilizados en la psicología no disponen de procedimientos para rotar las variaciones canónicas (como sí es el caso en el análisis factorial) de manera que se dificulta su interpretación. Por tanto, una solución canónica puede resultar matemáticamente muy elegante, pero no interpretable (véase Tabachnick y Fidell, 1983).

El análisis multivariado de varianza

El *análisis multivariado de varianza* (MANOVA) es una generalización del análisis de varianza (ANOVA) cuando se tienen varias VDs. Al medir varias VDs, el investigador aumenta la probabilidad de detectar cambios producidos por diferentes tratamientos e interacciones. Otra ventaja del MANOVA es que puede mostrarnos diferencias que no aparecen en ANOVAs independientes. La pregunta que trata de responder el MANOVA es la siguiente: *¿afectan significativamente las VIs (asignaciones grupales) a una combinación lineal óptima de VDs (óptima en el sentido de que se maximizan las diferencias grupales)?*

Desde cierto punto de vista, en el MANOVA se construye una nueva VD (basada en la mejor combinación lineal de todas las VDs); sobre está VD se calcula un ANOVA. En el MANOVA factorial, se construye la combinación lineal más ajustada de VDs para cada efecto principal y cada interacción. La combinación de las VDs que mejor separa a los grupos del primer tratamiento, puede ser diferente de la combinación que mejor separa los grupos del segundo tratamiento o las celdillas de una interacción. Además, la combinación óptima de VDs para un único efecto principal (o interacción) puede subdividirse en dimensiones separadas (y tantas dimensiones como grados de libertad tenga el efecto principal). Realmente no hay diferencias matemáticas entre el MANOVA y el análisis discriminante.

El análisis multivariado de covarianza

Por último, el *análisis multivariado de covarianza* (MANCOVA) es la extensión multivariada del análisis de covarianza (ANCOVA). Esto es, después de ajustar estadísticamente una o más covariaciones, *¿aparecen diferencias significativas entre los grupos en la mejor combinación lineal posible de VDs?*

El MANCOVA resulta útil para: *a*) Reducir el ruido en un experimento en el que la varianza asociada con la covariación se separa de la varianza error. Esta varianza error reducida, aporta una prueba más robusta de las diferencias entre los grupos de VIs. *b*) Disminuir las diferencias previas entre grupos de VIs, igualando a todos los sujetos en las puntuaciones de covariación. *c*) Comprobar si hay diferencias significativas entre los grupos en las restantes VDs, caso de que se hayan ajustado los efectos de alguna de las VDs. Esto es, ¿dependen los cambios en las restantes VDs de las VDs previas más que de las VIs?

Modelos causales

Pensar en términos causales sobre un problema y construir un diagrama que esquematice los procesos causales postulados puede facilitar la formulación de hipótesis. Supóngase, por ejemplo, que se quiere mejorar el rendimiento. Supóngase, además, que se controla una variable, a saber: el dinero que se va a invertir en educación. Además, se realiza una serie de supuestos adicionales relevantes en términos causales: ¿cómo se traducirá un mayor gasto en educación en un mejor rendimiento? Esto es, ¿de qué maneras puede llegar a producir un mejor rendimiento una mayor inversión monetaria en educación?

De esta manera, se puede decidir contratar a más profesores para disminuir la *ratio* o proporción profesor/alumno, contratar mejores profesores, desarrollar programas educativos nuevos, etc. Veamos el siguiente esquema:

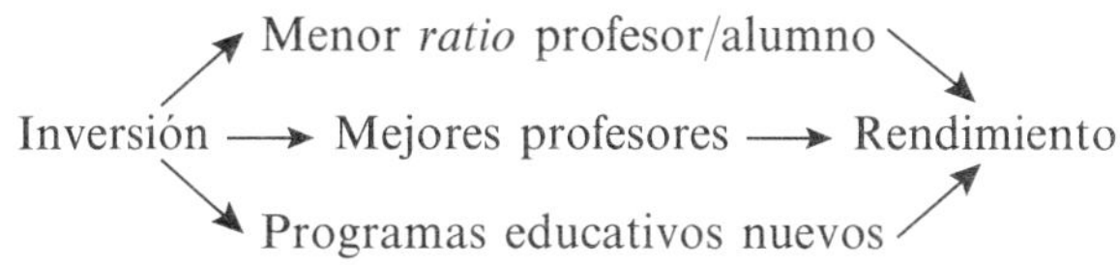

También se pueden aislar otras variables que afectan al rendimiento del estudiante, pero que no se pueden controlar: *a*) el apoyo de la familia; *b*) las capacidades del estudiante, y *c*) las opiniones del estudiante sobre el sistema educativo.

Además, todas estas variables se pueden relacionar de varias formas. Por ejemplo, quizá disponer de más y mejores profesores e introducir nuevos programas educativos son variables que pueden influir en la opinión del estudiante. El esquema resultante podría ser el siguiente:

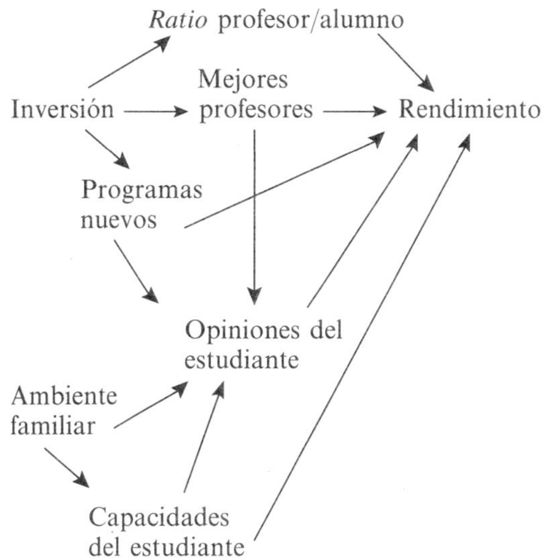

Cada enlace (flechas) representa una hipótesis que se ha de contrastar estimando la magnitud de la relación. El que estas estimaciones sean posibles, depende de si se pueden obtener indicadores satisfactorios, de si se pueden recopilar datos adecuados, etc. (véase Asher, 1983).

$X_2 = 0{,}5X_1 + 0{,}87E_2$ $\qquad$ $X_3 = 0{,}4X_1 + 0{,}2X_2 + 0{,}85E_3$

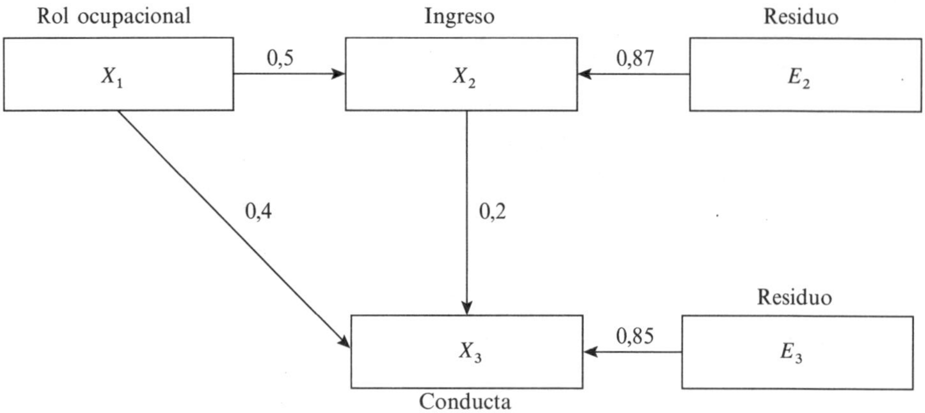

Figura A1.5.—Un ejemplo de representación gráfica de una ecuación estructural. La figura muestra los resultados de un *path analysis* de tres variables. E2 y E3 representan variables no observadas. Aparecen influencias directas e indirectas en la conducta. Los pesos reseñados son los coeficientes de las ecuaciones de regresión.

Las ecuaciones estructurales están emparentadas con los sistemas de ecuaciones de regresión y permiten representar las relaciones causales de una determinada teoría (véase la Fig. A1.5). Para presentar el ámbito de los modelos causales, también se utilizan términos como análisis de estructuras de covarianza, modelos de relaciones funcionales y estructurales, *path analysis*, modelos de ecuaciones simultáneas, modelos de variables latentes, LISREL (que es quizá el más popular), etc.

Estos métodos se han desarrollado y aplicado con profusión en los últimos años. No obstante, en no pocas ocasiones se utilizan de manera poco adecuada (Bentler, 1988). Así, por ejemplo, los programas de ordenador utilizados para estimar y contrastar determinados modelos causales se basan en el supuesto de que las variables estudiadas se distribuyen normalmente, lo que en las ciencias del comportamiento no siempre es cierto. Hay, en cualquier caso, una serie de modelos causales que no se basan en el supuesto de la distribución normal.

Una cuestión que merece la pena reseñar aquí es la de qué significa causalidad en estos modelos. Hay que recordar que, en los modelos predictivos, una serie de variables (predictoras) predicen el comportamiento de la/s variable/s criterio. Desde ese punto de vista, se puede mantener que los cambios en las variables predictoras inducen los cambios en la variable dependiente, pero no resulta pertinente, aunque sí tentador, hablar de causalidad en sentido estricto.

Por otro lado, hay que considerar que ninguna técnica estadística puede por sí misma aislar causas y efectos, puesto que las relaciones causa-efecto se derivan de una teoría. Por tanto, los modelos estadísticos causales *per se* no permiten determinar la dirección de causalidad y concluir la existencia de una relación causal, excepto si se considera una serie de supuestos restrictivos.

En cualquier caso, la valoración de los modelos causales es compleja, dado que se requieren análisis teóricos, metodológicos y estadísticos para tratar de determinar las relaciones causales de interés (Dillon y Goldstein, 1984). Veamos algunos modelos causales que permitan ilustrar los trabajos de investigación matemática en el contexto de las ecuaciones estructurales. Concretamente, se revisará la lógica general del *path analysis*, el modelo de estructura de covarianza, LISREL (como el ejemplar más representativo del modelo de estructura de covarianza) y el análisis de estructura latente.

El *path analysis*

El *path analysis* permite evaluar la contribución causal directa de una variable sobre otra, en investigaciones no estrictamente experimentales (véanse Duncan, 1975; Heise, 1975; Wright, 1934). El problema consiste en estimar los parámetros de una serie de ecuaciones estructurales lineales que representan las relaciones de causa-efecto hipotetizadas por el investigador. Las variables en el sistema de ecuaciones estructurales son observables, pero recientemente ha aparecido una serie de modelos *path* que han estudiado el problema respecto a constructos no observables (variables latentes), pero con implicaciones operativas respecto a las relaciones que se pueden establecer entre una serie de variables observables. En algunos modelos, las variables observables son efectos (indicadores) de los constructos hipotéticos (no observables), mientras que en otros modelos las variables observadas son causa, o bien causa y efecto, de una serie de variables latentes.

Los supuestos básicos del *path analysis* son los siguientes (Dillon y Goldstein, 1984). En primer lugar, los modelos *path* suponen que las relaciones entre las variables son aditivas y lineales (así, se excluyen los modelos curvos y multiplicativos). En segundo lugar, se supone que los términos de error (residuos) no correlacionan entre sí (véase la Fig. A1.5). En tercer lugar, sólo se consideran los modelos recursivos, esto es, no se trata la causación recíproca entre las variables. En cuarto lugar, se asume que las variables endógenas disfrutan de las propiedades de las escalas de intervalo. Además, se asume que las variables observadas se pueden medir sin error. Por último, se asume que el modelo considerado se puede especificar adecuadamente. Esto es, se incluyen en el modelo todos los determinantes causales. Caso de que se excluyan otros determinantes causales de las variables endógenas, se considera que son independientes de aquellas variables que si se incluyen en el modelo.

Cada una de las ecuaciones que se utilizan en el *path analysis* se tratan por separado, lo que permite que los errores que se producen al estimar los parámetros de una determinada ecuación no afecten a los parámetros estimados para otras ecuaciones.

El modelo de estructura de covarianza

El *modelo de estructura de covarianza* permite detectar y evaluar fuentes latentes de variación y covariación a partir de una serie de medidas observadas. Aunque este modelo se puede utilizar en los análisis exploratorios, su aplicación más adecuada se produce en los análisis confirmatorios, esto es, en aquellos casos en los que se puede especificar a priori el tipo de estructura.

La especificación de la estructura suele derivarse de una determinada teoría o hipótesis, un diseño clasificatorio relativo a las medidas, las condiciones experimentales conocidas o los resultados de investigaciones previas (Jreskog, 1988).

También es posible ordenar temporalmente las variables observadas (estudios longitudinales)[14] o de acuerdo a un determinado esquema causal *(path analysis)*.

[14] El *modelo simplex* es un tipo de estructura de covarianza que aparece en los estudios longitudinales (por ejemplo, se mide repetidamente la misma variable en el mismo grupo de personas y en diferentes ocasiones). Jöreskog (1970) ha formulado varios modelos simplex a partir de los procesos estocásticos de Wiener y Markov; este autor ha distinguido modelos perfectamente simplex (cuando el efecto del error de medida es despreciable) y cuasi-simplex (cuando no se da lo anterior).

Los casos especiales de las ecuaciones estructurales son (véase Jöreskog, 1988) *ACOVS* (Jöreskog, 1977) y *LISREL* (Jöreskog y Sörbom, 1978).

Así, el *modelo de estructura de covarianza* es el término más general para: el análisis de estructuras de covarianza, el modelo lineal de relaciones estructurales, el modelo de estructura de momentos, los sistemas de ecuaciones de variables latentes en los modelos lineales estructurales, y LISREL.

Estimar el modelo de estructura de covarianza requiere el uso de *software* muy sofisticado, no disponible en los paquetes estadísticos habituales (SPSS, BMDP, etc.).

El modelo de estructura de covarianza está formado fundamentalmente por dos componentes, cada uno de los cuales es una técnica estadística robusta y bien conocida: *a*) el análisis factorial confirmatorio de la psicometría (véase más arriba), y *b*) el modelo de ecuaciones estructurales de la econometría. Los modelos para el análisis de estructuras de covarianza tratan de explicar las relaciones entre una serie de variables observadas a partir de una serie menor de variables no observables.

Las relaciones entre las variables observadas se caracterizan por las covarianzas entre estas variables (en la matriz Σ). Esta matriz se descompone a través de un modelo que asume que las variables no observadas generan el patrón o estructura entre las variables observadas. Utilizando un modelo de medida que conecta las variables observadas y no observadas, y un modelo estructural que relaciona las variables no observadas, se calcula un análisis sobre la matriz Σ que permite describir la estructura (Scott, 1983b).

LISREL

LISREL constituye un paquete integrado para analizar datos y construir/contrastar teorías. El investigador puede valorar simultáneamente los componentes de medida y los componentes causales (estructurales) dentro de un sistema dado. Los componentes de medida reconocen que las medidas observadas casi nunca son perfectas, sino sólo estimaciones indirectas de una serie de constructos (no observables). El componente causal se refiere a las relaciones estructurales hipotéticas que se establecen entre los constructos latentes.

LISREL se parece al *path analysis* en que: *a*) los dos tratan de construir un modelo; *b*) estiman los parámetros del modelo a partir de los datos (por ejemplo, las correlaciones observadas entre las variables del modelo), y *c*) comprueban el ajuste del modelo a los datos, comparando las correlaciones observadas con las correlaciones entre las variables predichas por el modelo.

No obstante, LISREL es menos restrictivo que el *path analysis*. LISREL puede manejar fácilmente el error de medida, los errores correlacionados y los residuos y la causación recíproca entre las variables consideradas. Además, LISREL utiliza los procedimientos de estimación de máxima verosimilitud (todos los parámetros se estiman simultáneamente).

El modelo de medida en LISREL se puede describir a partir de dos ecuaciones que especifican las relaciones entre las variables latentes endógenas y las manifiestas, y entre las variables latentes exógenas y las manifiestas, respectivamente. Este modelo de medida es un modelo de análisis factorial confirmatorio. Por su parte, el componente «ecuación estructural» en LISREL se refiere a las variables hipotéticas exógenas y latentes endógenas (inteligencia, variables cognitivas, motivación, etc.) que caracterizan el sistema causal bajo estudio.

El objetivo de LISREL es reproducir la matriz de covarianza observada de la manera más adecuada posible, y determinar la bondad de ajuste del modelo a los datos.

LISREL no se utiliza siempre de manera adecuada (Dillon y Goldstein, 1984). El problema fundamental que aparece al aplicar este modelo de estructura de covarianza se refiere al hecho de que el estadístico que permite decidir si un determinado modelo se ajusta a los datos es χ^2 y su nivel de probabilidad asociado. No obstante, este estadístico no es lo bastante útil a este respecto, dada: *a*) la reversibilidad del papel de la hipótesis bajo investigación; *b*) la relación negativa entre la bondad de ajuste y la fuerza de la relación entre las variables; *c*) la necesidad de utilizar muestras grandes; *d*) los problemas del ajuste trivial, de indeterminación y de la posibilidad de que aparezcan soluciones inadecuadas, y *e*) los supuestos de multinormalidad.

LISREL requiere inexcusablemente una teoría previa, tanto en el sentido estricto del término en ciencia, como una teoría de la medida. Cuando no se parte de una teoría, los resultados carecen de sentido. Por otro lado, cuando las medidas no son buenas, los resultados (las relaciones entre los constructos) se ven inflados. Además, la bondad de ajuste como criterio para contrastar la teoría y el estadístico aludido más arriba han de ser complementados por otros criterios y estadísticos.

El análisis de estructura latente

Por último, el *análisis de estructura latente* se puede utilizar como marco de trabajo para investigar sistemas causales que consideren factores latentes y variables manifiestas con componentes discretos.

Uno de los modelos más importantes es el modelo de clase latente. Este modelo trata las variables categóricas manifiestas como indicadores imperfectos de los rasgos subyacentes (no observables). Este modelo es muy flexible; trata de averiguar si un factor latente explica la asociación observada, el significado de la variable latente, la prominencia de las variables observadas como indicadores de los factores latentes y cómo asignar los individuos a las clases del factor latente.

El análisis de clase latente trata de explicar la asociación observada entre las variables manifiestas introduciendo una o más variables (para una ejemplificación de estos modelos véanse las estrategias para el análisis de los rasgos latentes en el apéndice 2, o Colom y Juan Espinosa, 1989).

Una cuestión importante en el campo de las ecuaciones estructurales, o modelos causales, es el supuesto de la distribución normal. Recientemente se están generando modelos que permiten ir más allá de este supuesto. De esta forma, por ejemplo, se ha trabajado con distribuciones elípticas y arbitrarias (Bentler y Dijkstra, 1985).

Estos modelos están disponibles en programas de ordenador (por ejemplo, el programa EQS-Bentler, 1985, y el programa BENWEE-Browne, 1982). La teoría elíptica subsume el supuesto de la distribución normal como un caso especial. En cualquier caso, estos métodos son relativamente recientes, de manera que se han de someter sistemáticamente a prueba (por ejemplo, a través de los procedimientos Monte Carlo; véase Bentler, 1988) para comprobar su grado de adecuación para la investigación de las diferencias individuales, aunque los resultados disponibles parecen prometedores.

APÉNDICE 2
Estudio de las estrategias para la investigación de las diferencias individuales a nivel cognitivo

¿Por qué una persona obtiene una determinada puntuación en un test de aptitud verbal? ¿Por qué los tests de aptitud verbal permiten predecir el rendimiento de las personas en una serie de tareas de interés? ¿Qué hacen las personas para resolver los distintos ítems que componen un determinado test que permite predecir el rendimiento en tareas de lectura en la vida cotidiana? ¿Por qué hay personas que logran altas o bajas puntuaciones en los tests de aptitud verbal? ¿Qué hacen estas personas para obtener esas puntuaciones?

Una manera de responder a estas preguntas consiste en estudiar experimentalmente las representaciones y procesos cognitivos, esto es, las estrategias cognitivas que utilizan las personas para resolver los ítems de los tests de aptitud verbal.

Ahora bien, para poder estudiar estas representaciones y procesos hay que disponer de un modelo previo que permita orientar los experimentos que se puedan realizar a este respecto.

En este sentido, un modelo común para describir cómo las personas procesan mentalmente la información contenida en una determinada tarea supone distinguir, en primer lugar, un *retén sensorial;* en segundo lugar, una *memoria a corto plazo* o de trabajo, con dos componentes, capacidad y memoria de trabajo, y, por último, una *memoria a largo plazo.*

El retén sensorial tiene una capacidad desconocida, el modo de almacenamiento es sensorial, la información permanece durante medio segundo (en el caso de que esa información sea visual) y se pierde por el paso del tiempo muy rápidamente. Por su parte, la capacidad de la memoria a corto plazo es de, aproximadamente, siete unidades o bloques de información (letras, frases, figuras, etc.) la información se almacena gracias a una serie de procesos de repaso y repetición, y permanece durante aproximadamente dieciocho segundos. La información desaparece cuando no se realizan los procesos de repaso y repetición o por la entrada de nueva información. Finalmente, la capacidad de la memoria a largo plazo es desconocida, se supone que la información se almacena semánticamente y su duración o permanencia es desconocida. La persona tiene problemas para acceder a la información almacenada en la memoria a largo plazo por la aparición de determinados fallos o interferencias.

En el caso de la lectura, la *rapidez de acceso* a un determinado elemento en la memoria a largo plazo es fundamental para la decodificación de letras y palabras implicadas en esa tarea. También es importante la *capacidad de almacenamiento de la memoria a corto plazo*, dado que si la persona es capaz de mantener varias palabras simultáneamente sin modificar su orden, la lectura será una tarea más sencilla. Y, finalmente, una tercera variable que puede influir en la lectura es la *velocidad de las operaciones sobre la información contenida en la memoria a corto plazo.*

No obstante, ¿cómo estudiar las diferencias entre las personas en las representaciones y los procesos cognitivos que intervienen en la lectura? Esto es, ¿cómo responder con datos informativos a las tres variables relevantes enumeradas en el párrafo anterior? Pues bien, es posible utilizar una serie de tareas experimentales de las que aquí sólo veremos un ejemplo referido a la primera variable, esto es, la rapidez de acceso a determinada información en la memoria a largo plazo (Hunt, 1978).

La tarea en cuestión fue diseñada por Posner y col. (1969) y consiste en presentar a la persona, a través de un taquistoscopio o de la pantalla de un ordenador, dos letras (por ejemplo, *Aa*) y pedirle una respuesta sobre su igualdad a dos niveles: *a*) la persona responde *sí* cuando las dos letras son idénticas (*AA*) y *no* en caso contrario (*Aa*), y *b*) la persona responde *sí* cuando las dos letras tienen el mismo nombre (*Aa*) y *no* en caso contrario (*AB*). A la primera tarea se la denomina *emparejamiento físico* y a la segunda *emparejamiento nominal.*

A partir del modelo descriptivo sobre el procesamiento interno de la información visto líneas más arriba, en la tarea de emparejamiento físico, las dos letras pasan a la memoria a corto plazo, se toma una decisión y se responde. En la tarea de emparejamiento nominal, las dos letras pasan a la memoria a largo plazo, se localiza el nombre de cada letra, se toma una decisión y se responde. Por tanto, esta última tarea contiene un proceso adicional sobre la primera, a saber: la *búsqueda de los nombres en la memoria a largo plazo.*

A partir de aquí, el tiempo necesario para localizar el nombre de las letras en la memoria a largo plazo será igual al tiempo para realizar la tarea de emparejamiento nominal menos el tiempo para realizar la tarea de emparejamiento físico. Por otro lado, la lectura de un texto conlleva localizar el nombre de las letras en la memoria a largo plazo constantemente (esto es, miles de veces) de manera que esta medida (esto es, el tiempo de emparejamiento nominal menos el tiempo de emparejamiento físico) tendría que distinguir a las personas que realizan mejor y peor las tareas de lectura, o, también, a las personas con altas y bajas puntuaciones en los tests de aptitud verbal que predicen la eficacia lectora.

En efecto, en la tarea de emparejamiento físico, las personas con altas y bajas puntuaciones en tests de aptitud verbal no difieren, mientras que los sujetos con bajas puntuaciones tardan mucho más en realizar la tarea de emparejamiento nominal. O lo que es lo mismo, las personas con bajas puntuaciones en tests de aptitud verbal consumen más tiempo en el proceso de decodificación consistente en localizar el nombre de una determinada letra en la memoria a largo plazo.

En suma, los resultados de esta tarea informan que las personas con bajas puntuaciones en tests de aptitud verbal no son más lentos en la transferencia de información a la memoria a corto plazo, ni en la ejecución de la respuesta, pero sí en la localización de un elemento sobreaprendido (letra) en la memoria a largo plazo.

Veamos un segundo ejemplo sobre cómo se pueden estudiar las representaciones y los procesos cognitivos. En este caso, se tratará el problema tomando las tareas de analogías contenidas en una multitud de tests de inteligencia (Sternberg, 1977).

Supóngase la siguiente analogía de carácter verbal:

Abogado : Cliente :: Médico : d1 (medicina) d2 (enfermo)

Esto es, abogado es a cliente, lo que médico es a, por un lado, medicina, y, por otro, enfermo.

Los componentes de procesamiento para resolver la analogía podrían ser secuencialmente los siguientes:

1. *Componente de codificación.* La persona tiene que reconocer los términos de la analogía y acceder a los atributos de los términos de la analogía almacenados en la memoria a largo plazo.

2. *Componente de inferencia.* La persona tiene que comprender la relación que se establece entre los dos primeros términos de la analogía (abogado y cliente). Es decir, «un abogado proporciona servicios profesionales de consulta a un cliente».
3. *Componente de proyección.* La persona intenta comprender la relación de orden superior entre la primera parte (dominio) y la segunda (rango) de la analogía. Esto es, «tanto el abogado como el médico proporcionan servicios profesionales».
4. *Componente de aplicación.* La persona debe adoptar la relación inferida del análisis de los términos del dominio de la analogía, en tanto que proyectados con el primer término del rango de la analogía. Utilizará esta relación para generar una respuesta ideal (por ejemplo, puede generar paciente como una posible respuesta).
5. *Componente de comparación.* La persona debe comparar cada opción de respuesta con la ideal, para decidir cuál es la mejor, esto es, cuál es más semejante a la ideal (comparará cada una de las opciones, *medicina* y *enfermo* con *paciente*).
6. *Componente de justificación.* La persona decide si la opción de respuesta se acerca a la respuesta ideal. Se puede decidir por enfermo, aunque no sea la respuesta ideal.
7. *Componente de respuesta.* La persona contesta eligiendo una de las dos alternativas de respuesta.

La combinación de estos componentes en un modelo expresa la estrategia cognitiva que podría utilizar una persona para resolver analogías verbales.

Cuando las medidas tomadas sobre cada uno de estos componentes se correlacionan con las puntuaciones en los tests psicométricos de aptitud de razonamiento inductivo, lo que se encuentra es que los componentes más importantes del razonamiento inductivo (inferencia, proyección y aplicación) correlacionan con estos tests. El parámetro respuesta no correlaciona, y los parámetros codificación y justificación lo hacen en escasa medida.

Pues bien, en este segundo apéndice se exponen las estrategias para la investigación de las diferencias individuales a nivel cognitivo, anunciadas en el capítulo tercero, esto es, las estrategias de correlatos cognitivos, las estrategias heurísticas, las estrategias de comparación de grupos, las estrategias componenciales, las estrategias para el análisis del rasgo latente y las estrategias confirmatorias, las cuales tienen el objetivo de estudiar las representaciones y los procesos cognitivos que utilizan las personas para resolver los ítems o tareas de una determinada escala de competencia intelectual.

Estas estrategias no son completamente independientes a las revisadas en el apéndice anterior, sino que se encuentran vinculadas en una serie de aspectos relevantes para la investigación de las diferencias individuales.

Estrategia de correlatos

El objetivo general de la estrategia de correlatos es aislar los procesos cognitivos que se encuentran significativamente relacionados con las diferencias individuales en los niveles de aptitud intelectual medidos a través de los instrumentos psicométricos habituales. Esto es, a través de esta estrategia de investigación se estudia qué procesos subyacen a la aptitud verbal, por ejemplo, cumpliendo de esta manera los consejos de Carroll (1982) vistos en el primer capítulo de esta obra.

Uno de los requisitos fundamentales de la estrategia de correlatos es disponer de una teoría previa que permita interpretar los resultados de los experimentos específicos realizados.

El profesor Earl B. Hunt, y su equipo de investigación, ha sido el autor más representativo del uso de esta estrategia de investigación desde principios de los años setenta (Hunt, 1971; Hunt, Frost y Lunneborg, 1973; MacCleod, Hunt y Mathews, 1978; Mathews, Hunt y MacCleod, 1980).

Hunt (1971) propuso un modelo teórico sobre el procesamiento de la información, cuyo objetivo era servir de marco para el análisis de los correlatos cognitivos de las capacidades mentales tradicionalmente abordadas por la Psicología de las Diferencias Individuales. Y, a partir de ahí, y de su ya clásico trabajo con N. Frost y C. Lunnerborg (1973)[15] en el que se revisaron las relaciones entre las aptitudes verbal y cuantitativa, y el rendimiento en una amplia gama de tareas experimentales, ha desarrollado una línea de trabajo que ha producido resultados muy interesantes para el estudio de las diferencias individuales a nivel cognitivo.

La estrategia de correlatos cognitivos puede entenderse fácilmente

[15] Véase la traducción de este trabajo en Juan Espinosa y Colom (1989).

al revisar cuáles son los pasos concretos que han de cumplirse para cubrir sus objetivos. Veamos:

En primer lugar, se ha de partir de un modelo sobre el procesamiento de la información. De esta forma, Hunt (1971) desarrolla el *modelo de memoria distribuida* para enmarcar la relación entre los parámetros del procesamiento de la información asociados a la velocidad de acceso léxico y la capacidad verbal psicométricamente medida[16]. En segundo lugar, se formulan las hipótesis operativas relevantes respecto a la conexión entre los procesos cognitivos postulados en el modelo en relación con la tarea experimental considerada, y las medidas psicométricas que se considera relevante evaluar de cara al experimento concreto que se vaya a realizar. En tercer lugar, se evalúa la aptitud de los sujetos a través de tests psicométricos. En cuarto lugar, se agrupa a los sujetos en función del resultado del análisis de las puntuaciones obtenidas en los tests. En quinto lugar, se realiza el experimento referido a las tareas experimentales relevantes (amplitud de memoria, emparejamiento de letras, referencias anafóricas, etc.). En sexto lugar, se aplican las técnicas multivariadas pertinentes a las variables y al objetivo específico de la investigación (análisis factorial, análisis de regresión, etc.). Por último, se estudia la conexión empírica entre los procesos cognitivos y la aptitud psicométrica.

En consecuencia, a la vista de estas fases, se comprueba que el problema consiste en estimar los parámetros representativos del nivel de ejecución de los procesos y en qué medida correlacionan según las diferencias individuales en aptitud. Esto es, *qué capacidades básicas del procesamiento de la información se relacionan con los niveles de aptitud.* Las consecuencias teóricas se extraen de la correlación entre las puntuaciones en una serie de tests y los parámetros de un determinado modelo cognitivo.

En cualquier caso, E. Hunt se ha ido moviendo hacia posturas que tienden a ir más allá de la simple correlación entre los niveles de aptitud y las representaciones y los procesos cognitivos experimentalmente estudiados (lo que más arriba se ha denominado estudios descriptivos). El cambio de perspectiva va en la dirección de tratar de aislar experimentalmente las estrategias cognitivas utilizadas por los sujetos para afrontar diversas tareas, partiendo del supuesto de que, con una gran proba-

---

[16] Este modelo de memoria distribuida ha sido ampliamente utilizado en el contexto de la investigación de las diferencias individuales en las representaciones y los procesos cognitivos (véase, por ejemplo, Carroll, 1976).

bilidad, las estrategias diferirán *cualitativamente* sobre la base de los diferentes tipos de representación que se pueden utilizar para resolver determinadas tareas.

Estrategias heurísticas

El objetivo de las estrategias heurísticas es investigar las fuentes procesuales de las diferencias individuales a partir de: *a*) el análisis racional, formal y/o experimental de las demandas de procesamiento de una serie de tareas relevantes, y *b*) un modelo teórico previo sobre la ejecución de las personas en esas tareas.

Las estrategias heurísticas se pueden dividir en el análisis racional de tareas, la simulación por ordenador y la simulación matemática (Juan Espinosa y Colom, 1989). Veamos cada una de ellas.

El análisis racional de tareas

El objetivo del análisis racional de tareas es caracterizar los constructos derivados del análisis factorial (factores), esto es, de la tradición más clásica de la Psicología de las Diferencias Individuales, tomando como referente un modelo sobre los procesos cognitivos. Desde esta perspectiva, los factores se consideran como variables dependientes que hay que explicar a través del análisis de los procesos cognitivos subyacentes. El autor que mejor representa esta perspectiva de trabajo es John B. Carroll (1976, 1992).

Las fases específicas que permiten dar cobertura al análisis racional de tareas son las siguientes.

En primer lugar, se adopta un modelo procesual para interpretar y caracterizar los factores. Concretamente, Carroll adopta, por un lado, el modelo de memoria distribuida de Hunt (1971) y, por otro lado, el marco de los sistemas de producción de Newell y Simon (1972)[17].

En segundo lugar, se seleccionan los factores a analizar a partir de los modelos procesuales adoptados en la primera fase del trabajo (factor verbal, factor espacial, etc.).

[17] Un sistema de producción está compuesto por una serie de reglas *si entonces*. El primer sistema de producción fue pensado para jugar al ajedrez (*si* blancas mueven el caballo de dama a tres alfil dama, *entonces* negras mueven la torre de rey a seis torre y rey).

En tercer lugar, se construye un sistema de clasificación referido a las características de las tareas. Los criterios a este respecto son, por ejemplo, el tipo de estímulo, los procesos que son obligatorios, los aspectos temporales, etc.

Por último, se detallan las fuentes de diferencias. Para ello, se utiliza el modelo teórico de referencia adoptado en la primera fase y el sistema de clasificación construido en la fase tercera.

A través de las cuatro fases reseñadas, Carroll (1981) identifica diez procesos cognitivos fundamentales de gran generalidad, a saber: control, atención, aprehensión, integración perceptiva, codificación, comparación, formación de la corepresentación, transformación y respuesta. Al ser muy generales, estos procesos permitirían analizar las tareas representantes del comportamiento inteligente.

La simulación por ordenador

Antes de nada resulta necesario distinguir entre Inteligencia Artificial (IA) y simulación (S), en sentido estricto. La IA se caracterizaría por buscar el procedimiento más simple y eficaz para alcanzar un determinado objetivo, mientras que la S permitiría representar un comportamiento a través de procesos cuasiequivalentes en términos funcionales a los utilizados por un sujeto humano para resolver una variedad de tareas.

La simulación trata de construir un programa que, simultáneamente, sea una buena teoría psicológica. En este sentido, la ejecución del programa tendrá que reproducir los parámetros básicos del comportamiento inteligente. En el contexto de la simulación suele resultar relevante distinguir simulación normativa y simulación criterial (aunque hace tiempo que no se hace).

La simulación normativa

Desde esta perspectiva, las diferencias individuales adquieren sentido desde las desviaciones de los sujetos respecto a alguna medida de tendencia central (norma). El objetivo es simular el comportamiento de un grupo, por lo que el programa se diseña según una serie de datos normativos y un esquema de clasificación de respuesta, lo que permite tabular y contrastar los errores con estadísticos de frecuencias, en referencia a las predicciones del modelo.

Las fases características serían las siguientes: 1) establecer el objetivo de la simulación; 2) postular la hipótesis de diferenciación; 3) recopilar datos reales sobre el rendimiento de los sujetos en la tarea de interés; 4) construir una teoría psicológica sobre el procesamiento y las plausibles diferencias en el proceso de resolución; 5) diseñar el programa a partir de los datos normativos; 6) ejecutar el programa; 7) estudiar el ajuste entre los datos empíricos y el resultado de la fase anterior, y 8) reformular la teoría o el programa, en caso de que el ajuste no sea adecuado.

La simulación criterial

En este caso, el programa representa un modelo para un solo individuo (el criterio).

Las fases que permiten realizar una simulación criterial son las siguientes (Vega, 1984): *a*) plantear una hipótesis psicológica; *b*) obtener o recopilar datos empíricos; *c*) adoptar una teoría psicológica que permita dar cuenta de los datos empíricos y tratar la hipótesis de la que se parte; *d*) diseñar el programa de simulación; *e*) ejecutar el programa, y *f*) si procede, reformular la hipótesis. En esta última fase hay que plantear las fuentes de variación para aquellos sujetos que no resuelven la tarea y/o que parecen utilizar estrategias alternativas a la criterial.

La simulación matemática

El objetivo de la simulación matemática es simular la ejecución en una tarea generando ecuaciones que, sustituyendo las variables pertinentes, permitan predecir las diferencias individuales en la actuación de una serie de sujetos ante una determinada tarea.

Las fases que permiten cubrir las necesidades de la estrategia de simulación matemática son las siguientes: 1) someter la tarea a un análisis exhaustivo, utilizando procedimientos como el pensamiento en voz alta; 2) construir las condiciones experimentales de manera que se varíen las condiciones de la tarea; estas diversas condiciones han de exigir la puesta en marcha de diferentes procesos cognitivos; 3) formular una serie de ecuaciones que permitan expresar las latencias para una de las condiciones previstas en la fase 2) o, lo que es lo mismo, para los procesos implicados en cada una de esas condiciones experimentales; 4) realizar el experimento para obtener los datos empíricos que han de incluirse en las ecuaciones formuladas en la fase 3), y, finalmente, 5) comparar las latencias relativas a las diversas condiciones experimentales para, de esta manera, estimar la duración de cada uno de los procesos cognitivos postulados. La estimación temporal tiene sentido dentro de los parámetros especificados en la ecuación.

Estrategias de comparación de grupos

El marco general de las estrategias de comparación de grupos puede resumirse en cinco puntos básicos.

En primer lugar, la estrategia de comparación de grupos exige adoptar un modelo relevante para la variable cognitiva de interés en el contexto de una determinada investigación. Una cuestión fundamental a este respecto es preguntarse hasta qué punto la tarea es susceptible de análisis explícito.

En segundo lugar, hay que elaborar una hipótesis sobre las diferencias individuales que permita confirmar el grado de implicación de un determinado proceso cognitivo en la resolución de la tarea de interés. Aquí es básico establecer una distinción entre hipótesis conceptuales e instrumentales, para evitar atribuir erróneamente un resultado fallido al modelo o al análisis de la tarea.

En tercer lugar, se seleccionan las tareas en función de: *a*) su análisis implícito o explícito, y *b*) la estrategia mnémica, el tipo de conocimiento implicado, etc.

En cuarto lugar, se eligen los grupos. Los criterios para realizar esta elección son: *a*) criterio simple: identificar dos muestras con distinto nivel de ejecución, y *b*) criterio complejo: utilizar indicadores para valorar a los sujetos en una escala continua de predicción respecto a la ejecución en una determinada tarea; estos indicadores pueden ser intrínsecos (procesos específicos) o extrínsecos (edad, sexo, etc.).

Por último, se trata de comprobar la hipótesis de partida. El problema aquí es que los sujetos que conforman los grupos no están asignados al azar a las condiciones, por lo que la solución más razonable es recurrir a trabajos convergentes, aplicar métodos iterativos, simular las diferencias encontradas, etc.

Por otro lado, dado que el animalario de estrategias de comparación de grupos es bastante extenso, parece sensato establecer unos criterios para organizar el campo. Pues bien, el criterio quizá más parsimonioso es el resultante de distinguir entre modelos implícitos y modelos explícitos. En el caso de los modelos implícitos, la información de que se dispone sobre el grupo experimental es que no alcanza un determinado nivel, o no dispone de un proceso necesario para poder realizar la tarea de interés. Por su parte, los modelos explícitos implican la manipulación de la tarea para que, así, el comportamiento del sujeto puede indicar, en su caso, el modelo correspondiente a los procesos cognitivos utilizados.

Tanto los modelos implícitos como los explícitos requieren la descomposición de la tarea en subtareas que: *a*) aíslen procesos cognitivos discretos, y *b*) permitan relacionar las ejecuciones inter e intra-grupos con los procesos cognitivos relevantes requeridos por la tarea.

A partir de este criterio, la clasificación de las estrategias de comparación de grupos queda como sigue (Juan Espinosa y Colom, 1989): 1) Comparación de grupos con tareas de modelo implícito: aquí se incluye la estrategia de comparación de patrones de ejecución, la estrategia de comparación a partir de la interacción grupos × tarea, y la estrategia de comparación a través del entrenamiento. 2) Comparación de grupos con tareas de modelo explícito: se incluye aquí el análisis lógico-racional, la simulación por ordenador y la simulación matemática.

Hay una tercera estrategia denominada comparación de grupos a partir del contraste mediante simulación diferencial, que cae fuera de los dos tipos genericos de estrategias de comparación de grupos aludidos y que se revisará al final de este apartado.

Tareas de modelo implícito

En primer lugar, la *estrategia de patrones de ejecución* trata de encontrar los procesos cognitivos utilizados por los grupos de personas comparados. Las tareas que se utilizan para aislar esos procesos no tienen detrás una teoría operativa que ponga en relación el rendimiento con los procesos cognitivos que están a la base del mismo. El interés está en los patrones de ejecución y no en el nivel alcanzado.

Las fases de la estrategia de patrones de ejecución son las siguientes: 1) establecer la hipótesis sobre las fuentes procesuales de diferencias entre los grupos a comparar; los criterios aquí serán las investigaciones previas o la observación; 2) elegir un criterio, para clasificar a los grupos, que sea congruente con los objetivos de la investigación; 3) seleccionar un grupo para analizar los patrones de ejecución (grupo experimental); 4) elegir una tarea que permita realizar comparaciones cualitativas entre los patrones de ejecución; 5) analizar los patrones de ejecución del grupo experimental; 6) comparar los patrones de ejecución de los sujetos del grupo experimental y los patrones de los sujetos del grupo de contraste, y, finalmente, 7) caso de que se confirme lo previsto en la hipótesis formulada en la fase 1, se termina la investigación. Caso de que esto no sea así, habrá que revisar las fases anteriores.

En segundo lugar, la *estrategia de comparación a partir de la interacción grupos × tarea* tiene el objetivo de aislar un proceso cognitivo supuesto responsable de las diferencias entre dos grupos de sujetos (un grupo experimental —Ge— y un grupo de contraste —Gc—) en relación con una determinada tarea.

Esta estrategia exige el uso de al menos dos tareas, con el objeto de comprobar que las personas de los dos grupos sólo difieren significativamente en una de ellas. La primera tarea se denomina tarea estándar (Te) y la segunda tarea compensatoria (Tc). La Tc constituye una versión de la Te y su objetivo es inhibir o facilitar la ejecución de una determinada estrategia cognitiva.

La Tc se puede modificar de dos maneras básicas: catalítica o protésicamente. En el primer caso, se introducen ligeras modificaciones a través de indicadores que induzcan el uso del proceso cognitivo responsable de las diferencias entre los dos grupos. En el segundo caso, se produce una intervención directa en forma de entrenamiento.

La hipótesis que dirige esta estrategia es que si el rendimiento superior del Gc en la Te depende del proceso cognitivo «a» y se modifica la Te para aumentar el rendimiento del Ge, entonces las diferencias entre los grupos dejarán de ser significativas. El problema asociado aquí es que resulta complejo idear situaciones que sean realmente equivalentes para los dos grupos de personas.

Al poner en práctica la estrategia de comparación a partir de la interacción grupos × tarea es posible encontrar que: 1) el Ge mejora en la Tc, pero no el Gc. El Ge se equipara al Gc; 2) el Ge mejora en la Tc, pero no el Gc; el Ge no se equipara al Gc; 3) tanto el Ge como el Gc mejoran en la Tc; el Gc puede mejorar más que el Ge o no; 4) el Ge no mejora en la Tc, pero si lo hace el Gc, o bien 5) no mejora ninguno de los dos grupos.

Pues bien, es probable que en el segundo caso (2) la modificación subyacente a la Tc no sea suficiente para inducir el proceso cognitivo relevante en el Ge. En el tercer caso (3), puede suceder que la Tc active un proceso cognitivo no utilizado espontáneamente por los dos grupos, o también es posible que no todos los sujetos del Gc utilicen el proceso cognitivo activado por la Tc, respectívamente. En el cuarto caso (4) se puede presentar un efecto suelo para el Ge[18]. Por último, en el quinto caso (5) cabe mantener que la Tc no guarda relación con el proceso cognitivo responsable de las diferencias entre los grupos en la Te; también es posible que las condiciones de tratamiento no sean equivalentes.

Por último, la *estrategia de comparación a través del entrenamiento* implica la preparación de un programa de entrenamiento, en sentido estricto, con el objeto de que los sujetos de bajo rendimiento (Ge) puedan alcanzar un nivel óptimo equiparable al del Gc. El diseño básico es «Test-Entrenamiento-Test», combinado con un método iterativo de comprobación de hipótesis alternativas.

Las fases serían las siguientes: 1) explicitar los procesos cognitivos, [*a*, *b*, *c*] necesarios para realizar una determinada tarea; 2) establecer una hipótesis sobre la responsabilidad de uno de esos procesos como causa de las diferencias entre los grupos [por ejemplo, *a*]; 3) medir el nivel de rendimiento para evaluar el proceso cognitivo a entrenar (línea-base); 4) evaluar a los sujetos y entrenar el proceso «a», y, por último, 5) evaluar para comprobar el efecto del entrenamiento.

A partir de aquí, se aplica el método iterativo para repetir las fases tomando como referencia los otros procesos cognitivos de los que se parte en la fase 1 [*b* y *c*]. El objetivo es confirmar que no son responsables de las diferencias entre los grupos, de manera que se pueda mantener que es el proceso «a», y sólo ese proceso, el responsable de las diferencias.

También puede suceder que ninguno de los procesos cognitivos postulados en la fase 1 resulten ser la causa de las diferencias, en cuyo caso habría que realizar un nuevo análisis de la tarea, o, en el peor de los casos, habría que tomar en consideración la hipótesis sobre la responsabilidad de los componentes estructurales del sistema cognitivo (difícilmente modificables).

También resulta relevante tratar el proceso cognitivo responsable de las diferencias, independientemente de una tarea concreta, para:

[18] Es decir, que la tarea sea tan compleja que no se pueda encontrar un rendimiento susceptible de comparación. Este efecto suelo contrasta con el efecto techo, situación que aparece cuando la tarea es tan sencilla que todos los sujetos de los dos grupos rinden tan bien que se imposibilita la comparación.

a) averiguar hasta qué punto ese proceso es de uso común en el grupo de alto rendimiento (Gc) y no es utilizado por el Ge; *b*) estimar en qué grado afecta el entrenamiento a la utilización de ese proceso cognitivo, y *c*) controlar las puntuaciones deficitarias en los sujetos de alto rendimiento.

Tareas de modelo explícito

El punto de partida de estas estrategias de comparación de grupos es, por lo general, una teoría cognitiva, una observación empírica o una inducción lógica, y el objetivo es el desarrollo de un modelo formal que especifique cómo los sujetos del alto rendimiento son capaces de resolver una tarea dada, y de modelos formales que detallen estrategias alternativas.

El procedimiento consiste en comparar el resultado al que abocan los modelos asociados a cada una de las estrategias identificadas, a través de una deducción lógica, matemática o informática, con la ejecución de los grupos en la tarea. Además, habrá que investigar exhaustivamente qué sujetos de qué grupo tienden a utilizar qué estrategia cognitiva, con el objetivo de interpretar las diferencias a partir de los puntos de desacuerdo entre los correspondientes modelos formales.

Pues bien, la *comparación de grupos a partir de un análisis lógico racional* pretende especificar la secuencia posible de procesos para resolver una determinada tarea; se trata de elaborar diferentes modelos descriptivos de las diferencias individuales.

Las fases son las siguientes: 1) variar la estructura de la tarea en las dimensiones teóricamente relevantes, lo que permite generar una serie de subtareas derivadas; 2) elaborar un patrón de respuestas esperado y un criterio de ajuste a ese patrón, y, finalmente, 3) comparar el patrón esperado con el patrón empírico aplicando el criterio de ajuste.

No obstante, el análisis lógico racional tiene el problema de que se necesitan muchas subtareas para poder llegar a concluir que un determinado patrón de respuesta es consistente con una y sólo una de las estrategias. Además, el uso de una determinada estrategia ha de ser consistente. Por último, resulta muy complejo discriminar entre estrategias funcionalmente equivalentes a partir de los patrones de respuesta.

En segundo término, la *comparación de grupos a través de la simulación por ordenador* trata de detallar una teoría sobre el rendimiento de sujetos de bajo, medio y alto nivel, yendo más allá de la simple especificación del proceso cognitivo responsable de las diferencias individuales.

Las fases de esta comparación son las siguientes: 1) analizar explícitamente la tarea de interés utilizando un procedimiento de simulación por ordenador; 2) seleccionar los grupos de alto, medio y bajo rendimiento; 3) comprobar el ajuste del modelo de simulación diseñado en 1) y el grupo de alto rendimiento (bondad de ajuste), analizando, mediante protocolos, la ejecución de los grupos de medio y bajo rendimiento; 4) diseñar programas de simulación para los grupos de bajo y medio rendimiento, y comprobar su bondad de ajuste, y, por último, 5) comparar los distintos modelos de simulación para aislar las fuentes procesuales de diferencias.

Finalmente, la *estrategia de comparación de grupos a través de la simulación matemática* tiene el objetivo de especificar una teoría sobre las diferencias entre sujetos de alto y bajo rendimiento, además de aislar el proceso cognitivo responsable de las diferencias entre las personas de los dos grupos.

Las fases serían las siguientes: 1) seleccionar la tarea de interés; 2) formular una función matemática, a partir de un determinado modelo, que permita asignar valores numéricos a las variables; 3) elegir los grupos de alto y bajo rendimiento; 4) observar el rendimiento de los sujetos del alto rendimiento para calcular la bondad de ajuste de los parámetros de la función matemática; 5) corregir los parámetros del modelo a partir del análisis del rendimiento de los sujetos de bajo rendimiento, y, por último, 6) calcular la bondad de ajuste entre el rendimiento de los sujetos de bajo rendimiento y los parámetros de la función matemática.

Contraste mediante simulación diferencial

En esta estrategia los sujetos se asignan al azar a las condiciones experimentales. La variable independiente se manipula explícitamente. Fundamentalmente, esta estrategia de comparación permite contrastar los resultados obtenidos al aplicar otras estrategias de comparación de grupos.

Las fases fundamentales son nueve: 1) seleccionar la tarea; 2) formular la hipótesis sobre qué proceso cognitivo es responsable de las diferencias entre los grupos, para lo que habrá que reconsiderar estudios previos; 3) especificar cómo se va a inhibir el proceso cognitivo responsable del bajo rendimiento del Ge (grupo experimental); 4) asignar al azar las personas a las condiciones experimentales (inhibición y control); 5) registrar el rendimiento de las personas en la tarea (línea-base); 6) inhibir al Ge; 7) volver a registrar el rendimiento; 8) comparar 5) y 6) para verificar la eficacia de la inhibición. El criterio de verificación es que el Ge muestre un rendimiento similar al que obtendría el grupo de bajo rendimiento, y, finalmente, 9) repetir el procedimiento iterativamente, caso de que el resultado no sea satisfactorio o para eliminar hipótesis alternativas.

Precauciones en los estudios de comparación de grupos

Respecto a la tarea, los tres problemas básicos son el efecto suelo, el efecto techo y la fiabilidad.

El *efecto suelo* se produce cuando el nivel de dificultad de la tarea es demasiado alto, y el *efecto techo* se produce cuando la tarea es demasiado fácil. En el primer caso, el rendimiento de los sujetos está próximo a cero, mientras que, en el segundo caso, el rendimiento es casi perfecto. Esto no permite realizar discriminaciones significativas.

Por su parte, cuando se utiliza una tarea, o una versión modificada de la misma, en dos ocasiones diferentes, hay que tener especial precaución en el emparejamiento de las mismas. Para lograr el emparejamiento hay que comprobar que las personas de menor rendimiento muestran varianza en los ítems más fáciles. El grupo de alto rendimiento es el más adecuado para la estandarización de las tareas.

Otra cuestión básica es garantizar que se está midiendo la misma capacidad en los distintos niveles de dificultad de la tarea de interés; esto se logra verificando si los mismos procesos cognitivos operan en los ítems fáciles y en los ítems difíciles.

Por otro lado, el principal problema *respecto a los sujetos* es que no se pueden asignar al azar a las condiciones (excepto en la última estrategia reseñada), y, además, resulta muy complejo aislar las variables de sujeto responsables de las diferencias.

Para aproximarse a este aislamiento pueden utilizarse: *a*) las características de las personas no estudiadas directamente (por ejemplo, ceguera), y *b*) las puntuaciones en una serie de tests de rendimiento intelectual.

Estrategias componenciales

El análisis componencial es una estrategia de investigación cuyo objetivo es estudiar los procesos cognitivos subyacentes a las diferencias individuales que se encuentran al aplicar una serie de tests de aptitud.

Fundamentalmente, el análisis componencial selecciona una determinada tarea indicadora de conducta inteligente y genera condiciones experimentales que facilitan (en el mejor de los casos) aislar los procesos cognitivos específicos que permiten dar cobertura a la resolución de la tarea de interés. Estos procesos se organizan en un modelo de procesamiento (véase la Fig. 3.10 para ver dos ejemplos de modelos de procesamiento).

Las etapas de un análisis componencial son las siguientes (Sternberg, 1985b)[19].

En primer lugar, se selecciona o construye una teoría al objeto de la investigación. Los criterios necesarios para cubrir esta fase, esto es, para garantizar que la teoría sea adecuada, son los siguientes: a) *Completud*; la teoría ha de explicar los procesos cognitivos hipotéticamente implicados; b) *Especificidad*; la teoría debe describir detalladamente el funcionamiento de los aspectos de la cognición; c) *Generalidad*; la teoría debe ser aplicable a un abanico amplio de tareas; d) *Parsimonia*; la teoría ha de utilizar el menor número de parámetros y supuestos posible, y e) la teoría debe ser *plausible*.

En segundo lugar, se eligen las tareas para realizar el análisis. Estas tareas, al igual que la teoría, debe satisfacer una serie de criterios: a) *Cuantificabilidad*; esto es necesario para asignar valores numéricos a partir de la aplicación de una serie de reglas; b) *Fiabilidad*; permite trabajar con la puntuación verdadera en relación a la puntuación total; la fiabilidad debe calcularse para los ítems y para las personas; c) *Validez de constructo*; garantiza que las tareas son relevantes para la teoría de la que se parte, y d) *Validez empírica*; asegura que la tarea sirve para el objetivo previsto.

En tercer lugar, hay que descomponer la tarea para que se facilite el uso de procesos cognitivos concretos por parte de las personas. El descomponer la tarea en subtareas permite aislar los procesos cognitivos necesarios para resolver la tarea completa. Este aislamiento no es posi-

[19] Un ejemplo concreto que detalle la puesta en práctica de un análisis componencial puede consultarse en Colom y Juan Espinosa (1989).

ble, en términos experimentales, utilizando tareas completas. Además, el uso de subtareas obliga al investigador a especificar detalladamente los procesos cognitivos utilizados en la resolución de una determinada tarea por las personas. El resultado es una puesta en relación entre la estructura de la tarea y los procesos cognitivos necesarios para su resolución.

Los procedimientos de descomposición de tareas contemplados dentro de la estrategia del análisis componencial son los siguientes.

El *método de las tareas completas* es el más sencillo, pero sólo debe utilizarse cuando los procesos cognitivos pueden aislarse con facilidad.

El *método de los pre-indicadores* permite aislar los procesos cognitivos, comparar diferentes modelos y aumentar el número de datos disponibles para construir los modelos procesuales pertinentes. Este método requiere que se detalle en qué intervalo de procesamiento tiene lugar cada proceso.

La lógica del método de pre-indicadores es la siguiente: *a*) formar puntuaciones de intervalo a partir de la descomposición de la tarea completa en una serie de subtareas relacionadas, y *b*) cada puntuación de intervalo constituye una puntuación en alguna de las subtareas y mide la ejecución en algún subconjunto de los procesos cognitivos necesarios para cubrir la tarea completa. La idea es que cada subtarea requiere sucesivamente menos procesamiento, lo que produce una disminución del tiempo y la dificultad del procesamiento.

El *método de las tareas parciales* es muy similar al método de los pre-indicadores. Este método consiste en presentar ítems completos; los indicadores no se descomponen en dos partes, sino que la descomposición se realiza en ensayos unitarios.

El método del *stem-splitting* requiere utilizar ítems que demanden el mismo número de procesos cognitivos y un número diferente de ejecuciones de los procesos cognitivos considerados.

Por último, el *método de los cuadernillos variados sistemáticamente* no permite obtener una medida pura del tiempo empleado en contestar un ítem correcta o incorrectamente. No resulta adecuado para un análisis detallado de los procesos cognitivos. Los ítems son homogéneos intra-cuadernillo y heterogéneos inter-cuadernillo.

Y bien, siguiendo con las fases del análisis componencial, en cuarto lugar hay que *cuantificar* el modelo a través de diagramas de flujo del procesamiento de la información. La cuantificación implica el uso de las técnicas de regresión múltiple (véase más arriba) para predecir los parámetros de la variable dependiente a partir de las variables independientes que se han manipulado. La variable dependiente será, bien el tiempo de reacción, bien el porcentaje de errores. Las variables independientes serán el número de veces que operan o se aplican los diversos procesos[20]. Los parámetros de latencia representan la duración de los diversos procesos. Por hipótesis, el tiempo de reacción será igual a la suma de las cantidades de tiempo empleadas en cada operación específica. También se hipotetiza que la proporción de errores es igual a la suma de los problemas (dificultad) encontrados al realizar los diversos procesos cognitivos.

Por último, el modelo ha de someterse a contraste, esto es, habrá que validarlo, lo que supone tratar el problema de su eventual *generalidad*.

Estrategias para el análisis de los rasgos latentes

Los modelos de rasgo latente ponen en relación una teoría psicológica y el problema de la medida de las diferencias individuales. Para ello utilizan modelos matemáticos y modelos psicométricos.

Aquí se van a revisar los modelos más representativos, partiendo del más sencillo y precursor, a saber: el modelo de Rasch (véase Andrich, 1988). Los modelos de rasgo latente se pueden aplicar a aquellas teorías psicológicas susceptibles de formalización matemática.

En primer lugar, el *modelo de Rasch* (1960) es un modelo de respuesta al ítem (véase teoría de tests). El objetivo es predecir el encuentro de la persona j con el ítem i mediante dos parámetros: la capacidad de la persona, Θj, y el nivel de dificultad del ítem, $\in i$. La probabilidad de que la persona resuelva correctamente el ítem, $P(x_{ij} = 1)$ se ajusta al siguiente modelo:

$$P(x_{ij} = 1) = {}_e(\Phi j - \in i)/ + {}_e(\Phi j - \in i)$$

Esto es, la capacidad de la persona, Φj, y el nivel de dificultad del ítem, $\in i$, se combinan aditivamente para determinar el potencial de respuesta. El modelo postula una relación compensatoria entre la capacidad y el nivel de dificultad de la tarea. De manera que una persona de baja capacidad puede tener el mismo potencial de respuesta que una persona de alta capacidad, caso de que a la primera persona se le presenten ítems sencillos.

---

[20] Dos ejemplos que ilustran claramente cómo se lleva a cabo esto se pueden encontrar en Sternberg (1977) y Sternberg (1980).

Los parámetros del modelo de Rasch se pueden estimar a través de una serie de métodos (máxima verosimilitud condicional). Los parámetros del ítem y de la persona son similares en magnitud a las puntuaciones Z (estándar).

Una característica importante de los modelos de rasgo latente es que los parámetros de la persona y del ítem se pueden tratar por separado, lo que permite matematizar las puntuaciones en el test para cualquier subconjunto de ítems, bajo el supuesto de que se ha ponderado su nivel de dificultad.

La matematización de los tests es especialmente importante para los *tests adaptativos computadorizados* (véase el apéndice 4) lo que no se puede hacer bajo la teoría clásica de tests, dado que se centra en las varianzas y covarianzas y no en la respuesta a los ítems.

Por otro lado, el *modelo logístico lineal de rasgo latente* (Fischer, 1973) difiere del modelo de Rasch en que el nivel de dificultad del ítem se calibra de acuerdo a sus propiedades estimulares. Por tanto, se necesitan datos ajenos al encuentro de la persona y el ítem de cara a la identificación de los parámetros. Los ítems deben calificarse a partir de k factores de complejidad para determinar su nivel de dificultad:

$$\in i = \Sigma_k \cap_k q_{ik} + d$$

donde q_{ik} es la puntuación del ítem i en el factor k; $\cap_k$ es el peso del factor k en el nivel de dificultad del ítem i; d es una constante de normalización. Los factores del ítem pueden representar cualquier sistema teórico que permita clasificar los ítems.

Este modelo relaciona el nivel de dificultad de los ítems con una serie de variables teóricas y preserva las propiedades del modelo de Rasch como modelo psicométrico. Una ventaja de este modelo es su capacidad de contrastar hipótesis sobre los modelos matemáticos. Es un modelo explicativo dado que trata de explicar el nivel de dificultad del ítem a partir de un pequeño número de parámetros (a diferencia del modelo de Rasch que estima un parámetro para cada ítem).

El modelo logístico lineal es un modelo multicomponencial, dado que se postula que los estímulos o factores componentes que subyacen al nivel de dificultad del ítem son múltiples. No obstante, es un modelo unidimensional, puesto que sólo plantea un parámetro de capacidad para una determinada persona. Al igual que en el modelo de Rasch, la capacidad y el nivel de dificultad del ítem mantienen una relación compensatoria. Pero habitualmente suele ocurrir que el rendimiento de una persona varía en los factores de predicción, lo que exige un modelo multidimensional.

En este sentido, el *modelo multicomponencial de rasgo latente* mantiene que tanto los ítems como las personas varían en el potencial de respuesta, lo que requiere información independiente sobre los procesos cognitivos (componentes) necesarios para resolver un ítem. Este modelo exige datos sobre los componentes para poder identificar los parámetros; estos datos se pueden obtener presentando subtareas correspondientes a cada uno de los componentes relevantes (véanse estrategias componenciales más arriba).

A continuación se presenta una serie de subtareas, sobre las tareas de analogías verbales, que exigen el uso de diferentes componentes.

Como vimos al inicio de este apéndice, las analogías tienen el formato «*A* : *B* :: *C* : ——». En el ejemplo de abajo se presenta una analogía verbal estándar y dos componentes globales de procesamiento: *construcción de la regla y valoración de la respuesta* (Whitely, 1981):

Ítem completo	Gato : Tigre :: Perro : ——
a) León; *b*) Lobo; *c*) Ladrido; *d*) Perrito; *e*) Caballo.	
Construcción de la regla	Gato : Tigre :: Perro : ——
Regla	
Valoración de la respuesta	Gato : Tigre :: Perro : ——
a) León; *b*) Lobo; *c*) Ladrido; *d*) Perrito; *e*) Caballo.	
Regla: Un canino salvaje.	
Subtarea de asociación	Perro
a) León; *b*) Lobo; *c*) Ladrido; *d*) Perrito; *e*) Caballo.	

El modelo multicomponencial detalla cómo se relacionan los componentes, con la probabilidad de que un determinado ítem estándar sea resuelto por una determinada persona. El modelo multicomponencial puede variar el modelo matemático para que se corresponda con teorías alternativas del rendimiento en la tarea.

Los modelos multicomponenciales especifican: *a*) los modelos matemáticos que permiten relacionar el rendimiento para el ítem completo y el rendimiento en determinado componente, y *b*) los modelos psicométricos que relacionan el rendimiento en determinado componente con la capacidad de la persona y el nivel de dificultad del ítem para ese componente.

La matematización tiene tres implicaciones fundamentales.

En primer lugar, los ítems y las personas tienen asignados parámetros en cada componente. Lo que mide el ítem completo depende del patrón compuesto en relación al nivel de dificultad de los componentes. Si un ítem es muy fácil respecto a un componente, las diferencias individuales en la resolución del ítem total no dependerá de ese componente. Por tanto, este componente mostrará un efecto techo. La selección de ítems de este tipo no dará cuenta de las diferencias individuales en el componente considerado. Así, los ítems deben seleccionarse para medir las diferencias individuales en componentes específicos.

En segundo lugar, el nivel de dificultad de un ítem para determinada persona debe diagnosticarse explícitamente. Si se puntúa a una persona en varios componentes, entonces se han de dar datos precisos para un determinado ítem. En el modelo se reproduce la probabilidad de que la persona j resuelva cada componente k en un determinado ítem i. Las personas con diferentes patrones componenciales mostrarán diferentes patrones de dificultad en el ítem completo.

Por último, los componentes no son compensatorios. Esto es, se requieren todos los componentes para resolver el ítem. Si una persona tiene asociada una baja probabilidad de alcanzar un resultado adecuado en un determinado componente, las probabilidades altas de resolver otros componentes no compensan el componente fallido.

Las hipótesis sobre los modelos matemáticos se pueden contrastar a través de la *bondad de ajuste*. Los parámetros del ítem son útiles para diseñar un test, dado que los ítems se pueden seleccionar para medir componentes específicos. Si se seleccionan ítems muy fáciles en componentes irrelevantes, las diferencias individuales en la resolución del ítem reflejarán sólo los componentes que resultan difíciles (Whitely, 1981; Embretson, 1986).

Por último, el *modelo general de rasgo latente* (Embretson, 1984) combina los dos modelos precedentes de la siguiente manera:

$$P(X_{ijT} = 1) = \Pi_k \, P^* \, (X_{ijk} = 1)$$

donde

$$P^* \, (X_{ijk} = 1) =$$

$$= {}_e(\Phi_{jk} - \Sigma_m q_{imk} \cap_{mk} + d_k) / {}_{1+e}(\Phi_{jk} - \Sigma_m q_{imk} \cap_{mk} + d_k$$

A cada respuesta componencial subyace un modelo sobre la complejidad del estímulo. De forma que los resultados componenciales se combinan según el modelo matemático multicomponencial.

La explicación se produce a dos niveles: *a*) el resultado en la tarea completa se conecta a los resultados en los componentes, y *b*) el resultado en el que el componente se relaciona con los factores de complejidad de las subtareas que definen los componentes.

Reconsideremos el ejemplo de la analogía anterior. El componente *construcción de la regla* consiste en varias operaciones más elementales, tales como la *codificación* del significado de los términos, la *inferencia* de la relación entre Gato y Tigre, y la *contextualización* de la relación respecto a Perro. Los ítems pueden variar en la dificultad de estas operaciones y en las características estimulares. Por ejemplo, la dificultad de *proyección* puede verse influida por el número de relaciones A : B educidas, dado que la probabilidad de seleccionar erróneamente una determinada relación puede aumentar.

Whitely y Curtright (1980) obtuvieron una serie de índices de varios factores estimulares para una serie de ítems de analogías. Los índices para cada ítem se referían a tres factores supuestamente determinantes de la dificultad para el componente *construcción de la regla*: 1) la facilidad de inferir la relación A : B, q_{i11}; 2) la amplitud relacional de las inferencias A : B (esto es, el número de relaciones A : B educidas), q_{i21}, y 3) la facilitación de la inferencia por el contexto que supone el término C, q_{i31}.

El modelo general de rasgo latente para la construcción de la regla resultante fue el siguiente:

$$\epsilon_{ik} = -1{,}84q_{i11} + 0{,}06q_{i21} - 1{,}05q_{i31} + 0{,}68$$

Multiplicando los índices por estos pesos se obtiene un modelo de su nivel de dificultad, respecto a la *construcción de la regla*. Por ejemplo, en la analogía anterior se obtuvieron los índices 0,47, 2,17 y 0,04 para la *educción de la inferencia, la amplitud relacional y la contextualización*, respectivamente; estos valores se aplicarían a los pesos de la ecuación anterior[21].

[21] La estimación de los parámetros del modelo general de rasgo latente se puede obtener a través del programa MULTICOMP (Whitely y Nieh, 1981).

Estrategias confirmatorias

En la metodología utilizada en la investigación de lo que aquí se ha dado en denominar nivel de rasgo ya se ha revisado el análisis factorial confirmatorio. Por tanto, en este apartado sólo se reseña la lógica del uso de esta estrategia en la investigación de las representaciones y los procesos cognitivos.

En cualquier caso, este solapamiento permite recordar que algunas de las metodologías utilizadas en el análisis del nivel de rasgo también se utilizan profusamente en la investigación del nivel cognitivo.

Pues bien, la primera fase del análisis factorial confirmatorio consiste en la formulación de una hipótesis precisa que permita realizar los oportunos contrastes. La lógica del análisis factorial confirmatorio se basa en el supuesto de que no se puede descubrir inductivamente la «verdadera» estructura de las estrategias cognitivas utilizadas para resolver una determinada tarea mediante los análisis exploratorios (inductivos). El análisis confirmatorio trata justamente de falsear la hipótesis prevista.

Otra cuestión básica es garantizar una conexión relevante entre la hipótesis respecto a los constructos analizados y el diseño específico del estudio factorial. Éstos son algunos de los aspectos fundamentales a considerar.

En primer lugar, seleccionar un subconjunto de variables medidas a partir del dominio de las variables observadas que definen un factor.

En segundo lugar, considerar las propiedades de las variables observadas, tal y como se definen en un determinado espacio factorial. Esto exige un muestreo suficiente para: *a*) representar las covarianzas significativas entre las variables del espacio factorial común, y *b*) identificar las diferencias entre los dominios asegurando que se realizan los suficientes cálculos en el hiperplano de referencia.

En tercer lugar, decidir cuidadosamente la población a estudiar, teniendo en cuenta el objetivo de la investigación.

Finalmente, realizar un muestreo que garantice la viabilidad estadística del análisis confirmatorio, así como la validez externa de los resultados.

Una de las mayores ventajas del análisis factorial confirmatorio es que obliga a tener en cuenta una serie de consideraciones previas al registro de los datos, dado que esas consideraciones son necesarias para determinar el modelo a contrastar y, por tanto, el diseño a ejecutar.

APÉNDICE 3
Estudio de las estrategias para la investigación de las diferencias individuales a nivel orgánico

En este apéndice se estudian las estrategias de investigación que pueden permitir analizar las diferencias individuales en el nivel orgánico, a saber: estrategias para el análisis de sujetos normales, estrategias para el análisis de sujetos con lesiones específicas y estrategias para el análisis de sujetos con comisurotomía quirúrgica, esto es, con el cerebro escindido por el cuerpo calloso.

Para facilitar la exposición, que podría ser muy extensa, nos centraremos fundamentalmente en uno de los campos en los que más se han trabajado estas diferencias individuales a nivel orgánico, a saber: las *asimetrías hemisférico-funcionales* (Vernon, 1984). El estudio de estas asimetrías resulta de especial interés para la investigación de las diferencias individuales, dado que las características procesuales asociadas a los dos hemisferios cerebrales se corresponden, por un lado, con la habitual distinción en la investigación del nivel de rasgo entre contenidos verbales y contenidos viso/espaciales, y, por otro lado, con los dos sistemas de representación tratados en el nivel cognitivo (imágenes mentales y representaciones descriptivo/verbales).

El apéndice se estructura en torno a consideraciones y cauciones a tener en cuenta en la investigación de los tres tipos de sujetos que delimitan las correspondientes estrategias de investigación del nivel orgánico, introduciendo algunos ejemplos de investigaciones a este nivel. Hay que tener en cuenta que las estrategias estudiadas en los dos apéndices precedentes pueden utilizarse en cualesquiera de las estrategias que se revisarán a renglón seguido, lo que una vez más refuerza la afirmación de que no se trata de estrategias de investigación independientes, por lo que contribuyen al objeto de lograr datos convergentes que permitan eventualmente solucionar el problema de la sobredeterminación de las diferencias individuales comportamentales.

Investigación de sujetos normales

La predicción general que se realiza habitualmente al tratar con sujetos normales es que aparecerá una mayor exactitud y latencias menores cuando la información a procesar internamente se proyecta directamente al hemisferio especializado en el procesamiento de esa información (verbal, hemisferio izquierdo, o visual, hemisferio derecho).

Evidentemente, en los sujetos normales la información se transmite rápidamente al otro hemisferio, por lo que las predicciones toman la forma de ventajas de procesamiento en relación a las latencias y la precisión de respuesta.

Caso de obtenerse diferencias hemisféricas pueden realizarse dos tipos de intepretaciones, no diferenciables a partir de los datos experimentales de latencia y error. En primer lugar, si los *inputs* verbales se procesan más rápidamente y con una mayor precisión, cuando se proyectan al hemisferio izquierdo, y más lentamente y con menor precisión, cuando se proyectan al hemisferio derecho, el menor rendimiento de este último puede deberse a la menor eficiencia de las capacidades de procesamiento lingüístico del hemisferio derecho. O, en segundo lugar, puede mantenerse que el hemisferio derecho no está especializado en procesar información verbal, por lo que la envía al hemisferio izquierdo, lo que produce una demora y una imprecisión debida a la pérdida de información en el tránsito a través de las vías de asociación del cuerpo calloso.

Pues bien, en la presentación de estímulos visuales lateralizados hay que asegurarse de que el sujeto mantiene la mirada en un punto focal situado en el centro del campo visual, de manera que ese estímulo caiga fuera del área foveal de visión. Para asegurar el mantenimiento de la mirada, suelen distribuirse los estímulos al azar en los dos campos perceptivos (derecho o izquierdo) lo que impide que el sujeto pueda anticipar por dónde vendrá el estímulo y mover los ojos hacia esa dirección, lo que arruinaría el trabajo por completo.

También hay que tener precaución en cuanto a la presentación del estímulo con el *grado de excentricidad* adecuado, para garantizar la visión parafoveal[22].

Asimismo, tiene que controlarse el tiempo de exposición del estímulo, de manera que sea menor que la latencia del movimiento espontáneo del ojo (aproximadamente entre 180 y 200 milisegundos).

Un problema al utilizar material verbal y no-verbal es decidir si, en efecto, el material es o no es verbal (véanse las diferencias individuales en inteligencia a nivel orgánico más arriba). En fin, el problema aquí es que los sujetos pueden recodificar los estímulos. Por ejemplo, pueden construir imágenes para las palabras y ponerles nombres a las figuras. Diferentes sujetos pueden adoptar distintas estrategias para la codificación del estímulo, y pueden desarrollar estrategias nuevas a medida que aumenta el nivel de práctica en la tarea (por este motivo, una caución consiste en manipular explícitamente el tipo de estrategia; véase Colom y Alonso, en preparación). Esas estrategias de recodificación tienden a producir variabilidad inter-sujeto e intra-sujeto en la magnitud y dirección de las asimetrías hemisféricas.

Una caución fundamental es controlar el modo de respuesta del sujeto en la tarea concreta que se esté analizando. Parece que perdirle una respuesta verbal es disruptivo; menos lo es el pedirle una respuesta manual grosera, esto es, que no tenga que responder con el dedo, sino que pueda presionar un botón con toda la mano.

En cualquier caso, el verdadero problema es encontrar procedimientos para estudiar la contribución que cada mitad del cerebro realiza a la conducta de un sistema intacto. Las siguientes son algunas consideraciones sobre las modalidades visual y acústica.

Por lo que se refiere a la *modalidad visual*, una de las técnicas más comunes consiste en utilizar la separación natural de las vías visuales humanas. Como es bien sabido, esta separación divide el mundo visual es dos campos, cada uno de los cuales es proyectado a un hemisferio.

Proyectando muy brevemente estímulos a la izquierda o a la derecha del punto focal, es posible lateralizar la información, esto es, presentarla sólo a un hemisferio. Esta presentación a un solo lado dura una fracción de segundo, pero es suficiente para comparar las capacidades de procesamiento de un hemisferio con las del otro.

A pesar de la lateralización inicial en la presentación de los estímulos, ambos hemisferios tienen acceso a toda la información aferente

[22] De 2,5 a 5° a partir del punto de fijación es el ángulo más o menos adecuado para este particular.

tarde o temprano. En consecuencia, habría que preguntarse por qué se encuentran *de facto* diferencias en el rendimiento entre los dos campos visuales. La supuesta respuesta es que el hemisferio que recibe la información en primer lugar lleva ventaja al otro hemisferio, que recibe la información indirectamente a través del cuerpo calloso. Este trasvase interno de la información puede producir una pérdida de claridad sobre dicha información, como se ha visto.

Otra explicación es que sólo determinados tipos de información pueden trasvasarse a través del cuerpo calloso. Probablemente, la propia dinámica de un cerebro intacto esté implicada en utilizar las conexiones cruzadas para inhibir la duplicación del procesamiento, y no para transferir *inputs* sensoriales en estado puro.

En cualquier caso, se suele aceptar que el hemisferio que recibe la información en primer lugar tiene ventaja sobre el otro. La hipótesis general es que la condición experimental en la que la información se presenta directamente al hemisferio especializado en determinada función mostrará mejores resultados que aquella en que la información se dirige en primer lugar al otro hemisferio.

En general, se encuentra una ventaja del campo visual derecho (hemisferio izquierdo) en tareas que implican palabras y letras, mientras que hay una ventaja del campo visual izquierdo (hemisferio derecho) al utilizar estímulos visuales.

En este sentido, en nuestro equipo de trabajo se ha realizado una investigación en la que se estudia el problema de las asimetrías hemisféricas y su relación con el uso de estrategias mnémicas de repetición y de imágenes mentales. El paradigma experimental es el utilizado por Seamon y Gazzaniga (1973).

En el mismo, en primer lugar, a la persona se le presenta un estímulo modelo consistente en un par asociado (por ejemplo, SOL-PLAYA) que tiene que repetir subvocalmente, en una primera sesión experimental. En una segunda sesión experimental, a la persona se le pide que se forme una imagen mental interactiva a partir de las dos palabras del estímulo modelo. Usando una u otra estrategia mnémica, la persona retiene en su memoria la información contenida en el estímulo modelo durante las dos fases siguientes a la de la presentación del par de palabras, esto es, un perído en blanco y la aparición de un punto de fijación situado en el centro del campo visual. Por último, se presenta un estímulo de prueba, que en este caso es un dibujo que se puede corresponder o no con alguna de las dos palabras del par asociado contenido en el estímulo modelo.

El estímulo de prueba (dibujo) se proyecta al hemisferio derecho o izquierdo aleatoriamente. La persona responde «sí», cuando el dibujo se corresponde con alguna de las dos palabras del estímulo modelo, y «no» en caso contrario.

La hipótesis genérica que se maneja en esta condición es que cuando la persona utiliza una estrategia de repetición verbal y el hemisferio al que se proyecta el estímulo de prueba (dibujo) es el izquierdo, aparecerá una ventaja frente a cuando se proyecta al hemisferio derecho. Lo contrario se hipotetiza cuando la persona utiliza una estrategia de imágenes mentales.

En el caso concreto de nuestra investigación, el objetivo consiste en estudiar las diferencias individuales referidas a las ventajas obtenidas a partir del uso de esas dos estrategias mnémicas y del lugar de proyección. Los resultados indicaron que, independientemente de dónde se proyecte el estímulo de prueba, las personas tienen menores latencias cuando usan una estrategia visual. A pesar de ello, los sujetos con una alta aptitud verbal y una baja aptitud viso/espacial no manifiestan este patrón en muchas de las condiciones experimentales (véase Colom y Alonso, en preparación) lo que sugiere que, en efecto, la eficacia al usar determinadas estrategias cognitivas de representación viene predicha por los patrones aptitudinales de las personas que afrontan la tarea.

Por otro lado, en nuestro equipo de investigación se está estudiando, asimismo, el apoyo cartográfico que se le puede dar a los modelos de procesamiento de la figura 3.10, esto es, a las estrategias cognitivas utilizadas por distintas personas para resolver la tarea de verificación de frases pictóricas. Veamos su lógica.

Habrá que recordar que la tarea de verificación es la siguiente: en la fase de comprensión: *a*) se presenta una frase simple (estrella encima de cruz, estrella no encima de cruz, etc.); esta frase puede contener o no negaciones, y *b*) cuando el sujeto ha comprendido la frase presiona una tecla, y el ordenador pasa a la fase de verificación, en la que: *a*) se presenta un diagrama pictórico como el mostrado más abajo, y *b*) el sujeto debe decidir lo más rápidamente posible si el diagrama pictórico se corresponde con lo enunciado en la frase presentada en la fase de comprensión. Para responder el sujeto pulsa una tecla que corresponde a «sí» o a «no».

+

*

Las estrategias utilizadas espontáneamente por distintos sujetos para resolver esta tarea fueron, tomando como referencia datos de latencia y error, las siguientes. La estrategia lingüística supone que en la fase de comprensión: *a*) el sujeto lee la frase tal y como se presenta; *b*) la retiene; en la fase de verificación; *c*) se observa el dibujo; *d*) se describe el dibujo, y *e*) se compara esta descripción con la representación de la frase. Por lo que se refiere a la estrategia visual, en la fase de comprensión: *a*) se lee la frase; *b*) se forma una imagen del dibujo que describe la frase; en la fase de verificación; *c*) se observa el dibujo, y *d*) se compara el dibujo directamente con la expectativa visual del sujeto generada en *b*).

Las predicciones cartográficas se basan en la ubicación de electrodos que se representa en la figura A3.1[23].

Veamos las fases de procesamiento y su relación con la activación eléctrica cortical local. Por lo que respecta a la *estrategia lingüística*, las predicciones son las siguientes:

a) Leer la frase (complejo N2a-N2b-P3a en áreas parietales o en Wernicke); representar la frase (activación P3b en área de Wernicke); pulsar la tecla (negatividad previa a la respuesta en zonas premotoras del frontal izquierdo). *b*) Observar y representar el dibujo (complejo N2a-N2b en áreas parietales u occipitales secundarias); transformar dibujo a frase (P3a en área de Wernicke); comparar frases (P3b de gran amplitud en área Wernicke si la respuesta es verdadera. N400 si la respuesta es falsa); pulsar la tecla (negatividad previa a la respuesta en zonas premotoras del frontal izquierdo).

En cuanto a la estrategia pictórica las predicciones son éstas: *a*) Leer y representar la frase (complejo N2a-N2b en áreas parietales o en Wernicke); transformar a dibujo (activación P3b en área occipital secundaria); pulsar la tecla (negatividad previa a la respuesta en zonas premotoras del frontal izquierdo). *b*) Observar el dibujo (complejo N2a-N2b en áreas occipitales secundarias); transformar el dibujo en frase (P3a en áreas occipitales secundarias); comparación de dibujos (P3b de gran amplitud en áreas occipitales secundarias si es verdadera. Si es falsa, posiblemente se dé un gran potencial que puede ser una Peb de más amplitud o negatividad); pulsar la tecla (negatividad previa a la respuesta en zonas premotoras del frontal izquierdo).

---

[23] La secuencia que se va a exponer a continuación ha sido desarrollada por Manuel Martín Loeches, investigador del Departamento de Fisiología de la Facultad de Medicina de la Universidad Complutense de Madrid.

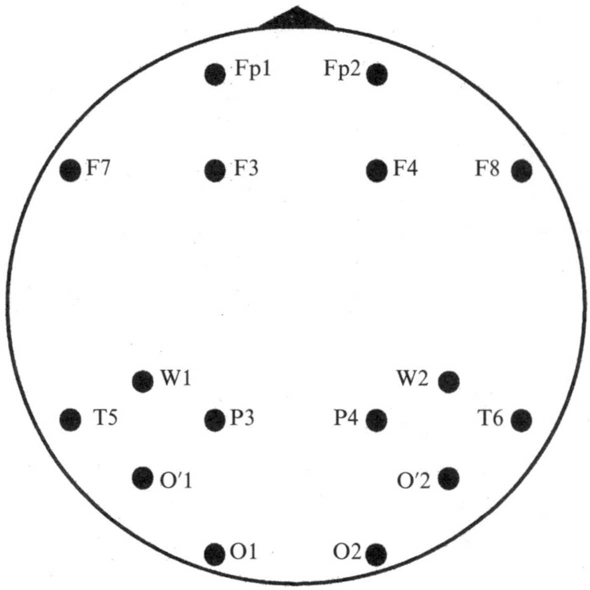

Figura A3.1.—Localización de electrodos en distintas zonas de la corteza cerebral para realizar un registro de potenciales provocados. Fp1 y Fp2 corresponden a las zonas frontopolares; F7 y F8 corresponden a las zonas frontales laterales y al polo temporal anterior; F3 y F4, zonas precentrales de control motor; W1, área de Wernicke; W2, contralateral y simétrico a W2; T5 y T6, zonas parieto-temporales (terciarias de asociación); P3 y P4, zonas parietales; O'1 y O'2, zonas secundarias occipitales; O1 y O2, zonas primarias occipitales.

Por otro lado, por lo que se refiere a la *modalidad acústica*, suele ser frecuente utilizar el paradigma de escucha dicótica. Aquí, la presentación simultánea de información diferente a cada oído lleva a la lateralización inicial del estímulo acústico. La información presentada al canal izquierdo se proyecta primero al hemisferio derecho, mientras que sucede lo contrario si se presenta al canal derecho. Cada oído envía la información a todos sus receptores de ambos hemisferios, por lo que la información completa sobre el estímulo presentado al canal derecho es inicialmente representada en ambos hemisferios, y viceversa.

Incluso en el caso de que el estímulo hablado fuera procesado sólo en un hemisferio, no se esperaría ninguna evidencia de asimetría, puesto que ambos canales disfrutan de un acceso directo a los dos hemisferios. Kimura (1961), no obstante, encontró una asimetría hace ya treinta años.

Puesto que no podía explicar este resultado en función de los datos neurológicos humanos disponibles, estudió los datos contenidos en las investigaciones sobre animales. Esto le informó que las proyecciones contra-laterales del oído al cerebro son más potentes que las vías ipsilaterales (dirigidas al hemisferio del mismo canal acústico).

Kimura razonó que cuando dos estímulos diferentes se presentan uno a cada canal simultáneamente, la diferencia en la potencia de las vías aumenta. De manera que la información que se envía ipsilateralmente se suprime por la vía contralateral al otro hemisferio y de allí a través del cuerpo calloso. El estímulo dirigido al canal derecho puede acceder al hemisferio izquierdo por la vía contralateral. Puesto que puede alcanzar el hemisferio izquierdo para su procesamiento mejor que su contraparte, por ejemplo, el canal izquierdo, se manifiesta una pequeña ventaja para el canal derecho. La vía contralateral, en consecuencia, es más potente que la ipsilateral, lo que es responsable de la ventaja que se puede observar empíricamente.

No obstante, los resultados de Kimura no se confirman cuando se presenta un estímulo simple a uno solo de los canales, esto es, monoauralmente. De manera que la vía ipsilateral que va del canal izquierdo al hemisferio izquierdo es funcional bajo condiciones de presentación monoaural.

Es necesario, por tanto, que se presente información por los dos canales simultáneamente, trabajando con un *paradigma de atención dividida*. De esta forma, la escucha dicótica permite lateralizar estímulos acústicos en un cerebro normal, de manera equivalente a la presentación taquistoscópica para la modalidad visual.

Ahora bien, para que la escucha dicótica tenga validez, deben presentarse dos estímulos simultáneamente a ambos canales, lo que la diferencia de la presentación taquistoscópica (visual). No obstante, estas diferencias son resultados de la diferencia anatómica entre el sistema visual y el acústico.

Investigaciones de sujetos con lesiones cerebrales

Se vio anteriormente que hay considerables diferencias individuales en la dirección y en el grado de lateralización de la función cerebral.

En este sentido, Rossi y Rosadini (1965) inyectaron amital sódico para anestesiar un solo hemisferio[24] y encontraron que el 90 por 100 de

---

[24] La intervención con este tipo de procedimientos, por desgracia, no está al alcance de cualquier investigador interesado en el tema, dado que sólo se puede trabajar con pacientes a los que se les indica el tratamiento, y esto con muchas reservas.

las personas diestras tienen el lenguaje lateralizado en el hemisferio izquierdo, mientras que en las personas zurdas esto sucede en un 64 por 100. El 10 por 100 restante de los diestros y el 36 por 100 de los zurdos tienen el patrón inverso de organización, o bien tienen una simetría funcional más o menos clara. Este patrón de resultados previene sobre las generalizaciones respecto a las asimetrías cerebrales, tomando como dato sólo la dexteralidad (lo que suele ser habitual).

Lenneberg (1967), por su parte, planteó que en las edades más tempranas de la vida, la localización de funciones no es fija, y ambos hemisferios tienen igual potencia.

No obstante, esta afirmación se ha puesto recientemente en cuestión. Parece que las asimetrías hemisféricas ya se observan en el neonato, de manera que se problematiza la afirmación sobre la supuesta equipotencialidad de los hemisferios respecto al problema de la dominancia hemisférica (véase Dean, 1985).

Por otro lado, al utilizar *terapia electroconvulsiva* se encuentra que: *a*) cuando se aplica al hemisferio izquierdo, se deteriora el aprendizaje de pares asociados (Fleminger y col., 1970), y *b*) cuando se aplica al hemisferio derecho, se deteriora el reconocimiento de figuras geométricas sin sentido (Miller, 1974).

Investigación de sujetos con el cerebro escindido

La lateralización de las funciones lingüísticas en el hemisferio izquierdo y las funciones visoespaciales en el hemisferio derecho se corroboran en los patrones de problemas mostrados por los pacientes con el cerebro escindido.

En estos casos, el paciente no puede nombrar o describir objetos o palabras presentados en el campo visual izquierdo. Tampoco puede nombrar objetos si se colocan en la mano izquierda del paciente. Esto es, el hemisferio derecho parece mudo. Una vez desconectado del hemisferio izquierdo, no tiene acceso a la mecánica lingüística.

No obstante, cuando se presentan palabras sencillas en el campo visual izquierdo, el paciente puede señalar en una pantalla con su mano izquierda un objeto correspondiente a dichas palabras. Cuando se complica la tarea, sin embargo, el rendimiento se empobrece significativamente.

El hemisferio derecho de estos sujetos es capaz de emparejar palabras visualmente. Esto es, si se presenta una palabra en el campo visual izquierdo, el sujeto puede seleccionar una palabra idéntica de entre una serie de candidatas. Sin embargo, es incapaz de realizar un emparejamiento fonético: por ejemplo, una palabra de prueba que rime con una palabra modelo (Levy y Trevarthen, 1977).

Este resultado parece pedir una modificación en la concepción del lenguaje como una función unitaria. Es decir, la codificación del habla y la codificación fonológica podrían reservarse al hemisferio izquierdo, pero el hemisferio derecho es capaz de algún tipo de análisis verbal (quizá grafológico).

En suma, el uso de estas estrategias de trabajo puede ser fundamental para discernir cuestiones teóricas de alto interés que se pueden presentar en el seno de un determinado programa de investigación dirigido al estudio de las diferencias individuales. O, en otras palabras, es necesario que los constructos que se manejan para el estudio científico de las diferencias individuales sean plausibles en términos orgánicos.

APÉNDICE 4
Medida computadorizada e instrucción asistida por ordenador[25]
(en colaboración con Óscar García López)

Para la investigación básica y aplicada de las diferencias individuales, el *ordenador* constituye un instrumento que permite la aplicación de experimentos de laboratorio y de tests psicológicos, el análisis de datos, la realización de simulaciones y un largo etcétera (véase el excelente manual editado por Algarabel y Sanmartín, 1990).

Por lo que se refiere al control experimental, el ordenador permite gestionar instrumentos especializados en la administración de variables experimentales, la generación de secuencias aleatorias, el control de los tiempos implicados en el desarrollo de la aplicación experimental, y la medida precisa de las variables de respuesta en tiempo real.

Además, el ordenador permite el almacenamiento de datos experimentales en soportes magnéticos, lo que facilita la recuperación de los datos con formatos estandarizados que facilitan su procesamiento posterior. Asimismo, facilita el análisis de resultados a través de paquetes de programas especializados (BMDP, SPSS, etc.).

En cualquier caso, hay que mencionar que es a partir de la década de los setenta cuando los entornos informáticos se convierten en un dispositivo habitual en el laboratorio de experimentación o la aplicación de tests psicológicos.

No obstante, un ordenador es actualmente algo distinto al ordenador de la década de los setenta. Cuando aparece a principios de la

[25] En la mayor parte de lo que sigue, nos vamos a referir a ordenadores personales o compatibles IBM PC. No haremos referencia a otro tipo de ordenadores de igual importancia tales como los APPLE.

década de los ochenta el IBM PC *(personal computer)* se produce una revolución tecnológica que afecta radicalmente a todos los campos (industrial, educativo, etc.) hasta tal punto que, en el momento presente, en todo tipo de instituciones el ordenador tiene una presencia casi obligada.

De todas formas, dado que el ordenador, como cualquier otra herramienta de amplio propósito, está sometido a eventuales mejoras, se ha introducido una serie de nuevas variables de gran importancia por lo que a la psicología se refiere. De esta forma, los ordenadores trabajan a una velocidad que ha llegado a multiplicar por varias cifras la original, que pueden desarrollar gráficos o imágenes de una resolución tal que dificulta la distinción entre una fotografía o una imagen televisiva de la generada por un ordenador, etc.

Hay que tener en consideración que en los primeros momentos del PC, el *software* (los programas) tendía a la dispersión, esto es, existía un gran índice de incompatibilidad entre los distintos programas. No obstante, esta incompatibilidad tiende a ser paliada actualmente a través de la introducción de sistemas que tienden a la convergencia o unificación del *software* hacia una vía común que coordine programas de distinto carácter y de gran variedad, sin introducir incompatibilidades.

Siguiendo esta línea, a principios de la década de los noventa comienza a explotarse la *hipermedia* y la *multimedia* (véase Fig. A4.1) conceptos sobre cuya definición no hay un excesivo consenso. De todas formas, se puede afirmar que se refieren a la integración de sistemas que incluyen sonido, vídeo, animación de imágenes, gran capacidad de almacenamiento (CD ROM), y periféricos que permiten introducir información de distinto carácter (verbal, musical, etc.), etc.

En el diseño de tareas de interés psicológico, el campo de los multimedia abre posibilidades sobre distintas variables de gran complejidad (presentación de imágenes reales animadas, simulaciones sobre el comportamiento en un determinado entorno natural o urbano, registro y evaluación de información de diverso carácter en tiempo real, etc.).

Así y todo, no hay que olvidar que estos sistemas se encuentran en su primera generación de desarrollo, con lo que resulta complejo establecer dónde comienzan y terminan sus posibilidades, máxime si se consideran las enormes posibilidades de aplicación.

Concretando lo dicho hasta el momento, algunas de las *ventajas* que se derivan del uso de entornos informáticos son las siguientes:

1. No es necesario saber utilizar un ordenador para poder realizar las tareas de interés psicológico. Así, por ejemplo, el sujeto

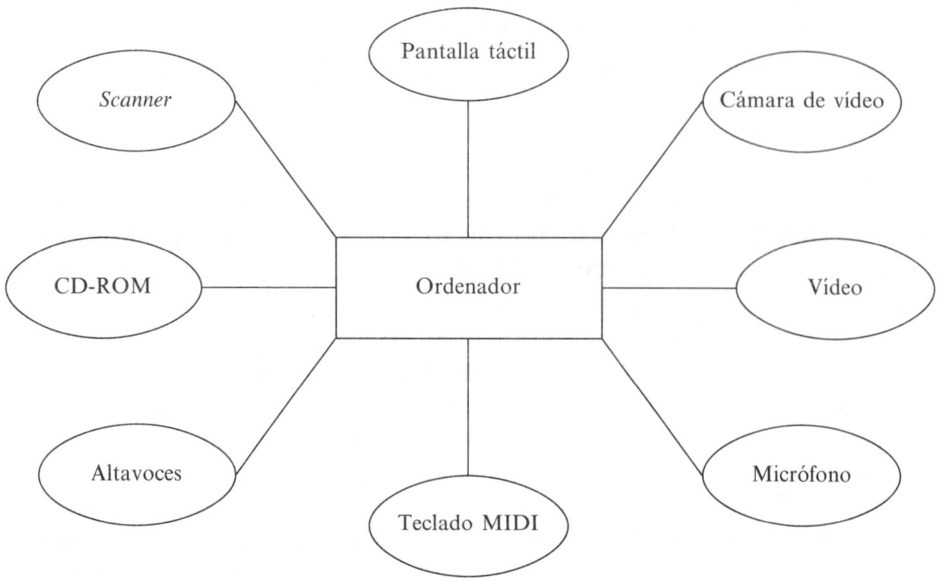

Figura A4.1.—Gracias a los entornos multimedia, existe la posibilidad de integrar en un ordenador distintos sistemas que permiten realizar trabajos que engloban sonido, vídeo, capturar imágenes, animaciones, etc. Cada uno de estos elementos aislados puede no significar mucho, pero la interacción de todos ellos crea una herramienta de tales características que impide afirmar dónde empiezan y terminan sus posibilidades. Podemos hacer que el ordenador nos muestre por pantalla imágenes reales (no dibujos) que hayan sido capturadas con un *scanner* o gracias a la tecnología DVI (vídeo digital interactivo) podemos hacer que nos muestre una escena real que hubiese sido previamente grabada con una cámara de vídeo, o un fragmento de película en el caso del vídeo. A su vez, gracias a las tarjetas de sonido y a los altavoces, nos puede suministrar información verbal como si se tratase de una persona, o sonidos de alto grado de complejidad (música). De la misma forma, podemos grabar prácticamente cualquier sonido con un micrófono e introducirlo en un ordenador. Con un teclado MIDI podemos introducir en el ordenador distintos tonos musicales o melodías de gran complejidad, y gracias a la pantalla táctil podemos hacer que el ordenador realice distintas operaciones simplemente presionando la pantalla, olvidándonos por completo del teclado, del ratón y de otros periféricos. La posibilidad de integrar estos sistemas implica la existencia de lugares físicos que puedan almacenar grandes cantidades de información, lo cual viene resuelto por la existencia de los discos compactos (CD-ROM).

puede contestar presionando una pantalla táctil en lugar de manejar un teclado, cuando pueda suponer cierta complejidad añadida (personas con escasa capacidad de motricidad fina en discriminación de pequeños espacios, personas con retraso mental, etc.).

2. Una mayor precisión y fluidez en la gestión de instrumentos especializados (taquistoscopio, llave fónica, etc.) en el registro y análisis de datos.
3. La automatización de procesos costosos como la generación de secuencias aleatorias para cada sujeto.

4. Un mejor control del tiempo durante toda la sesión experimental, estandarizando todo el proceso.
5. Una mayor flexibilidad para la detección de respuestas no previstas, usando las posibilidades de aportar un *feedback* concurrente con la actuación del sujeto.
6. La posibilidad de presentar y controlar varios estímulos de manera simultánea (por ejemplo, distintos estímulos en varias partes del monitor del ordenador).
7. La generación de sonidos y control de su frecuencia y duración, y de diferentes estímulos gráficos y control de la posición, velocidad y aceleración de puntos sobre un monitor.
8. Una mayor estandarización en la aplicación experimental, al disminuir la necesidad de la presencia física del experimentador.
9. La posibilidad de variar contingentemente los estímulos en función de las respuestas del sujeto.
10. El acceso automatizado a series de estímulos, bases de palabras, etc., frecuentemente utilizados en la investigación psicológica.
11. Posibilidad de ajustar los periféricos a las diferencias individuales presentadas por los sujetos. Por ejemplo, se pueden ajustar los ratones para personas zurdas, se puede aportar información verbalmente para personas ciegas, haciendo que el ordenador emita un mensaje acústico, etc.

Por su parte, las *limitaciones* del uso de entornos informáticos, que el investigador debe tener en cuenta, son las siguientes:

1. La necesidad de disponer, directa o indirectamente, de personal técnico preparado a nivel de programación informática.
2. La complejidad para adquirir *software* ajustado a las necesidades peculiares de una determinada investigación y su posterior integración en un sistema computadorizado.
3. La adaptación de determinadas tareas que necesitan respuestas específicas por parte de los sujetos (respuestas verbales, etc.).
4. La necesidad de disponer de ordenadores adaptados a las necesidades del sistema a utilizar. De esta forma, no se pueden introducir mensajes verbales si no se dispone de una tarjeta de sonido. Esto es así dado que, en un ordenador, pueden variar mucho sus componentes (hay multitud de tarjetas gráficas, de tarjetas de sonido, etc.).

5. La programación y el desarrollo de herramientas y programas de aplicación lleva mucho tiempo. También es costosa su comprobación y ajuste, lo que invita al diseño de programas puntuales. Además, si se trabaja con sistemas especializados, el aprendizaje de su manejo es muy laborioso.
6. El uso de ordenadores puede llevar a la pérdida de estandarización en los programas utilizados en los laboratorios, dado que se tiende a diseñar programas específicos y puntuales para una determinada investigación. Además, no siempre se diseñan esos programas por personal realmente especializado en las tareas de programación.
7. La versatilidad de un programa es limitada; las respuestas inesperadas de un sujeto pueden invalidar un experimento.
8. El problema del número de ordenadores disponibles si se tiene que utilizar una muestra muy amplia y la necesidad de un lugar físico de determinadas características que permita ubicar a los ordenadores (por ejemplo, si hay que registrar respuestas vocales, los ordenadores han de estar aislados en cabinas).

Por lo que se refiere a los problemas de *fiabilidad* de los entornos informáticos, se debe comentar que la misma se puede alterar por una serie de motivos:

1. La deformación en la transferencia de datos, cuando la presentación de estímulos o la medida de respuestas está asociada a un instrumento distinto al ordenador; aquí el problema radica en las conexiones entre el aparato y el ordenador.
2. La falta de precisión en las medidas tomadas con el ordenador. En general, el ordenador se utiliza para el control y medida del tiempo a nivel de milisegundos, pero esta posibilidad no suele estar disponible en la configuración normal de un ordenador, lo que requiere la incorporación de determinadas modificaciones en el *hardware* o el uso de programas especializados.
3. La inestabilidad en las operaciones realizadas por el ordenador. Esto puede producirse por cambios eléctricos en la fuente de alimentación, por malos contactos, etc. Cuando se utiliza el monitor de un ordenador para presentar estímulos visuales durante períodos muy breves de tiempo, pueden obtenerse fluctuaciones de aproximadamente 16 milisegundos si la presentación del estímulo no se sincroniza con el barrido natural del monitor.

4. El tamaño de los monitores y la distinta resolución a que da lugar la gran variedad de tarjetas gráficas puede introducir diferencias significativas en la presentación de estímulos de ordenador a ordenador.
5. La velocidad de procesamiento de distintos ordenadores puede modificar la rapidez de ejecución de la tarea.

En cuanto a la *validez*, es importante tener en cuenta que:

1. La introducción de estímulos adicionales no específicos y no aleatorios puede proporcionar pistas al sujeto o dar lugar a una mayor varianza que la propiamente experimental; por ejemplo, el sonido de un relé no se produce en un entorno informatizado.
2. La introducción de ensayos de práctica se facilita en entornos informáticos, dado que todo el proceso se encuentra automatizado. Se facilita la programación de secuencias aleatorias para cada sujeto y el balanceado automático de la aplicación de las condiciones experimentales.
3. El distinto grado de familiaridad de los sujetos experimentales con los entornos informáticos puede afectar a la validez del experimento.
4. Dado el creciente uso de los ordenadores, o al menos la presencia física de ese tipo de dispositivos en la vida cotidiana, la utilización de este instrumento en la investigación psicológica puede disminuir la reactividad y aumentar la validez ecológica del trabajo experimental.
5. Las respuestas imprevistas de los sujetos deben poder ser detectadas, esto es, deben quedar registradas en el soporte magnético, para evitar problemas de representatividad.

Hay varias herramientas que permiten diseñar experimentos psicológicos a través del ordenador, tanto en entornos IBM como en APPLE. Así, por ejemplo, IBM dispone en el mercado del *Micro Experimental Lab* (MEL) y APPLE del *Mac Laboratory*, ambos con una variedad de versiones. Estos dos programas permiten satisfacer una gran cantidad de necesidades relacionadas con la investigación de laboratorio y, lo que es quizá más importante, ahorrar mucho tiempo de tediosa programación y análisis de resultados.

Medida computadorizada

Un sistema computadorizado presenta los ítems de un determinado test, registra las respuestas, y las analiza. Los ítems se presentan a través de un periférico (pantalla, altavoces, etc.) del ordenador y el sujeto responde a través de otros periféricos (teclado, ratón, pantalla táctil, micrófono, etc.) siguiendo las instrucciones dadas por el propio ordenador.

La medida computadorizada consiste en ir más allá de las técnicas de papel y lápiz, tratando de sacarle el mayor rendimiento posible al *hardware* y al *software* del ordenador.

El objetivo es *adaptar el sistema a las características individuales de las personas evaluadas*. Una tarea previa fundamental es explicarle al sujeto que no es preciso ser un experto en informática para poder realizar un test en un entorno informático. Además, las instrucciones deben ser lo más sencillas posible.

El ordenador ha permitido el desarrollo de nuevas estrategias de aplicación de tests con el objeto de aumentar la precisión y validez de la medida psicológica. Estos tests se denominan *tests adaptativos* (para medir la inteligencia).

Un test adaptativo es un proceso de aplicación de tests en el que los ítems que el sujeto contesta son resultado de las respuestas a ítems previos. El ordenador presenta un ítem, registra la respuesta, y la presentación del siguiente ítem está determinada por la respuesta al ítem anterior. Caso de que la respuesta sea correcta, el ordenador presentará un ítem más difícil; caso de que sea incorrecta, el ordenador presentará un ítem más fácil.

Un test adaptativo produce medidas de mayor calidad que un test convencional, utilizando un número menor de ítems. Esta mejora produce un aumento en la precisión de la medida a todos los niveles, lo que implica una mejora en las características propias de cualquier test: fiabilidad y validez. Un test adaptativo permite evaluar con la misma precisión a todos los individuos, independientemente del nivel de habilidad en que se encuentran (alto, medio o bajo). El único requisito es que los ítems aplicados deben disponer de parámetros de dificultad y discriminación adecuados al nivel de habilidad en el que se encuentra el individuo evaluado.

McBride (1979) presenta un esquema para clasificar los tests adaptativos:

1. Estrategias que requieren un ordenamiento de los ítems bajo

algún criterio (nivel de dificultad) y estrategias que no lo necesitan.

2. Algoritmos de selección de los ítems: mecánicos o matemáticos.
3. Estrategias que distinguen si se debe aplicar el mismo o distinto número de ítems a todos los individuos, y cuáles son los criterios de finalización del test.

Las estrategias más comunes son las siguientes:

1. *Tests de dos etapas*: en la primera etapa se aplica un test de rutas, cuyo objetivo es asignar un individuo a un determinado nivel de rendimiento. El test de la segunda etapa pertenece al nivel de rendimiento obtenido en la primera etapa por un determinado sujeto. Hay que tener en cuenta que el nivel de dificultad es distinto en ambos tests, por lo que las puntuaciones no son comparables para individuos con distinto nivel de habilidad. Una solución sería utilizar como puntuación la dificultad promedio de todos los ítems aplicados.

En cualquier caso, hay que tener en cuenta:

a) el número total de ítems aplicados a cada sujeto;
b) el número de tests de segunda etapa disponibles;
c) el número de alternativas de respuesta disponibles;
d) el número de ítems en el test de rutas;
e) el nivel de dificultad del test de rutas;
f) el método de puntuación del test de rutas;
g) la puntuación de corte en el test de rutas que determina la aplicación del segundo test;
h) el nivel de dificultad del segundo test;
i) el método de puntuación para ambos tests.

2. *Tests de nivel flexible:* aquí es necesario un conjunto estructurado de ítems dispuestos según su nivel de dificultad. La longitud del test es fija. Si es de longitud k, entonces se requieren al menos ($2k$-1) ítems. Cada individuo comienza el test respondiendo el ítem cuya dificultad es la mediana de los índices de dificultad de todos los ítems. Si la respuesta es correcta, procede a contestar el ítem siguiente de mayor dificultad; si es incorrecta, contesta el ítem siguiente de menor dificultad. La puntuación de un sujeto será el número de respuestas correctas si responde correctamente al último ítem; si la última respuesta es incorrecta, la puntuación será el número de respuestas correctas más medio punto.

3. *Tests ramificados:* el individuo comienza contestando un ítem de dificultad moderada; en función de la respuesta, se presenta un ítem

más fácil o más difícil. Todos los ítems situados al mismo nivel tienen el mismo índice de dificultad. Un problema es determinar la cantidad en que debe aumentar o disminuir la dificultad de cada ítem. Para resolver este problema hay tres estrategias:

a) *Up-down:* aumentar o disminuir una cantidad constante la dificultad del ítem en función de la respuesta; los índices de dificultad serán iguales para los ítems situados en la misma fila.
b) *H-L:* H y L son enteros positivos; es una generalización de la estrategia anterior.
c) *Robbins-Monro:* el valor constante va disminuyendo a medida que avanza el test; si esta disminución se realiza convenientemente, el último ítem presentado es una estimación consistente de la habilidad del sujeto.

El problema de esta tercera estrategia es que no puede utilizarse para tests con alto número de ítems.

4. *Tests estratificados:* los ítems se agrupan por estratos en función de su nivel de dificultad. Los ítems se sitúan dentro de cada estrato de mayor a menor discriminación, de manera que un individuo responde siempre a los ítems más discriminativos de cada estrato, en primer lugar. Si el sujeto acierta el ítem del estrato x, entonces el siguiente ítem pertenecerá al estrato $(x + 1)$; si falla, el ítem siguiente será del estrato $(x - 1)$. La regla de terminación del test puede ser fija o variable; caso de que sea variable, el criterio de terminación será función de que el sujeto no conteste ningún ítem de un estrato (efecto suelo). La puntuación del sujeto será el promedio de los porcentajes de ítems acertados en cada uno de los estratos.

Un ejemplo de cómo articular una batería para medir una diversidad de capacidades cognitivas es la desarrollada por el *Laboratorio Armstrong.* Concretamente, la batería de capacidades cognitivas (*CAM Battery*) parte de una taxonomía en la que quedan reflejados los procesos elementales que se tratan de medir usando entornos informáticos.

Los tests o tareas que permiten medir las variables cognitivas de interés se seleccionan a partir de cinco criterios fundamentales. Primero, los tests se han de aplicar vía ordenador. Segundo, los tests han de ser de fácil explicación y comprensión. Tercero, los tests han de ser relativamente breves (aproximadamente 5 tests en una sesión de dos horas y media). En el caso ideal, cada test debe suponer no más de veinte minutos. Cuarto, los tests han de estudiar capacidades o procesos identificados o usados en más de una investigación previa (criterio de invarianza). Por último, los tests han de cubrir un espectro amplio de las capacidades humanas para procesar información. Esto se facilita a través de la construcción de la taxonomía de procesos anunciada líneas más arriba.

En este sentido, las variables de interés son procesos cognitivos, capacidades y habilidades que se pueden considerar primarias o elementales, en tanto no se puedan descomponer en procesos más primitivos.

Por tanto, interesan no tanto las tareas, las cuales incluyen el *input*, el procesamiento y el *output*, sino los mismos *procesos*.

Las categorías taxonómicas se han seleccionado para aportar 8 categorías de amplio espectro en las que situar los diversos tests cognitivos de aplicación vía ordenador que contiene la batería. Hay que tener en cuenta que cada uno de los tests no tiene por qué ajustarse sólo a una categoría.

Las categorías son las siguientes:

1. *Procesos perceptivos* (P): los tests de esta categoría hacen referencia a los procesos de extracción de la información del ambiente. Las respuestas dependen del estímulo, y no tanto de un procesamiento complejo o una transformación de los estímulos.
2. *Procesos de juicio* (J): estos tests requieren comparar dos o más estímulos de determinada manera.
3. *Capacidades espaciales* (E): consiste en el análisis de información espacial a partir de un determinado estímulo.
4. *Aprendizaje* (A): requiere que el examinado aprenda una determinada información bajo condiciones controladas. Las puntuaciones indicarán la cantidad o proporción del aprendizaje.
5. *Memoria* (M): requiere el uso de la memoria a corto o a largo término.
6. *Transformaciones de la información* (T): los tests de esta categoría implican que a partir de la información estimular se reduzca, aumente, o no se modifique en absoluto la misma para poder dar una respuesta. En general, supone transformar mentalmente un estímulo o alguna de sus partes.
7. *Procesos lingüísticos* (L): estos tests demandan las capacidades de procesamiento del sistema lingüístico de manera explícita.
8. *Resolución de problemas* (R): estos tests exigen un análisis complejo, novedoso o creativo de la información, para poder responder.

TABLA A4.1

Taxonomía sobre la que se construye la Batería de Capacidades Cognitivas, desarrollada por el Armstrong Laboratory. En ella pueden apreciarse los procesos cognitivos que se tratan de medir y el tipo de tareas usadas a tal efecto (véase el texto) (adaptada de Fairbank y cols., 1991)

Tests	P	J	E	A	M	T	L	R
1. TR simple	×							
2. TR de doble elección	×					×		
3. Posner (IF)	×							
4. Posner (IN)					×			
5. Palabra única		×			×		×	
6. Pares de palabras		×			×	×	×	
7. Vocabulario adaptativo							×	
8. Sternberg (dígitos)					×			
9. Sternberg (palabras)					×		×	
10. Operaciones numéricas						×		
11. Verificación de frases			×			×	×	
12. Aprendizaje de pares asociados				×	×			
13. Moyer-Landauer	×	×						
14. TR de elección (2, 3, 4, 6)	×					×		
15. Reaprendizaje de pares asociados				×	×			
16. Reconocimiento					×		×	
17. Respuestas aleatorias						×		
18. Interferencias transitivas		×				×	×	×
19. Amplitud de memoria					×			
20. Letras anómalas					×		×	×
21. Pares asociados continuos				×	×			
22. Simon-Kotovsky								×
23. Búsqueda visual	×							
24. Juicios sobre longitud	×	×	×					
25. Sunday-Tuesday					×	×		
26. Priming							×	
27. Rotación de figuras	×		×					
28. Tarea doble *(tapping)*	×				×			
29. Memoria espacial	×		×		×			
30. Collins y Quillian					×		×	

A partir de aquí, los diversos tests cognitivos se pueden categorizar de la forma en que se muestra en la tabla A4.1.

Una de las mayores ventajas de la Batería de Capacidades Cognitivas es que permite medir una serie de capacidades no susceptibles de tratamiento mediante las técnicas habituales basadas en el papel y el lápiz, dado que utiliza un *entorno informático*. Entre estas capacidades se encuentran las siguientes:

1. Procesamiento temporal.
2. Coordinación de varias tareas.
3. Aprendizaje por bloques.
4. Rapidez de procesamiento.

Además, las características de la Batería de Capacidades Cognitivas permiten mezclar los tests computadorizados intra e inter-sujetos, controlar el balance rapidez/precisión, dar *feedback* sobre el rendimiento de manera inmediata y obtener datos nada más terminar la sesión.

Las medidas resultantes de la aplicación de esta batería arrojan índices concretos del rendimiento de las personas y no numerales generales como en el caso de los instrumentos psicométricos habituales (Kyllonen, 1991).

En resumen, la medida computadorizada puede llevarse a cabo a través de diversas estrategias, y, en principio, constituye una alternativa a la medida realizada mediante las técnicas de papel y lápiz, aunque quizá fuese más conveniente considerarla complementaria de esta última.

Instrucción asistida por ordenador

La tecnología informática comenzó a aplicarse al proceso de aprendizaje humano en el momento en que este proceso se pudo organizar a partir de los desarrollos en la teoría e investigación a este respecto.

Cualquier técnica de instrucción debe instigar la actividad del alumno, dado que para aprender el alumno debe mantenerse activo. Para lograr este objetivo, la instrucción debe basarse en la psicología de las diferencias individuales y en la teoría del aprendizaje (véase Vaquero, 1990).

En cualquier tipo de instrucción se deben definir los objetivos de la manera más precisa posible; a partir de aquí debe organizarse el material de la forma más lógica para conseguir los objetivos didácticos deseados. Los resultados se han de medir, para lo cual ha de especificarse una serie de *criterios de éxito.*

La instrucción programada se denomina así dado que la idea central es que el alumno realice secuencialmente una serie de actividades estructuradas; el resultado debe ser la adquisición de un determinado conocimiento.

Las características de la instrucción programada son las siguientes:

1. Capacidad de instruir sin participación directa del profesor, lo que facilita que *el alumno pueda aprender a su propio ritmo.*
2. Distribución del material en pequeñas partes y presentación de estas partes en secuencias organizadas psicológicamente.

3. El programa debe perdirle al alumno respuestas con relativa frecuencia, para que de esta forma el proceso sea realmente activo.
4. Confirmación inmediata de la exactitud de la respuesta dada por el alumno.
5. Poner a prueba el programa con una serie de estudiantes y ajustarlo para que pueda cubrir las necesidades del proceso de instrucción.

Pues bien, el primer tipo de *instrucción programada* fue el *lineal*, propuesto inicialmente por Skinner, y está basado en el principio de respuesta activa. Este método se basa en que el alumno aprende solamente lo que el programa le obliga a hacer. Así, cada unidad de información contiene una pregunta y el alumno tiene que construir la respuesta. El alumno aprende su respuesta. La exactitud de la respuesta debe ser confirmada al momento. Cuando la respuesta es incorrecta, hay que darle la respuesta correcta y volver sobre la pregunta hasta que el alumno la conteste con propiedad.

La programación lineal permite que la velocidad de aprendizaje dependa de las características individuales del alumno. No obstante, el material de instrucción y el orden de presentación de los elementos es igual para todos los alumnos.

El segundo tipo de *instrucción programada es el ramificado.* Aquí, hay varias alternativas de respuesta. Este programa está basado en *el principio de control adaptativo aplicado al caso del aprendizaje individual.* El proceso consiste en una secuencia de pasos que el alumno debe seguir. Cada paso consiste en una unidad de material que debe ser codificada; a continuación se presenta una pregunta cuya respuesta es de elección múltiple. El alumno escoge una de las alternativas de respuesta. La respuesta elegida condiciona la siguiente unidad de información que se presentará al alumno. El material que se presenta a cada estudiante está directa y continuamente controlado por la forma particular de adquisición de conocimientos que tenga éste. La ruta seguida a través del programa es propia de cada alumno y, en consecuencia, es impredictible. Esto permite una interacción sujeto-máquina, que permite al sujeto seguir determinados intereses particulares, esto es, ir única y exclusivamente a la información que desconoce y obviar la que ya conoce. Este proceso interactivo permite a un sujeto *navegar* por un sistema, que contiene una base de conocimiento, aparentemente sin límite (por ejemplo, el hipertexto).

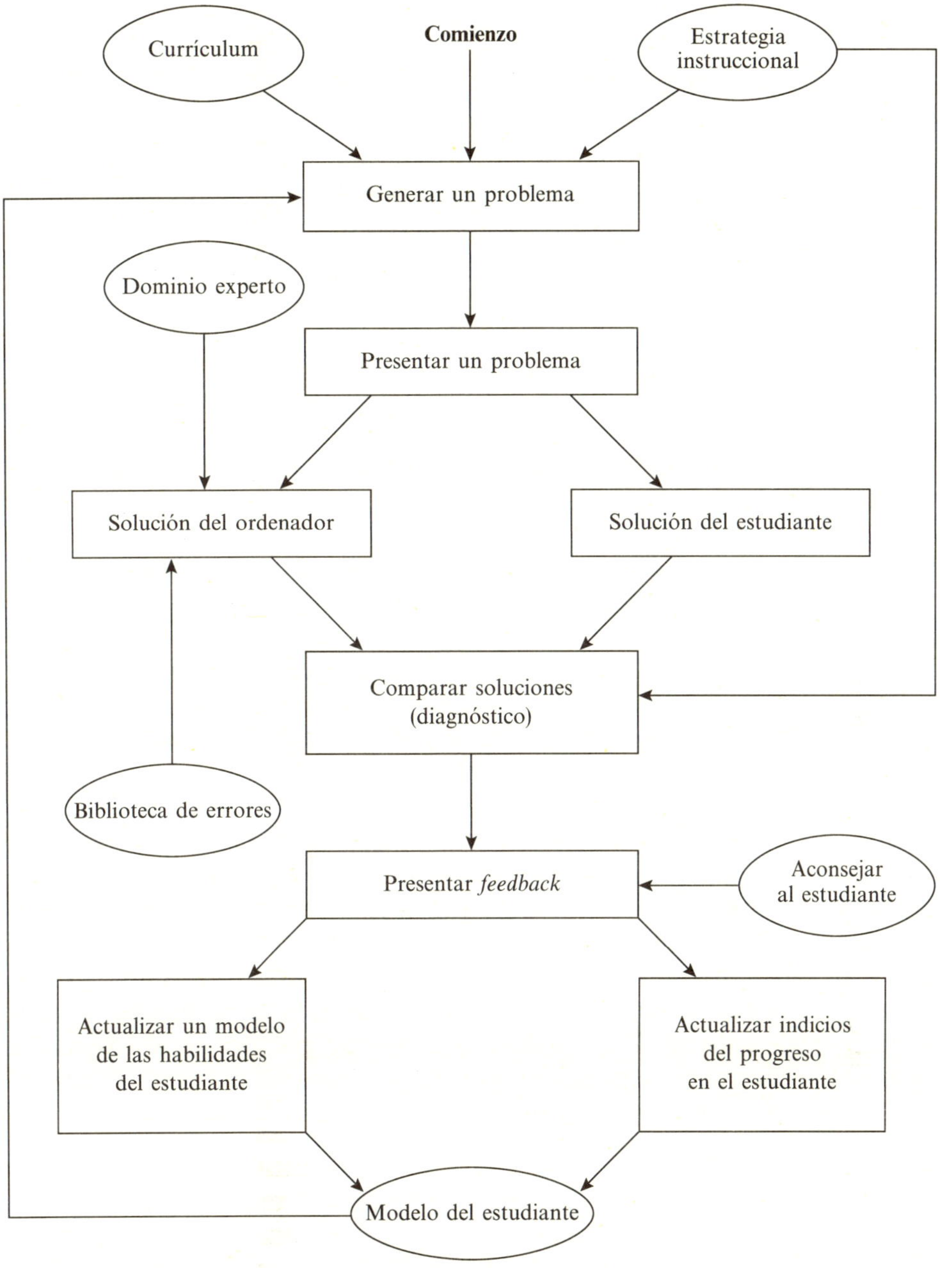

Figura A4.2.—Esquema básico de un *Intelligent Tutoring System* o tutor inteligente (véase texto) (adaptado de Kyllonen y Shute, 1989).

En cualquier caso, un programa con preguntas de elección múltiple no es un programa intrínseco *per se*, a menos que, para cada elección, el material asociado haya sido preparado específicamente para el tipo de estudiante que haga esa elección.

La base de la programación intrínseca radica en el postulado de que el aprendizaje tiene lugar durante la exposición de la información en cada paso. La respuesta elegida es el medio de saber qué ha aprendido el alumno y, en consecuencia, de decidir qué hace falta para completar la comprensión.

Inicialmente, se comenzó utilizando el ordenador para impartir la instrucción de manera que *los elementos a aprender (ítems) y la secuencia de exposición de los mismos estuviesen adaptados a las diferencias individuales de los alumnos* (forma tutorial). Las primeras experiencias de enseñanza impartida a través del ordenador comenzaron en los Estados Unidos a principios de los años setenta[26].

El ordenador presenta el material didáctico y el alumno interactúa a través de un terminal. El ordenador controla el aprendizaje y realiza funciones de diagnóstico, evaluación continua y prescripción para avanzar. Para comunicarse con el alumno se puede dotar al sistema de muchas posibilidades. La información que se presenta al alumno puede ser textual, gráfica o mixta. En las respuestas de elección múltiple, el alumno coloca el cursor encima de la alternativa elegida, puede utilizar el ratón, presionar una pantalla táctil, etc.[27].

El diseño del material didáctico informatizado trata de anticipar toda posible respuesta errónea para establecer el remedio adecuado, basándose en una idea sobre el defecto conceptual que ha llevado al alumno a cometer ese error. Esta individualización de la instrucción enseñanza se aplicó mediante la programación ramificada de Crowder en los sistemas orientados a marcos *(frames)*. No obstante, este procedimiento es muy arriesgado, dado que en muchos casos el necesario diagnóstico para corregir los errores no se puede prever. En estos casos, sería más económico explotar el sistema informático aplicando técnicas de *Inteligencia Artificial* para diseñar tutores inteligentes.

[26] En 1965 se aplicaban técnicas de instrucción asistida por ordenador para aumentar el nivel de conocimientos de los niños en inglés básico y en matemáticas elementales, a través de la realización de ejercicios y prácticas, en la Universidad de Stanford. Por aquel entonces comenzaban los primeros intentos en Europa. Por ejemplo, en 1965 ya estaba operativo un sistema de instrucción automática en el laboratorio de computadoras del CSIC.

[27] Si el terminal tiene entrada para lápiz óptico, la elección puede hacerse colocando el lápiz encima de la alternativa; también es posible que la pantalla sea táctil, en cuyo caso basta con tocar la alternativa elegida.

Un ITS (*Intelligent Tutoring System*; véase Fig. A4.2) contiene representado el tema objeto de instrucción. Un ITS no se puede limitar a decirle a un alumno que está equivocado y mostrarle a continuación el material de remedio previsto, sino que debe estar preparado para establecer, en tiempo real, hipótesis sobre las causas de las dificultades que encuentra el alumno basándose en el historial de sus errores. El ITS debe descubrir lo que el alumno está haciendo, en vez de conocer a priori lo que se supone que está haciendo.

Así, un tutor inteligente debe controlar dinámicamente las estrategias de control de presentación del material a enseñar. Cuanto mejor acotado esté el tema en el que supuestamente el tutor es profesor experto, tanto más eficiente será el ITS. Ejemplos de ITS son SCHOLAR (tema: geografía de América del Sur), SOPHIE (tema: fallos en circuitos electrónicos) y EXCHECK (tema: lógica y teoría de conjuntos).

En el modo ejercicios, el aprendizaje se basa en la repetición y práctica de conceptos a través de los problemas y experiencias que proporciona el sistema y el alumno propone. El sistema presenta una pregunta; si la respuesta del alumno es correcta se le comunica al alumno de manera inmediata y se registra. Si la respuesta es incorrecta, se le envía al material de repaso.

Actualmente se tiende a que los problemas propuestos sean generados por el sistema en el momento de proponerlos y no que los seleccione de entre un lote de problemas concretos. Esto se consigue con generadores de problemas, que pueden proponer problemas de determinado nivel de dificultad dependiendo del estado del alumno. Hay generadores basados en técnicas de la Inteligencia Artificial que trabajan sobre una base de conocimientos que representa el tema que se enseña. Esta generación de problemas sobre la marcha exige un sistema que evalúe la exactitud de la respuesta, también sobre la marcha; este sistema evaluador suele ser un *sistema experto* que trata de simular a un evaluador humano.

En los contextos en los que se desea entrenar determinadas habilidades, se utilizan sistemas expertos que actúan como generadores de situaciones problema y como evaluadores de las respuestas dadas por los alumnos a esas situaciones.

Los procedimientos de simulación también son muy importantes en los contextos instruccionales. El objetivo es presentar artificialmente una situación real para que el alumno participe y aprenda en ese proceso. Esto exige utilizar técnicas gráficas interactivas, de construcción de figuras, de animación de imágenes, etc. Esta simulación permite preparar a un sujeto para ponerlo a prueba antes de que se enfrente *de facto* a la situación real.

Finalmente, las herramientas para construir *software* instruccional son, fundamentalmente, las siguientes (Vaquero, 1990):

1. *Lenguajes de programación de propósito general.* La ventaja es que no es necesario comprar nada especial, dado que todo ordenador compatible va equipado con alguno de estos lenguajes (FORTRAN, APL, BASIC, PASCAL). Una segunda ventaja es que estos lenguajes permiten explotar todas las posibilidades del ordenador. Una desventaja clara, por contra, es que para poder utilizar este lenguaje hay que tener conocimientos profundos del mismo y de informática, lo que suele llevar a una infrautilización de las posibilidades del ordenador. Asimismo, el tiempo para desarrollar *software* instruccional por este procedimiento es demasiado largo.
2. *Lenguajes de autor:* están específicamente concebidos para el desarrollo de las aplicaciones pedagógicas de los ordenadores. Las expresiones de un lenguaje de autor suelen representar una síntesis de una serie de expresiones de un lenguaje de programación clásico. Ejemplos son COURSEWRITER, TUTOR, PLANIT, NATAL, PILOT, PEPA MACA. La crítica a estos lenguajes es que no evitan la programación; además, aunque no son tan complejos como los de propósito general, sí se requiere el mismo tiempo de aprendizaje (Lipson y Fisher, 1985) e introducen algunas limitaciones que sólo se pueden superar con los lenguajes de programación de propósito general.
3. *Los sistemas de autor* no necesitan programar. El autor especifica los contenidos de la materia que quiere enseñar y la estrategia de control del aprendizaje (acciones a realizar según la respuesta del alumno) que desea emplear. A partir de aquí, el sistema de autor genera automáticamente el programa correspondiente a las especificaciones detalladas. Ejemplos: VAULT, TICCIT, SOFCRATES, MICROPLATO, DUO, SIETE. La ventaja fundamental es que se necesita sólo una noción sobre informática. Además, el tiempo de desarrollo del *software* instruccional se reduce a la mitad con relación al uso de otros lenguajes de programación, incluyendo el tiempo dedicado al diseño pedagógico *per se* que no se ve afectado, evidentemente, por el tipo de lenguaje.

En suma, los sistemas de autor actuales están orientados a la creación de enseñanza asistida en modo tutorial *(adaptados a las diferencias individuales de los alumnos)* y la información se presenta en forma de texto. Los sistemas de autor también se prestan al desarrollo de simulaciones y juegos. Algunos sistemas de autor permiten incorporar a las lecciones programas de simulación escritos en un lenguaje de programación de propósito general.

Referencias bibliográficas

Ackerman, P. L.; Sternberg, R. J. y Glaser, R. (1989): *Learning and Individual Differences.* Nueva York: Freeman.

Algarabel, S., y Sanmartín, J. (1990): *Métodos informáticos aplicados a la psicología.* Madrid: Pirámide.

Alker, H. A. (1972): «Is personality situationally specific or intrapsychically consistent?». *Journal of Personality, 40,* 1-16.

Álvarez Villar, A. (1966): *Psicología Genética y Diferencial.* Madrid: Aguilar.

Allport, G. W. (1955): *Becoming: Basic Considerations for a Psychology of Personality.* New Haven: Yale University Press.

Allport, G. W. (1966): «Traits revisited». *American Psychologist, 21,* 1-10.

Allport, G. W., y Odbert, H. S. (1936): «Trait names: A psycho-lexical study». *Psychological Monographs, 47,* 171.

Amabile, T. M., y Kabat, L. G. (1982): «When self description contradicts behavior: actions do speak louder than words». *Social Cognition, 1,* 311-335.

Amelang, M., y Bartussek, D. (1981): *Psicología Diferencial e Investigación de la Personalidad.* Barcelona: Herder, 1986.

Amelang, M. y Borkenau, P. (1982): «Uber die faktorielle struktur und externe validität einiger fragebogen-skalen zur erfassung von dimensionen der extraversion und emotionalen lanilität». *Zeitschrfit für Diffentielle und Diagnostiche Psychologie, 3,* 119-146.

Amelang, M.; Wendt, W., y Fründt, H. (1977): «Zum Einflub von extraversion/introversion auf konsolidierungprozesse beim behalten verbalen materials». *Zeitschrift für Experimentelle und Angewandte Psychologie, 24,* 525-545.

Anastasi, A. (1936): «The influence of specific experience upon mental organization». *Genetic Psychology Monographs, 18,* 245-355.

Anastasi, A. (1953): «Individual differences». *Annual Review of Psychology, 4,* 137-156.

Anastasi, A. (1958): *Psicología Diferencial.* Madrid: Aguilar, 1967.

Anastasi, A. (1970): «On the formation of psychological traits». *American Psychologist, 25,* 899-910.

Anastasi, A. (1983): «Evolving trait concepts». *American Psychologist,* febrero, páginas 175-184.

Ancona, L. (1962): «Questioni de Psicologia». *La Scooula Editrica.*

Andenberg, M. (1973): «Cluster analysis for applications». Nueva York: Academic Press.

Anderson, J. (1978): «Argumento acerca de las representaciones mediante la capacidad para formar imágenes mentales». En M. V. Sebastián (comp.): *Lecturas de Psicología de la Memoria.* Madrid: Alianza, 1983.

Anderson, J. (1979): «Further arguments concerning representations for mental imagery: A response to Hayes-Roth and Pylyshyn». *Psychological Review, 86,* 4, 395-406.

Andrae, T. (1966): *Mahoma*. Madrid: Alianza.
Andrés Pueyo, A. (1989a): «Origen, historia y tendencias de la psicología diferencial». En A. Andrés Pueyo y J. M. Tous Ral (eds.): *Psicología Diferencial y de la Personalidad: lecturas*. Barcelona: PPU.
Andrés Pueyo, A. (1989b): «La variabilidad de los individuos y su incidencia en la psicología». En A. Andrés Pueyo y J. M. Tous Ral (eds.): *Psicología Diferencial y de la Personalidad: lecturas*. Barcelona: PPU.
Andrich, D. (1988): *Rasch Models for Measurement*. California: Sage.
Arabie, P., y Carroll, J. D. (1980): «MAPCLUS: A mathematical programming approach to fitting the ADCLUS model». *Psychometrika*, *45*, 211-235.
Argylle, M., y Little, B. R. (1972): «Do personality traits apply to social behavior?». *Journal for the Theory of Social Behavior*, *2*, 1-35.
Arnau, J. (1982): La explicación en psicología experimental: del conductismo al cognitivismo (una alternativa paradigmática)». En I. Delclaux y J. Seoane (eds.): *Psicología Cognitiva y Procesamiento de la Información*. Madrid: Pirámide.
Arnau, J., y Carpintero, H. (1989): *Tratado de Psicología General: Historia, Teoría y Método*. Madrid: Alhambra.
Asher, H. B. (1983): *Causal Modeling*. California: Sage.
Atwood, M. E., y Polson, P. G. (1976): «A process model for water jug problems». *Cognitive Psychology*, *8*, 191-216.
Avia, M. D. (1978): «Personalidad: ¿Consistencia intrapsíquica o especificidad situacional?». *Análisis y Modificación de Conducta*, *4*, 111-128.
Avia, M.D. (1992): «El enigma de los *big five*: ¿realidad o representación?». *Estudios de psicología*, *47*, 67-71.
Bain, A. (1855): *The Senses and the Intellect*. Londres: Parker.
Baltes, P., y Nesselroade, J. R. (1973): «The developmental analysis of individual differences on multiple measures». En J. R. Nesselroade y H. W. Reese (eds.): *Life-span Developmental Psychology: Methodological Issues*. Nueva York: Academic Press.
Baron, J., y Treiman, R. (1980): «Some problems in the study of cognitive processes». *Memory and Cognition*, *8(4)*, 313-321.
Becker, W. C. (1961): «A comparison of the factor structure and other properties of the 16 PF and the Guilford-Martin personality inventories». *Educational and Psychological Measurement*, *21*, 393-403.
Béjar, I. I.; Chaffin, R., y Embretson, J. E. (1991): *Cognitive and Psychometric Analysis of Analogical Problem Solving*. Nueva York: Springer Verlag.
Beloff, J. (1979): *Las Ciencias Psicológicas*. México: Manual Moderno.
Bem, D. J., y Funder, D. C. (1978): «Predicting more of the people more of the time: Assessing the personality of situations». *Psychological Review*, *85*, 485-501.
Bentler, P. M. (1985): *Theory and Implementation of EQS, a Structural Equations Program*. Los Angeles: BMDP Statistical Software.
Bentler, P. M. (1988): «Causal modeling via Structural Equation Systems». En J. R. Nesseslroade y R. B. Cattell (eds.): *Handbook of Multivariate Experimental Psychology*, 2.ª ed. Nueva York: Plenum Press.
Bentler, P. M., y Dijkstra, T. (1985): «Efficient estimation via linearization in structural models». En P. R. Krishnaiah (ed.): *Multivariate Analysis*, *VI*. Amsterdam: North-Holland.
Bindra, D., y Scheier, I. H. (1954): «The relation between psychometric and experimental research in psychology». *American Psychologist*, *9*, 69-71.

Binet, A., y Henri, V. (1895): «La psychologie individuelle». *Année Psych.*, *2*, 11-463.

Binet, A., y Simon, Th. (1905): «Métodos nuevos para el diagnóstico del nivel intelectual de los subnormales». En J. M. Gondra (comp.): *La Psicología Moderna.* Bilbao: Desclée de Brouwer, 1982.

Blanco, F. (1993): *Juan Vicente Viqueira y la psicología española a principios de siglo.* Universidad Autónoma de Madrid. Inédito.

Blanco, F.; Colom, R.; López, R., y Leo, E. (1992): *Ceguera y desplazamiento mental en una isla ficticia: del ojo de la mente a la mano de la mente.* IV Seminario Interuniversitario de Ciencia Cognitiva. Valencia, 16-18 de enero de 1992.

Blashfield, R. K., y Aldenderfer, M. S. (1988): «The Methods and Problems of Cluster Analysis». En J. R. Nesseslroade y R. B. Cattell (eds.): *Handbook of Multivariate Experimental Psychology*, 2.ª ed. Nueva York: Plenum Press.

Blinkhorn, S. F., y Hendrickson, D. E. (1982): «Averaged evoked responses and psychometric intelligence». *Nature*, *295*, 596-597.

Bloom, B. S., y Broder, L. (1950): *Problem Solving Processes of College Students: An Exploratory Investigation.* Chicago: University of Chicago Press.

Boltz, C. R. (1972): Types of personality. En R. M. Dreger (ed.): «Multivariate Personality Research: Contributions to the Understanding of Personality in Honor of Raymond B». Cattell. Baton Rouge: Claitor.

Boring, E. G. (1923): «Intelligence as the tests test it». *New Republic*, *35*.

Boring, E. (1950): *Historia de la Psicología Experimental.* México: Trillas, 1978.

Bouchard, T. J., y McGue, M. (1981): «Familial studies of intelligence: A review». *Science*, *212*, 1055-1059.

Bowers, K. (1973): «Situationism in psychology: An analysis and a critique». *Psychological Review*, *80*, 307-336.

Brody, E. B., y Brody, N. (1976): *Intelligence. Nature, Detterminants and Consequences.* Nueva York: Academic Press.

Brooks, L. (1967): «Spatial and verbal components in the act of recall». *Canadian Journal of Psychology*, *22*, 349-368.

Brown, H. (1977): *La Nueva Filosofía de la Ciencia.* Madrid: Tecnos, 1984.

Browne, M. W. (1982): «Covariance Structures». En D. M. Hawkins (ed.): *Topics in Applied Multivariate Analysis.* Londres: Cambridge University Press.

Brunswik, E. (1952): «The conceptual framework of psychology». En *International Encyclopedia of Unified Science, vol. 1, núm. 10.* Chicago: University of Chicago Press.

Bulayeva, K. B.; Isaychev, S. A.; Pavlova, T. A.; Kurbanov, S. K.; Shamov, R. I.; Sultanova, Z. Kh., y Skovoroda, S. S. (1989): «Phenotypic and genetic differentiation of human populations for morphological and osychophysiological traits». *Genetics (USSR)*, *25*, 140-149.

Bunge, M. (1980a): *Epistemología.* Barcelona: Ariel.

Bunge, M. (1980b): *El Problema Mente-Cerebro.* Madrid: Tecnos, 1985.

Burgaleta, R. (1981): «La Psicología Diferencial: Concepto, Método, Programa y Fuentes». Memoria presentada al concurso de oposición de profesor agregado. Inédito.

Burgaleta, R., y Fernández, J. (1985): «Metodología de la Psicología Diferencial». Madrid: Universidad Complutense de Madrid. Cátedra de Psicología Diferencial.

Burt, C. (1940): *The Factors of the Mind.* Londres: University of London Press.

Burt, C. (1949): «The structure of the mind: A review of the results of factor analysis». *British Journal of Education Psychology, 19*, 100-111, 176-199.
Burt, C. (1952): «Autobiography». En E. G. Boring y col. (eds.): *A History of Psychology in Autobiography, vol. 4*. Worcester, MA: Clark University Press.
Buss, A. (1979): *A Dialectical Psychology*. Nueva York: Irvington Publishing.
Buss, D. M. (1991): «Evolutionary Personality Psychology». *Annual Review of Psychology, 42*, 459-491.
Buss, A., y Poley, W. (1976): *Diferencias Individuales*. México: Manual Moderno, 1979.
Buss, A. H., y Plomin, R. (1984): *Temperament: Early Developing Personality Traits*. Hillsdale: LEA.
Calfee, R. C. (1976): «Sources of dependence in cognitive processes». En D. Klahr (ed.): *Cognition and Instruction*. Hillsdale: LEA.
Caparrós, A. (1980): *Los Paradigmas en Psicología*. Barcelona: Horsori.
Carpintero, H. (1980): «La psicología española: pasado, presente, futuro». *Revista de historia de la psicología, 1(1)*, 33-58.
Carpintero, H. (1981): «Wundt y la psicología en España». *Revista de historia de la psicología, 2, 1*, 37-55.
Carreras, J., y Artáu, J. (1929): *La psicología individual y sus problemas*. Madrid: BILE.
Carroll, J. B. (1954): «Individual differences». *Annual Review of Psychology, 5*, 127-148.
Carroll, J. B. (1966): «Factors of verbal achievement». En A. Anastasi (ed.): *Testing Problems in Perspective*. Washington: American Council on Education.
Carroll, J. B. (1976): «Psychometric tests as cognitive tasks: A new structure of intellect». En L. B. Resnick (ed.): *The Nature of Intelligence*. Hillsdale: LEA.
Carroll, J. B. (1979): «How shall we study individual differences in cognitive abilities?» En R. J. Sternberg y D. K. Detterman (eds.): *Human Intelligence*. New Jersey: Ablex Publishing Corporation.
Carroll, J. B. (1981): «Ability abd task difficulty in cognitive psychology». *Educational Researcher, 10*, 11-21.
Carroll, J. B. (1982): «La medida de la inteligencia». En R. J. Sterbnerg (ed.): *Inteligencia Humana, vol. 1*. Barcelona: Paidós, 1987.
Carroll, J. B. (1983): «Studying individual differences in cognitive abilities. Through and beyond factor analysis». En R. Dillon y F. Schmeck (eds.): *Individual Differences in Cognition, vol. 1*. Nueva York: Academic Press.
Carroll, J. B. (1991): «Cognitive Psychology's Psychometric Lawgiver». *Contemporary Psychology, 36(7)*, 557-559.
Carroll, J. B., y Maxwell, S. E. (1979): «Individual Differences in Cognitive Abilities». *Annual Review of Psychology, 30*, 603-640.
Carroll, J. D., y Arabie, P. (1983): «INDCLUS: An individual differences generalization of the ADCLUS model and the MARCLUS algorithm». *Psychometrika, 48*, 157-169.
Cartwright, D. S. (1974): *Introduction to Personality*. Chicago: Rand MacNally.
Cattell, J. M. (1890): «Tests mentales y medida». En J. M. Gondra (comp.): *La Psicología Moderna*. Bilbao: Desclée de Brouwer, 1982.
Cattell, J. M., y Farrand, L. (1896): «Physical and mental measurements of the students of Columbia University». *Psychological Review, 3*, 618-648.
Cattell, R. B. (1941): «Some theoretical issues in adult intelligence testing». *Psychological Bulletin, 38*, 592.

Cattell, R. B. (1943): «The measurement of adult intelligence». *Psychological Bulletin, 40*, 153-193.
Cattell, R. B. (1944): «A note on correlations clusters and cluster search methods». *Psychometrika, 9*, 169-184.
Cattell, R. B. (1947): «La vida y obra de Charles Spearman». *Revista de Psicología General y Aplicada, 2*, 337-348.
Cattell, R. B. (1950): «The main personality factors in questionaire, self estimated material». *Journal of Social Psychology, 31*, 3-38.
Cattell, R. B. (1963): «Theory of fluid and crystallized intelligence: A critical experiment». *Journal of Educatiuonal Psychology, 54*, 1-22.
Cattell, R. B. (1965): *El Análisis Científico de la Personalidad*. Barcelona: Fontanella, 1972.
Cattell, R. B. (1966): *Handbook of Experimental Multivariate Psychology*. Chicago: Rand McNally.
Cattell, R. B. (1971): *Abilities: Their Structure, Growth and Action*. Boston: Houghton-Mifflin.
Cattell, R. B. (1972): «The 16PF and basica personality structure: A reply to Eysenck». *Journal of Behavioral Science, 1*, 169-188.
Cattell, R. B. (1978): *The Scientific Use of Factor Analysis in Behavioral and Life Sciences*. Nueva York: Plenum Press.
Cattell, R. B. (1988a): «Psychological Theory and Scientific Method». En J. R. Nesselroade y R. B. Cattell (eds.): *Handbook of Multivariate Experimental Psychology*, 2.ª ed., Nueva York: Plenum Press.
Cattell, R. B. (1988b): «The Principles of Experimental Design and Analysis in relation to Theory Building». En J. R. Nesseslroade y R. B. Cattell (eds.): *Handbook of Multivariate Experimental Psychology*, 2.ª ed. Nueva York: Plenum Press.
Cattell, R. B.; Balcar, K. R.; Horn, J., y Nesselroade, J. R. (1969): «Factor matching procedures: An improvement of the s index; with tables». *Educational and Psychological Measurement, 29*, 781-792.
Cattell, R. B.; Coulter, M. A., y Tsujioka, B. (1966): «The taxonomic recognition of types and functional emergents». En R. B. Cattell (ed.): *Handbook of Multivariate Experimental Psychology*. Chicago: Rand McNally.
Cattell, R. B.; Eber, H. W., y Tatsouka, M. M. (1970): *Handbook for the Sixteen Personality Factor Questionaire (16PF)*. Institute for personality and ability testing, Champaign III.
Cattell, R. B., y Warburton, F. W. (1967): *Objective Personality and Motivation Tests*. Urbana: University of Illinois Press.
Chapman, L. J., y Chapman, J. P. (1985): «Methodological problems in the study of differential deficits in regarded groups». En D. K. Detterman (ed.): *Current Topics in Human Intelligence, vol. 1: research methodology*. New Jersey: Ablex Publishing.
Claridge, G. S., y Clark, K. (1982): «Covariation between two-flash thresholds and skin conductance level in first breakdown schizophrenia. Relationships in drug-free patients and effects of treatment». *Psychiatry Research, 6*, 371-380.
Cliff, N., y Young, F. W. (1968): «On the relations between unidimensional judgements and multidimensional scaling». *Organizational Behavior and Human Performance, 3*, 269-285.
Clogg, C. C., y Shockey, J. W. (1988): «Multivariate analysis of discrete data». En J. R. Nesseslroade y R. B. Cattell (eds.): *Handbook of Multivariate Experimental Psychology*, 2.ª ed., Nueva York: Plenum Press.

Coan, R. (1966): «Child personality and developmental psychology». En R. B. Cattell (ed.): *Handbook of Experimental Multivariate Psychology*. Chicago: Rand McNally.
Coan, R. (1968): «Dimensions of psychological theory». *American Psychologist, 23*, 715-722.
Cohen, G. (1976): *Psicología Cognitiva*. Madrid: Alhambra, 1983.
Cohen, J. (1966): «The impact of multivariate research in clinical psychology». En R. B. Cattell (ed.): *Handbook of Multivariate Experimental Psychology*. Chicago: Rand McNally.
Cohen, R. L., y Sandberg, T. (1977): «Relation between intelligence and short-term memory». *Cognitive Psychology, 9*, 534-554.
Cole, M., y Means, B. (1981): *Comparative Studies of how people think: an introduction*. Londres: Harward University Press.
Colom, R. (1989): *Las Estrategias Diferenciales de Representación en el Razonamiento*. Universidad Autónoma de Madrid. Tesis inédita.
Colom, R. (1993): «¿Sabe geometría el martín pescador?: hacia una concepción psicológica del conocimiento humano». *Estudios de Psicología, 50*, 89-106.
Colom, R.; Arribas, S., y Alfageme, C. (1987): *Un estudio experimental sobre el sistema cognitivo de la teoría multifactorial sistémica de las diferencias individuales*. Inédito.
Colom, R.; Blanco, F., y Ferreirós, J. (1992): *Bosquejo de un nuevo programa para el análisis del sistema cognitivo*. IV Seminario Interuniversitario de Ciencia Cognitiva. Valencia, 16-18 de enero de 1992.
Colom, R., y Juan Espinosa, M. (1989): «La investigación en psicología diferencial cognoscitiva: estrategias de segunda generación». *Estudios de psicología, 39/40*, 133-157.
Colom, R., y Juan Espinosa, M. (1990): *Estudios sobre los Fundamentos de la Cognición*. Valencia: Promolibro.
Colom, R.; Juan Espinosa, M.; Palacios, A.; Alonso, S.; Blanco, A.; Leo, E., y López, R. (1992): *Medida de las aptitudes intelectuales de los alumnos matriculados en 1.º en la Facultad de Psicología de la Universidad Autónoma de Madrid*. Facultad de Psicología. Universidad Autónoma de Madrid. Servicio de Psicología Aplicada.
Comrey, A. L., y Duffy, K. E. (1968): «Cattell and Eysenck factor scores related to Comrey personality factors». *Multivariate Behavioral Research, 3*, 379-392.
Costa, P. T., y McCrae, R. R. (1978): «Objective personality assessment». En M Storandt; I. C. Siegler y M. F. Elías (eds.): *The Clinical Psychology of Aging*. Nueva York: Plenum Press.
Costa, P. T., y McCrae, R. R. (1985): *The NEO Personality Inventory*. Odessa, FL: Psychological Assessment Recources.
Costa, P. T., y McCrae, R. R. (1988): «Personality in adulthood: A six year longitudinal study of self reports and spouse ratings on the NEO Personality Inventory». *Journal of Personality and Social Psychology, 54*, 853-863.
Costa, P. T., y McCrae, R. R. (1992a): «Four ways five factors are basic». *Personality and Individual Differences, 13(6)*, 653-665.
Costa, P. T., y McCrae, R. R. (1992b): «Reply to Eysenck». *Personality and Individual Differences, 13(8)*, 861-865.
Crick, F. (1988): *Qué loco propósito: una visión personal del descubrimiento científico*. Barcelona: Tusquets, 1989.
Cronbach, L. J. (1956): «Assessment of individual differences». *Annual Review of Pschology*, 7, 173-196.

Cronbach, L. J. (1957): «The two disciplines of scientific psychology». *American Psychologist*, *12*, 671-684.

Cronbach, L. J. (1975a): «Beyond the two disciplines of scientific psychology». *American Psychologist*, *30*, 116-127.

Cronbach, L. J. (1975b): «Five decades of public controversy over mental testing». *American Psychologist*, *30*, 1-14.

Cronbach, L. J. (1984): *Essentials of Psychological Testing* (4.ª ed.). Nueva York: Harper & Row.

Cronbach, L. J., y Meehl, P. E. (1955): «Construct validity in psychological tests». *Psychological Bulletin*, *52*, 381-402.

Cruz Hernández, M. (1982): «Problemas epistemológicos del concepto y definición de la psicología». *Estudios de Psicología*, *12*, 96-105.

Daniels, D. (1985): *Understanding the Famility Environment: A Study of Adoptive and Nonadoptive Infant Siblings*. Universidad de Colorado. Tesis inédita.

Darwin, C. (1859): *Origin of Species by Means of Natural Selection of the Preservation of Favorec Races in the Struggle for Life*. (Trad. cast.: *El origen de las especies*. Barcelona: Bruguera, 1980.)

Deakin, J. F., y Exley, K. A. (1979): «Personality and male-female influence on the EEG alpha rhythm». *Biological Psychology*, *8*, 285-290.

Dean, R. S. (1985): «Foundation and Rationale for Neuropsychological bases of Individual Differences». En L. C. Hartlage y C. F. Telzrow (eds.): *The Neuropsychology of Individual Differences*. Nueva York: Plenum Press.

DeFries, J. C.; Johnson, R. C.; Kuse, A. R.; McClearn, G. E.; Polovina, J.; Vandenberg, S. G., y Wilson, J. R. (1979): «Familial resemblance for specific cognitive abilities». *Behavior Genetics*, *9*, 23-43.

DeFries, J. C.; Plomin, R., y LaBuda, M. C. (1987): «Genetic stability of cognitive development from childhood to adulhood». *Developmental Psychology*, *23*, 4-12.

Delclaux, I. (1982): «Introducción al procesamiento de la información en psicología». En I. Delclaux y J. Seoane (eds.): *Psicología Cognitiva y Procesamiento de la Información*. Madrid: Pirámide.

Detterman, D. K. (1979): «A job half done: the road to intelligence testing in the year 2000». En R. J. Sternberg y D. K. Detterman (eds.): *Human Intelligence: Perspectives on its Theory and Measurement*. New Jersey: Ablex Publishing Corporation.

Detterman, D. K. (1982): «Does *g* exist?» *Intelligence*, *6*, 99-108.

Detterman, D. K. (1989): «The future of intelligence research». *Intelligence*, *13*, 199-203.

Detterman, D. K.; Thompson, L. A., y Plomin, R. (1990): «Differences in heritability acroos groups differing in ability». *Behavioral Genetics* (citado en R. Plomin y R. Rende, 1991).

Digman, J. M. (1991): «Personality Structure: Emergence of the five-factor model». *Annual Review of Psychology*, *41*, 417-440.

Dillon, W. R., y Goldstein, M. (1984): *Multivariate Analysis: Methods and Applications*. Nueva York: Wiley & Sons.

Dockrell, W. B. (1965): «Cultural and educational influences on the differentiation of abilities». *Proceedings of the 73rd Annual Convention of the American Psychological Association*. Washington: APA.

DuBois, P. H. (1960): «Individual differences». *Annual Review of Psychology*, *11*, 225-254.

DuBois, P. (1966): «A test-dominated society: China, 115 BC-1905 AD». En A. Anastasi (ed.): *Testing Problems in Perspective.* Washington: American Council of Education.
Duncan, O. D. (1975): *Introduction to Structural Equation Models.* Nueva York: Academic Press.
Duncan, O. D. (1984): *Notes on Social Measurement.* Nueva York: Sage.
Eaves, L. J.; Eysenck, H. J., y Martin, N. (1989): *Genes, Culture and Personality.* Nueva York: Academic Press.
Edelbrock, C., y Reed, M. (1982): *Inverse Factor Analysis: An Evaluation Using Benchmark Data Sets.* Inédito.
Ekehammar, B. (1974): «Interactionism in personality from a historical perspective». *Psychological Bulletin, 81,* 1026-1048.
Ekstrom, R. B.; French, J. W., y Harman, H. H. (1976): *Kit of Factor-Referenced Cognitive Tests.* Princeton, New Jersey: Educational Testing Service.
Elshout, J. J. (1978): «The characteristic demands of intellectual problems». En J. M. Scandura (ed.): *Problem Solving.* Nueva York: Academic Press.
Embretson, S. (1983): «Construct validity: Construct representation vs. nomothetic span». *Psychological Bulletin, 93,* 179-197.
Embretson, S. (1984): «A General Latent Trait Model for Response Processes». *Psychometrika, 49,* 175-186.
Embretson, S. (1986): «Intelligence and its measurement: extending contemporary theory to existing tests». En R. J. Sternberg (ed.): *Advances in the Psychology of Human Intelligence, vol. 3.* Hillsdale: LEA.
Encinas, M., y Rosa, A. (1990): «El desarrollo institucional de la psicología española de 1900 a 1968». *Revista de historia de la psicología, 11(1-2),* 73-121.
Endler, N. S. (1975): «The case for person-situtation interactions». *Canadian Psychological Review, 16,* 12-21.
Endler, N. S., y Magnusson, D. (1976): «Toward an interactional psychology of personality». *Psychological Bulletin, 83(5),* 956-974.
Epstein, S. (1977): «Traits are alive and well». En D. Magnusson y N. S. Endler (eds.): *Personality at the Crossroads: Current Issues in International Psychology.* Hillsdale: LEA.
Epstein, S. (1979): «The stability of behavior: I. On predicting most of the people much of the time». *Journal of Personality and Social Psychology, 37,* 1097-1126.
Epstein, S. (1980): «The stability of behavior: II. Implications for psychological research». *American Psychologist, 35,* 790-806.
Epstein, S. (1983): «The stability of confusion: A reply to Mischel and Peake». *Psychological Review, 90,* 390-393.
Epstein, S., y O'Brien, E. J. (1985): «The person-situation debate in historical and current perspective». *Psychological Bulletin, 98,* 513-537.
Erdman, H. P.; Greist, J. H.; Klein, M. H.; Jefferson, J. W., y Getto, C. (1981): «The computer psychiatrist: How far have we come? Where are we heading? How far dare we go?». *Behavior Research Methods and Instrumentarion, 13(4),* 393-398.
Erisken, C. W. (1957): «Personality». *Annual Review of Psychology, 8,* 185-210.
Erlenmeyer-Kimling, L., y Jarvik, L. F. (1963): «Genetics and intelligence: a review». *Science, 142,* 1477-1479.
Ertl, J. P. (1971): «Fourier analysis of evoked potentials and human intelligence». *Nature, 230,* 525-526.

Ertl, J. P., y Schafer, E. W. P. (1969): «Brain response correlates of psychometric intelligence». *Nature, 223*, 421-422.

Everitt, B. S. (1980): *Cluster analysis*, 2.ª ed., Nueva York: Wiley.

Eysenck, H, (1956): «The questionnaire measurement of neuroticism and extraversion». *Rivista di Psichologia, 50*, 113-140.

Eysenck, H. (1957): *The Dynamics of Anxiety and Hysteria.* Londres: Routledge.

Eysenck, H. (1959): *Manual of the Maudsley Personality Inventory.* Londres: University of London Press.

Eysenck, H. J. (1965): *Fact and Fiction in Psychology.* Penguin Books.

Eysenck, H. (1966): «Neurose, konstitution und persönlichkeit». *Zeitschrift für Psychologie, 172*, 145-181.

Eysenck, H. (1967): *Fundamentos Biológicos de la Personalidad.* Barcelona: Fontanella, 1982.

Eysenck, H. (1970): *The Structure of Human Personality.* Londres: Methuen.

Eysenck, H. (1977): «Personality and factor analysis: a reply to Guilford». *Psychological Bulletin, 84*, 405-411.

Eysenck, H. J. (1979): *Estructura y Medida de la Inteligencia.* Barcelona: Herder, 1983.

Eysenck, H. J. (1981): «La inteligencia en el mundo moderno: progresos en su medición». *Revista de psicología general y aplicada, 36(6)*, 1069-1080.

Eysenck, H. J. (1983): «Psychopharmacology and personality». En W. Janke (ed.): *Response Variability to Psychotropic Drugs.* Londres: Pergamon.

Eysenck, H. J. (1986): «The theory of intelligence and the psychophysiology of cognition». En R. J. Sternberg (ed.): *Advances in the Psychology of Human Intelligence, vol. 3.* Hillsdale: LEA.

Eysenck, H. (1989): «El lugar de las diferencias individuales en la psicología científica». *Estudios de Psicología, 39/40*, 161-206.

Eysenck, H. J. (1990): *La Confrontación sobre la Inteligencia.* Madrid: Pirámide.

Eysenck, H. J. (1992a): «Four ways five factors are *not* basic». *Personality and Individual Differences, 13(6)*, 667-673.

Eysenck, H. J. (1992b): «A reply to Costa and McCrae. P or A and C- the role of the theory». *Personality and Individual Differences, 13(8)*, 867-868.

Eysenck, H. J., y Barrett, P. (1985): «Psychophysiology and the measurement of intelligence». En C. R. Reynolds y V. Wilson (eds.): *Methodological and Statistical Advances in the Study of Individual Differences.* Nueva York: Plenum Press.

Eysenck, H., y Eysenck, M. (1985): *Personalidad y Diferencias Individuales.* Madrid: Pirámide, 1987.

Eysenck, H. J., y Eysenck, S. B. G. (1968): *The Manual to the Eysenck Personality Inventory.* San Diego: Educational and Industrial Testing Service.

Eysenck, H. J., y Eysenck, S. B. G. (1969): *Personality Structure and Measurement.* Londres: Routledge.

Eysenck, H. J., y Eysenck, S. B. G. (1975): *Manual of the Eysenck Personality Questionnaire.* Londres. Hodder y Stoughton.

Eysenck, S. B. G., y Eysenck, H. J. (1972): «The questionaire measurement of psychoticism». *Psychological Medicine, 2*, 50-55.

Eysenck, S. B. G., y Zuckerman, M. (1978): «The relationship between sensationseeking and Eysenck's dimmnensions of personality». *British Journal of Psychology, 69*, 483-487.

Fernández-Ballesteros, R. (1980): *Psicodiagnóstico: concepto y metodología.* Madrid: Kapelusz.

Fernández-Ballesteros, R. (1984): «Aproximación histórica al Psicodiagnóstico». En R. Fernández-Ballesteros (ed.): *Psicodiagnóstico, vol. 1.* Madrid: UNED.
Fierro, A. (1982): «La explicación en psicología». *Estudios de Psicología, 12,* 107-126.
Fierro, A. (1983): «Elementos cognitivos y otros en el sistema de la personalidad». *Estudios de psicología, 16,* 85-106.
Fischbein, S. (1979): *Heredity-Environment Influences on Growth and Development During Adolescence: A Longitudinal Study of Twins.* Lund, Suecia: CWK/Gleerup.
Fischer, G. H. (1973): «The Linear Logistic Model as an Instrument in Educational Research». *Acta Psychologica, 37,* 359-374.
Fiske, D. W. (1949): «Consistency of the factorial structures of personality ratings from differentes sources». *Journal of Abnormal Social Psychology, 44,* 329-344.
Fleminger, J. J.; Horne, D. J., y Nott, P. N. (1970): «Unilateral electroconvulsive therapy and brain dominance: The effect of roght and left sided placemenet on verbal memory». *Journal of Neurology, Neurosurgery and Psychiatry, 33,* 408-411.
Fletcher, R. (1990): *The Cyril Burt Scandal: Case for the Defence.* Nueva York: MacMillan.
Floderus-Myrhed, B.; Pedersen, N., y Rasmuson, I. (1980): «Assessment of heritability for personality based on a short form of the Eysenck Personality Inventory». *Behavior Genetics, 10,* 153-162.
Forteza, J. A. (1973): Prólogo. En L. Tyler (1965): *Psicología de las Diferencias Humanas.* Madrid: Marova.
Forteza, J. A., y Prieto, J. M. (1981): «Hacia una estructuración teórica de la psicología diferencial». *Estudios de Psicología, 4,* 68-75.
Fraise, P. (1981): «A José Germain». *Revista de psicología general y aplicada, 36(6),* 1081.
Frederiksen, J. R. (1977): «A chronometric study of component skills in reading». Inédito.
Freeman, F. N.; Holzinger, K. J., y Mitchell, B. (1928): «The influence of environment on the intelligence, school achievement, and conduct of foster children». *Seventh Yearbook of the National Society for the Study of Education, 17(1),* 103-217.
Frege, G. (1884): *Die Grundlagen der Arithmetik. Eine Logischmatematische Untersuchung uber den Begriff der Zahl.* Breslau.
French, J. W. (1973): *Toward the Establishment of Noncognitive Factors through Literature Search and Interpretation.* Princeton: Educational Testing Service.
Fuller, J. L. (1960): «Behavior genetics». *Annual Review of Psychology, 11,* 41-70.
Fuller, J. L., y Thompson, W. R. (1960): *Behavior Genetics.* Nueva York: Wiley.
Fulker, D. W. (1981): «The genetic and environmental architecture of psychoticism, extraversion and neuroticism». En H. J. Eysenck (ed.): *A Model for Personality.* Berlín: Springer Verlag.
Fulker, D. W.; DeFries, J. C., y Plomin, R. (1988): «Genetic influence on general mental ability increases between infancy and middle childhood». *Nature, 336,* 767-769.
Funder, D. C. (1983): «Three issues in predicting more of the people: A reply to Mischel and Peake». *Psychological Review, 90,* 283-289.
Funder, D. C.; Block, J., y Block, J. H. (1983): «Delay of gratification: Some longitudinal personality correlates». *Journal of Personality and Social Psychology, 44,* 1198-1213.
Gaensslen, H., y Mandl, H. (1974): «Zur stabilität von persnlichkeitsz gen und einstellungen bei Mebwiederholungen nach 15 monaten». *Zeitschrift für Experimentelle und Angewandte Psychologie, 21,* 367-377.

Gagné, R. (1967): *Learning and Individual Differences.* Columbus, Ohio: Merrill Publishing Company.

Gagné, R. (1989): «Some reflections on learning and individual differences». En P. L. Ackerman, R. J. Sternberg y R. Glaser (eds.): *Learning and Individual Differences.* Nueva York: Freeman.

Gale, A. (1973): «The psychophysiology of individual differences: Studies of extraversion and EEG». En P. Kline (ed.): *New Approaches in Psychological Measurement.* Nueva York: Wiley.

Galton, F. (1869): *Hereditary Genius: An Inquiri into its Laws and Consequences.* Nueva York: Appleton.

Galton, F. (1883): *Inquiries into Human Faculty and its Development.* Londres: MacMillan.

García Vega, L. (1974): *Historia de la Psicología.* Madrid: Seleco.

García Yagüe, J. (1980): *Memoria de oposición.* Universidad Autónoma de Madrid. Inédito.

Gardner, H. (1983): *Estructuras de la mente: la teoría de las múltiples inteligencias.* México: Fondo de cultura económica, 1987.

Gardner, R. W. (1959): «Cognitive controls and perceptual behavior». *Bulletin of the Menninger Clinic, 23,* 241-248.

Gattaz, W. F. (1981): «HLA-B27 as a possible genetic marker of psychoticism». *Personality and Individual Differences, 2,* 57-60.

Gattaz, W. F.; Ewald, R. W., y Beckman, H. (1980): «The HLA system and schizophrenia: a study in a german population». *Archiv für Psychiatrie und Nervenkrankheiten, 228,* 205-211.

Gattaz, W. F., y Seitz, M. A. (1984): «Possible association between HLA-13 27 and the vulnerability to schizophrenia». *Personality and Individual Differences, 5,* 162-189.

Germain, J. (1954): «Para la pequeña historia de la psicología en España». *Revista de psicología general y aplicada, IX, 32,* 633-642.

Germain, J. (1980): «José Germain: autobiografía (I y II)». *Revista de historia de la psicología, 1(1),* 7-32. *Revista de psicología, 1(2),* 139-169.

Gorsuch, R. L. (1983): *Factor analysis,* 2.ª ed. Hillsdale: LEA.

Gorsuch, R. L. (1988): «Exploratory Factor Analysis». En J. R. Nesseslroade y R. B. Cattell (eds.): *Handbook of Multivariate Experimental Psychology,* 2.ª ed. Nueva York: Plenum Press.

Gould, S. J. (1981): *La Falsa Medida del Hombre.* Barcelona: Orbis, 1987.

Gray, J. (1972): «The psychophysiological nature of introversion-extraversion: A modification of Eysenck's theory». En V. D. Nebilitsyn y J. Gray (eds.): *Biological Bases of Individual Behavior.* Londres: Academic Press.

Greif, S. (1970): «Untersuchungen zur deutschen ubersetzung der 16 PF fragebogen». *Psychologische Beiträge, 12,* 180-213.

Guilford, J. P. (1964): *Psychometric Methods.* Nueva York: McGraw-Hill.

Guilford, J. P. (1967): *La Naturaleza de la Inteligencia Humana.* Barcelona: Paidós.

Guilford, J. P. (1979): *Cognitive Psychology with a Frame of Reference.* California: Edits.

Guilford, J. P., y Hoepfner, R. (1971): *The Analysis of Intelligence.* Nueva York: McGraw Hill.

Guilford, J. P., y Zimmerman, W. S. (1956): «Forteen dimensions of temperament». *Psychological Monographs, 70(10).*

Guilford, J. S.; Zimmerman, W. S., y Guilford, J. P. (1976): *The Guilford-Zimmerman Temperament Survery Handbook. Twenty Five Years of Research and Application.* San Diego: Edits Publisher.

Gustafsson, J. (1980): *Testing Hierarchical Models of Ability Organization through Covariance Models.* Comunicación presentada a la reunión anual de la American Educational Research Association, Boston.

Gustafsson, J. (1984): «A unifying model for the structure of intellectual abilities». *Intelligence, 8,* 179-203.

Gustafsson, J. (1988): «Hierarchical models of individual differences in cognitives abilities». En R. J. Sternberg (ed.): *Adavances in the Psychology of Human Intelligence, vol. 4.* Nueva Jersey: LEA.

Harman, H. H. (1976): *Análisis Factorial Moderno.* Madrid: Saltés, 1980.

Harman, H. H.; Ekstrom, R. B., y French, J. W. (1976): *Kit of Factor Reference Cognitive Tests.* Princeton, New Jersey: Educational Testing Service.

Harris, C. W., y Bereiter, C. E. (1959): «Individual Differences». *Annual Review of Psychology, 10,* 89-108.

Harshman, R. A. (1970): «Foundations of the PARAFAC procedure: Models and conditions for an explanatory multi-modal factor analysis». UCLA Working Papers in Phonetics, 16. University Microfilms International, Ann Arbor, Mich. , Order No. 10, 085.

Hartlage, L. C., y Telzrow, C. F. (1985): *The Neuropsychology of Individual Differences.* Nueva York: Plenum Press.

Hartshorne, H., y May, M. A. (1928): *Studies in Deceit.* Nueva York: MacMillan.

Hartshorne, H., y May, M. A. (1929): *Studies in Service and Self Control.* Nueva York: MacMillan.

Hartshorne, H., y Shuttleworth, F. K. (1930): *Studies in the Organization of Character.* Nueva York: MacMillan.

Hebb, D. (1980): *Epílogo.* En M. Bunge (1980b): *El Problema Mente-Cerebro.* Madrid: Tecnos, 1985.

Heidbreder, E. (1971): *Psicologías del Siglo XX.* Argentina: Paidós.

Heise, D. R. (1975): *Causal Analysis.* Nueva York: Wiley.

Henderson, N. D. (1982): «Human behavior genetics». *Annual Review of Psychology, 33,* 403-440.

Hendrickson, A. (1972): «An integrad molar/molecular model of the brain». *Psychological Reports, 30,* 343-368.

Hendrickson, A. (1982): «The biological basis of intelligence, Part I: Theory». En H. J. Eysenck (ed.): *A Model for Intelligence.* Nueva York: Springer Verlag.

Hendrickson, D. E. (1982): «The biological basis of intelligence, Part II: measurement». En H. J. Eysenck (ed.): *A Model for Intelligence.* Nueva York: Springer Verlag.

Hendrickson, D. E., y Hendrickson, A. (1980): «The biological basis of individual differences in intelligence». *Personality and Individual Differences, 1,* 3-34.

Hertzog, C. (1985): «Aplications of Confirmatory Factor Analysis to the Study of Intelligence». En D. K. Detterman (ed.): *Current Topics in Human Intelligence, vol. 1: research methodology.* Nueva Jersey: Ablex Publishing Corporation.

Heymans, G., y Brugman, H. (1913): «Intelligenz pr funden mit studierenden». *Zeitschrift für Psychologie and Neurolie, 7,* 317-331.

Heymans, G., y Wiersma, H. (1906a): «Beiträge zur speziellen psychologie auf grund einer massenntersuchung». *Zeitschrift für Psychologie and Neurolie, 42,* 81-127.

Heymans, G., y Wiersma, H. (1906b): «Beiträge zur speziellen psychologie auf grund einer massenntersuchung». *Zeitschrift für Psychologie and Neurolie*, *43*, 321-373.

Hogan, R.; De Soto, C. B., y Solano, C. (1977): «Traits, tests and personality research». *American Psychologist*, *32*, 255-264.

Holmen, M. G., y Docter, R. (1972): *Educational and Psychological Testing: A Study of the Industry and its Practices*. Nueva York: Sage Publications.

Horn, J. (1965): *Fluid and Crystallized Intelligence: A Factor Analytic Study of the Structure Among Primary Abilities*. Universidad de Illinois. Tesis inédita.

Horn, J. (1968): «Organization of abilities and the development of intelligence». *Psychological Review*, *79*, 242-259.

Horn, J. (1976): «Human abilities: A review of research and theory in the early 1970's». *Annual Review of Psychology*, *27*, 437-485.

Horn, J. (1978): «The nature and development of intellectual abilities». En R. T. Osborne, C. E. Noble y N. Weyl (eds.): *Human Variation: The Biopsychology of Age, Race and Sex*. Nueva York: Academic Press.

Horn, J. (1980): «Concepts of intellect in relation to learning and adult development». *Intelligence*, *4*, 285-317.

Horn, J. (1985): «Remodeling old models of intelligence». En B. B. Wolman (ed.): *Handbook of Intelligence*. Nueva York: Wiley.

Horn, J. (1986): «Intellectual ability concepts». En R. J. Sternberg (ed.): *Advances in the Psychology of Human Intelligence*. Hilsdale: LEA.

Horn, J., y Cattell, R. B. (1966): «Refinement and test of the theory of fluid and crystallized intelligence». *Journal of Educational Psychology*, *57*, 253-270.

Horn, J.; Loehlin, J. C., y Willerman, L. (1979): «Intellectual resemblance among adoptive and biological relatives: The Texas Adoption Project». *Behavior Genetics*, *9*, 177-207.

Horn, J., y Stankov, L. (1982): «Auditory and visual factors of intelligence». *Intelligence*, *6*, 165-185.

Howarth, E. A. (1971): «A source of independent verification: Convergencies and divergencies in the work of Cattell and Eysenck». En R. M. Dreger (ed.): *Multivariate Personality Research: Contributions to the Understanding of Personality in Honor of Raymond B. Cattell*. Baton Rouge, La: Claitor.

Howarth, E. (1976): «Were Cattell's personality sphere' factors correctly identified in the first instance?». *British Journal of Psychology*, *67*, 213-230.

Howard, J. (1982): *Darwin*. Madrid: Alianza, 1987.

Hull, C. (1943): *Principles of Behavior*. Nueva York: Appleton.

Hudson, H. C. (1982): *Classifying Social Data: New Applications of Analytic Methods for Social Science Research*. San Francisco: Jossey-Bass.

Humphreys, L. G. (1967): «Critique of 'Theory of fluid and crystallized intelligence: A critical experiment'». *Journal of Educational Psychology*, *58*, 129-136.

Hundal, P. S., y Horn, J. (1977): «On the relationship between short-term learning and fluid and crystallized intelligence». *Applied Psychological Measurement*, *1*, 11-21.

Hundleby, J. D., y Connor, W. H. (1968): «Interrelationshipd between personality inventories: the 16 PF, the MMPI and the MPI». *Journal of Consulting and Clinical Psychology*, *32*, 152-157.

Hunt, E. (1971): «What Kind of Computer is Man?». *Cognitive Psychology*, *2*, 57-98.

Hunt, E. (1974): «Quote the Raven? Nevermore!». En L. Greg (ed.): *Knowledge and Cognition*. New Jersey: LEA.

Hunt, E. (1978): «Mechanics of Verbal Ability». *Psychological Review*, *85*, 109-130.

Hunt, E. (1980): «Intelligence as an information processing concept». *British Journal of Psychology*, *71*, 449-474.

Hunt, E.; Frost, N., y Lunneborg, C. (1973): «Individual Differences in cognition: A new approach to intelligence». (Traducción al castellano en M. Juan Espinosa y R. Colom Marañón: *Psicología Diferencial y Cognición*. Valencia: Promolibro).

Hunt, E.; Lunneborg, C., y Lewis, J. (1975): «What does it mean to be high verbal?» *Cognitive Psychology*, *7*, 194-227.

Hunt, E., y MacCleod, C. (1979): «The sentence verification paradigm: a case study of two conflicting approaches to individual differences». En R. J. Sternberg y D. K. Detterman (eds.): *Human Intelligence: Perspectives on its Theory and Measurement*. New Jersey: Ablex Publishing Corporation.

Hunt, E.; MacCleod, C., y Lansman, M. (1978): «On the incompatibility of two views of intelligence». Informe Técnico. Universidad de Washington.

Hyland, M. (1981): *Introduction to Theoretical Psychology*. Londres: MacMillan.

Iriarte, M. (1948): *El doctor Huarte de San Juan y su examen de ingenios. Contribución a la historia de la psicología diferencial*. Madrid: CSIC.

Jackson, M. D., y McClelland, J. L. (1979): «Processing detterminants of reading speed». *Journal of Experimental Psychology: General*, *108*, 151-181.

Jäger, A. O. (1982): «Mehrmodale Klassifikation von Intelligezleistungen. Experimentell kontrollierte weiterentwiklung eines deskriptiven intelligenzstrukturmodell». *Diagnostica*, *28*, 195-226.

Jäger, A. O. (1984): «Intelligenzstrukturforschung, konkurrierende modelle, neue entwicklungen perspektiven». *Psychologische Rundschau*, *35*, 21-25.

Jambu, M., y Lebeaux, M. O. (1983): *Cluster Analysis and Data Analysis*. Amsterdam: North-Holland.

Jeffries, R.; Polson, P. G.; Razran, L., y Atwood, M. E. (1977): «A process model for missionaries-cannibals and other river-crossing problems». *Cognitive Psychology*, *9*, 412-440.

Jenkins, J. J., y Lykken, D. T. (1957): «Individual Differences». *Annual Review of Psychology*, *8*, 79-112.

Jensen, A. R. (1958): «Personality». *Annual Review of Psychology*, *9*, 295-322.

Jensen, A. R. (1979): «Outmoded theory or unconquered territory?». *Creative Science and Technology*, *2*, 16-29.

Jensen, A. (1982): «Reaction time and psychometric *g*». En H. Eysenck (ed.): *A Model for Intelligence*. Berlín: Springer Verlag.

Jensen, A. (1985): En C. R. Reynolds y V. Wilson (eds.): *Methodological and Statistical Advances in the Study of Individual Differences*. Nueva York: Plenum Press.

Jreskog, K. G. (1970): «Estimation and testing of simplex models». *British Journal of Mathematical and Statistical Psychology*, *23*, 121-145.

Jreskog, K. G. (1977): «Structural equation models in the social sciences: Specification, estimation and testing». En P. R. Krishnaiah (ed.): *Applications of Statistics*. Amsterdam: North-Holland.

Jöreskog, K. G. (1988): «Analysis of Covariance Structures». En J. R. Nesseslroade y R. B. Cattell (eds.): *Handbook of Multivariate Experimental Psychology*, 2.ª ed. Nueva York: Plenum Press.

Jöreskog, K. G., y Lawley, D. N. (1968): «New methods in maximun likelihood factor analysis». *British Journal of Mathematical and Statistical Psychology*, *21*, 85-96.

Jöreskog, K. G., y Srbom, D. (1978): «Statistical models and methods for analysis of longitudinal data». En D. E. Aigner y A. S. Goldberger (eds.): *Latent Variables in Socio-economic Models*. Amsterdam. North-Holland.

Joynson, R. B. (1989): *The Burt Affair*. Londres: Routledge.

Juan Espinosa, M., y Colom, R. (1989): *Psicología Diferencial y Cognición*. Valencia: Promolibro.

Kahneman, D. (1973): *Attention and Effort*. Englewood Cliff, Prentice Hall.

Kaiser, H.; Hunka, S., y Bianchini, J. (1969): «Relating factors between studies based upon different individuals». En H. J. Eysenck y S. B. G. Eysenck (eds.): *Personality Structure and Measurement*. Londres: Routledge.

Kamin, L. (1990): *La Confrontación sobre la Inteligencia*. Madrid: Pirámide.

Karson, S., y O'Dell, K. W. (1974): «Is the 16 PF factorially valid?». *Journal of Personality Assessment*, *38*, 104-114.

Keating, D. P., y Bobbitt, B. L. (1978): «Individual and Developmental Differences in cognitive processing components of mental ability». *Child Development*, *49*, 155-167.

Keele, J. (1979): *Presentation at Office Naval Research Contractor's Meeting on Information Processing Abilities*. Nueva Orleans, febrero.

Kenrick, D. T. (1986): «How strong is the case against contemporary social and personality psychology? a response to Carlson». *Journal of Personality and Social Psychology*, *50*, 839-844.

Kenrick, D. T., y Dantchik, A. (1983): «Interationism, idiographics, and the social psychological invasion of personality». *Journal of Personality*, *51*, 286-307.

Kenrick, D. T., y Funder, D. C. (1988): «Profiting from controversy: Lessons from person-situation debate». *American Psychologist*, *43(1)*, 23-34.

Kent, J. (1985): *Genetic and Environmental Contributions to Cognitive Abilities as Assessed by a Telephone Test Battery*. Universidad de Colorado. Tesis inédita.

Kimura, D. (1961): «Cerebral dominance and the perception of verbal stimuli». *Canadian Journal of Psychology*, *15*, 166-171.

Kirchner, M. (1981): «La obra de Emilio Mira en el Instituto de Orientación Profesional en Barcelona (1919-1939)». *Revista de historia de la psicología*, *2(3)*, 225-246.

Kjeldergaard, P. M. (1967): «Simulation on cognition and learning: the role of individual differences». En R. Gagné (ed.): *Learning and Individual Differences*. Ohio: Merrill Publishing.

Knoke, D., y Burke, P. J. (1980): *Log-linear Models*. California: Sage.

Kotovsky, K., y Simon, H. (1973): «Empirical test of a theory of human acquisition of concepts fro sequential patterns». *Cognitive Psychology*, *4*, 399-424.

Kroonenberg, P. M., y de Leeuw, J. (1980): «Principal Components Analysis of three-mode data by means of alternating least squares algorithms». *Psychometrika*, *45*, 69-97.

Kuhn, T. S. (1962): *La Estructura de las Revoluciones Científicas*. Madrid: Fondo de cultura económica, 1975.

Kyllonen, P. C., y Shute, V. J. (1989): «A taxonomy of learning skills». En P. L. Ackerman, R. J. Sternberg y R. Glaser (eds.): *Learning and Individual Differences*. Nueva York: Freeman.

Lafuente, E. (1982): «La psicología de giner de los ríos y sus fundamentos krausistas». *Revista de historia de la psicología*, *3(3)*, 247-269.

Lally, M., y Nettlebeck, T. (1977): «Intelligence, reaction time and inspection time». *American Journal of Mental Deficiency*, *82*, 273-281.

Lakatos, I. (1972): *Historia de la Ciencia y sus Reconstrucciones Racionales*. Madrid: Tecnos, 1982.

Lansman, M.; Donaldson, G.; Hunt, E., y Yantis, S. (1983): «Ability factors and cognitive processes». *Intelligence*, *6*, 347-386.

Lassen, N. A., y Ingvar, D. H. (1972): «Radioscopic assessment of regional cerebral blood flow». *Progress in Nuclear Medicine*, *1*.

Leahey, T. (1980): *Historia de la Psicología*. Madrid: Debate, 1982.

Leahy, A. M. (1935): «Nature-nurture and intelligence». *Genetic Psychology Monographs*, *17*, 236-308.

Lenneberg, E. H. (1967): *Biological Foundations of Language*. Nueva York: Wiley & Sons.

Levonian, E. (1961): «A statistical analysis of the 16 Personality Factor Questionaire». *Educational and Psychological Measurement*, *21*, 589-596.

Levy, J., y Trevarthen, C. (1977): «Perceptual, semantic and phonetic aspects of elementary language processes in split-brain patients». *Brain*, *100*, 105-118.

Lewis, P. A. W., y Orav, E. J. (1989): *Simulation Methodology for Statisticians, Operations Analysts, and Engineers, vol. 1*. California: Wadsworth & Brooks/Cole Advanced Books & Software.

Lewontin, R. (1984): *La Diversidad Humana*. Barcelona: Labor.

Lipson, J. I., y Fisher, K. M. (1985): «Technologies of the future». *Education and Computing*, *1*.

Livson, N., y Krech, D. (1956): «Dynamic systems, perceptual differentiation and intelligence». *Journal of Personality*, *25*, 46-58.

Loehlin, J. C.; Horn, J. M., y Willerman, L. (1989): «Modeling IQ change: Evidence from the Texas Adoption Project». *Child Development*, *60*, 993-1004.

Loehlin, J. C.; Horn, J.; Willerman, L. (1990): «Heredity, environment and personality change: Evidence from the Texas Adoption Project». *Journal of Personality*, *58*, 221-243.

Loehlin, J. C., y Nichols, R. C. (1976): *Heredity, Environment and Personality*. Austin, Texas: University of Texas Press.

Loehlin, J. C.; Willerman, L., y Horn, J. R. (1988): *Annual Review of Psychology*, *39*, 101-133.

Lorr, M. (1983): *Cluster Analysis for Social Scientist*. San Francisco: Jossey-Bass.

Lumsden, J. (1976): «Test theory». *Annual Review of Psychology*, *27*, 251-280.

Lunneborg, C. (1977): «Choice reaction time: what role in ability measurement?». *Applied Psychological Measurement*, *1*, 309-330.

MacCallum, R. (1988): «Multidimensional Scaling». En J. R. Nesseslroade y R. B. Cattell (eds.): *Handbook of Multivariate Experimental Psychology*, 2.ª ed. Nueva York: Plenum Press.

MacCleod, C. M.; Hunt, E., y Mathews, N. (1978): «Individual differences in the verification of sentence picture relationships». *Journal of Verbal Learning and Verbal Behavior*, *5*, 493-508.

Magnusson, D., y Endler, N. S. (1977): *Personality at the Crossroads: Current Issues in International Psychology*. Hillsdale: LEA.

Mallart, J. (1974): «Cincuentenario del originariamente llamado instituto de orientación y selección profesional». *Revista de Psicología General y Aplicada*, *XXIX*, *11*, 929-946.

Manzanedo, M. F. (1969): «Breve historia de la psicología en España». En R. E. Brennan (1945): *Historia de la psicología*. Madrid, Morata.

Marks, D. (1973): «Visual imagery differences in the recall of pictures». *British Journal of Psychology, 64*, 17-24.
Marks, D. (1990): «On the relationship between imagery, body and mind». En P. J. Hampson, D. Marks y J. T. E. Richardson (eds.): *Imagery: Current Developments*. Londres: Routledge.
Martin, N. G., y Jardine, R. (1986): «Eysenck's contributions to behavior genetics». En S. Modgil y C. Mogdil (eds.): *Hans Eysenck: Consensus and Controversy*. Philadelphia: Falmer.
Mathews, N.; Hunt, E., y MacCleod, C. M. (1980): «Strategy choice and strategy training in sentence picture verification». *Journal of Verbal Learning and Verbal Behavior, 19*, 531-548.
Maturana, H., y Varela, F. (1990): *El Árbol del Conocimiento: las bases biológicas del conocimiento humano*. Madrid: Debate.
Mazziota, J. C.; Phelps, M. E.; Carson, R. E., y Kuhl, D. E. (1982): «Tomographic mapping of human cerebral metabolism: Auditory stimulation». *Neurology, 32*, 921-937.
McBride, J. R. (1979): «Adaptative mental testing: the state of the art». *Informe técnico 4237. Alexandria VA. Research Institute for the Behavioral and Social Sciences.*
McCartney, K.; Harris, M. J., y Bernieri, F. (1990): «Growing up and growing apart: A developmental meta-analysis of twin studies». *Psychological Bulletin, 107*, 226-237.
McDonald, R. P. (1962): «A general approach to nonlinear factor analysis». *Psychometrika, 27*, 397-415.
McDonald, R. P. (1984): «The invariant factors model for multimode data». En H. G. Law, C. W. Snyder, J. A. Hattie y R. P. MacDonald (eds.): *Research Methods for Multimode Data Analysis*. Nueva York: Praeger.
McGue, M.; Bouchard, T. J.; Likken, D. T., y Feuer, D. (1984): «Information processing abilities in twins reared apart». *Intelligence, 8*, 239-258.
Mehler, J., y Bever, T. G. (1973): «Editorial». *Cognition, 2*, 7-11.
Mehrabian, A. (1978): «Characteristic individual reactions to prefered and unprefered environment». *Journal of personality, 46*, 717-731.
Melton, A. (1967): «Individual differences and theoretical process variables: General comments on the conference». En R. Gagné (ed.): *Learning and Individual Differences*. Ohio: Merrill Publishing.
Millar, S. (1990): «Imagery and blindness». En P. J. Hampson, D. F. Marks y J. T. E. Richardson (eds.): *Imagery: Current Developments*. Londres: Routledge.
Miller, B. (1974): «The effects of bilateral and unilateral ECT on nonverbal memory in depressed psychiatry patients». Tesis inédita: Department of Psychiatry, McGill University.
Milligan, G. W., y Cooper, M. C. (1983): «An examination of procedures for determinig the number of clusters in a data set». Inédito.
Minton, H. L., y Schneider, F. W. (1980): *Differential Psychology*. Monterey: Brooks Cole Publ. Co.
Mira y López, E. (1947): *Manual de Orientación Profesional*. Buenos Aires: Kapelusz.
Miralles, J. L. (1980): «Antecedentes de la obra de E. Mira y López en la fisiología catalana del siglo XIX». *Revista de historia de la psicología, 1(1)*, 89-119.
Mischel, W. (1968): *Personality and Assessment*. Londres: Wiley.
Mischel, W. (1973): «Toward a cognitive social learning reconceptualization of personality». *Psychological Review, 80*, 252-283.

Mischel, W. (1977): «The interaction of person and situation». En D. Magnusson y N. S. Endler (eds.): *Personality at the Crossroads: Current Issues in International Psychology*. Hillsdale: LEA.
Mischel, W. (1983): «Alternatives in the pursuit of the predictability and consistency of persons: Stable data that yield unstable interpretations». *Journal of Personality, 51*, 578-604.
Mischel, W. (1984): «Convergences and challenges in the search for consistency». *American Psychologist, 39*, 351-364.
Mischel, W. (1985): *Diagnosticity of Situations*. Ponencia presentada en la reunión de la sociedad de psicología social experimental. Evanston, IL.
Monod, J. (1970): *El azar o la necesidad*. Barcelona: Orbis, 1985.
Monson, T. C., y Snyder, M. (1977): «Actors, observers and the attribution process: Toward a reconceptualization». *Journal of Experimental Social Psychology, 13*, 89-111.
Montserrat, J. (1987): *Epistemología Evolutiva y Teoría de la Ciencia*. Madrid: Universidad Pontificia de Comillas.
Moya, J., y García Vega, L. (1990): «Juan Huarte de San Juan: padre de la psicología diferencial». *Revista de historia de la psicología, 11(1-2)*, 123-144.
Mulaik, S. A. (1988): «Confirmatory Factor Analysis». En J. R. Nesseslroade y R. B. Cattell (eds.): *Handbook of Multivariate Experimental Psychology*, 2.ª ed. Nueva York: Plenum Press.
Mulholland, T.; Pellegrino, J. W., y Glaser, R. (1980): «Components of geometric analogy solution». *Cognitive Psychology, 12*, 252-285.
Murray, H. A. (1938): *Explorations in Personality*. Nueva York: Oxford University. Press.
Neel, A. F. (1977): *Theories of Psychology: A Handbook*. Massachusetts: Schenkman Publishing Company, Inc.
Nesselroade, J. R., y Cattell, R. B. (1988): *Handbook of Multivariate Experimental Psychology* (2.ª ed.). Nueva York: Plenum Press.
Newell, A. (1973): «You can't play twenty questions with nature and win». En C. Chase (ed.): *Visual Information Processing*. Nueva York: Academic Press.
Newell, A., y Simon, H. (1972): *Human Problem Solving*. New Jersey: Englewood-Cliffs.
Norman, D. (1980): «Entrevista a D. A. Norman realizada por J. J. Aparicio». *Estudios de Psicología, 1*, 8-29.
Norman, W. T. (1963): «Toward an adequate taxonomy of personality attributes: Replicated factor structure in peer nomination personality ratings». *Journal of Abnormal and Social Psychology, 60*, 574-583.
Nunally, J. (1973): *Introducción a la Medida Psicológica*. Buenos Aires: Paidós.
Oleron, P. (1957): *Les composants de l'intelligence d'apres les recherches factorielles*. París: PUF.
Overton, W. F., y Reese, H. W. (1973): «Models of development: Methodological implications». En J. R. Nesselroade y H. W. Reese (eds.): *Life-span Developmental Psychology*. Nueva York: Academic Press.
Ozer, D. J. (1985): «Correlation and the coeficient of determination». *Psychological Bulletin, 97*, 307-315.
Pavlov, I. P. (1973): *Actividad Nerviosa Superior*. Barcelona: Fontanella.
Pedersen, N. L.; Plomin, R.; McClearn, G. E., y Friberg, L. (1988): «Neuroticism,

extraversion, and related traits in adult twins reared apart and reared together». *Journal of Personality and Social Psychology, 55,* 950-957.

Pelechano, V. (1991): «Una visión heterodoxa aunque no maniquea en psicología educativa». *Psicologemas, 5(9),* 91-137.

Pellegrino, J., y Glaser, R. (1980): «Components of inductive reasoning». En R. E. Snow, P. A. Federico y W. E. Montague (eds.): *Aptitude, Learning and Instruction, vol. 1: Cognitive Processes of Aptitude.* Hillsdale: LEA.

Pervin, L. (1975). *Personalidad: teoría, diagnóstico e investigación.* Bilbao: Desclée de Brouwer, 1979.

Pervin, L. (1988): «Personalidad: controversias, problemas y tendencias actuales». *Revista de la psiquiatría y psicología humanista, 19-20,* 73-98.

Phillips, K., y Fulker, D. W. (1989): «Quantitative genetic analysis of longitudinal trends in adoption designs with application to IQ in the Colorado Adoption Project». *Behavior Genetics, 19,* 621-658.

Pi Suñer, A. (1919): *La unidad funcional.* Minerva: Barcelona.

Pinillos, J. L. (1975): *Principios de Psicología.* Madrid: Alianza.

Pinillos, J. L. (1976): «El examen de ingenios, cuatro siglos después». *Revista de psicología general y aplicada, 31,* 3-15.

Plomin, R. (1988): «The nature and nurture of cognitive abilities». En R. J. Sternberg (ed.): *Advances in the Psychology of Human Intelligence, vol. IV.* New Jersey: LEA.

Plomin, R. (1989): «Environment and genes: Determinants of behavior». *American Psychologist, 44(2),* 105-111.

Plomin, R., y Daniels, D. (1987): «Why are children in the same family so different from one another?». *Behavioral and Brain Sciences, 10,* 1-16.

Plomin, R., y DeFries, J. C. (1980): «Genetics and intelligence». *Intelligence, 4,* 15-24.

Plomin, R.; DeFries, J. C., y Fulker, D. W. (1988): *Nature and Nurture in Infancy and Early Childhood.* Nueva York: Cambirdge University Press.

Plomin, R., y Rende, R. (1991): «Human behavioral Genetics». *Annual Review of Psychology, 42,* 161-190.

Plum, F.; Gjedde, A., y Samson, F. E. (1976): «Neuroanatomical functioning mapping by the radioactive 2-dioxy-d-glucose method». *Neurosciences Research Program Bulletin, 14,* 457-518.

Popper, K. (1934): *La Lógica de la Investigación Científica.* Madrid: Tecnos, 1982.

Quiroga, M. A. (1990): *Proyecto Docente.* Facultad de Psicología: Universidad Complutense de Madrid. Inédito.

Ramón y Cajal, S. (1912): *Reglas y consejos sobre investigación científica: los tónicos de la voluntad.* Madrid: Espasa, 1991.

Rasch, G. (1960): *Probabilistic Models for some Intelligence and Attainement Tests.* Copenage: Danish Institute for Educational Research.

Ravich-Shcherbo, I. V. (1988): *The Role of Environment and Heredity in the Development of Human Personality.* Moscú: Pedagogika.

Reinert, G. (1970): «Comparative factor analytic studies of intelligence throughout the human life span». En L. R. Goulet y P. B. Baltes (eds.): *Life-span Developmental Psychology: Research and Theory.* Nueva York: Academic Press.

Resnick, L. B. (1976): *The Nature of Intelligence.* Hillsdale: LEA.

Reuchlin, M. (1969): *Psicología Diferencial.* Madrid: Studium, 1972.

Reuchlin, M. (1978): «Processus vicariantas et différences individuelles». *Journal of Psychologie Normale et Pathologique, 2,* 133-145.

Reuchlin, M. (1980): *Historia de la Psicología.* Barcelona: Paidós, 1982.
Reuchlin, M. (1985): *La Psychologie Differéntielle.* París: PUF.
Richardson, K. (1988): *Para Comprender la Psicología.* Madrid: Alianza, 1991.
Rivière, A. (1986): *Razonamiento y Representación.* Madrid: Siglo XXI.
Rivière, A. (1987): *El sujeto de la psicología cognitiva.* Madrid: Alianza.
Rivière, A. (1990): *Prólogo.* En R. Colom y M. Juan Espinosa: Estudios sobre los Fundamentos de la Cognición. Valencia: Promolibro.
Rogers, C. R. (1961): «Two divergent trends». En R. May (ed.): *Existential Psychology.* Nueva York: Random House.
Rokeach, M. (1960): *The Open and Close Mind.* Nueva York: Basic Books.
Rose, R. J., y Kaprio, J. (1988): «Frequency of social contact and intrapair resemblance of adult monozygotic cotwins». *Behavior Genetics, 18,* 309-328.
Rosenthal, R., y Rubin, D. B. (1982): «A simple, general purpose display of magnitude of experimental effect». *Journal of Educational Psychology, 74,* 166-169.
Rossi, G. F., y Rosadini, G. (1965). En F. L. Darley y Millikan (eds.): *Brain Mechanisms Underlying Speech and Language.* Nueva York: Grune and Straton.
Royce, J., y Powell, S. (1983): *Theory of Personality and Individual Differences: Factors, Systems and Processes.* Prentice Hall: Englewood Cliffs.
Russell Hanson, N. (1958): *Patrones de Descubrimiento.* Madrid: Alianza, 1977.
Sahakian, W. (1975): *Historia y Sistemas de la Psicología.* Madrid: Tecnos, 1982.
Sánchez Bernardos, M. L. (1992): «La estructura de la personalidad: el enfoque léxico y los cinco grandes». *Estudios de psicología, 47,* 73-87.
Sánchez Cánovas, J. (1983): *El Marco Teórico de la Psicología Diferencial.* Valencia: Promolibro.
Sánchez López, M. P. (1990): *Prólogo a la edición española.* En H. J. Eysenck y L. Kamin: *La Confrontación sobre la Inteligencia.* Madrid: Pirámide.
Sandin, B., y Chorot, P. (1983): «Evaluación de rasgos psicológicos». En R. Fernández Ballesteros (ed.): *Psicodiagnóstico, vol. 2.* Madrid: UNED.
Sands, R., y Young, F. W. (1980): «Component Models for three-way data: An alternating least squares algorithm with optimal scaling features». *Psychometrika, 45,* 39-67.
Saville, P., y Blinkhorn, S: (1976): *Undergraduate Personality by Factored Scores, NFER.* Londres: Publishing Company.
Saville, P., y Blinkhorn, S: (1981): «Reliability, homogeneity and the construct validity of Cattell's 16 PF». *Personality and Individual Differences, 2,* 325-333.
Scarr, S., y Weinberg, R. A. (1977): «Intellectual similarities within families of both adopted and biological children». *Intelligence, 1,* 179-191.
Scarr, S., y Weinberg, R. A. (1978): «The influence of "family background" on intellectual attainment». *American Sociological Review, 43,* 674-692.
Scott Long, J. (1983a): *Confirmatory Factor Analysis.* California: Sage.
Scott Long, J. (1983b): *Covariance Structure Models: an introduction to LISREL.* California: Sage.
Schafer, E. W. P. (1982): «Neural adaptability: A biological determinant of behavioral intelligence». *International Journal of Neuroscience, 13,* 183-191.
Schiffman, S. S.; Reynolds, M. L., y Young, F. W. (1981): *Introduction to Multidimensional Scaling: Theory, Methods and Applications.* Nueva York: Academic Press.
Schultz, D. P., y Schultz, S. E. (1987): *A History of Modern Psychology.* Florida: Hartcourt.

Seamon, J. G., y Gazzaniga, M. J. (1973): «Coding strategies and cerebral laterality effects». *Cognitive Psychology*, *5*, 249-256.
Sharp, S. E. (1899): «Individual Psychology: A study in psychological method». *American Journal of Psychology*, *15*, 201-293.
Segal, N. L. (1986): «Monozygotic and dizygotic twins: A comparative analysis of mental ability profiles». *Child Development*, *56*, 1051-1058.
Sells, S. B.; Demaree, R. G., y Will, D. P. (1968): *A Taxonomic Investigation of Personality: Cobjoint Factor Structure of Guilford and Cattell Trait Markers*. Texas: Christian Institute of Behavioral Research.
Shields, J. (1962): *Monozygotic Twins*. Oxford: Oxford University Press.
Siguan, M. (1977): «La psicología en España». *Anuario de psicología*, *16*, 3-23.
Simon, H., y Kotovsky, K. (1963): «Human acquisition of concepts for sequential patterns». *Psychological Review*, *70*, 534-546.
Skinner, B. F. (1959): «John Broadus Watson, conductista». *Science*, *129*, 197-198.
Snow, R. (1980): «The interaction of aptitude and performance». En R. E. Snow y P. A. Federico (eds.): *Aptitude, Learning and Instruction: Cognitive Processes Analysis*. Hillsdale. New Jersey: LEA.
Snow, R. E. (1989): «Aptitude-Treatment Interaction as a Framework for Research on Individual Differences in Learning». En P. L. Ackerman, R. J. Sternberg y R. Glaser (eds.): *Learning and Individual Differences: Advances in Theory and Research*. Nueva York: Freeman.
Snyder, M. (1979): «Self monitoring processes». En L. Berkowitz (ed.): *Advances in Experimental Social Psychology*, *vol. 12*. Nueva York: Academic Press.
Snyder, C. W. (1988): «Multimode Factor Analysis». En J. R. Nesseslroade y R. B. Cattell (eds.): *Handbook of Multivariate Experimental Psychology*, 2.ª ed. Nueva York: Plenum Press.
Snyder, M., y Ickes, W. (1985): «Personality and social behavior». En G. Lindzey y E. Aronson (eds.): *Handbook of Social Psychology*, *vol. 2*. Reading MA: Addison-Wesley.
Sokal, R. R., y Sneath, P. (1963): *Principles of Numerical Taxonomy*. San Francisco: Freeman.
Spearman, C. (1904): «La inteligencia general». En J. M. Gondra (comp.): *La Psicología Moderna*. Bilbao: Desclée de Brouwer, 1982.
Spearman, C. (1923): *The Nature of 'Intelligence' and the Principles of Cognition*. Nueva York: Arno Press, 1973.
Springer, S. P., y Deutsch, G. (1985): *Cerebro Izquierdo, Cerebro Derecho*. Madrid: Alianza, 1988.
Stankov, L. (1980): «Psychometric Factors as Cognitive Tasks: A note on Carroll's new structure of intellect». *Intelligence*, *4*, 65-71.
Stenhouse, D. (1973): *The Evolution of Intelligence*. Londres: Allen y Unwin.
Stephenson, W. (1936): «Introduction of inverted factor analysis woth some applications to studies in orexia». *Journal of Educational Psychology*, *5*, 353-367.
Stern, W. (1900): *Über Psychologie der Individuellen Differenzen*. Leipzig: Barth.
Sternberg, R. J. (1977): *Intelligence, Information Processing and Analogical Reasoning: The Componential Analysis of Human Abilities*. New Jersey: LEA.
Sternberg, R. J. (1979): «Intelligence research and the interface between differential and

cognitive psychology: Prospects and proposals». En R. J. Sternberg y D. K. Detterman (eds.): *Human Intelligence: Perspectives on its Theory and Measurement.* New Jersey: Ablex Publishing Corporation.

Sternberg, R. J. (1980a): «Factorial theories of intelligence are all right almost». *Educational Researcher, 9,* 6-13.

Sternberg, R. J. (1980b): «Representation and process in linear syllogistic reasoning». *Journal of Experimental Psychology: General, 109,* 119-159.

Sternberg, R. J. (1981): «Testing and Cognitive Psychology». *American Psychologist, 36(10),* 1181-1189.

Sternberg, R. J. (1985): «¿Cómo es el enfoque del procesamiento de la información en las capacidades humanas?» En R. J. Sternberg (ed.): *Las capacidades humanas: un enfoque desde el procesamiento de la información.* Barcelona: Labor, 1986.

Sternberg, R. J., y Detterman, D. K. (1979): *Human Intelligence: Perspectives on its Theory and Measurement.* New Jersey: Ablex Publishing Corporation.

Sternberg, R. J., y Salter, W. (1982): «Concepciones de la inteligencia». En R. J. Sternberg (ed.): *Inteligencia Humana, vol. 1.* Barcelona: Paidós, 1987.

Super, D. E. (1981): «Jose Germain: psicólogo aplicado». *Revista de Psicología General y Aplicada, 36(6),* 1147-1151.

Tabachnick, B. G., y Fidell, L. S. (1983): *Using Multivariate Statistics.* Nueva York: Harper & Row.

Teasdale, T. W., y Owen, D. R. (1984): «Heredity and familial environment in intelligence and educational level -a sibling study». *Nature, 309,* 620-622.

Tellegen, A.; Lykken, D. T.; Bouchard, T. J.; Wilcox, K.; Segal, N., y Rich, S. (1988): «Personality similarity in twins reared apart and together». *Journal of Social and Personality Psychology, 54,* 1031-1039.

Terman, L. (1924): «The mental test as a psychological method». *Psychological Review, 31(2),* 93-117.

Thompson, W. R. (1939): *The Factorial Analysis of Human Ability.* Boston: Houghton Mifflin, 1951.

Thompson, W. R. (1966): «Multivariate experiment in Behavior Genetics». En R. B. Cattell (ed.): *Handbook of Experimental Multivariate Psychology.* Chicago: Rand McNally.

Thompson, R. F. (1975): *Introducción a la Psicología Fisiológica.* México: Harla, 1977.

Thorndike, R. L. (1950): «Individual differences». *Annual Review of Psychology, 1,* 87-104.

Thurstone, L. (1923): «The stimulus-response fallacy in psychology». *Psychological Review, 30,* 354-369.

Thurstone, L. (1935): *The Vectors of the Mind.* Chicago: University of Chicago Press.

Thurstone, L. (1938): *Primary Mental Abilities.* Chicago: The University of Chicago Press.

Thurstone, L. (1940): «Current issues in factor analysis». *Psychological Bulletin, 37,* 189-236.

Thurstone, L. (1946): «Theories of intelligence». *Scientific Monthly,* febrero, 101-112.

Thurstone, L. (1947): *Multiple Factor Analysis.* Chicago: University of Chicago Press.

Thurstone, L. L., y Thurstone, T. G. (1941): «Factorial studies of intelligence». *Psychometric Monographs, 2.*

Timm, V. (1968): «Realiabilität und faktorenstruktur von Cattell's IUPF test bei einer deutschen stichprobe». *Zeitschrif für Experimentelle und Angewandte Psychologie, 15,* 354-373.

Tryon, R. (1939): *Cluster Analysis.* Nueva York: McGraw-Hill.

Tryon, R., y Bayley, D. E. (1970): *Cluster Analysis.* Nueva York: McGraw Hill.

Tucker, L. R. (1958): «An interbattery method of factor analysis». *Psychometrika, 23,* 111-136.

Tucker, L. R. (1963): «Implications of Factor Analysis of three-way matrices for measurement of change». En C. W. Harris (ed.): *Problems in Measuring Change.* Madison: University of Wisconsin Press.

Turró, R. (1914): *Orígenes del conocimiento. El hambre.* Minerva: Barcelona.

Tyler, L. E. (1951): «Individual differences». *Annual Review of Psychology, 2,* 95-112.

Tyler, L. (1965): *Psicología de las Diferencias Humanas.* Madrid: Marova, 1973.

Underwood, B. J. (1975): «Individual Differences as a crucible in theory construction». *American Psychologist, Febrero,* 128-134.

Undheim, J. O. (1981 a): «On intelligence II: A neo-spearman model to replace Cattell's theory of fluid and crystallized intelligence». *Scandinavian Journal of Psychology, 22,* 181-187.

Undheim, J. O. (1981b): «On Intelligence IV: toward a restoration of general intelligence». *Scandinavian Journal of Psychology, 22,* 251-265.

Vaquero, A. (1990): «La enseñanza asistida por computadora». En S. Algarabel y J. Sanmartín (1990): *Métodos informáticos aplicados a la psicología.* Madrid: Pirámide.

Vernon, P. E. (1950): *The Structure of Human Abilities.* Nueva York: Wiley.

Vernon, P. E. (1961): *The Structure of Human Abilities:* 2.ª ed. Londres: Methuen.

Vernon, P. E. (1969): *Inteligencia y Entorno Cultural.* Madrid: Marova, 1980.

Vernon, P. E. (1972): «The distinctiveness of field independence». *Journal of Personality, 40,* 366-391.

Vernon, P. E. (1984): «Intelligence, cognitive styles, and brain lateralization». En P. S. Fry (ed.): *Changing Conceptions of Intelligence and Intellectual Functioning: Current Theory and Research.* Nueva York: North-Holland.

Viegas, M. (1978): *Alfred Binet, precursor do behaviorismo subjetivo.* Coimbra: Facultade de letras da Universidade de Coimbra.

Vleeschauwer, H. J. (1938): «Los primeros días de la psicología diferencial». En M. Iriarte: *El doctor Huarte de San Juan y su examen de ingenios. Contribución a la historia de la psicología diferencial.* Madrid: CSIC, 1948.

Watson, J. B. (1913): «La psicología tal y como la ve el conductista». En J. M. Gondra (comp.): *La Psicología Moderna.* Bilbao: Desclée de Brouwer, 1982.

Webb, E. (1915): «Character and intelligence». *British Journal of Psychology.* Suplemento monográfico.

Whitely, S. (1981): «Measuring aptitude processes with multicomponent latent trait models». *Journal of Educational Measurement, 18,* 67-84.

Whitely, S., y Curtright, C. A. (1980): «Performance and Stimulus Complexity Norms for Verbal Analogy Test Items». Informe técnico NIE-80-4 para el National Institute of Education. Kansas: Universidad de Kansas.

Whitely, S., y Nieh, K. (1981): «Program MULTICOMP». Inédito.

Wictorin, M. (1952): *Bidrag til Raknefardighetens Psykologi, en Tvillingundersokning.* Goteborg: Elanders.

Wiersma, H. (1906): «Die sekundär funktion bei psychosen». *Zeitschrift für Psychologie and Neurolie, 8,* 1-24.

Wilson, R. S. (1975): «Twins: Patterns of cognitive development as measured on the WPPSI». *Developmental Psychology, 11*, 126-139.
Wilson, R. S. (1983): «The Louisville twin study: Developmental sychronies in behavior». *Child Development, 54*, 298-316.
Willerman, L. (1979): *The Psychology of Individual and Group Differences.* San Francisco: Freeman.
Wissler, C. (1901): «The correlation of mental and physical traits». *Psychological Monographs, 3*, 16.
Witkin, A. (1949): «The nature and importance of individual differences in perception». *Journal of Personality, 18*, 145-170.
Witkin, A.; Dyk, R. B.; Faterson, H. F.; Goodenough, D. R., y Karp, S. A. (1962): *Psychological Differentiation.* Nueva York: Wiley.
Wright, S. (1934): «The method of path coefficients». *Annals of Mathematical Statistics, 5*, 161-215.
Yaremko, R. M.; Harari, H.; Harrison, R. C., y Lynn, E. (1986): *Handbook of Research and Quantitative Methods in Psychology.* New Jersey: LEA.
Yela, M. (1954): «Historia de la Escuela de Psicología de la Universidad de Madrid». *Revista de Psicología General y Aplicada, IX, 32*, 642-646.
Yela, M. (1982): «Esbozo de autobiografía». *Revista de historia de la psicología, 3(4)*, 281-332.
Young, F. W. (1984): «Multidimensional Scalling». *Annual Review of Psychology, 35*, 55-81.
Zaccagnini, J. L. (1988): *Algunas notas críticas acerca de la utilización de la epistemología como fundamentos de la psicología científica moderna.* Inédito.
Zaccagnini, J. L. (1989a): *Prólogo.* En M. Juan Espinosa y R. Colom: *Psicología Diferencial y Cognición.* Valencia: Promolibro.
Zaccagnini, J. L. (1989b): «El tema de la "interpersonalidad" en el pensamiento occidental: una aproximación pre-fenomenológica». Inédito.
Zubin, J. (1938): «A technique for measuring likemindedness». *Journal of Abnormal Psychology, 33*, 508-516.
Zuckerman, M. (1992): «What is a basic factor and which factors are basic? Tirtles all the way down». *Personality and Individual Differences, 13(6)*, 675-681.
Zumalabe Makirriain, J. M. (1990): «La psicología de la personalidad y las teorías cognitivas y del procesamiento de la información». *Revista de Psicología General y Aplicada, 43(2)*, 225-231.

ALGUNOS TÍTULOS DE ESTA COLECCIÓN